중국 부정경쟁방지 · 영업비밀보호

반부정당경쟁법反不正当竞争法

감수 권영모

저자 전정현

공여저자 장봉학 · 황선영 · 김상미

세창출판사

추천의 글

반부정당경쟁법은 행위법으로, 상업행위가 정당성을 만족하는지 여부를 조정함으로써 창의적인 성과에 대한 보호를 실현합니다. 따라서 반부정당경쟁법은 경제질서에 대한 조정이기도 하고, 창의적인 성과에 대한 보호이기도 하므로, 지적재산권보호체계로 분류되어 지적재산권으로서 보호를 받기도 합니다.

반부정당경쟁법은 구제법으로, 피해자의 부정당침권 손해배상청구 소송 제기에 따라 보호를 실현할 수 있을 뿐만 아니라, 행정기관의 행정집행에 따라 공정경쟁질서를 수호할 수 있는, 다방면의 지식이 연관되어 있는 종합적이고 실천적인 법률영역입니다.

중국 반부정당경쟁법은 부정당경쟁행위를 정의할 때 "일반원칙+유형화"방식에 의합니다. 이러한 보호방식 및 서로 다른 유형의 부정당경쟁행위규범은 살아 있는 사례를 통해 구체적인 사건 경위와 법원의 판결을 결합하여 살펴볼 때 비로소 제대로 이해되고 응용될 수 있습니다. 특히 외국 동종업계 종사자들의 경우 타국의 법률을 이해하기 위해서는 법률조항만 보아서는 안 되고 실무 중에서 법이 어떻게 적용되는지를 알아야 합니다. 사례분석을 통해 중국 반부정당경쟁법을 소개하는 것은 중국 반부정당경쟁법을 이해하는 데 매우 효과적인 도움을 줄 수 있는 방식의 하나입니다.

전정현 변호사는 2013년 6월부터 화동정법대학에서 방문학자로 계시면서 중국 전문가들의 지도 하에 중국지적재산권의 현황에 대해 깊이 있는 연구를 진행하였고, 반부정당경쟁법을 주요연구주제로 선택하였습니다. 이를 위해 전 변호사는 법률판례를 다량 수집하였고, 사례분석형식으로 한국 동종업계 종사자들에게 중국의 반부정당경쟁법을 소개하기를 희망하였으며, 1년 남짓한 기간 동안 노력하신 끝에 드디어 이 책을 완성하게 되었습니다. 이 책에서 선택한 사례는 전면적이고, 전형적이며, 사례에 대한 분석이 매우 적절하고 명료한바, 중국반부정당경쟁법의 교과서로 선택할 수 있을 것이고, 외국학자와 변호사들이 중국 반부정당경쟁법을 이해하는 데 도움을 줄 것입니다.

필자는 운이 좋게도 원고를 읽고, 서문을 작성하여 전 변호사님의 노력에 찬사를 보낼 수 있게 되었습니다.

이에 전 변호사님의 책 출판을 축하드립니다.

2015년 12월 상해에서

화동정법대학 교수, 재산법연구원원장

까오푸핑(高富平)

추천의 글

평소에 제일 존경해 마지않는 권영모 변호사님과 전정현 변호사님으로부터 이 책을 전달받고 신선한 충격을 받았다. 서울대 법대가 지난 5년간 중국인민대 지식재산권대학원과 매년 한중세미나를 개최하면서 학술교류를 추진해 왔는데, 전 변호사께서 중국 부정경쟁방지법에 관한 상당한 연구를 마치고 드디어 한 권의 책을 출판하게 된 것이다.

5년 전 인민대학교 등과 본격적인 학술교류를 시작하면서 느낀 것은, 겨울잠을 깨고 나온 개구리처럼, 중국의 시장변화와 법학발전에 깜짝 놀란 것이었다. 5년 전만 해도 우리의 경험과 법학이론을 중국에 전달할 수 있다고 하는 자부심을 갖고 있었지만, 이제는 우리가 중국의 판례를 경청하고 중국의 법학에서 배울 것을 찾아볼 때가 된 것이다. 이 책은 바로 그런 변화를 잘 보여 주고 있다.

이 책에는 중국의 부정경쟁방지법에 관한 단순한 해설뿐만 아니라 전정현 변호사의 수년간의 실무경험이 잘 녹아들어 있어서, 법조인뿐만 아니라 정책담당자들과 기업종사자들에게도 재미있고 유익한 책이 될 것으로 생각된다. 예컨대, 중국 부정경쟁방지법의 일반조항에 관한 다양한 사례는 중국에 진출하는 우리 기업들에게 나침반이 될 수 있을 뿐만 아니라, 더 나아가 우리 부정경쟁방지법의 해석론에도 충분히 참고할 가치가 있는 좋은 자료가 된다. 특히 중국 법령과 판례의 해설에 있어서, 우리 해석론과 잘 비교해 주고 있어서 우리나라 전문가들도 이해하기 쉽게 되어 있다.

중국처럼 역동적인 시장에서는 출처혼동행위, 품질 등 허위표시, 상업적 비방행위, 영업비밀침해 등에 대한 효율적이고 신속한 구제를 받는 것이 아주 중요한 과제인데, 이 책은 그에 대한 상세하고 가장 믿을 만한 안내서가 될 것임에 틀림없다. 이 책은 전정현 변호사의 연구결과일 뿐만 아니라 중국현지에서 다양한 사건을 다룬 중국 및 한국변호사들의 실무경험이 체계적으로 반영된 안내서이기 때문이다. 중국에 진출했거나 진출하고자 하는 기업과 전문가들이 안심하고 따라갈 수 있는 신호등과 같은 역할을 할 수 있을 것으로 기대된다.

이 책은 직역에 관계없이 중국에 관심 있는 분이라면 누구나 읽을 수 있고 모두 일독할 가치가 있는 책이라고 생각하고 자신 있게 추천하는 바이다.

丁相朝
서울대 법대 교수

저자의 말

필자는 이제까지 법무법인 광장에 근무하면서 지식재산권 사건을 전담하여 왔다. 필자가 속한 지식재산팀은 국내 최대 규모로서 그 역량을 널리 인정받아 오고 있는데, 그 덕분에 필자는 법률적으로 쟁점이 복잡하고 사회적으로도 중요한 여러 사건을 처리할 수 있는 영광을 누릴 수 있었다.

필자가 특히 외국의 지식재산권 법제에 관심을 가지게 된 이유는 법무법인 광장 지식재산권팀의 특성상 미국 등 해외 국가에서의 지식재산권 사건을 다룰 기회가 많았기 때문이다. 그리고 2011년 제기된 삼성-애플 소송 사건에서 삼성 측 대리인을 맡으면서 이와 같은 관심은 더욱 커졌다. 삼성-애플 소송은 여러 국가에서 동시다발적으로 진행된 터라, 다른 여러 국가의 지식재산권 법제와 소송의 양상을 함께 파악하는 것이 각별히 중요했다. 이와 같은 업무 경험을 통하여, 그리고 2년이 넘는 기간 동안 밤낮을 가리지 않고 삼성-애플 소송에 매달리면서, 비교법적인 관점에서 다른 국가의 지식재산권법을 파악하는 이해의 틀을 마련하게 되었고, 이는 이 책을 저술하는 데 매우 큰 도움이 되었다.

삼성-애플 소송이 어느 정도 마무리되어 가던 2013년, 필자는 중국의 지식재산권 분야를 연구하기로 마음먹었다. 중국은 한국과의 최대 교역 상대방임에도 불구하고 중국에 진출한 한국 기업들이 지식재산권을 충분히 보호받지 못하고 있는 현실에 문제인식을 가지게 되었기 때문이다. 이에 필자는 2013년 여름 중국 상하이 화동정법대학교에 방문학자로 근무하게 되었다.

2013년 여름부터 2015년 여름까지 중국에 머물면서, 필자는 중국의 지식재산권법제가 빠르게 변화 · 발전하고 있는데, 이를 우리 기업과 법조인들이 쉽게 이해할 수 있도록 도움을 줄 수 있는 한글화된 자료와 서적들이 턱없이 부족하다는 점을 깨달았다. 이미 출판된 서적들은 어려운 연구 환경에서 매우 훌륭하게 저술된 것들이지만 숫자가 매우 적었고, 특히 상표법을 전문으로 다루는 서적은 매우 찾기 어려웠으며, 부정경쟁방지 및 영업비밀보호법에 대한 서적은 전무하다고 할 만한 실정이었다.

이에 필자는 중국에 진출하려는 한국 기업에게 중국 지식재산권법의 내용을 소개하는 일이 반드시 필요다고 느꼈다. 특히 중국이 세계 최대의 소비시장으로 떠오르고 있는 만큼 중국 내에서 한국 기업의 브랜드 및 영업비밀을 법적으로 보호하는 것이 급선무라고 판단하였다. 이에 필자는 한국의 지식재산권 전문변호사로서의 업무 경험을 바탕으로, 상표법, 부정경쟁방지법 및 영업비밀보호법에 관한 소개서를 쓰기로 결심하였다.

이 책은 이러한 작업의 첫 번째 성과물이다. 중국 부정경쟁방지법에 관한 책을 가장 먼저 저술한 이유는, 그 중요성에 비하여 한국 기업에 잘 알려져 있지 않기 때문이다. 한국의 부정경쟁방지 및 영업비밀 보호에 관한 법률에 해당하는 법이 중국의 반부정당경쟁법(反不正当竞争法)인데, 최근 중국 법원은 반부정당경쟁법을 점점 더 자주 적용하고 있다. 특히 IT 산업과 전자상거래가 활발해짐에 따라 반부정당경쟁법의 일반조항을 적용하여 부정경쟁행위를 규율하는 판결례가 매우 빈번히 등장하고 있다. 따라서 중국 반부정당경쟁법을 국내에 체계적으로 소개하는 것이 무엇보다 시급하다고 생각하였다. 이어서 두 번째 작업으로 중국 상표법에 관한 소개서를 준비하고 있는데, 곧 출간될 수 있을 것으로 보인다.

이 책의 특징은 중국 법규를 나열하여 소개하는 것에서 나아가, 지식재산권법 실무자가 가질 수 있는 쟁점을 중심으로 관련 규정, 학설 및 사례를 소개하여 가급적 실제 업무에 도움이 될 수 있도록 노력하였다는 점에 있다.

또한 이 책은 기존의 중국법 관련 도서와 달리, 가급적 많은 사례를 소개하고 있다는 점에 특징이 있다. 중국법 실무가들 중 중국법의 판결례는 선례로서의 가치가 없다고 주장하는 경우도 있다. 그러나 적어도 지식재산권 분야에 있어서는, 최고인민법원은 매년 지식재산권 분야의 모범적인 판결을 선정하면서 전국 법원의 수준 향상과 판결의 통일성을 꾀하고 있다. 중국 판사들은 자신의 판결이 최고인민법원이 선정하는 모범판결로 선정되는 것을 매우 영광으로 여기며, 이와 같은 판결들은 법원 실무의 중요한 참고 자료로 사용되고 있다. 뿐만 아니라 중국 지방법원의 판결들, 특히 베이징시 중급 · 고급 인민법원 그리고 상하이시 중급 · 고급 인민법원 등은 지식재산권 분야에서 전국 최고 수준의 판결을 내는 법원으로 실무자들 사이에서 인정되고 있어 실무적으로 상당한 의미가 있다. 따라서 이 책에서는 중국의 법규정과 학자들의 논의뿐만 아니라, 최근 5년간 최고인민법원이 선정한 모범 판결들과, 베이징 및 상하이 법원들의 판결들을 최대한 많이 반영하여, 법원 실무의 방향을 이해하는 데 도움이 되도록 노력하였다.

이 책이 저술되기까지 많은 분들로부터 큰 도움을 받았다. 2013년 필자가 근무하는 로펌에서 감사하게도 유학의 기회를 제공해 주었고, 통상 미국으로 유학을 가는 관례를 벗어나 회사의 지지에 힘입어 중국으로 떠나게 되었다. 그 과정에서 탁월한 리더십으로 저자를 이끌어 주신 김재훈 대표 변호사님께 깊은 감사의 말씀을 드린다. 저자가 알고 있는 모든 것은 김재훈 변호사님 및 우리 법무법인 광장의 변호사님들로부터 배운 것이다.

이 책 감수를 하여주신 권영모 변호사님은 삼십여 년의 지식재산권 전문변호사의 실무경험을 바탕으로 이 책 전반의 구성과 실무적인 이슈에 대하여 검토하고 방향을 잡는 데 도움을 주셨다. 이 책이 나오기까지 모든 방면에서 지원을 아끼지 않으신 권 변호사님께 감사의 말씀을 드린다.

또한 매우 바쁘신 일정을 쪼개어, 졸저를 살펴봐 주시고 흔쾌히 추천의 글을 써 주신 서울대학교 정상조 교수님께 감사드린다.

앞서 말한 바와 같이 필자는 상하이 화동정법대학교 지식재산권 대학원에서 1년간 방문학자로 체류하면서 중국 지식재산권에 관하여 공부할 수 있는 기회를 얻었다. 중국 법에 대해서 완전히 초보인 필자를 받아들여 주고, 필자에게 전담 보조학생까지 배정해 주며 공부와 연구에 도움을 주셨으며, 이 책의 서언도 흔쾌히 써 주신 까오푸핑(高富平) 교수님께 이 자리를 빌려 감사의 말씀을 드린다.

필자가 이 책을 구상하기 시작한 것은 방문학자 기간이 상당히 경과된 이후의 일이다. 따라서 방문학자의 기간 중에는 이 책의 저술을 도저히 마칠 수 있는 상황이 아니었다. 그런데 방문학자의 기간을 완료한 다음, 회사에서는 매우 감사하게도 1년간 베이징에 있는 우리 로펌의 대표처에서 근무하며 저술 작업을 진행하는 것을 허락하였다. 그리고 대표처에 머무르며 저술 작업을 진행하는 동안 함대영 변호사님은 필자가 도저히 예상치 못한 만큼의 많은 도움을 주셨다. 이와 같은 회사의 배려와 함대영 변호사님의 아낌없는 지원이 없었다면 이 책은 저술될 수 없었을 것이다. 이 자리를 빌려 전폭적으로 저술 활동을 지원해 주신 함대영 변호사님, 그리고 그 외에도 도움을 아끼지 않으신 많은 변호사님들께 다시 한 번 깊은 감사의 말씀을 전한다.

공여 저자인 황선영 박사와 김상미 석사를 베이징에서 만날 수 있었던 것은 필자에게 행운이었다. 이분들은 중국의 지식재산권법을 한국 실무자들을 위해 설명하는 도서를 저술하자는 필자의 뜻을 함께하여 저술에 많은 도움을 주었다. 황선영 박사는 중국 인민대학교에서 지식재산권법을 전공하여 박사학위를 취득하였고, 현재 부산대학교에서 지식재산권 관련 강의를 하고 있다. 황선영 박사는 반부정당경쟁법 관련 주요 이슈에 관하여 학설의 논의를 조사하고 정리하는 작업을 주로 수행하였다. 학설의 논의가 잘 정리되지 않는 중국 법학 환경에도 불구하고 필자의 까다로운 요구에 맞추어 학설 정리를 해 준 황선영 박사의 노고에 다시 한 번 감사드린다. 김상미 석사는 인민대학교에서 상표법을 전공한 유학생으로, 쟁점에 관한 리서치와 판례의 번역 작업을 수행하였다. 현재 베이징에서 학업을 계속하고 있는바, 훌륭한 성과가 있기를 빈다.

필자와 같은 로펌에서 근무하는 장봉학 변호사님은 풍부한 실무 경험을 가지고 있는 중국 변호사로, 중국법에 대한 폭넓은 이해를 바탕으로 필자가 중국법 체제 전반을 깊이 이해하지 못하고 있는 까닭에 설명에 오류를 저지른 부분이 없는지 꼼꼼하게 검토하여 주었다.

베이징에 머무르는 동안 베이징 대표처의 최산운, 김운학, 이해실 중국 변호사님들께서 여러 가지 중국법 이슈에 대하여 많은 조언을 해 주셨고, 깊이 있는 정보 수집에 도움을 주셨다. 그리고 김경래 변호사님은 재미없고 건조한 이 책의 원고를 꼼꼼히 읽어 조언과 비평을 아낌없이 해 주셨다. 베이징 대표처 변호사님들께 감사의 말씀을 전한다.

그리고 중국에서 바쁜 유학생활을 하는 가운데 판례를 꼼꼼하게 번역하여 주고 이 책의 원고 검토도 하여 준 이상헌, 오다혜, 조민지, 신명렬, 박창현, 오영주 북경대학교 유학생들, 정진호, 채호동, 함수민 청화대학교 유학생들에게 이 자리를 빌려 감사의 뜻을 전한다. 위 유학생들은 아직 북경에서 학업 중이거나 한국으로 귀국하여 사회 초년생으로 자리를 잡아가고 있는데, 앞으로 건승하기를 기원한다.

또한 저자를 항상 응원해 주시는 부모님과, 서울에서 혼자 생활하게 되었으면서도 아무런 불평 없이 저자의 활동을 전폭적으로 지지해 준 남편 김병필 변호사에게 말로 다 표현할 수 없는 깊은 사랑과 감사의 마음을 전한다. 그리고 이 책의 출판을 위해 애써 주신 세창출판사 여러분들께도 진심으로 고마움과 감사를 드린다.

이 책이 나오는 데 많은 분들이 도움을 주셨지만, 이 책의 내용 중에서 부족하거나 틀린 내용이 있다면 이는 모두 전적으로 저자의 책임임을 분명히 밝힌다. 우선 부족하나마 지금의 상태에서 이 책을 세상에 선보이고자 하고, 이 책에 대한 애정 어린 비판과 지적은 모두 기꺼이 받아들여, 앞으로 더욱 발전된 내용으로 진화시킬 수 있도록 하겠다.

이제 조심스런 마음으로 이 책을 세상에 선보이고자 한다. 중국을 무대로 활동하는 우리 기업들, 우리 법조인들에게 조금이나마 도움이 되기를 바란다.

2015년 12월
저자

차 례

제1장 개 관

제2장 부정경쟁행위

▌제3장▐ 상표 위조, 주지상품 명칭 등을 사용하여 혼동을 야기하는 행위

▌제4장▐ 타인의 상호 또는 성명을 사용하여 혼동을 야기하는 행위

▌제5장▐ 상품의 산지, 품질 등에 관한 오해를 유발하는 행위

제6장 상업적 비방행위

제7장 일반조항 위반의 부정경쟁행위

▌제8장 ▌ 영업비밀 침해행위

▌제9장 ▌ 부정경쟁행위에 대한 구제방법

▌제10장▐ 영업비밀침해에 대한 구제방법

사례 차례

제2장

제3장

제4장

제5장

제6장

제7장

제8장

제1장

개 관

Ⅰ. 반부정당경쟁법의 성립과 전개[1]

중국이 부정경쟁행위 금지를 위한 입법 논의를 시작한 것은 1987년 공업소유권 보호를 위한 파리협약에 가입하면서부터이다. 중국은 파리협약 가입에 따른 의무 중 하나인 '부당한 경쟁행위 금지 의무'의 이행을 위하여 관련 법을 도입하게 되었다. 중국은 같은 해 독점규제를 위한 법률과 부정경쟁행위 금지를 위한 법률을 하나의 법률으로 규율하는 「반독점법과 부정경쟁방지 잠행조례(反对垄断和不正当竞争暂行条例)」 초안 입법 작업을 시작하였다. 그런데 중국 시장이 아직 성숙하지 않았으므로 반독점법과 부정경쟁방지법을 분리시켜야 한다는 의견이 제기되었고, 이를 반영하여 1989년 제5차 초안 작업 이후부터는 부정경쟁행위 금지에 관한 법을 반독점법과 분리하여 「부정경쟁방지 잠행조례」로 입법 작업이 진행되었다.

그 후 1992년 10월 국무원 상무회의(国务院常务会议)에서 「반부정당경쟁법초안(反不正当竞争法草案)」이 마련되었고, 여러 차례의 수정 작업을 거쳐 1993년 9월 2일 제8회 전국인민대표대회 상무위원회(全国人民代表大会常务委员会) 제3차 회의에서 정식 통과되어 1993년 12월 1일부터 시행되고 있다.

1_ 徐孟洲, 孟雁北, 竞争法, 中国人民大学出版社, 2014, p.56; 王学政, 对竞争立法模式的比较研究, 中国法学, 1997年05期, pp.59-66; 李发展, 从「反不正当竞争法」之修改看我国竞争法体系的完善, 甘肃社会科学, 2012年06期, pp.78-81.

II. 반부정당경쟁법의 법체계

중국의 반부정당경쟁법 체계에 대한 이해를 돕기 위해서 아래에서는 중국 법체계에 대해 간략하게 살펴보도록 한다. 중국의 법체계는 헌법하에 법률, 행정법규와 지방성 법규, 부문규장과 지방정부규장 등으로 구성되어 있다. 법률은 전국인민대표대회 및 그 상무위원회가 제정한 규범성 문건을 의미한다. 형사, 민사, 국가 기구와 관련된 기본적인 규범성 문건은 전국인민대표대회에서 제정하고, 기본법 이외의 기타 법률, 예를 들어 특허법, 상표법 등은 전국인민대표대회 상무위원회가 제정한다. 또한 '○○법'이라는 명칭의 규정 이외에도, 전국인민대표대회 상무위원회가 제정한 '규정(规定)', '결정(决定)', '조례(条例)' 등의 규범성 문건은 그 명칭과 상관 없이 모두 기타 법률과 동일한 효력을 가진다.[2]

다음으로, 행정법규(行政法规)는 중국의 국가 최고 행정기관인 국무원이 헌법과 법률에 근거하여 제정하고 공포하는 규범성 문건으로서, 헌법과 법률 다음의 효력을 가진다. 행정법규의 명칭은 규정(规定), 결정(决定), 조례(条例), 통지(通知), 해석(解释) 등 다양하다. 한국의 대통령령 또는 총리령에 해당한다고 볼 수 있다. '해석', '통지' 등 한국어에 비추어 보면 규범에 해당한다고 보기 어려운 명칭을 가졌다고 해도 국무원이 발표한 것이라면 행정법규에 해당한다는 점을 유의할 필요가 있다.

부문규장(部门规章)은 국무원 소속의 각부, 각 위원회가 헌법과 법률, 행정법규에 근거하여 권한 범위 내에서 제정하는 규범성 문건으로, 그 명칭은 규정(规定), 의견(意见), 통지(通知) 등 다양하다. 이는 행정 각부의 부령에 해당하는데, 대외적인 규범적 효력이 있다는 점을 유의할 필요가 있다. 지방성(地方省) 법규는 성(省), 직할시의 인민대표대회와 그 상무위원회가 제정한 규범성 문건의 총칭으로 한국의 조례에 해당한다고 볼 수 있다. 그리고 지방정부규장은 성, 자치구, 직할시 및 성, 자치구, 직할시 인민정부 소재지의 시와 국무원의 비준을 거친 비교적 큰 시의 인민정부가 제정한 규범성 문건이다.

한편 최고인민법원(最高人民法院)은 재판과정에서 어떻게 법률을 구체적으로 응용하여야 하는가에 관한 사법해석(司法解释)을 제정하여 공포한다. 최고인민법원의 사법해석은 법령에 대한 유권해석의 일종으로 각급 법원들에 대한 규범적인 효

2_ 중국법, 사법연수원 출판(2012), p.4.

력이 있다.

반부정당경쟁법 및 관련법들은 하위에 다양한 행정법규와 부문규장 및 사법해석을 두고 있으므로, 그 관련 규정들을 소홀히 해서는 반부정당경쟁법의 법체계를 제대로 파악하였다고 할 수 없다. 이하에서는 중국의 부정경쟁행위 규제와 관련된 법체계를 살펴본다.

1. 반부정당경쟁법

중국의 부정경쟁행위 규제와 관련된 핵심적 법률은 반부정당경쟁법이다. 중국 반부정당경쟁법의 목적은 사회주의 시장경제를 건강하게 발전시키고, 공평한 경쟁을 보호하고 고무하며, 부정경쟁행위를 억제하고 경영자와 소비자의 합법적 권익을 보호하기 위한 것이다.[3]

반부정당경쟁법은 총 5장 33개 조문으로 구성되어 있다. 제1장은 총칙으로 입법목적, 공정한 경쟁의 기본 원칙, 정부와 국가의 책임에 대해 규정하고 있다. 제2장은 구체적인 11가지 종류의 부정경쟁행위를 규정하고 있다. 제3장은 단속 행정 기구 및 단속 기구의 권한에 대해서 규정하고 있다. 제4장은 각 부정경쟁행위에 대한 민사, 형사, 행정 법률 책임에 대해 규정하고 있다. 마지막 제5장은 부칙이다.

2. 기타 법률

반부정당경쟁법과 관련된 기타법률로는 상표법, 소비자보호법, 품질관리법, 광고법 등이 있다. 반부정당경쟁행위에 대한 형사상 책임에 관련된 규정은 형법을, 민사상 책임과 관련된 규정은 민법통칙을 참고해야 한다.

3. 행정법규, 사법해석 및 부문규장

반부정당경쟁법에 관한 실시조례 등 별도의 행정법규는 없다. 다만 상표법에 관한 실시조례인 「상표법실시조례(商标法实施条例)」에 관련된 내용이 일부 포함되어

3_ 중국 「반부정당경쟁법」
제1조 사회주의 시장경제의 건강한 발전을 보장하고, 공평 경쟁을 보호하고 고무하며, 부정경쟁행위를 제재하고, 경영자와 소비자의 합법적인 권익을 보호하기 위하여 본 법을 제정한다.

있어 이를 참고할 필요가 있다. 한편 반부정당경쟁법에 관하여 국가 공상행정 관리 총국(国家工商行政管理总局)(이하 "국가 공상국")은 「주지상품 특유의 명칭 · 포장 · 장식을 모방하는 부정경쟁행위 금지에 관한 약간의 규정(关于禁止仿冒知名商品特有的名称, 包装, 装潢的不正当竞争行为的若干规定)」, 「영업비밀침해행위 금지에 관한 약간의 규정(关于禁止侵犯商业秘密行为的若干规定)」 등 반부정당경쟁법 집행의 실효성을 확보하기 위한 관련 하위 규정들을 추가로 제정하여 운영하고 있다. 그리고 중국 최고인민법원은 1993년 반부정당경쟁법 시행 이후에 누적된 판결례들을 바탕으로 2007년 1월 12일 반부정당경쟁법에 관한 사법해석 「최고인민법원의 부정경쟁행위 민사안건 심리에 대한 법률적용에 관한 몇 가지 문제의 해석(最高人民法院关于审理不正当竞争民事案件应用法律若干问题的解释)」(이하 '반부정당경쟁법 사법해석')을 공포하였고, 그 외에도 「최고인민법원의 인터넷 도메인명에 관한 민사안건 심리에 대한 법률적용에 관한 몇 가지 문제의 해석(最高人民法院关于审理涉及计算机网络域名民事纠纷案件适用法律若干问题的解释)」, 「최고인민법원의 상표, 기업명칭과 선사용권리 충돌에 관한 민사분쟁 안건에 관한 몇 가지 문제의 규정(最高人民法院关于审理注册商标、企业名称与在先权利冲突的民事纠纷案件若干问题的规定)」, 「최고인민법원, 최고인민검찰원의 지식재산권 형사안건 심사상 구체적 법률적용에 관한 몇 가지 문제의 해석(2)(最高人民法院、最高人民检察院关于办理侵犯知识产权刑事案件具体应用法律若干问题的解释(二))」 등의 사법해석을 제정하여 공포하였다. 위 사법해석들은 반부정당경쟁법의 사법 적용에 있어 통일된 기준으로 작용하고 있다.

Ⅲ. 반부정당경쟁법의 개정 활동 현황

2008년 이후 국가 공상국, 국무원 법제국(国务院法制办公室)을 중심으로 반부정당경쟁법 개정논의가 이루어져 왔고, 2010년 국가 공상국이 반부정당경쟁법 개정안을 국무원에 제출하였다. 이후 2013년 전국인민대표대회 상무위원회 입법계획에 반부정당경쟁법 개정이 포함되었으나, 구체적인 개정 시기는 아직 불분명하다.[4]

4_ 原金, 反不正当竞争法拟明年完成修订, 每日经济新闻, 2014-12-09, http://www.chinaacc.com/news/caijing/yu1412093381.shtml, 방문: 2015.02.04; 陈丽平, 加强修法重点难点调研, 法制日报, 2013-12-06, http://www.chinacourt.org/article/detail/2013/12/id/1157888.shtml, 방문: 2015.02.04.

현재 논의 중인 개정내용에는 다음과 같은 것들이 있다. 첫째, 반부정당경쟁법의 적용 주체 범위를 소비자까지 그 범위를 확대시키는 것에 대해 논의되고 있다. 둘째, 현재의 법률은 제2조 일반조항 이외에 제5조부터 제15조를 통해 11가지의 부정경쟁행위를 규정하고 있는데 인터넷 등의 발달로 인해 새롭게 출현하는 부정경쟁행위는 현재의 11가지 부정경쟁행위 유형의 하나로 규율하기에 한계가 있으므로, 일반조항의 확대 또는 새로운 부정경쟁행위 유형을 포함하는 방법이 논의되고 있다. 셋째, 현재의 경제 수준에 비해 상당히 낮은 손해배상액과 경품판매액 제한 범위에 대한 조정이 논의되고 있다.[5]

Ⅳ. 타법과의 관계

1. 민사법상 침권행위와의 관계

반부정당경쟁법의 타법과의 관계에서 우선 문제되는 것은 민사법상의 침권행위(侵权行为)[6]와 어떠한 관계에 있느냐는 것이다. 예컨대, 한국법상으로 어떤 특정행위가 「부정경쟁방지 및 영업비밀보호에 관한 법」(이하 '부정경쟁방지법')의 개별 구성요건을 충족시키면서 동시에 민법 제750조 소정의 불법행위 요건을 충족시키는 경우, 양법을 어떻게 적용할 것인지에 관하여 논의가 있다. 불법행위법에 대해 부정경쟁방지법이 특별법의 지위에 있으므로 부정경쟁방지법만 적용해야 한다는 견해가 있고, 이와 달리 부정경쟁방지법이 연혁적으로는 경쟁자에 대한 불법행위를 방지한다는 취지에서 일반 불법행위법에서 시작되었을 수 있으나, 현재에는 요건과 효과를 달리하는 별도의 법제도로 전개되고 있으므로, 청구권이 경합된다는 견해도 있다. 한국에서 이를 직접적으로 다룬 판례는 아직 없다.[7]

중국 내 학계에서도 반부정당경쟁법상의 부정경쟁행위와 침권법상 침권행위 사이의 관계에 관한 논의가 존재한다. 즉, 반부정당경쟁법상의 부정경쟁행위를 일

5_ 孙向齐, 杨柳, 「反不正当竞争法」的局限与完善—以规制网络市场竞争行为为例, 人民论坛, 2014年第26期, p.124.

6_ 의역으로 '불법행위'로 번역하는 경우도 많으나, 본서에서는 중국식으로 '침권행위'로 번역하고, 법률명 역시 의역하지 않고 '침권법(侵权法)'이라 번역하였다.

7_ 윤선희, 부정경쟁방지법, 법영사, 2012, 57-58면.

반 침권행위의 특수한 형태로 파악하여 반부정당경쟁법을 민사 특별법으로 보는 견해(청구권 경합 불인정)와 민사 특별법이 아닌 민사구제와 관련된 별도의 경제법으로 보는 견해(청구권 경합 인정)가 존재한다. 중국 내 다수의 견해는 반부정당경쟁법은 시효 및 구제 등의 측면에서 민법에 기대고 있고, 규율하는 행위가 민법의 침권행위와 깊은 관련을 가지고 있되, 불공정한 거래로부터 경쟁자의 합법적인 이익을 보호할 뿐만 아니라, 소비자의 권익, 국가의 이익도 보호하기 위한 특수한 형태의 위법행위를 규정하고 있다고 보아, 민사특별법에 해당한다고 본다. 따라서 반부정당경쟁법이 규정하고 있지 않는 행위인 경우에만 민법의 침권행위 규정을 보충적으로 적용할 수 있다고 본다.[8]

한편, 민사법상 침권행위와의 관계에 있어 실무적으로 쟁점이 되는 문제는 반부정당경쟁법상 명문의 규정에 포함되어 있지 않은 부정경쟁행위에 대하여 민법상 침권행위에 해당한다고 주장할 수 있는지 여부이다.

이와 관련하여, 한국의 부정경쟁방지법은 부정경쟁행위의 유형에 관하여 한정적인 열거주의를 채택하고 있다. 따라서 규정에 열거되지 않은 부정경쟁행위에 대해서는 부정경쟁방지법이 적용되지 않고, 대신 보충적으로 민법 제750조 불법행위 조항을 적용하고 있다. 예를 들어 한국 대법원은 경쟁자인 인터넷 포털의 신용과 고객 흡인력을 무단으로 이용하는 행위가 문제된 사안에서, 위 행위가 부정경쟁방지법에 열거된 구체적인 유형들 중 어느 하나에 해당되진 않지만 부정한 경쟁행위로서 민법상 불법행위에 해당한다고 판시한 바 있다. 다른 예로 경쟁자의 드라마의 명성과 고객흡인력을 자신의 영업을 위하여 무단으로 이용하는 행위도 부정경쟁방지법에 열거된 구체적 행위 유형에는 포섭되지 않지만, 민법상 불법행위에 해당한다고 판시하였다. 한국 대법원 판시에 의하면 위와 같은 행위들은 경쟁자가 상당한 노력과 투자에 의하여 구축한 성과물을 상도덕이나 공정한 경쟁 질서에 반하여 자신의 영업을 위하여 무단으로 이용하여 부당하게 이익을 얻고 경쟁자의 법률상 보호할 가치가 있는 이익을 침해하는 행위이기 때문에 민법상 불법행위에 해당한다는 것이다.[9]

8_ 徐孟洲, 孟雁北, 竞争法, 中国人民大学出版社, 2014, p.37; 王晓晔, 重要的补充—反不正当竞争法与相邻法的关系, 国际贸易, 2004年07期, pp.41-42.

9_ 대법원 2010.8.25. 자 2008마1541 결정, 대법원 2012.3.29. 선고 2010다20044 판결; 그리고 위와 같은 민법상 불법행위에 대한 대법원 판례의 입장은 2013.7.30. 부정경쟁방지법 제2조 제1호 차목으로 입법되어 2014.1.31부터 시행되고 있다.

한편 중국은 반부정당경쟁법상의 일반규정을 폭넓게 해석하여 적용하고 있으므로 한국에서와 같은 문제가 발생하지 않는다. 이 쟁점에 대해서는 제7장에서 후술한다.

2. 산업재산권법과의 관계

다른 법과의 관계에 있어서 쟁점이 되는 것은 산업재산권법과의 충돌문제이다. 예를 들어, 어떤 유명 상품이 있는데 그 상품의 이름이 상표로 등록되어 있지 않은 경우를 상정해 보자. 그런데 어떤 사람이 모방 상품을 만들어 판매하면서 그 상품의 이름과 동일 또는 유사하게 상표를 등록하여 사용하고 있고, 이로 인해 일반 수요자나 거래자가 유명 상품과 혼동을 일으키고 있다고 하자. 이러한 사안에서, 선사용권자(즉, 유명 상품의 생산, 판매자)는 반부정당경쟁법을 근거로 권리를 보호받으려 하고, 후상표권자(즉, 모방상표의 등록권자)는 상표법을 근거로 등록된 상표권을 행사하려 할 것이다. 이 경우 상표법을 우선 적용한다면 후상표권자만 상표권을 행사할 수 있게 되나, 이는 누가 보아도 우선 보호되어야 하는 선권리자의 권리 보호를 포기하는 부당한 결론이다. 이처럼 산업재산권법상의 권리 행사가 부정경쟁행위에 해당하는 경우, 반부정당경쟁법과 산업재산권법이 충돌하는 문제가 발생할 수 있다.

이러한 문제와 관련하여, 중국 반부정당경쟁법은 기타 산업재산권법과 반부정당경쟁법과의 관계에 대한 명시적인 규정을 두고 있지 않다. 다만, 중국 법원은 부정경쟁의 의도로 권리 외관을 창출한 경우 그 권리 외관은 부정경쟁행위 성립에 영향을 주지 않는다는 입장이다(이러한 입장은 아래에서 살펴보듯 한국법의 태도와 다르지 않다).

예컨대 중국 최고인민법원은 유명한 상품의 포장을 본떠 후사용자가 디자인 등록을 한 다음 그 등록된 디자인을 사용한 사안에서, 등록된 디자인권[10]의 정당한 행사라는 디자인권자의 주장을 받아들이지 않고 디자인권자의 모방 행위를 부정경쟁행위로 인정한 바 있다. 위 사안에서, 최고인민법원은 피고가 상품의 명칭 · 포장 · 장식에 대한 형식적인 권리를 가지고 있다고 하더라도, 실제로는 타인의 주지상품의 지명도에 편승하는 행위라면, 부정경쟁행위가 성립한다고 판시하였다.[11]

10_ 이 책에서는 '외관설계 특허권(外观设计专利权)'을 '디자인권'으로 의역하였다.

11_ 最高人民法院 (2012)民申字第627号 民事裁定书, 최고인민법원은 다음과 같은 내용을 설시하였다. "「중화인민공화국 전리법(中华人民共和国专利法)」 제23조 제3항 규정은 특허권을 허여

상표의 경우도 마찬가지이다. 중국 최고인민법원은 상표권이 형식적으로 남아 있고 아직 무효가 되지 않았다고 하더라도 반드시 그 무효 절차가 선행되어야 하거나 무효 선언이 선결 조건이 되어야 하는 것은 아니고, 상표권 사용행위가 실질적인 부정경쟁행위에 해당하는 경우 법에 의하여 부정경쟁행위임을 인정할 수 있다고 보고 있다.[12]

참고로 한국의 사례를 살펴보자. 한국의 부정경쟁방지법은 중국 반부정당경쟁방지법과 달리 산업재산권법과의 관계에 관하여 명문의 규정을 두고 있다. 즉, 한국 부정경쟁방지법 제15조는 상표법, 저작권법, 특허법 등 산업재산권과 관련된 법에 부정경쟁방지법 제2조와 다른 규정이 있는 경우 그 법에 따른다고 규정하여, 산업재산권 관련법이 우선 적용됨을 명시하고 있다.[13]

다만 위 규정의 적용 범위에는 일정한 제한이 있다. 앞서 본 바와 같이 산업재산권법상의 권리 행사가 부정경쟁행위에 해당하는 경우에까지 부정경쟁방지법 제

받는 디자인은 신청일 이전에 타인이 먼저 합법적으로 획득한 권리와 충돌하여서는 안 된다고 정하고 있다. 「전리법 분쟁 안건의 심리에 적용하는 법률 문제에 관한 최고인민법원 규정(最高人民法院关于审理专利纠纷案件适用法律问题的若干规定)」 제16조는 전리법 제23조의 '먼저 합법적으로 취득한 권리' 는 상표권, 저작권, 기업명칭권, 초상권, 주지상품 특유 포장 또는 장식 사용권 등을 포함한다고 정하고 있다. 위와 같은 규정에 따를 때, 디자인권의 사용이 주지상품 특유 포장 또는 장식의 사용권을 침해하고 부정경쟁행위를 구성하는 경우 그 디자인권의 무효를 선언할 충분한 조건을 충족한다. 또한 디자인권의 사용 행위가 부정경쟁행위에 해당하는지 여부에 관한 안건에서, 만일 디자인권의 무효 선언이 선결조건이라고 본다면, 「중화인민공화국 전리법」 제23조 제3항의 규정은 아무런 의미가 없게 된다. 따라서 본안은 어떠한 행정 선결 문제와도 관련 없고, 심리를 중지해야 하는 것도 아니다.

12_ 이와 같은 원칙은 최고법원의 사법해석에도 명시적으로 드러난다. 최고인민법원은 「현재 경제 상황하의 지식재산권 심판에 관한 몇 가지 문제에 대한 의견 (最高人民法院关于当前经济形势下知识产权审判服务大局若干问题的意见)」(2009.4.21.)에서 "국가 공상국에 등기되는 등 합법적인 형식을 갖추고 있다고 하더라도, 실질적으로 상표침해 또는 부정경쟁행위에 해당하는 경우, 법에 의하여 상표침해 또는 부정경쟁행위를 인정하면 되는 것이고, (등록 취소, 무효 등) 행정처리를 선결조건으로 하거나, 그와 같은 행정처리를 위하여 재판을 중지해야 하는 것은 아니다"라고 한 바 있다.

13_ 한국 「부정경쟁방지 및 영업비밀 보호에 관한 법」(이하 '부정경쟁방지법')

제15조(다른 법률과의 관계) ① 「특허법」, 「실용신안법」, 「디자인보호법」, 「상표법」, 「농수산물 품질관리법」 또는 「저작권법」에 제2조부터 제6조까지 및 제18조 제3항과 다른 규정이 있으면 그 법에 따른다.

② 「독점규제 및 공정거래에 관한 법률」, 「표시 · 광고의 공정화에 관한 법률」 또는 「형법」 중 국기 · 국장에 관한 규정에 제2조 제1호 라목부터 바목까지 및 차목, 제3조부터 제6조까지 및 제18조 제3항과 다른 규정이 있으면 그 법에 따른다.

15조를 적용한다면 이는 누가 보아도 보호되어야 하는 선권리자의 권리 보호를 포기하는 부당한 결론에 이를 수 있기 때문이다. 한국 대법원은, 이와 같은 경우 제15조를 적용하지 않고 후사용자의 부정경쟁행위를 인정한 바 있다. 한국 대법원은 제15조를 적용하지 않은 이유에 대해 "부정경쟁방지법 제15조는 상표법 등 다른 법률에 부정경쟁방지법과 다른 규정이 있는 경우에는 부정경쟁방지법의 규정을 적용하지 아니하고 다른 법률의 규정을 적용하도록 규정하고 있으나, 상표권의 등록이 자기의 상품을 타인의 상품과 식별시킬 목적으로 한 것이 아니고 국내에서 널리 인식되어 사용되고 있는 타인의 상표와 동일 또는 유사한 상표를 사용하여 일반 수요자로 하여금 타인의 상품과 혼동을 일으키게 하여 이익을 얻을 목적으로 형식상 상표권을 취득하는 것이라면 그 상표의 등록출원 자체는 부정경쟁행위를 목적으로 하는 것으로서, 가사 권리행사의 외형을 갖추었다 하더라도 이는 상표법을 악용하거나 남용한 것이 되어 상표법에 의한 적법한 권리의 행사라고 인정할 수 없으므로 이러한 경우에는 부정경쟁방지법 제15조의 적용이 배제된다"라고 판시하였다.[14] 즉 부정경쟁의 목적으로 권리의 외형을 갖춘 것뿐이라면 해당 권리를 행사하는 것은 적법한 권리의 행사로 볼 수 없으므로, 부정경쟁방지법 제15조에 따라 상표법 등을 우선 적용하지 않는다는 것이다. 따라서 부정경쟁방지법을 그대로 적용하여 부정경쟁행위를 제재할 수 있다.

3. 상호권 관련 규정과의 관계

중국법상 반부정당경쟁법 이외에도 상호를 보호하는 다른 규정이 존재한다. 우선, 「민법통칙(民法通则)」 제99조, 제120조에서 회사의 명칭권을 보호하고 있다. 제99조는 법인 등은 명칭을 결정, 변경, 사용 및 처분하는 명칭권이 있다고 규정하고 있고, 제120조는 법인의 명칭권을 침해받았을 경우 침해중지, 손해배상 등을 요구할 수 있다고 규정하고 있다.[15]

14_ 대법원 2001.4.10. 선고 2000다4487 판결. 같은 취지로는 대법원 1993.1.19. 선고 92도2054 판결, 대법원 1995.11.7. 선고 94도3287 판결, 대법원 2000.5.12. 선고 98다49142 판결.

15_ 중국 「민법통칙」

제99조 ① 공민은 성명권을 향유하는데 자신의 이름을 결정하고 사용하며 규정에 따라 자신의 성명을 변경할 권리가 있으며 타인이 간섭하거나 도용하는 것을 금지한다.

② 법인, 개체 공상호(个体工商户), 개인 조합은 명칭권을 향유한다. 기업법인, 개체 공상호, 개인 조합은 자기의 명칭을 사용하고 법에 따라 이전할 권리가 있다.

한편 중국의 「회사법(公司法)」에서는 기업명칭에 대한 별도의 보호규정을 두고 있지 않으나, 별도의 행정법규인 「기업명칭 등기관리 규정(企业名称登记管理规定)」에서 기업명칭의 등록 및 보호에 관한 규정을 두고 있다. 위 규정에 따르면, 관련 기관의 허가를 받아 등록을 경료한 기업명칭에 대해 등록권자는 전용권을 가지고, 타인이 등록한 기업명칭과 동일한 기업명칭은 등록하지 못한다.[16]

이와 비교하여 한국법을 살펴보면, 한국법상 상호를 보호하는 법률로는 부정경쟁방지법뿐 아니라 상법을 들 수 있다. 한국 상법은 상호를 등기하는 경우 타인이 동일한 특별시 · 광역시 · 시 · 군에서 동종영업의 상호로 등기하지 못하도록 하는 등기 배척권을 부여하고 있고, 부정한 목적을 가지고 영업으로 타인의 상호를 사용할 경우 상호를 등기한 자는 그 폐지와 손해배상을 청구할 수 있도록 규정하고 있다는 점에서 중국의 기업명칭등기 관리규정과 유사하다.[17]

제120조 ① 공민의 성명권, 초상권, 명예권, 영예권이 침해를 받았을 경우 침해 중지, 명예 회복, 영향 제거, 사과 등을 요구할 권리가 있으며 손실 배상을 요구할 수 있다.
② 법인의 명칭권, 명예권, 영예권이 침해받았을 경우 전항(前款)의 규정을 적용한다.

16_ 중국 「기업명칭등기 관리규정」

제7조 ① 기업명칭은 아래와 같은 부분으로 구성되어야 한다: 자호(또는 상호, 이하 같다), 업종 또는 영업 특징, 조직형식. 기업명칭의 앞에는 기업소재지 성(자치구, 직할시를 포함한다, 이하 같다) 또는 시(주를 포함한다, 이하 같다) 또는 현[시 직할구(市辖区)를 포함한다, 이하 같다] 행정구역 명칭을 두어야 한다.
② 국가 공상행정 관리총국의 비준을 받은 경우, 아래의 기업들은 기업명칭의 앞에 기업 소재지 행정구역 명칭을 두지 않을 수 있다:
1. 본 규정 제13조에 나열된 기업
2. 역사가 오래되었거나, 자호(字号)가 저명한 기업
3. 외상 투자 기업

제24조 ① 두 개 이상의 기업이 동일한 등기주관부서에 동일한 기업명칭을 신청했을 경우 등기주관부서는 우선신청의 원칙에 따라 결정한다. 동일에 신청한 경우 기업 사이에 협의하여 결정하며, 협의가 성립하지 않은 경우 등기주관부서에서 결정한다.
② 두 개 이상의 기업이 서로 다른 등기주관부서에 동일한 기업명칭을 신청했을 경우 등기주관 부서는 우선신청의 원칙에 따라 결정한다. 동일상호를 신청한 경우 기업간에 협의하여 결정하고, 협의가 성립하지 않은 경우 각 해당 등기주관부서에서 공동의 상급 등기기관에 보고하여 결정을 받는다.

제27조 ① 자의적으로 타인이 이미 등기 등록한 기업명칭을 사용하거나 또는 기타 타인의 기업명칭을 사용하거나, 또는 기타 타인의 기업명칭 전용권을 침해한 행위에 대해 피해자는 침해자 소재지 등기주관부서에 침해정지 처분을 요구할 수 있다. 등기주관부서는 침해자의 침해행위를 정지할 것을 명할 수 있으며, 피해자가 침해로 인한 손실을 배상하도록 명하며, 불법소득을 몰수하고 동시에 5000위안 이상 5만 위안 이하의 벌금을 부과한다.
② 타인의 기업명칭 전용권을 침해했을 경우 피해자는 인민법원에 직접 제소할 수 있다.

다만, 한국 상법의 경우 등기를 하지 않은 상호의 경우에도 상호 사용권(상법 제18조)과 상호 전용권(상법 제23조 제2항)을 인정하고 있지만, 중국의 기업명칭등기 관리규정은 등기하지 않은 기업명칭에 대한 보호 조항을 따로 두고 있지 않다는 차이가 있다.

4. 경업금지 또는 전직금지 관련 규정과의 관계

중국 「반부정당경쟁법」 제10조 제3항은 비밀유지 의무 또는 요구에 위반하여 보유자로부터 합법적으로 취득한 영업비밀을 공개, 사용하는 행위를 영업비밀 침해로 보고 있다. 국가 공상국이 발표한 「영업비밀침해행위 금지에 관한 약간의 규정(关于禁止侵犯商业秘密行为的若干规定)」 제3조 제3, 4호는 영업비밀 보유자와 업무 관계에 있는 자가 영업비밀 유지에 관한 규정, 계약 또는 제한을 위반하거나, 보유자의 종업원이 영업비밀 유지 규정, 계약 또는 제한을 위반하여 영업비밀을 공개, 사용 또는 다른 사람에게 사용을 허락하는 것을 영업비밀 침해라고 규정하고 있다.

이와 같이 영업비밀 유지 의무를 부과하거나, 영업비밀을 보호하기 위하여 근로자의 동종 업종의 경업 또는 동종 업체로의 전직을 금지시키기 위해서는 당사자 간에 약정을 미리 체결하여 둘 필요가 있다. 그러나 근로자와 회사가 계약을 체결할 때에는 통상 근로자가 약자의 위치에 놓이므로, 과도한 경업금지 제한 등의 규정을 두어 근로자의 직업 선택의 자유 또는 생존권을 위협할 염려가 있으므로, 중국 「노동계약법(劳动合同法)」은 영업비밀 유지 및 경업금지 제한 약정에 대하여 일정 정도의 제한을 가하고 있다.[18] 이에 대한 자세한 내용은 제8장 영업비밀 보호에 관한 부

17_ 한국 「상법」

제18조(상호선정의 자유) 상인은 그 성명 기타의 명칭으로 상호를 정할 수 있다.

제22조(상호등기의 효력) 타인이 등기한 상호는 동일한 특별시 · 광역시 · 시 · 군에서 동종영업의 상호로 등기하지 못한다.

제23조(주체를 오인시킬 상호의 사용금지) ① 누구든지 부정한 목적으로 타인의 영업으로 오인할 수 있는 상호를 사용하지 못한다.

② 제1항의 규정에 위반하여 상호를 사용하는 자가 있는 경우에 이로 인하여 손해를 받을 염려가 있는 자 또는 상호를 등기한 자는 그 폐지를 청구할 수 있다.

③ 제2항의 규정은 손해배상의 청구에 영향을 미치지 아니한다.

④ 동일한 특별시 · 광역시 · 시 · 군에서 동종영업으로 타인이 등기한 상호를 사용하는 자는 부정한 목적으로 사용하는 것으로 추정한다.

18_ 중국 「노동계약법」

분에서 살펴보도록 한다.

한편 경업금지 또는 영업비밀 보호 약정을 미처 체결하지 못한 경우 회사를 보호하기 위하여, 중국은「회사법」,「합작기업법(合作企业法)」등에 이사, 사원 등이 동종 업종을 경업하는 것을 금지하는 일반적인 경업제한조항을 두고 있다.[19]

5. 독점규제 및 공정거래 관련 규정과의 관계

한국의 경우 부정경쟁방지법과「독점규제 및 공정거래에 관한 법률」(이하 '공정거래법')이 구분되어 있어, 경쟁 배제 목적 저가판매 금지, 끼워팔기 금지, 경품판매 금지 등의 공정거래와 관련된 규정은 공정거래법에 포함되어 있다. 한국 공정거래법은 시장에서 경쟁자들이 탈락되고 배제되는 독과점화를 전제하는 한편, 한국 부정경쟁방지법은 시장에 무수한 경쟁자들이 난립하여 무질서한 경쟁을 하는 것을 가정하고 있다. 따라서 공정거래법은 공정거래위원회라는 행정기관을 통하여 적극적으로 시장에 관여하는 방식으로 실현되지만, 부정경쟁방지법은 주로 사법적인 규율을 통해 실현되는 차이가 있다.

중국의 경쟁법은 이와 약간 체계를 달리하여, 공정거래 관련 요소와 부정경쟁

제23조(비밀유지의무와 경업제한) ① 고용자와 노동자는 노동계약서에 고용자의 영업비밀과 지식재산권 관련 비밀사항의 유지 약정을 둘 수 있다.
② 비밀유지의무를 지는 노동자에 대하여, 고용자는 노동계약 또는 별도의 비밀유지약정에 노동자의 경업제한조항을 둘 수 있고, 노동계약의 해지 또는 만료 이후 경업기간 제한 기간 동안 월별로 노동자에게 경제적 보상을 하는 조항을 둘 수 있다.
③ 경업제한을 위반한 노동자는 약정에 따라 고용자에게 위약금을 지급할 의무가 있다.

제24조(경업제한의 범위와 기한) ① 경업제한 적용을 받는 자는 고용자의 고위관리자, 고위기술자 그리고 비밀보호의무를 지는 자로 제한된다. 경업제한의 범위, 지역, 기간은 고용자와 노동자의 약정으로 정하고 경업금지의 약정은 법률, 법규의 규정을 위반할 수 없다.
② 노동계약의 해지 또는 만료 이후, 전항의 적용을 받는 자가 종전 회사가 생산 또는 경영하는 동종 상품 혹은 해당 회사가 종사하는 동종 서비스와 경쟁관계에 있는 기타 회사에서 근무하거나 또는 스스로 동종 상품의 생산, 경영 혹은 동종 서비스에 종사하는 창업을 하는 경업을 제한 받는 기간은 2년을 초과할 수 없다.

19_ 중국「회사법」제215조 이사, 사장이 동법 규정을 위반하여 재직중인 회사의 동종업종을 경업하거나 타인을 위하여 경영했을 경우, 그 소득수입을 회사소유로 귀속하고 회사가 징계할 수 있다.

중국「합작기업법」제30조 사원은 동 합동기업과 동종 영업을 단독 또는 타인과 함께 하지 못한다. 합동계약에 별도로 약정하거나 또는 전체 사원의 동의 없이 사원은 동 합동기업과 거래할 수 없다. 사원은 동 합동기업 이익에 손해를 발생하는 행위는 할 수 없다.

방지 요소가 반부정당경쟁법에 함께 규정되어 있고, 독점규제에 관한 내용이 「반독점법(反垄断法)」에 추가로 규정되어 있다. 따라서 중국 반부정당경쟁법이 규정하는 '부정경쟁행위'는 불공정한 거래행위와 독점에 의한 경쟁제한행위로 나눌 수 있다. 독점에 의한 경쟁제한 행위에는 공용기업의 경쟁제한 행위, 행정독점행위, 입찰담합행위가 포함된다. 불공정한 거래행위는 경쟁이 충분히 존재하는 상황에서 시장주체가 부도덕한 수단을 통해 경쟁을 방해하거나, 상표권을 도용하는 행위 또는 산업비밀을 침해하는 행위를 의미한다. 한편 반독점법이 규제하는 대상은 경쟁을 제한하거나 배제하는 독점합의, 경영자 집중 행위 등이다.

반부정당경쟁법을 제정하던 당시 중국에는 반독점법이 존재하고 있지 않았기 때문에, 반독점법이 규율하는 것이 체계상 적절할 경쟁 제한 행위까지 반부정당경쟁법에 포함시키게 되었던 것으로 알려져 있다. 향후 반부정당경쟁법 개정 요소 중 하나로 반독점법과의 중첩 문제 해결이 꼽히고 있다.[20]

6. 광고 공정화에 관한 법률과의 관계

중국 반부정당경쟁법 제9조 및 제14조에는 허위 광고와 관련된 내용이 규정되어 있다. 반부정당경쟁법 제9조는 상품의 품질 등에 대해 오해를 초래할 수 있는 허위 광고 또는 기타 방법의 선전을 할 수 없다고 규정하고 있고, 제14조는 허위사실을 날조 · 유포하여 다른 경영자의 상업 신용 등을 훼손할 수 없다고 규정하고 있다.

한편 허위 광고와 관련된 또 다른 법으로는 중국의 「광고법(广告法)」이 있다. 중국 광고법은 1995년 2월 1일 제정되어 정식으로 실행되고 있다.[21] 중국 광고법은 광고주가 고의적으로 허위, 기만, 광고활동을 하는 경우를 불법행위로 규정하고 있다.[22] 광고법과 반부정당경쟁법은 모두 평등, 성실, 신용의 기본 원칙과 상도덕을 위

20_ 徐孟洲, 孟雁北, 竞争法, 中国人民大学出版社, 2014, pp.218-220; 王晓晔, 重要的补充—反不正当竞争法与相邻法的关系, 国际贸易, 2004年07期, pp.41-42; 李发展, 从「反不正当竞争法」之修改看我国竞争法体系的完善, 甘肃社会科学, 2012年06期, pp.78-81.

21_ 2015년 개정된 광고법은 2015.4.24. 공포되었고 2015.9.1.부터 실행된다.

22_ 중국 「광고법(2015.9.1. 시행)」 제55조 본 법의 규정을 위반하여 허위 광고를 한 경우 공상행정관리부서는 광고의 정지를 명할 수 있고 광고주에게 상응하는 범위 내의 영향을 제거할 것을 명령할 수 있으며 광고 비용의 3배 이상 5배 이하에 해당하는 벌금에 처할 수 있다. 만약 광고 비용을 계산할 수 없거나 광고 비용이 현저하게 낮은 경우, 20만 위안 이상 100만 위안 이하의 벌금에 처한다. 2년 동안 3회 이상 전단의 위법 행위를 했거나 혹은 기타 엄중한 정황이 있을 경우 광고 비용의 5배 이상 10배 이하에 해당하는 벌금에 처할 수 있고, 광고 비용을 계산할 수 없

반하여 고의성을 가지고, 불법한 수단을 통해 경쟁자나, 합법적인 소비자에게 손해를 미칠 경우 이를 불법행위로 본다. 그러나 중국 광고법은 ① 관련법에 의하여 경영자로 등록된 광고주가 발표한 ② 상업광고만을 보호하고 있으므로, 합법적이지 않은 광고주의 허위, 기만, 과장광고나 상업광고 이외의 광고 또는 기타 방식의 선전이 시장의 경쟁질서는 해칠 목적으로 행해지는 경우에는 반부정당경쟁법을 통해 이를 제재할 수 있다.[23]

참고로, 한국 부정경쟁방지법은 거래 질서 유지의 목적에서 부당한 광고 행위를 금지하고 있다. 구체적으로 원산지, 생산지를 오인할 수 있도록 광고하는 행위 및 널리 알려진 타인의 상표, 상호 등을 사용하여 광고하는 행위를 금지하고 있다(부정경쟁방지법 제2조 제1호 가, 나, 라, 마목). 그리고 그 밖의 허위 과장광고, 비방적인 광고 등은 「표시 · 광고의 공정화에 관한 법률」(이하 '표시 광고법') 및 그에 관한 공정거래위원회의 고시를 통하여 규율하고 있다. 표시 광고법은 보다 적극적으로 공정한 거래질서 확립을 목적으로 하며, 공정거래법과 마찬가지로 공정거래위원회라는 행정기관을 통하여 시장에 관여하는 방식으로 실현된다.

7. 상품 품질관리에 관한 법률과의 관계

중국은 상품 품질 관리를 위하여 「상품 품질법(产品质量法)」을 두고 있다. 반부정당경쟁법은 경영자의 이익과 시장질서 보호를 목적으로 하고, 상품 품질법은 소비자의 권익을 보호한다는 점에서 보호 목적에 차이가 있으나, 일부 보호 범위가 중첩된다. 예를 들어 반부정당경쟁법 제5조 제4호는 상품의 산지, 품질 등에 관한 오인을 유발하는 표시를 상품상에 하는 행위를 부정경쟁행위로 규율하고 있고, 상품 품질법 제5조, 제30-31조, 제37-38조 역시 상품의 산지, 품질 등에 관한 모용 행위를 금지하고 있다.

반부정당경쟁법과 상품 품질법의 적용 순서와 관련하여, 반부정당경쟁법 제21조 제1항은 "경영자가 타인의 등록상표를 위조하거나, 타인의 기업명칭 또는 성명을 허가를 받지 아니하고 사용하거나, 인증 표지 · 유명 우수 표지 등 품질 표지를 위조

거나 광고 비용이 현저하게 낮은 경우, 100만 위안 이상 200만 이하의 벌금에 처하고 영업허가증을 말소할 수 있으며, 광고 심사 기관이 광고 심사허가 문서를 취소한 경우 1년 동안 광고심사 신청을 수리하지 않는다.

23_ 王庭熙, 反不正当竞争法与广告法的"法条竞合"现象初探, 福建法学, 1995年02期, pp.25-26; 阎磊, 虚假广告认定问题研究, 南昌大学学报(人文社会科学版), 2008年05期, pp.50-51.

또는 도용하거나, 산지를 위조하여 상품의 품질에 대한 오해를 초래하는 허위 표시를 한 경우, 「상표법(商标法)」, 「상품 품질법(产品质量法)」 규정에 따라 처벌한다."고 규정하고 있는바, 산지 위조 등 상품 품질법과 반부정당경쟁법 규정이 중첩되는 부분의 행위를 하는 경우의 상품 품질법에 따른 책임을 진다.[24]

8. 국가비밀보호법과의 관계

중국 「국가비밀보호법(保守国家秘密法)」은 국가의 안전과 이익에 관련된 것으로, 일정한 기간 내에 일정한 범위의 사람만이 알고 있는 사항을 국가비밀로 보호하고 있다. 특히 누설된 이후 국가의 정치, 경제, 국방, 외교 등 영역에서 국가의 안전과 이익에 손해를 미칠 수 있는 것으로, (1) 국가사무의 중대한 정책 중의 비밀사항 (2) 국방건설과 국가방위 활동 중 비밀사항 (3) 외교와 외사활동 중 비밀사항과 대외담당비밀의무 사항 (4) 국민 경제와 사회발전 중 비밀사항 (5) 과학기술중의 비밀사항 (6) 국가 안전유지 활동과 형사범죄조사 중의 비밀사항 (7) 국가비밀보호 행정관리 부문의 기타 비밀 유지사항을 포함한다(동법 제2조, 제9조).

국가비밀보호법은 일종의 공법으로 그 권리주체는 국가이고, 반부정당경쟁법이 보호하는 권리주체는 영업비밀의 발명자, 기타 합법적인 소유자 등 사적 권리자로서 각 법률이 보호하고자 하는 권리주체가 다르므로, 일부 학자는 국가비밀과 영업비밀은 다른 범위에 해당한다고 본다. 그러나 국가기밀로 보호하는 중요한 과학기술이면서 동시에 기업의 영업비밀의 성질을 가지고 있다면 국가비밀이자 영업비밀로서 법률의 중복 보호를 받을 수 있다고 보는 것이 다수의 견해이다. 예를 들어 화학, 철강 등 주요 산업 기업의 기술 비밀은 사적인 기업의 영업비밀일 수도 있지만, 동시에 국민경제 및 사회발전과 밀접한 관련이 있는 산업 분야로 국가비밀보호법이 보호하는 국가비밀일 수도 있다.[25]

「국가비밀보호법 실시조례(保守国家秘密法实施条例)」는 국가비밀로 지정되는 경우 비밀 등급을 분류하고, 각 등급에 따라 비밀 보호 기간을 지정하고, 비밀 내용의 보호를 위하여 지켜야 할 사항 등에 대해서 규정하고 있다. 따라서 국가비밀에 속한 정보는 특별한 사정이 없는 한 기밀이 해제되기 전까지 반부정당경쟁법의 '공중에게 잘 알려지지 않은 정보'로 인정되는 것이 어렵지 않다.

24_ 韩伟, 《反不正当竞争法》与相关法律的竞合问题, 法学, 1994年第10期, p.14.

25_ 孔祥俊/主编, 商业秘密司法保护实务, 中国法律出版社, 2012, pp.287-288.

국가비밀로 분류된 기술이 영업비밀인지 여부가 문제된 사안에서, 최고인민법원은 "국가비밀은 국가의 안전 및 이익에 영향을 주는 것으로, 법 절차에 따라 일정한 기간 동안 일정 범위 내의 사람들만이 알고 있는 사항이다. 국가비밀로 분류된 국가비밀의 경우 그 생산조직, 사용조직 및 허가를 받아 관련정보를 취득한 조직 모두 엄격한 비밀관리 규범을 가진다."고 하며, 국가비밀정보를 중국 반부정당경쟁법의 '공중에게 잘 알려지지 않은' 정보에 해당한다고 판단한 원심 판단을 지지한 바 있다.[26]

9. 노동계약법과의 관계

중국 노동계약법 제23조는 근로자와 고용자가 노동계약서에 고용자의 영업비밀과 지식재산권 관련 비밀사항의 유지의무 조항을 넣을 수 있다고 규정하고 있다. 이와 같은 규정에 따라 근로자와 고용자가 영업비밀 유지계약을 체결하는 경우, 그 계약에 의해 비밀유지의무 부담을 지는 노동자는 반부정당경쟁법 제10조 제3항의 영업비밀 유지의무가 있는 자가 된다.

또한 노동계약법 제24조는 고위 관리직, 고위기술자 기타 영업비밀 유지의무를 지는 근로자에게 약정 경업금지의무 부담을 지우는 것을 허용하고 있다. 경업금지의무를 약정하는 것은, 퇴직자 또는 이직자에 의한 영업비밀 유출을 방지할 수 있는 효과적인 수단이 되고, 사전적인 예방조치로서의 기능을 갖는다는 의의가 있다.

노동계약법은 노동자는 비밀유지의무를 위반하는 경우 노동계약법 규정에 따라 위약금을 지급할 의무가 있고, 사용자에게 끼친 손해에 대해서는 별도로 손해배상을 할 의무가 있는 것으로 정하고 있다.[27] 경업금지 의무를 위반하여 사용자에게 손해를 끼친 경우에도 같다.

따라서 종업원에 의한 영업비밀침해가 문제되는 사안에서는 반부정당경쟁법뿐만 아니라 노동계약법에 의하여 보호를 받을 수도 있다. 즉, 고용자는 노동계약법에 근거하여 비밀유지약정 및 경업금지약정 위반을 이유로 위약금 및 손해배상을 청구하거나, 반부정당경쟁법에 근거하여 영업비밀 침해행위를 이유로 손해배상을

26_ 最高人民法院 (2011)民监字第414号 民事裁定书.

27_ 중국 「노동계약법」 제90조(노동자 배상책임) 노동자가 본법 규정에 위반하여 노동계약을 해지하거나, 또는 노동계약에 정해진 비밀보호 의무 또는 경업제한 의무를 위반하여, 고용자에게 손해를 끼친 경우, 배상책임을 진다.

청구하는 것 중 하나를 선택할 수 있다. 다만 노동계약법에 근거하여 권리 구제를 요청하는 경우에는 노동분쟁중재위원회(劳动仲裁委员会)에 중재 절차를 먼저 거치고 난 뒤, 그에 불복하는 경우에야 비로소 법원에 소를 제기할 수 있음을 유의해야 한다. 이는 필수적 전치절차에 해당한다.[28]

10. 형법과의 관계

한국의 부정경쟁방지법은 벌칙 규정을 두어 부정경쟁행위 또는 영업비밀 침해행위에 대하여 형사 책임을 부과하고 있다.[29] 그러나 중국 반부정당경쟁법에는 별도의 형사 책임 규정을 두고 있지 않고, 사안이 중한 경우 형사 책임을 부과한다는 형사책임의 원칙을 천명하고 있을 뿐이다. 그리고 그 구체적인 죄와 형은 형법에 규정되어 있다.

부정경쟁행위 및 영업비밀과 관련된 죄형은 중국 형법 제2편 제3장 제7절 지식재산권침해죄 및 제8절 시장질서교란죄 부분에 규정되어 있다. 그 죄형의 구체적인 내용은 뒤쪽 제9장 및 제10장 권리구제편에서 살펴보도록 한다.

28_ 중국 「노동법(劳动法)」 제79조(조정과 중재) 노동분쟁 발생 이후, 당사자는 해당 회사의 노동분쟁중재위원회에 조정을 신청할 수 있다. 조정이 이루어지지 않아 한쪽 당사자가 중재를 요구할 경우, 노동분쟁중재위원회에 중재를 신청할 수 있다. 한쪽 당사자가 노동분쟁중재위원회에 바로 중재를 신청할 수도 있다. 중재 판정에 불복할 경우, 인민법원에 소송을 제기할 수 있다.

중국 「노동쟁의조정중재법(劳动争议调解仲裁法)」 제5조 노동분쟁이 발생한 후 당사자들이 협상을 원치 않거나 협상이 이루어지지 않을 경우, 또는 화해 협의가 이루어졌지만 이행하지 않는 경우에 조정기관에 조정을 신청할 수 있다. 조정을 원하지 않거나 조정이 이루어지지 않을 경우, 또는 조정 협의가 이루어졌지만 이행하지 않는 경우에 노동분쟁중재위원회에 중재를 신청할 수 있다. 중재 판정에 불복할 시, 본 법을 제외한 다른 규정이 있지 않다면 인민법원에 소송을 제기할 수 있다.

29_ 한국 부정경쟁방지법 제18조는 벌칙규정이고, 제19조는 양벌규정이다. 제18조 제1항은 외국사용 목적 영업비밀 침해행위에 대한 규정이고, 제2항은 일반 영업비밀 침해행위에 대한 규정이다. 그리고 제3항은 제2조 제1호 가목부터 사목까지의 부정경쟁행위 및 제3조의 국기 · 국장 등의 사용 금지 위반 행위를 저지르는 경우의 벌칙을 규정하고 있다. 그리고 제18조의 2는 미수규정, 제18조의 3은 예비 · 음모 규정, 제18조의 4는 비밀유지명령 위반죄를 규율하는 규정이다. '비밀유지명령'이란 부정경쟁행위, 영업비밀 침해행위 등의 소송이 진행될 때 법정에서 공개되는 영업비밀을 보호할 필요가 있는 경우 법원이 부정경쟁방지법 제14조의4에 따라 다른 당사자 또는 대리인에게 비밀을 유지할 것을 법원이 명령하는 것이다. 이와 같이 부정경쟁방지법은 다른 특별법들과 마찬가지로 구체적인 형벌 규정을 모두 그 법 자체 내에서 규정하고 있다. 다만, 부정경쟁방지법 제15조는 만일 제18조 제3항과 형법에 다른 규정이 있는 경우, 형법을 우선 적용하도록 규율하고 있다.

제2장

부정경쟁행위

제2조
① 경영자는 시장 거래 중, 자원 · 공평 · 평등 · 신의성실 원칙에 따라야 하며, 공인된 상업도덕을 준수해야 한다.
② 본 법 규정의 부정경쟁이란 경영자가 본 법 규정에 위반하여 다른 경영자의 합법적 권익에 손해를 주거나, 사회 경제 질서를 문란하게 하는 행위를 말한다.
③ 본 법 규정의 경영자란 상품 경영 또는 영리성 서비스(이하에서 상품에는 서비스를 포함한다)에 종사하는 법인, 기타 경제 조직 및 개인을 말한다.

중국 반부정당경쟁법은 제2장 부정경쟁행위 제5조부터 제15조까지 11개 조항을 통하여 구체적인 부정경쟁행위를 규정하는 동시에 제1장 총칙 제2조에 경쟁행위의 기본 원칙 및 부정경쟁행위에 관한 일반조항을 두고 있다. 중국 반부정당경쟁법이 인식하고 있는 부정경쟁행위의 의미를 이해하기 위해서는 우선 제2조 일반조항을 살펴볼 필요가 있다.

1. 반부정당경쟁법 제2조의 의의

반부정당경쟁법 제2조의 의의에 대해서는 학계에서 다양한 논의가 있다. 한 가지 견해는, 현실에서 발생하는 부정경쟁행위의 유형이 매우 다양한데 법문에 모든 부정경쟁행위를 열거할 수 없으므로 반부정당경쟁법 제2장에 열거되지 않은 유형의 행위에 대해서 제2조를 독립적으로 적용하여 부정경쟁행위를 인정할 수 있다는 것이다. 이에 반대하는 견해는, 제2조 제2항 문언에 "본 법 규정에 위반하여(违反本法规定)"라는 문구를 사용하였는바, 이는 반부정당경쟁법 제2장에서 열거하고 있는 부정경쟁행위 금지조항을 위반하는 것을 의미한다고 본다. 즉, 반부정당경쟁법 제2장에 나열된 부정경쟁행위 이외의 행위를 사법 행정 기관이 임의로 부정경쟁행위로 해석해서는 안 된다는 것이다.[1]

중국 법원은 반부정당경쟁법 제2조 제1, 2항을 독립적으로 적용하여 부정경쟁행위를 인정할 수 있다는 입장을 확고하게 취하고 있다. 최고인민법원은 반부정당경쟁법에 부정경쟁행위로 예시되어 있지 않은 행위를 규율할 수 있는지 여부가 문제된 사안에서 아래와 같이 설시하였다.

"「반부정당경쟁법」 제2장은 법률을 제정할 당시 시장에서 자주 보이거나, 확실히 예측 가능한 부정경쟁행위 유형을 열거하여 규정하고 있다. 동시에 「반부정당경쟁법」 제2조 제1항은 시장 거래의 기본 원칙을 명시하고 있다. 그리고 제2항은 부정경쟁의 정의에 대하여 규정하고 있다. 시장 경쟁은 개방적이고 치열하여, 필연적으로 시장 경쟁 행위 방식은 다양성과 가변성을 지니고 있다. 「반부정당경쟁법」은 시장 경제 질서를 통제하는 법률로서, 각종 행위 방식을 모두 구체적이고 예측 가능하게 규정하지는 못한다. 그러므로 구체적인 사건에 있어, 인민법원은 「반부정당경쟁법」 제2조 제1항과 제2항의 일반조항을 적용하여 「반부정당경쟁법」 제2장에서 열거한 규정에 속하지 않는 시장 경쟁행위를 조정하여, 시장의 공평 경쟁을 보장한다."[2]

이때 반부정당경쟁법 제2조를 넓게 적용한다면 오히려 불필요한 시장 경쟁 제한을 초래할 수 있으므로, 최고인민법원은 ① 반부정당경쟁법에 정해진 행위 유형

1_ 孔祥俊, 反不正当竞争法的创新性适用, 中国法制出版社, 2014, p.93; 王先林, 竞争法学, 中国人民大学出版社, 2009, p.103; 孔祥俊 판사는 입법 과정에 참가한 전문가들이 전자의 견해를 가지고 있다고 정리하고 있다. 후자의 견해를 가진 학자로는 王先林 교수가 있다.

2_ 最高人民法院 (2009)民申字第1065号 民事裁定书.

이 없으나, ② 해당 경쟁행위가 확실히 신의성실 원칙과 공인된 상업도덕을 위반하여 부당성 혹은 법적 책임성이 있고, ③ 해당 경쟁행위로 인해 경영자의 합법적인 권익이 확실히 실제 손해를 입은 경우에 한하여 엄격하게 적용해야 한다고 설시하였다.[3]

이와 관련하여, 한국 부정경쟁방지법에는 중국 반부정당경쟁법 제2조와 같은 일반조항이 없다. 따라서 한국 부정경쟁방지법 조항에 익숙한 한국의 실무자들은 중국 반부정당경쟁법의 일반조항을 간과하는 경우가 있으므로 이를 유의할 필요가 있다.[4]

중국 법원이 제2조 일반조항을 적용하여 인정한 반부정당경쟁 사례는 매우 많다. 이 장에서는 우선 제2조의 문언 분석을 통하여 위 규정이 정한 부정경쟁행위의 원칙적, 추상적 조건을 확인한다. 그리고 다음 장부터 반부정당경쟁법 제2장에 규정된 여러 부정경쟁행위 태양을 검토한 다음, 마지막으로 중국 법원이 제2조 일반조항을 적용하여 반부정당경쟁행위로 인정한 사례를 살펴보도록 한다.

2. 경쟁의 기본 원칙(제2조 제1항)

원칙조항인 반부정당경쟁법 제2조 제1항은 "경영자는 시장 거래 중, 자원 · 평등 · 공평 · 신의성실 원칙에 따라야 하며, 공인된 상업도덕을 준수해야 한다"고 하여 시장 경쟁에서 경영자가 준수해야 하는 원칙을 정하고 있다. 여기서 '자원 원칙(自愿原则)'이란 민사 주체가 자신의 독립적이고 실질적인 의지에 의하여 민사 법률관계를 만들고, 변경하고, 종료하는 것을 의미한다. '평등 원칙'이란 민사 주체가 관련 법률관계 중 평등한 법률적 지위를 누리는 것을 의미한다. 그리고 '공평 원칙'이

3_ 상동.

4_ 다만 2013.7.30. 개정을 통하여 한국 부정경쟁방지법에도 제2조 제1호 차목에 비교적 포괄적인 조항이 새로 도입되었다. 차목은 "타인의 상당한 투자나 노력으로 만들어진 성과 등을 공정한 상거래 관행이나 경쟁질서에 반하는 방법으로 자신의 영업을 위하여 무단으로 사용함으로써 타인의 경제적 이익을 침해하는 행위"를 부정경쟁행위로 정하고 있다. 위 차목에 해당하는 부정경쟁행위가 무엇인지 아직 선례가 나와 있지는 않지만, 위 규정을 도입하게 된 배경이 되었던 대법원 판례가 경쟁자인 포털의 신용과 고객 흡인력을 무단으로 이용하는 행위를 불법행위로 판단한 것이었다는 점과(대법원 2010.8.25. 자 2008마1541 결정), 이와 다른 사안에서 대법원이 경쟁자의 드라마의 명성과 고객흡인력을 자신의 영업을 위하여 무단으로 이용하는 행위에 대하여 위 법리와 동일한 법리를 근거로 불법행위를 인정하였다는 점(대법원 2012.3.29. 선고 2010다20044 판결)을 고려하면, 최소한 위 두 가지 행위는 모두 차목에 해당할 것으로 보인다.

란 민사 주체가 관련 법률관계 중 얻게 되는 이익을 공정하고 합리적으로 배분하는 것을 의미한다.[5]

자원, 평등, 공평의 원칙에 뒤이은 '신의성실의 원칙'과 '공인된 상업도덕 준수의 원칙'이 제2조 제1항 원칙조항의 핵심이라 할 것이다. '신의성실의 원칙'이란 특수한 관계에 있는 민사 주체 간에는 성실, 신의, 선의에 의하여 권리를 행사하고 의무를 이행하며 상대방이 마땅히 누려야 하는 이익을 신중히 보호하고 상대방의 합리적인 기대를 만족시키며 자신의 의무를 다하고 권리를 남용하는 행위를 하지 않아야 하는 것을 의미한다. 한편 '공인된 상업도덕 원칙을 준수한다'는 것은, 경영자가 경영 활동에 종사할 때 장기간에 걸친 시장 교역 활동 중에 형성되고 사회에서 보편적으로 승인되고 준수되는 상업 행위의 규칙을 준수한다는 것이다.[6]

'공인된 상업도덕 준수'와 관련하여, 중국 최고인민법원은 반부정당경쟁법이 요구하는 상업도덕은 반드시 일반적으로 공인된 것이어야 한다는 점을 강조하고 있다. 즉, 특정한 상업영역에서 보편적으로 인지하고 받아들이는 행위 기준으로서 일반성과 공인성을 갖추어야 한다는 것이다. 동일한 상업영역에서는 구매자 혹은 판매자, 기업 혹은 직원 등 다양한 입장을 가진 구성원들이 있는데, 그중 어느 하나의 일방적인 입장만을 반영하여 공인된 상업도덕인지 여부를 판단할 것이 아니라, 거래 참여자 공동이 보편적으로 인정하는 상업도덕이 기준이 되어야 한다는 것이다.[7]

이와 관련하여 최고인민법원은 원고 회사의 전직 직원이었던 피고가 경쟁회사를 차려서 원고의 사업 기회를 차지한 사안에서, 이것이 상업도덕 위반이라는 원고의 주장에 대하여 피고 직원의 행위는 공인된 상업도덕에 부합하는 것으로 비난할 수 없다고 보았다. 상업도덕 위반 여부는 고용자의 입장뿐만 아니라 피고용인의 입장을 함께 고려하여 보편적인 입장에서 판단해야 한다는 점을 명확히 한 것이다. 위 사안에서 피고 직원은 원고 회사의 고위 관리직이 아니어서 회사법에서 정한 경업 제한 의무를 지지 않았고,[8] 원고와 경업 금지 약정도 체결하지 않은 상태였다. 일반 직원에 불과하였던 피고는 원고 회사에서 자신이 쌓은 경험과 지식을 바탕으로 더욱 나은 기회를 위해 새로운 회사를 차린 것이었으므로, 최고인민법원은 피고 직원의 행위는 공인된 상업도덕에 부합하는 당연한 것에 해당하고, 따라서 이를 비난할

5_ 《反不正当竞争法注释本》, 法律出版社, 2007, pp.2-3.

6_ 孔祥俊, 反不正当竞争法的创新性适用, 中国法制出版社, 2014, pp.65-66.

7_ 最高人民法院 (2009)民申字第1065号 民事裁定书.

8_ 중국의 회사법 제148조 제5호는 이사 등 고위 관리 직원에게 경업 제한 의무를 부여하고 있다.

수 없다고 본 것이다. 또한 피고가 새로운 회사에서 원고 회사의 영업비밀을 사용한 것도 아니고, 정당한 경쟁을 통하여 원고 회사로부터 사업 기회를 가져간 것이므로, 원고 회사의 사업 기회를 쟁탈한 것은 신의성실의 원칙 및 공인된 상업도덕에 위배되지 않는다고 판단하였다.[9]

3. 부정경쟁행위 일반조항(제2조 제2항)

제2조 제2항은 "경영자가 본 법 규정에 위반하여 기타 경영자의 합법적 권익에 손해를 주거나, 사회 경제 질서를 문란하게 하는 행위"를 부정경쟁행위라고 한다고 정의하고 있다. 부정경쟁행위의 일반조항인 제2조 제2항의 내용을 자세히 나누어 살펴보자.

(1) '경영자'

위 조항으로부터 부정경쟁행위의 주체는 '경영자'임을 알 수 있다. 경영자에 대한 구체적인 내용은 아래에서 항을 바꾸어 자세히 살펴보기로 한다.

(2) '본 법 규정에 위반'

다음으로, '본 법 규정에 위반'한다는 의미와 관련하여서는, 반부정당경쟁법 제2장에 나열되어 있는 11가지의 부정경쟁행위 규정을 위반하는 것으로 이해하는 견해가 있는데,[10] 이와 같이 보는 경우 반부정당경쟁법 제2조 제2항은 보충적 일반조항으로서의 의미가 없어지게 된다. 이에 반해 다수의 학자들과 법원은 제2조 제1항의 원칙 조항에 위반하는 것도 포함하는 것으로 보아, 제2장에 구체적으로 규정되어 있지 않더라도 시장경쟁에서 신의성실 원칙과 공인된 상업도덕 요구에 위배되는 행위는 제2조 제2항 위반의 부정경쟁행위에 해당한다고 해석하고 있다.[11]

이와 관련하여 반부정당경쟁법에 구체적으로 열거되어 있지는 않으나, 행정 허가 법률 및 법규를 위반하는 불법 경영 행위인 경우, 신의성실의 원칙을 위반하여

9_ 最高人民法院 (2009)民申字第1065号 民事裁定书.

10_ 孙琬钟, 反不正当竞争法实用全书, 中国法律年检社, 1993, p.26; 王先林, 反不正当竞争法, 中国人民大学出版社, 2013, p.103 재인용.

11_ 北京市第二中级人民法院民生判决书(2000)二中知初字 第122号; 王先林, 反不正当竞争法, 中国人民大学出版社, 2013, pp.103-104 재인용.

부정한 수단을 사용한 부정경쟁행위로 바로 인정될 수 있는지 여부가 문제될 수 있다. 이와 관련하여 최고인민법원은 "관련 행위가 행정 허가 법률 및 법규를 위반하는 불법 경영 행위라고 하여, 바로 동시에 부정경쟁행위로 판단하여 민사 책임을 부담시키지 아니한다"라고 판시한 바 있다. 나아가 최고인민법원은 "불법 경영 행위가 당연히 민사 권리 침해에 해당한다고 볼 수 없고 민사 소송 원고는 피고의 행위가 불법 경영 행위라는 이유로 민사 권리 침해행위의 증명 책임을 대체할 수 없다. 경영자가 관련 행정 허가 법률 및 법규를 위반하여 불법 경영 행위를 하였는지를 막론하고, 오직 해당 경영자의 행위가 동시에 「반부정당경쟁법」의 규정을 위반하여 다른 경영자의 합법적 권익에 손해 입혔을 때, 비로소 다른 경영자가 민사 소송을 제기할 권리가 있고, 이로 인해 해당 경영자가 부정경쟁행위에 대한 민사 책임을 지는지 여부가 문제된다"고 판시하였다.[12] 즉 경영과 관련된 행정 허가 법규를 위반하는 것과 반부정당경쟁법 위반은 별개의 문제라는 것이다.

(3) '합법적 권익'에 손해

또한 이때 경영자의 '합법적 권익'은 부정경쟁행위를 억제하여 보호할 만한 가치가 있는 경제성 있는 유형 또는 무형의 이익을 통틀어 의미한다. 합법적 권익은 좁게 해석하지 않고 상업 거래의 기회 또는 경쟁 우위를 가져오는 요소 등까지 포함하여 폭넓게 해석한다.[13]

합법적 권익의 의미와 관련된 판결들을 살펴보면, 중국 법원은 공중에 널리 알려진 정보를 수집하고 가공하여 만든 데이터베이스의 정보를 무단으로 복제한 사안에서,[14] 피침해자는 위와 같은 데이터베이스를 형성하기 위하여 노력과 비용을 투여하였고, 형성된 데이터베이스는 피침해자에게 이익과 경쟁우위를 가져올 수 있으므로, 피침해자는 위 데이터베이스에 대하여 합법적인 권익을 가진다고 판단한 바 있다.

또 다른 사안을 살펴보면,[15] 피침해자는 인터넷을 통해 텔레비전 방송을 다시 보여주는 서비스를 제공하면서, 유료 회원은 광고를 건너뛸 수 있고 무료 회원은 30초간의 광고를 의무적으로 보도록 하여 광고 수익을 올리고 있었다. 그런데 침해자가 위 30초 의무 광고를 필터링 할 수 있도록 하는 프로그램을 개발하였다. 이 사안

12_ 最高人民法院 (2007)民三终字第2号 民事判决书.

13_ 最高人民法院 (2009)民申字第1065号 民事裁定书.

14_ 上海市第二中级人民法院 (2012)沪二中民五(知)初字第130号 民事判决书.

15_ 孔祥俊, 反不正当竞争法的创新性适用, 中国法制出版社, 2014, p.186.

에서 중국 법원은 정당한 사업 방법은 법률의 보호를 받을 수 있는 정당한 상업 이익을 필연적으로 가지는바, 위와 같이 피침해자의 의무 광고와 무료 텔레비전 다시보기 서비스를 결합한 사업방법은 법률상 보호를 받을 이익이 있다고 판단하여, 침해자의 행위를 부정경쟁행위로 보았다.

또한 중국 법원은 원고가 진행하는 공익활동을 마치 피고가 진행하는 것으로 오해할 수 있도록 피고가 선전 광고를 한 사안에서, 비록 공익활동이라고 하더라도 이는 원고의 광고활동의 일환으로 진행된 것이므로 그 활동 주체의 혼동이 발생한 것은 원고의 합법적인 권익이 침해된 것이라고 본 바 있다. 이 판례는 최고인민법원이 2009년 지적재산권 50개 대표 판례로 선정한 바 있다. 보다 구체적인 내용은 아래와 같다.

사 례 **공익활동 주체에 혼동이 생긴 것을 두고 합법적 권익이 침해되었다고 본 사안**[16]

충칭 인이 문화매체 유한회사(重庆银翼文化传媒有限公司, 이하 원고)**와 충칭 교통대학**(重庆交通大学, 이하 피고 1), **충칭 팡터 낙원 여행 유한회사**(重庆方特乐园旅游有限公司, 이하 피고 2)**의 허위선전 분쟁 사안**

[사실관계] 원고 회사는 2009년 6월에서 8월까지 '绿色未来 · 韵动一夏—2009中国重庆绿色形象大使公益活动'(이하 '2009 중국 충칭 친환경 홍보 대사 활동') 캠페인을 진행하였다. 주최 기관은 충칭시 친환경 자원봉사자 연합회 등이었고, 협찬 기관은 충칭시 국내외 공공관계 협회였으며, 실행 기관(承办单位)으로는 원고와 고등교육기관 접수처 중 피고 1 산하의 환경과 자원 보호 협회가 포함되어 있었다.
원고는 위 캠페인을 일종의 광고 행위로 간주하였고, 캠페인의 확대 및 협찬 기업 유치 등의 활동을 독점적으로 하기로 하였다.
그런데 피고 1(충칭교통대학) 산하의 환경과 자원 보호 협회는 단독으로 여행사인 피고 2 회사와 계약을 체결하여, 피고 2로부터 협찬금을 받고, 위 캠페인 이름을 피고 2의 명칭을 따서 '팡터 환경보호 홍보대사 모집 활동'으로 임의로 변경하여 선전하였다.
[법원의 판단] 위와 같은 피고들의 행위에 의하여, 원고는 위 '2009 중국 충칭 친환경 홍보대사 활동' 캠페인 활동을 진행할 합법적인 권익을 침해당하였다고 주장하였다.

16_ 重庆市第五中级人民法院 (2009)渝五中法民初字第247号 民事判决书, 2009년 중국 법원 지식재산권 사법보호 50대 대표 판례.

이에 대하여 법원은 제시된 증거에 따르면 "원고는 해당 활동을 일종의 광고 행위로 인식하고 있었음이 분명하다. 또한 주최 측이 2009년 6월 24일에 발표한 설명서에서도 '2009 중국 충칭 친환경 홍보 대사 활동'의 확대 및 협찬 기업 유치 등의 활동 모두 원고가 진행한다고 명시되어 있었다. 이와 같은 정황을 고려하여, 법원은 '2009 중국 충칭 친환경 홍보 대사 활동'이 일정한 상업적 광고 가치가 있고, 원고가 활동 담당 기관으로서 담당 활동 중에 협찬 유치 등의 상업 행위를 진행하여, 합법적인 영업 이익을 누릴 수 있다"고 판단하며, 피고의 행위가 원고의 합법적 권익을 침해한다고 판단하였다.

4. 부정경쟁행위의 주체(제2조 제3항)

앞서 설명한 제2조 제2항 법문으로부터 알 수 있듯이 부정경쟁행위의 주체는 '경영자'이다. 그리고 규정에 명시되어 있지는 않지만 판례와 다수 학설은 부정경쟁행위의 주체와 부정경쟁행위의 대상이 되는 상대방 사이에는 '경쟁관계'가 존재해야 한다고 보고 있다. 아래에서 경영자 및 경쟁관계의 의미에 대해 살펴보도록 한다.

(1) 경영자

중국 반부정당경쟁법의 적용을 받는 주체는 '경영자'이다. 반부정당경쟁법 제2조 제3항은 "경영자라 함은 상품 경영 또는 영리성 서비스에 종사하는 법인, 기타 경제 조직 및 개인을 말한다"고 정의하고 있다. 이와 같이 경영자 정의 규정에 '영리성' 조건이 있으므로, 그렇다면 비영리 법인 또는 조직은 반부정당경쟁법의 적용을 받지 않는 것인지 의문이 들 수 있다.

이와 관련하여 최고인민법원은 모든 시장 주체가 '경영자'에 해당한다고 보아, 경영자의 의미를 넓게 보고 있다. 전통적인 상인이나, 영업 허가를 받은 등록된 경영자에 한정되지도 않는다고 본다. 예를 들어 예술인 및 그 예술인이 설립한 공방 등이 반부정당경쟁법의 적용을 받는 '경영자'에 해당하는지 여부가 문제가 된 사안에서, 최고인민법원은 위와 같은 판단 기준에 따라 공예 미술가 역시 문화 시장의 상품 경영자로 반부정당경쟁법이 적용되는 주체에 해당한다고 판단한 바 있다. 이 판례는 최고인민법원이 선정한 2012년 지적재산권 10대 판례 중 하나로, 경영자성 판단에 관한 설시 내용은 아래와 같다.

사례 **진흙 조소 공예가, 그의 공방 및 예술 회사가 반부정당경쟁법으로 보호되는 경영자에 해당한다고 본 사안**[17]

[법원의 판단] 「반부정당경쟁법」 제1조는 "사회주의 시장경제의 건전한 발전의 보장과 공평경쟁을 장려 · 보호하고 부정경쟁행위를 제지하여, 경영자와 소비자의 합법적 권익을 보호하기 위하여 이 법을 제정한다."고 규정하고 있다. 같은 법 제2조 제3항은 "이 법 규정의 경영자란 상품 경영 또는 영리성 서비스(이하에서 상품에는 서비스를 포함한다)에 종사하는 법인, 기타 경제조직 및 개인을 말한다."고 규정하고 있다.

「반부정당경쟁법」 제2조 제3항에 규정된 경영자는 동법 제1조에 명시된 입법 목적과 함께 종합적으로 이해되어야 하는바, 반부정당경쟁법의 입법목적은 공평한 시장경쟁 질서를 유지하는 데 있다. 그러므로 모든 시장 경쟁의 주체는 반부정당경쟁법상의 경영자에 해당한다고 보아야 한다. 「반부정당경쟁법」 제2조 제3항에서의 경영자는 전통 시장에서의 상품 경영자나 영리성 서비스 제공자로 한정되지 않았고, 영업허가증(营业执照)을 발급받은 경영자로 한정되지도 않았다.

공예 미술가나 공예 미술 종사자는 문화 시장에서 자신의 행위를 통해 문화 시장의 경쟁 결과에 영향을 미칠 수 있으므로 문화 시장에서 문화 상품 경영자는 반부정당경쟁법이 적용되는 주체에 해당한다.

그 밖에 이와 관련된 중국 인민법원의 다른 판결례를 살펴보면, 중국 인민법원은 ① 타인의 공익 캠페인 활동을 부당하게 이용한 대학교,[18] ② 상업적인 부설 연구소를 가진 중국약학과학대학(中国药科大学),[19] ③ 정부가 재정을 운영하는 비영리성 의료기관인 보건원(保健院)[20]을 경영자로 인정한 바 있다. 한편, 일정 업종의 회사들

17_ 最高人民法院 (2010)民提字第113号 民事判决书, 2012년 중국 법원 지식재산권 사법보호 10대 판례.

18_ 重庆市第五中级人民法院 (2009)渝五中法民初字第247号 民事判决书.

19_ 最高人民法院公报, 2005年第6期; 林文, 反不正当竞争法律制度与实务技能, 法律出版社, 2014, p.38; 이 사안에서 중국약학과학대학은 간접적으로 영리성을 가진다고 보아 부정경쟁행위의 주체로 인정되었다.

20_ 「국가공상행정관리총국의 비영리성 의료 기구 〈반부정당경쟁법〉 규범 주체 문제에 대한 답변(国家工商行政管理总局关于非营利性医疗机构是否属于〈反不正当竞争法〉规范主体问题的答复(工商法字[2001]第248号))」; 林文, 反不正当竞争法律制度与实务技能, 2014, p.39 재인용; 약품 및 기타 치료 용구 등을 구매하는 등의 시장 활동을 하므로 반부정당경쟁법의 적용을 받는 주체로 인정되었다.

이 모여서 만든 협회가 경영자에 해당하는지 여부와 관련하여 베이징 하이디엔구(海淀区) 인민법원은 '중국 마찰밀봉재료 협회'는 경영자로 판단하는 한편,[21] '중국 전기공업 협회'는 전기와 관련된 업종을 관리하는 상품 경영 또는 영리성 있는 서비스 제공 업무에 종사하지 않는 사회단체법인에 해당하는 것으로 보아 경영자에 해당하지 않는다고 판단한 바 있다.[22]

참고로 한국 부정경쟁방지법은 상법에서의 상인뿐만 아니라, 계속적 · 반복적으로 시장에 참여하는 비영리 단체, 의사, 변호사 등을 포함하여 넓은 범위의 시장 참여자들을 적용 대상으로 한다. 한국 법원은 공익 법인인 KIST(한국과학기술연구원)의 활동이 부정경쟁방지법으로 보호되는 것인지 여부에 관하여, "과학, 학술, 기예의 진흥발전을 목적으로 하는 공익법인에 있어서도 그 직접의 목적은 영리 그 자체가 아니라고 하더라도 그 사업에 경제성이 인정된다면 부정경쟁방지법이 보호하는 영업에 해당한다"고 판시한 바 있다.[23]

(2) 경쟁관계

반부정당경쟁법 법문에는 침해자와 피해자가 경쟁관계에 있어야 한다는 규정이 없다. 그러나 원고와 피고 간의 경쟁관계를 부정경쟁행위 인정의 전제조건으로 보는 것이 일반적인 학계의 견해이고 중국 법원의 입장이기도 하다. 법원의 이와 같은 입장은 구체적인 판례뿐만 아니라 법원이 발표하는 사법 정책들을 통해서도 반복적으로 확인되고 있다.[24] 그리고 예전에는 일부 법원이 지나치게 경쟁관계를 엄격히 해석하여 경쟁관계가 아니라는 이유로 부정경쟁행위를 인정하지 않은 사례들이 종종 있었다.[25] 따라서 반부정당경쟁에 관한 판례를 살피다 보면 피고 항변 중에 원고와 피고가 경쟁관계가 아니라는 주장이 간간이 눈에 띄는데, 그와 같은 항변의 배경에는 법원의 종전 입장이 깔려 있다는 것을 이해할 필요가 있다.

21_ 北京市第一中级人民法院 (2006)一中民终字第5251号 民事判决书; 林文, 反不正当竞争法律制度与实务技能, 法律出版社, 2014, p.40 재인용.

22_ 李友根, "论经济法视野中的经营者－其于不正当竞争案判例的整理与研究", 南京大学学报, 2007年抵期; 林文, 反不正当竞争法律制度与实务技能, 法律出版社, 2014, p.41 재인용.

23_ 서울고등법원 1996.7.5. 선고 96나7382 판결.

24_ "반부정당경쟁법 제2조 규정의 경영자는 상품 경영 또는 영리성 서비스에 종사하는 법인, 기타 조직 및 개인을 의미한다. 일반적으로 반부정당경쟁법이 적용되는 경영자들은 구체적인 경쟁 관계를 가져야 하는 것으로 인정된다."[北京市海淀区人民法院 (2013)海民初字第13155号 民事判决书].

25_ 孔祥俊, 反不正当竞争法的创新性适用, 中国法制出版社, 2014, p.113.

그러나 최근에 들어서는, 동일하거나 유사한 상품/서비스를 제공하는 등의 동종 업종 간의 경쟁관계인 경우에 한정하지 않고, 소비자를 매개로 하여 간접적으로나마 서로의 사업 기회 및 영업에 영향을 미칠 수 있는 정도라면 경쟁관계에 있는 것으로 폭넓게 인정하는 경향이다. 따라서 학설 중에는 나아가 경쟁관계를 독립적인 요건으로 더 이상 고려할 필요가 없다는 견해나, 현재의 최고인민법원의 태도는 경쟁관계를 독립적인 요건으로 보고 있지 않다고 해석하는 견해도 있다.[26]

아래 사안은 동종 업계에 등록되어 있지 않은 원고와 피고 간에 경쟁관계가 있는지 여부가 문제된 사안이다. 1심법원은 원고는 자동차 수리업에 등록되어 있지 않으나, 피고는 자동차 수리업계에 종사하는 자이므로 서로 동종업계에 해당하지 않아 경쟁관계가 아니라고 보았으나, 2심법원은 이와 같은 1심법원의 판결을 취소하였다.

사 례 서로 다른 경영항목에 등록된 경영자들 간에 경쟁관계가 존재한다고 인정한 사안[27]

란젠준(兰建军, 이하 원고 1), **항저우 샤오무즈 자동차 수리 과학기술 유한회사**(杭州小拇指汽车维修科技股份有限公司, 이하 원고 2)**와 톈진시 샤오무즈 자동차 수리 서비스 유한회사**(天津市小拇指汽车维修服务有限公司, 이하 피고 1), **톈진시 화상 자동차 수입 부품회사**(天津市华商汽车进口配件公司, 이하 피고 2)**의 상표권 침해 및 부정경쟁 분쟁 사안**

[사실관계] 원고 2 회사의 사업자 등록증에 기재된 경영범위는 "허가 경영 항목: 없음, 일반 경영 항목: 서비스, 차량 유리 보수에 관한 기술 개발 · 차량 페인트 복원에 관한 기술 개발, 차량 부품 소 · 도매, 산하 지점 경영 범위 포함, 기타 심사비준이 필요하지 않은 모든 적법 항목(상술한 경영 범위는 국가 법률 법규 규정이 금지 · 제한한 것과 허가 경영 항목을 포함하지 아니한다.) 이상 언급하고 허가증 제도의 근거에 따른 경영 모두"이다. 그리고 원고 2의 산하 지점인 샤오산(萧山) 지점의 사업자 등록증의 경영범위는 "차량 도색 · 유리 설치"이고, 위 지점이 취득한 「도로 운송 경영 허가증」에 명기된 경영 범위는 "정비(2류 자동차 정비 · 소형 자동차 정비)"이다.

이처럼 원고 2의 사업자 등록증 경영범위에는 자동차 수리 항목을 포함하고 있지 않은바, 원고 2가 자동차 수리업계에 종사하는 피고와 경쟁관계에 있다고 볼 수 있는지 문제되었다.

26_ 위의 책, p.129; 林文, 反不正当竞争法律制度与实务技能, 法律出版社, 2014, p.29.

27_ 天津市高级人民法院 (2012)津高民三终字第46号 民事判决书, 2012년 중국 법원 지식재산권 50대 대표 판례.

[법원의 판단] 제1심 법원은 아래와 같은 이유에서 원고의 경영범위에는 자동차 수리항목을 포함하지 않는다고 판단하였다. "원고 2의 경영항목에는 '산하 지점 기관의 경영범위를 포함한다'고 명시되어 있고, 샤오산 지점은 경영범위가 자동차 수리이고 이에 대한 허가증을 얻었으나, 교통부가 발표한 〈자동차 수리 관리 규정〉 제7조 제1항에 따르면 '자동차 수리 경영은 수리하는 자동차 모델 유형, 서비스 능력과 경영항목에 따라 분류하여 허가한다'고 규정하고 있으므로, 이것으로 미루어보아 자동차 수리는 법에 따른 허가 경영 항목이다. 원고의 사업자등록증은 경영 항목에 자동차 수리에 대해 명시하고 있지 않고, 지점 기관의 경영범위도 단지 일반 경영항목 범위 내의 것으로 제한되어 있으며, 자동차 수리 업계 관련 허가증을 제출하지 못하였으므로 자동차 수리 업계의 경영자라고 볼 수 없다." 나아가 제1심 법원은 피고가 자동차 수리 업계에 종사하는 데 비하여, 원고의 경영범위에는 자동차 수리항목을 포함하지 않으므로 양자는 서로 경쟁관계가 아니라고 판단하였다.
이처럼 제1심 법원은 원고가 자동차 수리 업계의 경영자가 아니라고 판단한 근거로, 원고 사업자등록증에는 경영 항목에 자동차 수리업이 명시되어 있지 않고, 원고 지점의 경영범위는 단지 일반 경영항목 범위 내로 제한되어 있으며, 원고가 자동차 수리 업계 관련 허가증을 제출하지 못하였다는 점을 들었다.
반면 제2심은 「반부정당경쟁법」 제2조 제3항의 규정에 근거하여, 반부정당경쟁법이 조정하는 경쟁관계는 오로지 동종 업계 또는 서비스로만 한정하는 것이 아닌바, 그러므로 원고는 자동차 수리 시장의 관련 경영자로서 자동차 수리업계에 종사하는 피고와 경쟁관계가 존재한다고 판단하였다.

업종의 경계가 불분명한 인터넷 서비스 시장에서는 경쟁관계를 폭넓게 인정할 필요성이 더욱 크다. 중국의 실리콘 밸리로 알려져 있는 베이징 하이디엔구(海淀区) 지역 인민법원은 판결례에서 "전통적 업종에서의 경쟁관계란 동종업의 직접적인 경쟁관계로 이해되어 왔지만, 현재 인터넷 시장은 업무가 매우 세분화되는 한편, 업무가 교차되고 합쳐지는 것이 날로 보편화되고 있으므로, 경쟁관계를 세분화된 영역 내의 동종업 경쟁관계로 한정하여 이해할 수 없다. 따라서 경쟁관계는 경쟁 이익이 있는지 여부의 각도에서 고려되어야 한다. 경쟁 이익은 주로 고객 집단, 거래 기회 등 시장 자원의 쟁탈 과정에서 존재하는 이익으로 나타난다"라고 판시한 바 있다. 이와 같은 기준에서 위 법원은 비록 인터넷 서비스업체들이 서로 다른 내용의 서비스를 제공하는 경우에는, 인터넷 사용자를 더 많이 유치하여 더 많은 광고 수익을 얻고자 한다는 점에서 경쟁 이익을 공유하므로 서로 경쟁관계가 있다고 인정하였

다.[28]

그 밖의 다른 최근 판례를 살펴보더라도, ① 원고는 교육업과 무관한 사기업이고 피고는 대학교인 사건에서, 피고가 자신과 원고 사이에 어떠한 경쟁관계도 없다고 주장한 사안,[29] ② 원고는 온라인 메신저 서비스 회사이고 피고는 백신 프로그램 서비스 회사인 사건에서, 피고가 양 당사자의 상품은 대체 가능성이 없어서 서로 경쟁하는 관계가 아니라고 항변한 사안,[30] ③ 인터넷 회선을 제공하는 업체와 검색 포털 사이트를 제공하는 업체 사이에 경쟁관계가 있는지 문제가 된 사안에서,[31] 인민법원은 모두 경쟁관계를 인정한 바 있다.

28_ 北京市海淀区人民法院 (2013)海民初字第13155号 民事判决书.

29_ 重庆市第五中级人民法院 (2009)渝五中法民初字第247号 民事判决书.

30_ 北京市第二中级人民法院 (2011)二中民终字第12237号 民事判决书.

31_ 山东省高级人民法院 (2010)鲁民三终字第5-2号 民事判决书, 이 사건의 담당 법관 평석은 "만일 한쪽의 행위가 부당하게 상대방의 정당한 경영활동을 방해하고 합법적인 권익을 침해한다면, 두 주체 사이에 경쟁관계가 있음이 인정된다"고 하고 있다(奚晓明 主编, 知识产权指导案例评注(第三辑), 中国法制出版社, 2012, pp.52-53).

제3장

상표 위조, 주지상품 명칭 등을 사용하여 혼동을 야기하는 행위(제5조 제1, 2호)

> 제5조
> 경영자는 아래의 부정한 수단을 사용하여 시장 거래에서 경쟁 상대에게 손해를 가하여서는 아니 된다.
> 1. 타인의 등록상표를 위조하는 행위
> 2. 주지상품(知名商品) 특유의 명칭 · 포장 · 장식을 허가를 받지 아니하고 사용하거나 또는 주지상품과 유사한 명칭 · 포장 · 장식을 사용하여, 타인의 주지상품과 서로 혼동을 조성하고 구매자로 하여금 당해 주지상품인 것처럼 오인을 초래하는 행위

Ⅰ. 타인의 등록상표를 위조하는 행위(제5조 제1호)

반부정당경쟁법 제5조 제1호는 타인의 등록상표 침해행위를 금지하는 조항을 명시적으로 두고 있다. 이 규정은 일견 상표법과 중첩되는 것으로 보이는바, 그 의미가 무엇인지 의문이 들 수 있다.

중국의 학계와 실무에는 제5조 제1호의 '타인의 등록상표 위조'의 의미를 광의, 중의, 협의로 해석하는 견해가 있다. 광의의 해석은 중국 2001년 개정 상표법 제52조에 규정된 상표권 침해행위 5가지를 모두 포함한다고 보는 것이다.[1] 중의의 해석

은 2001년 개정 상표법 제52조 제1호에 규정된 상표권 침해행위, 즉 허락받지 않고 동일 또는 유사한 상품에 타인의 등록상표와 동일 또는 유사한 상표를 사용하는 행위를 의미한다고 보는 것이다. 협의의 해석은 중국 「형법(刑法)」 제213조의 등록상표위조죄의 내용에 해당한다고 보는 것이다. 비록 제5조 제1호 법문에 '위조(假冒)'라고 되어 있어 협의의 해석과 같이 볼 여지가 있는 것은 사실이나, 반부정당경쟁법이 타인의 상표 사용 행위를 규제하는 목적이 시장 혼동을 방지하기 위한 것임을 고려할 때, 등록상표 위조뿐 아니라 상표권자의 허락을 받지 않고 동일 또는 유사한 상품에 타인의 등록상표와 동일 또는 유사한 상표를 사용하는 행위를 의미하는 것으로 보는 것(중의의 해석)이 설득력 있는 견해라고 보인다.[2]

그런데 중국법상으로도 위와 같은 논의는 크게 실익이 없는데, 그 이유는 타인의 등록상표권 침해행위를 상표법이 아닌 반부정당경쟁법 제5조 제1호 위반행위로 규율한다고 하여 특별한 장점이 있거나 새로운 법률 효과를 기대할 수 있는 것이 아니기 때문이다. 상세히 살펴보면, ① 반부정당경쟁법 제21조 제1항에서는 제5조 제1호를 위반하는 행위는 상표법의 규정에 따라 처벌하도록 정하고 있다. ② 반부정당경쟁법 사법해석은 침해 상표와 피침해 상표의 동일 유사성을 판단할 때 상표법의 동일 유사성 판단 방법을 따르도록 하고 있다.[3] ③ 위 사법해석은 등록상표 침해로 인한 손해배상 산정시 상표법의 해당 규정을 참조하도록 하고 있다.[4] ④ 상표법의 경우 제소전 증거보전 처분 또는 침해정지 가처분에 대한 명문 규정이 있는 반면 반부정당경쟁법은 그러한 규정이 없어 오히려 권리자에게 불리한 면이 있으며, ⑤ 반부정당경쟁법을 적용하는 것이 상표법을 적용하는 경우보다 입증책임 측면에서 권리자에게 유리한 점이 있는 것도 아니다.

따라서 타인의 등록상표권 침해행위는 상표법을 적용하여 권리 구제를 받는 것으로 충분하다. 중국 상표법 및 반부정당경쟁법의 권위자인 공상권 판사 역시 위 규

1_ ① 타인의 등록상표와 동일 · 유사한 상표를 사용하는 행위, ② 타인의 상표권을 침해하는 상품을 판매하는 행위, ③ 타인의 등록상표 표지를 위조 · 무단 제조 또는 판매하는 행위, ④ 타인의 등록상표를 변경하고 그 변경한 상품을 판매하는 행위, ⑤ 타인의 상표권에 기타 손해를 주는 행위이다. 이 규정은 2013년 개정 상표법 제57조에 해당하는 규정인데, 상표법 제57조는 총 7개의 상표권 침해행위를 열거하고 있다. 이 부분 논의는 2013년 상표법 개정이 이루어지기 이전에 이루어졌으므로, 2001년 상표법을 기준으로 한 설명을 그대로 인용하였다.

2_ 王先林, 竞争法学, 中国人民大学出版社, 2009, pp.119-120.

3_ 반부정당경쟁법 사법해석 제4조 제3항.

4_ 상동.

정은 상표법과 반부정당경쟁법이 상표에 대해 공통으로 전면적이고 충분한 보호를 하고 있다는 점을 천명하는 의미 외에는 별다른 법률적 의의가 있다고 보지 않는 입장이다.[5]

참고로, 한국 부정경쟁방지법 제15조 제1항은 특허법, 디자인보호법, 상표법, 저작권법 등 산업재산권법들과 부정경쟁방지법의 관계를 규정하고 있는데, 그 내용은 산업재산권법 내용에 부정경쟁방지법과 다른 내용이 있으면 해당 산업재산권법의 규정을 따르도록 하는 것이다. 따라서 한국에서는 위 문제가 입법적으로 해결되어 있는 상황이다.

II. 상품 및 서비스 출처의 혼동을 야기하는 행위(제5조 제2호)

중국 반부정당경쟁법 제5조 제2호은 "주지상품(知名商品) 특유의 명칭 · 포장 · 장식을 허가를 받지 아니하고 사용하거나 또는 주지상품과 유사한 명칭 · 포장 · 장식을 사용하여, 타인의 주지상품과 서로 혼동을 조성하고 구매자로 하여금 당해 주지상품인 것처럼 오인을 초래하는 행위"를 부정경쟁행위로 규정하고 있다. 이 규정은 흔히 말하는 '짝퉁 제품', 즉 유명 상품이나 서비스를 모방하는 행위를 금지하는 것이다. 만약 주지상품의 표지가 상표로 등록되어 있다면 상표법에 따라 보호를 받게 되겠지만, 그렇지 않은 경우에는 본 조항이 적용된다. 반부정당경쟁법 제5조 제2호의 법문은 주지 '상품'의 오인 · 혼동 야기 행위를 금지한다고 규정하고 있지만, 중국 반부정당경쟁법은 '상품'에 서비스를 포함시키므로 서비스가 배제되는 것으로 착각하는 일은 없어야 할 것이다.[6]

한국 부정경쟁방지법도 이와 유사한 규정을 통해, 국내에서 널리 알려진 타인의 상표, 상품의 용기 · 포장 · 표지 또는 타인의 서비스임을 표시하는 표장과 동일하거나 유사한 것을 사용하여 타인의 상품 또는 영업과 혼동하게 하는 행위를 부정경쟁행위로 규정하고 있다(부정경쟁방지법 제2조 제1호 가, 나목).

아래에서는 반부정당경쟁법 제5조 제2호 위반행위의 구체적인 내용을 살펴보도록 한다.

5_ 孔祥俊, 反不正当竞争法的创新性适用, 中国法制出版社, 2014, p.246.

6_ 중국「반부정당경쟁법」제2조 ③ 이 법 규정의 경영자란 상품경영 또는 영리성 서비스(이하에서 상품에는 서비스를 포함한다)에 종사하는 법인, 기타 경제조직 및 개인을 말한다.

1. 주지상품(知名商品)의 의미 및 판단 요소

반부정당경쟁법 제5조 제2호 위반을 주장하는 권리자는 자신의 상품이 '주지상품'에 해당한다는 점을 주장 · 입증할 필요가 있다. 중국 법원은 (1) 중국 내에서 (2) 일정 정도의 시장 지명도를 가지고 (3) 관련 공중에게 널리 알려진 상품을 주지상품으로 인정한다.[7] 각 판단 요소에 대하여 자세하게 살펴보도록 한다.

(1) 중국 내일 것

주지상품으로 인정되기 위한 지역적 범위를 살펴보면, 우선 중국 국경 내에서 지명도를 가지는 상품이어야 한다는 점을 유의할 필요가 있다. 외국에서 지명도가 있는 상품이라고 하더라도 중국에서 지명도가 높지 않은 경우 주지상품으로 인정되지 않는다는 점을 유의해야 한다.[8] 한국 부정경쟁방지법도 이와 마찬가지로 '국내에서 널리 인식된' 상호 등을 보호하고 있다.[9] 지금에 와서는 상상하기 어렵지만 1980년대 초 한국 대법원은 맥도날드(McDonald) 상표에 대해서 국내에서 널리 인식되어 있다고 볼 수 없다고 판단하기도 하였다.[10]

중국 최고인민법원은 이탈리아의 '페레로 로쉐 초콜릿'의 주지성 여부가 문제된 사안에서, "상품의 국외에서의 지명도를 고려하는 것을 배제할 필요는 없다"고 하면서도, 다른 한편으로 2심법원이 "상품의 저명 정도를 판단할 때에는 국내외의 특정한 시장의 지명도를 종합적으로 판단하여야 하고, 중국 내에서 유명한 상품만이 주지인 것으로 이해할 수 없다"라고 설시한 것에 대해서는 표현이 잘못되었다고 지적하여 국외 지명도를 지나치게 중시하는 듯한 2심법원의 태도를 경계한 바 있다.[11]

여기서 주의해야 할 것은 '중국 내에서 유명'해야 한다고 해서, 중국 내 전국적인 범위 내에서 유명해야 한다는 것을 의미하지는 않는다는 점이다. 전국이 아닌 일정 지역 내의 시장에서 지명도가 있더라도 주지상품에 해당한다.[12] 한국 판례 역시 한국 부정경쟁방지법 제2조 제1호의 '국내에 널리 인식된 상표, 상호'라 함은 국내

7_ 반부정당경쟁법 사법해석 제1조 제1항.

8_ 孔祥俊 主编, 最高人民法院知识产权司法解释理解与活用, 中国法制出版社, 2012, p.250.

9_ 한국 「부정경쟁방지 및 영업비밀보호에 관한 법률」 제2조 제1호.

10_ 대법원 1981.2.24. 선고 80다1216 판결.

11_ 最高人民法院 (2006)民三提字第3号 民事判决书.

12_ 孔祥俊 主编, 最高人民法院知识产权司法解释理解与活用, 中国法制出版社, 2012, p.250; 王先林, 竞争法学, 中国人民大学出版社, 2009, p.122.

전역에 걸쳐 모든 사람들에게 주지되어 있음을 요하는 것이 아니고 국내의 일정한 지역적 범위 안에서 거래자 또는 수요자들 사이에 알려진 정도로 족하다는 입장인 바 이와 유사하다.[13]

(2) 일정 정도의 지명도를 가질 것

반부정당경쟁법에 관한 사법해석은 일정 정도의 지명도를 가지는지 여부를 판단함에 있어서 ① 해당 상품의 판매 기간, ② 판매 지역, ③ 판매액, ④ 판매 대상, ⑤ 그 상품에 관련된 제반 선전을 진행한 기간, ⑥ 선전의 정도, ⑦ 선전을 한 지역 범위 등의 구체적인 요소를 고려하여 판단하여야 한다고 규정하고 있다.[14] 각 요소에 대하여 하나씩 살펴보도록 한다.

상품의 판매 기간 상품의 판매 기간이 길면 주지상품으로 인정될 가능성이 높아지겠으나, 그 판매 기간이 얼마 이상이어야 하는지 등에 대한 규정이나 법원의 명확한 입장은 없다. 다만 상표법상의 저명상표(驰名商标)에 관한 국가 공상국의 「저명상표 인정과 보호에 대한 규정(驰名商标认定和保护规定)」은 저명상표로 인정되기 위하여 3년간의 광고 자료, 매출 자료 등을 제출할 것을 요구하고 있다.[15] 그러나 법원은 2년 가량 판매한 상품에 대해서도 주지상품임을 인정하는 등 위 규정을 특별히 고려하는 것으로 보이지 않는다.[16]

상품의 판매 지역 판매 지역이 어느 범위 이상 되어야 주지성이 인정되는지 여부에 대해서는 특별한 규정이 없다. 다만 실무상 판매 지역의 인정은 지나치게 세분화 되지 않고 성(省) 및 직할시 정도의 단위로 인정하는 경향이다. 한편 상품 판매 지역의 입증은 판매 계약서, 판매 영수증, 운송장, 광고 계약 등을 제출하는 방식으로 한다.[17]

여기서 주의할 것은, 어느 한 지역에서의 어느 한 상품이 주지성을 가지는지 여부를 판단함에 있어서 그 상품이 해당 지역에서 판매되었는지 여부는 중요한 요소이나, 반드시 판매가 이루어져야만 주지성이 인정되는 것은 아니라는 것이다. 즉 중

13_ 대법원 2001.4.10. 선고 2000다4487 판결, 대법원 1995.7.14. 선고 94도399 판결.

14_ 반부정당경쟁법 사법해석 제1조 제1항.

15_ 「국가 공상국 저명상표 인정과 보호에 대한 규정」 제9조.

16_ 重庆市高级人民法院 (2011)渝高法民终字第00253号 民事判决书; 이 사안에서 법원은 원고가 피침해제품을 판매하기 시작한 지 2년이 넘었다는 점을 사실로 인정하면서도 원고 제품을 주지상품이라고 판단하였다.

17_ 林文, 反不正当竞争法律制度与实务技能, 法律出版社, 2014, p.257.

국 전국 모든 성에 빠짐 없이 판매가 되어야만 전국적으로 유명한 상품으로 인정되는 것은 아니다. 상품의 주지성이 아니라 기업명칭의 주지성이 문제된 사건에서, 허난성 고급인민법원은 원고 '스지 진위안(世纪金源)' 부동산 개발 그룹이 허난성에 부동산을 개발한 적은 없으므로 피고가 이와 유사한 이름으로 허난성에서 부동산을 개발했다고 하여 시장에 혼란을 초래하는 것은 아니라고 피고가 주장한 사안에서, 상업 표지가 일정 지역에서 지명도가 있음을 판단하는 데에 있어 해당 지역에서의 영업 여부는 단지 고려해야 할 요인 중 하나일 뿐이라고 판시하며 원고 기업명칭이 허난성에서 주지성이 있다고 인정한 바 있다.[18]

상품의 판매액 상품의 판매량이 많아 판매액이 커질수록 주지성이 용이하게 인정될 수 있다는 점은 당연하다. 다만 상품의 판매액이 절대적으로 어느 정도 이상 또는 상품 판매가의 몇 배 이상이어야 한다는 등의 명확한 기준은 없다. 상품의 판매액에 대한 입증은 실무적으로 과세 근거 서류, 결산 근거 서류, 판매 계약서 등을 증거로 한다.[19]

상품의 판매 대상 상품의 판매 대상은 주지상품으로 인정되기 위한 인적 범위와 밀접한 관련성이 있다. 뒤에서 다시 살펴보겠지만, 상품의 주지성은 '관련 공중' 즉 해당 상품의 특징과 관련된 상품의 소비자 또는 그 상품의 경영자에게 널리 알려지면 족하고, 시장 내의 모든 공중에게 알려질 필요는 없다. 따라서 권리자가 상품을 판매하는 대상은 주지성 인정의 인적 범위인 '관련 공중'의 범위를 결정하는 데 중요한 역할을 하게 된다.

선전의 기간, 정도 및 지역범위 선전의 기간, 정도 및 지역범위는 주지성 판단에 커다란 요소로 작용한다는 점을 유의할 필요가 있다. 따라서 권리자는 신문, 텔레비전, 잡지, 광고판 등을 통해 진행한 선전에 대해 충분한 증거를 모아서 입증을 해야 하고, 그 중요성은 아무리 강조해도 지나치지 않다. 저명상표(驰名商标)에 관한 사안이기는 하나 원고 성샹 그룹 유한회사(圣象集团有限公司)와 피고 국가 공상국 상표평심위원회, 허베이 광타이 석고광업 유한회사(河北广太石膏矿业有限公司)의 행정분쟁 재심안과 관련하여 살펴보면, 1심법원은 원고 및 관련 회사는 사안의 상표에 대하여 2000년과 2001년에는 중국 축구를 협찬하고, 이외에도 황금 시간대에 중앙방송국(CCTV)을 통해 광고 선전을 하였으므로, 전국적 범위로 크게 선전 활동을 하였다고 보아 저명한 상표라고 인정하였다. 그러나 2심법원은 상술한 광고 선전에 대한

18_ 河南省高级人民法院 (2009)民三终字第12号 民事判决书.

19_ 林文, 反不正当竞争法律制度与实务技能, 法律出版社, 2014, p.257.

거래 관련 증거 또는 영상 자료가 제출되지 않았으므로, 실제 방송 여부가 증명되지 않는다고 보아 1심 판단을 취소하였다. 재심에 이르러 원고는 저명도를 증명할 수 있는 황금 시간대의 CCTV 광고 선전 자료 등을 제출하였고, 재심 법원은 이를 근거로 2심 판결을 다시 뒤집고 1심 판결과 같이 사안의 상표의 주지성을 인정하였다.[20] 원고가 진행한 선전에 대한 증거에 따라 상표의 주지성 판단이 번복된 것이다.

일부 지방의 경우 반부정당경쟁법 실시에 관한 조례를 두어 주지상품 인정 표준을 상세하게 규정해 두기도 한다. 예를 들어 베이징시 지방성법규(地方性法规)[21]인 「베이징시 반부정당경쟁 조례」 제9조의 규정에 따르면 '주지상품'이란 (1) 중국 관련 부문이 인가(認可)하는 국제적인 상을 수여받은 상품, (2) 성급(省级) 또는 기관 이상의 정부 부문, 행정 조직 또는 소비자 협회가 인정하는 유명하고 품질이 우수한 상품, (3) 소비자가 인정하고, 관련 시장에서 오랫동안 유명세를 누린 상품, (4) 여러 광범위한 광고 선전을 통해 관련 시장에서 비교적 높은 지명도가 있는 상품을 의미한다.

마찬가지로 상하이시 지방성법규인 「상하이시 반부정당경쟁 조례」 제8조의 규정에 따르면, '주지상품'이란 (1) 인정된 저명상표 또는 유명상표를 사용하는 상품, (2) 국가의 관련 행정 기관, 업계 총회가 인정한 국제적인 상을 수여 받은 상품, (3) 관련 소비자가 보편적으로 알고 있고, 일정한 시장 점유율과 비교적 높은 지명도가 있는 상품을 말한다.

(3) 관련 공중에게 널리 알려져 있을 것

주지상품으로 인정되기 위한 인적 범위를 살펴보면, 해당 상품이 중국 일정 지역 내의 모든 일반 대중에게 알려져 있을 필요는 없다. 해당 지역 내의 관련 공중, 즉 상품의 특징에 관련된 경영자 또는 소비자들에게 지명도가 있으면 되는 것이다.[22]

20_ 最高人民法院 (2013)行提字第24号 行政判决书.

21_ 「중국 입법법(立法法)」에 따르면 중국의 법 체계는 헌법을 기준으로 기본법률, 기타법률, 국무원행정법규[국무원에서 정한 규정(規定), 결정(決定), 조례(條例), 판법(辦法), 잠행조례(暫行條例), 통지(通知), 해석(解釋) 등], 지방성 법규[각 성(省), 자치구, 직할시의 지방국가기관에서 정한 규정(規定)이나 결정(決定), 조례(條例) 등], 부문 규장[국무원에 속한 각 부, 각 위원회에서 정한 실시세칙(實施細則), 잠행규정(暫行規定), 통지(通知), 설명(說明), 의견(意見) 등]의 순으로 효력을 가진다. 만약 일반법과 특별법이 충돌하여 적용 법률을 확정할 수 없는 경우 전국인민대표대회 상무위원회에서 그 적용 법률 순서를 결정한다.

22_ 孔祥俊 主编, 最高人民法院知识产权司法解释理解与适用, 中国法制出版社, 2012, p.250.

이는 한국과 마찬가지이다. 한국의 대법원 판례는 부정경쟁방지법 제2조 제1호 가, 나목의 '국내에 널리 인식된' 것의 의미와 관련하여 "'국내에 널리 인식된' 것에 해당하려면 단순히 그 표지 등을 이미 사용하고 있다는 정도로는 부족하고 계속적인 사용, 품질개량, 광고선전 등으로 우월적 지위를 획득할 정도에 이르러야 하나, 국내 전역에 걸쳐 모든 사람들에게 주지되어 있음을 요하는 '저명의 정도'에까지 이르러야 하는 것은 아니고 국내의 일정한 지역적 범위 안에서 거래자 또는 수요자들 사이에서 알려지게 된 이른바 '주지의 정도'에 이른 것으로 족하다"는 입장이다.[23] 즉, '주지의 정도'라 함은, '국내의 일정한 지역적 범위' 안의 '거래자 또는 수요자' 사이에 알려진 정도를 의미한다는 것이다.[24]

(4) 주지상품 인정의 판단 시점 및 입증책임에 관하여

주지상품인지 여부에 대한 입증책임에 대해, 예전에는 상품 특유명칭 등이 모방되었다는 점이 입증되면 주지상품으로 추정된다는 견해와, 침해를 주장하는 사람이 주지상품이라는 점을 입증해야 한다는 견해가 있었는데,[25] 최고인민법원은 사법해석을 통하여 침해를 주장하는 원고가 상품의 지명도를 입증할 책임을 지는 것으로 정리하였다.[26]

주지상품의 주지성 입증을 위하여 일반적으로 많이 제출하는 것은 ① 판매액, 이윤, 시장 점유율 등 판매 정황에 관한 자료, ② 상품의 판매 기간 및 판매 범위에 관한 계약서, 영수증 등의 자료, ③ 광고 선전을 어떠한 방식으로 어느 범위에서 했는지 입증할 수 있는 자료(예를 들어, 신문에 광고를 한 경우 그 광고 계약서 또는 실제로 광고가 실린 지면) 및 선전에 투입된 비용과 관련된 자료, 그리고 ④ 상품에 관한 수상자료이다.

실무적으로 상품의 주지성을 입증하기 위하여 조사보고서를 제출하는 경우도

23_ 대법원 2012.4.26. 선고 2011도10469 판결, 대법원 1995.7.14. 선고 94도399 판결, 대법원 2003.6.13. 선고 2001다52995 판결.

24_ 대법원 2001.4.10. 선고 2000다4487 판결, 대법원 1995.7.14. 선고 94도399 판결. 다만 한국 판례는 부정경쟁방지법의 '국내에 널리 인식된' 정도의 판단을 부정경쟁행위마다 다르게 판단하고 있어서, 부정경쟁방지법 제2조 제1호 다목의 타인의 유명 상표 희석행위에 관해서는, 그 유명의 정도가 '주지의 정도'를 넘어서 '저명의 정도'에 이르러야 한다는 입장이다(대법원 2012.4.26. 선고 2011도10469 판결).

25_ 钱光文, 丁文联, 知名商品的司法认定, 人民司法, 2011年7期, p.14.

26_ 반부정당경쟁법 사법해석 제1조 제1항.

있는데,[27] 그 조사 기관과 조사방법의 객관성, 공신력이 인정되어야 법원이 이를 채택하므로 각 법원의 경향에 유의할 필요가 있다. 한편 협회의 확인서 등은 특히 해당 명칭이 상품의 보통명칭에 해당하는지 여부와 관련하여 사용되는 경우가 많다.[28]

주지상품인지 여부의 판단시점에 관하여, 한국 판례는 사실심 변론 종결시로 보고 있다. 한국 부정경쟁방지법에는 주지성의 취득 시기에 관한 명문의 규정이 없고, 등록주의를 취하는 상표법과 달리 '국내에 널리 인식된' 상태를 보호하고자 하는데 목적이 있으므로, 일단 「부정경쟁방지 및 영업비밀보호에 관한 법률」의 보호를 받을 만한 사실 상태가 형성된 이상 그 시점부터 보호되어야 하고, 이로 인하여 상대방의 이익이 부당하게 침해되는 것도 아니므로, 결국 사실심 변론 종결시까지만 주지성을 만족시키면 족하다는 입장이다.[29]

중국 부정경쟁방지법상 주지성의 판단 시점에 대한 논의는 찾기 어려우나, 상표법의 저명상표(驰名商标)의 저명성 판단 시점에 대한 논의를 참고할 수 있다. 상표법 저명상표 관련 분쟁에 관해 살펴보면, 상표 등록과 관련한 분쟁인지 또는 권리침해로 인해 발생한 분쟁인지에 따라 저명성 판단 기준시점이 달라진다. 만일 저명상표를 침해하는 상표의 등록이 무효라는 분쟁이라면, 그 침해 상표의 출원일을 기준으로 피침해 권리자 상표가 저명한 상표인지 여부를 판단한다.

한편, 저명상표권 침해행위가 발생한 경우에는 권리침해행위가 발생한 시점을 기준으로 피침해 상표가 저명도를 가지는지 판단한다.[30] 그렇다면 권리침해행위가 계속되고 있는 경우 저명성의 판단 시점을 어떻게 해야 하는지 문제가 되는데, 텐진시 고급인민법원은 피고가 회사를 설립하여 침해행위를 계속해 온 사안에서, 피고 회사의 등록시기가 제소된 침해행위의 기산점이라고 보아, 그 회사 등록기에 원고 상표가 저명하였는지 여부를 판단하였다. 즉, 계속된 침해행위의 시작 시기를 기준으로 저명성을 판단하는 것이다. 이와 같은 맥락에서 만일 상표를 등록 또는 등록 신청한 다음 이를 사용하여 저명상표를 침해한 경우, 그 등록 신청일을 기준으로 피침해 상표의 저명도를 판단한다.[31] 이는 한국의 판례의 저명도 판단 기준 시기와 상

27_ 上海市第二中级人民法院 (2008)沪二中民五(知)初字第18号 民事判决书.

28_ 林文, 反不正当竞争法律制度与实务技能, 法律出版社, 2014, pp.283-284.

29_ 대법원 2004.5.14. 선고 2002다13782 판결.

30_ 北京市第一中级人民法院课题组(宿迟, 杨柏勇, 姜颖, 乔平), 驰名商标司法认定若干问题, 法律适用, 2007年12期, p.12.

31_ 黄晖, 驰名商标认定标准与保护条件, 电子知识产权, 2009年08期, p.13.

이하므로 유의할 필요가 있다.

2. 특유성의 의미 및 판단 요소

만약 주지상품의 표지가 일정한 상품류를 지칭하는 보통명칭에 해당하는 경우에는 그 명칭을 사용하는 것을 허용해야 한다. 예를 들어 '초코파이'라는 상품 표지는 초코렛이 포함된 파이류를 통칭하는 것이므로, 반부정당경쟁법상의 보호 대상에 해당하지 않는다. 이처럼 상품이 '어디 것'인지 알 수 있도록 출처를 표시하는 식별력 요소를 '특유성'이라고 부른다. 달리 표현하면 특유성은 특정 상품류 상품들 중에서도 특정 생산자 또는 판매자의 상품을 다른 상품과 구별할 수 있도록 현저한 특징을 가지는 성질이다.

중국 최고인민법원 사법해석은 특유성을 "상품 출처 구별의 현저한 특징을 가지는" 성질이라고 정의하고 있다.[32] 특유성을 판단하는 구체적인 규정은 법으로 정해진 것은 없으나, 허베이성 고급인민법원 판결례 중 특유성 판단에 관한 설시를 참고할 만하다. 허베이성 고급인민법원은 한국에도 진출해있는 '샤오페이양(小肥羊)'이라는 중국식 샤브샤브인 훠궈(火锅)식당의 서비스 표지가 과연 특유성을 가지는지 여부가 문제된 사안에서,[33] ① 해당 명칭이 상품 및 서비스의 기능, 용도 및 품질을 직접적으로 표시하지 않고, 해당 종류의 상품 및 서비스 보통명칭과 현저하게 구별될 것, ② 해당 명칭은 특유의 원창작성 또는 우선 사용성이 있을 것, ③ 해당 명칭은 현저한 구별성이 있어 소비자가 자연스럽게 해당 명칭과 특정 경영자를 주지의 상품 및 서비스와 관련지을 수 있게 될 것을 판단 기준으로 설시하였다. 허베이성 고급인민법원은 비록 내몽고 지역에서 1~2살 정도의 어린 양을 '샤오페이양'이라고 부른다고 하더라도, 위와 같은 판단 기준에 의할 때 일반 외식업 시장에서 '샤오페이양'이라는 명칭은 훠궈 식당의 표지로서 특유성을 가진다고 판단한 바 있다.

특유성이 결여되는 경우에는 주지상품의 명칭이라고 하더라도 보호받을 수 없다. 반부정당경쟁법 사법해석 제2조 제1항은 "1. 상품의 보통명칭, 도형, 규격의 표지, 2. 상품의 품질, 주원료, 기능, 용도, 중량, 수량 그리고 기타 특징을 직접 표시한 상품 명칭, 3. 상품 자체의 성질에서 기인하는 형상, 기술 효과를 획득하기 위하여 필수적인 상품의 형상 및 상품이 고유의 실질적 가치를 구비하도록 한 형상, 4. 기타

32_ 반부정당경쟁법 사법해석 제2조 제1항.

33_ 河北省高级人民法院 (2004)冀民三终字第42号 民事判决书.

현저한 특징을 결여한 상품 명칭 · 포장 · 장식"은 특유성이 없어 보호받을 수 없다고 규정하고 있다.

이는 중국 상표법에서 정한 상표 등록 예외 사유와 동일하다. 「상표법」 제11조 제1항은 "1. 상품의 보통명칭, 도형, 규격의 표지, 2. 상품의 품질, 주원료, 기능, 용도, 중량, 수량 및 기타 특징을 직접 표시한 표지, 3. 현저한 특징을 결여한 표지"의 경우 상표를 등록할 수 없다고 정하고 있고, 입체상표에 관한 규정인 제12조는 "상품 자체의 성질로 인하여 나타난 형상, 기술효과를 얻기 위하여 필요한 상품의 형상 또는 상품이 실질적 가치를 구비하도록 한 형상은 등록할 수 없다"고 정하고 있다.

위와 같이 특유성이 없는 명칭 중 가장 많이 문제가 되는 것은 보통명칭이다. 보통명칭이란 한 종류의 상품과 다른 종류의 상품을 구별할 수 있는 비교적 광범위하고 규범성 있는 명칭을 의미한다. 예를 들면 '마우스', '보온병', '컴퓨터' 등이다. 하지만 비록 일정한 상품류를 일컫는 명칭이라고 하더라도 일부의 사람들이 사용할 뿐이거나, 일부 지역에서만 사용되는 명칭이라면 광범성이 결여되어 보통명칭이라고 볼 수 없다.[34] 한편 특유성 있는 상표로 사용되기 시작하였으나 이후에 널리 퍼져 일정 종류의 상품을 호칭하는 칭호가 되어 버린 경우에도 이는 보통명칭으로 인정되고, 반부정당경쟁법의 보호를 받지 못하게 된다. 아래 중국 판례는 이러한 사례를 보여 준다.

사례 특유명칭으로 사용되기 시작하였으나 보통명칭으로 변하여 보호받을 수 없다고 본 사안[35]

북경 디탄병원(北京地坛医院, 이하 원고)**과 강소 아이터푸 약품 보건품 유한회사**(江苏爱特福药品保健品有限公司, 이하 피고) **외 2의 부정경쟁 분쟁 사안**

[최고인민법원의 판단] 이 사안에서 원고는 1984년부터 '84 간염 세척 소독액'(후에 '84 소독액'으로 명칭 변경)을 연구 개발한 후로, 전국적으로 여러 기업에게 당해 기술을 양도하여, '84 소독액'을 생산하는 것에 대해 허가하였다. 관련 기술에 대한 양도 허가 계약 중 '84' 명칭에 대해 달리 제약을 두지 않았으므로, '84 소독액'은 이런 류의 상품에 대한 보편적인 명칭으로 사용되었으며, 이와 관련하여 계약한 기업은 모두 당해 상품 명칭을 사용하는 동

34_ 林文, 反不正当竞争法律制度与实务技能, 法律出版社, 2014, p.263.

35_ 最高人民法院 (2002)民三终字第1号 民事判决书.

시에, 자신이 사용하는 상표를 같이 표시하였다. 현재 '84 소독액'을 생산 판매하는 기업은 위생부가 심사 비준한 허가문서를 가지고 있고, 위생부의 「건강 관련 제품의 명명에 대한 규정(卫生部关于健康相关产品命名规定)」에서의 요구에 따라 제품명칭은 모두 생산 기업의 상표와 '84 소독액'의 문자 조합이므로, 단지 '84 소독액'이라는 명칭만으로는 당해 상품의 출처를 구별할 수 없다. 이런 류의 제품을 구별하는 표시는 생산 기업의 상표이며, '84 소독액'이라는 상품명칭이 아니다.

위와 같은 이유로 최고인민법원은 원고의 '84 소독액'이 주지상품의 특유명칭이라는 주장을 인정하기 어렵다고 판단하여 원심판결을 취소하였다.

[북경 디탄병원의 감독을 받아 제조하였다고 광고하는 84 소독액 (좌)와 여러 제조사들의 84 소독액(우)]

다만 중국 상표법은 제11조 제2항에서, 위 제11조 제1항과 같은 예외 사유가 있다고 하더라도 사용을 통하여 현저한 특징을 취득한 경우 상표로 등록할 수 있도록 규정하고 있다.[36] 그리고 이는 반부정당경쟁법의 경우에도 마찬가지여서, 앞서 설명한 반부정당경쟁법 사법해석 제2조 제1항 제1, 2, 4호의 규정에 해당한다고 하더라도 사용을 통하여 식별력을 취득한 경우에는 이를 보호한다는 것이 법원의 입장이다.[37] 다만 위 제2조 제3호 "상품 자체의 성질에서 기인하는 형상, 기술 효과를 획득하기 위하여 필수적인 상품의 형상 및 상품이 고유의 실질적 가치를 구비하도록 한 형상"에 대해서는 예외 규정을 두고 있지 않다. 그 이유는 상품의 기능과 효과를 획

36_ 중국 「상표법」 제11조 ② 전항에 열거한 표지가 사용을 통하여 현저한 특징을 취득하고 식별이 용이한 경우, 상표로 등록할 수 있다.

37_ 반부정당경쟁법 사법해석 제2조 제2항.

득하기 위한 필수적인 형상 등을 어떤 한 사람에게 배타적으로 권리를 부여할 수 없다고 보기 때문이다.[38]

한국도 이와 같아서, 판례는 식별력 없는 보통명칭이라고 하더라도, 보통명칭을 조합하거나 그 글자체 등에 특수한 기교가 더하여지고 그것이 특정인에 의하여 오랫동안 사용됨으로써 거래계에서 어떤 특정인의 상품임을 표시하는 식별력을 갖추게 된 때 '타인의 상품임을 표시한 표지'에 해당하게 되어 부정경쟁방지법의 보호대상이 된다는 입장이다.[39]

권리 보호의 실무 측면에서 보면, 사용에 의한 식별력 취득이 쟁점이 되는 경우에는 다음과 같은 공방이 이루어지게 된다. (1) 우선 주지상품의 생산자는 반부정당경쟁법에 의하여 그 주지상품의 명칭 등을 보호받고자 한다. (2) 이에 대해 침해자는 자신이 사용한 명칭이 특유성이 없어서 보호 대상에 해당하지 않는다고 항변한다(예컨대, 보통명칭화 혹은 기능적 표지에 해당). (3) 만약 침해자의 주장이 입증에 성공하는 경우, 권리자는 재항변으로 사용에 의한 식별력을 갖추었다고 주장하게 된다. 이때 '주지상품에 해당하는지 여부'와 '사용에 의한 특유명칭이 되었는지 여부'는 별도의 입증이 필요하다는 점을 유의할 필요가 있다. 즉, 지명도뿐만 아니라 표지의 사용 태양 등을 종합하여 해당 표지가 상품 출처 표시의 정도에 이르렀는지 여부는 별도로 입증되고 인정되어야 하므로, 주의를 기울여야 한다.

아래에서 소개하는 사안은, 원고의 '창칭차(肠清茶)'라는 제품이 반부정당경쟁법 제5조 제2호의 주지상품에는 해당한다는 점에 대해서는 판단이 일관되게 일치되었지만, 그 '창칭차'라는 표지가 특유명칭에 해당하는지 여부에 대하여 1, 2심 판단과 최고인민법원의 판단이 갈린 사안이다. 1, 2심법원은 장을 정리해주는 차라는 의미의 '창칭차'가 기능적 표지이지만 원고의 사용에 의하여 특유명칭이 되었다고 보았다. 이에 대해서 최고인민법원은 피침해 제품이 주지상품에 해당한다는 원심의 판단은 정확하다고 보았으나, 다만 그 명칭이 기능적 표지에 해당하여 특유성이 없다고 보고 이와 다른 원심 판단 부분을 파기하였다.

38_ 孔祥俊 主编, 最高人民法院知识产权司法解释理解与活用, 中国法制出版社, 2012, p.252.

39_ 대법원 2003.8.19. 자 2002마3845 결정, 대법원 1999.4.23. 선고 97도322 판결.

사 례 **상품의 기능과 용도를 나타내는 표지라는 이유로 특유명칭이라고 판단한 원심 판결을 최고인민법원이 취소한 사안**[40]

위성탕 생물공학 유한회사(御生堂生物工程有限公司, 이하 원고)**와 샤먼 캉스위안 생물공학 유한회사**(厦门康士源生物工程有限公司, 이하 피고 1), **샤먼 캉중위안 보건품 유한회사**(厦门康中源保健品有限公司, 이하 피고 2)**외 1의 주지상품 특유의 명칭 · 포장 · 장식에 대한 무단사용 분쟁 사안**

[최고인민법원의 판단] 이 사건 원고는 2003년 6월부터 '창칭차(肠清茶)' 제품을 생산하였다. 피고 2는 2004년에 설립된 후 얼마 지나지 않아 '창칭(肠清)' 상표를 신청하였고, 피고 1은 2006년에 설립된 후 '캉중웬 창칭차' 제품을 생산 및 판매하기 시작하였다. 원 · 피고들이 위와 같은 업무를 수행한 기간 동안 시장에는 다른 공장이 생산한 창칭차 제품이 이미 존재했었다. 그리고 원고의 창칭차 제품이 출시되기 전에, 보건 제품 업계에는 이미 '창칭 내복약 액제', '창칭 캡슐' 등의 명칭이 존재했고, 그와 관련한 연구 글이 발표되었다.

결과적으로, '창칭'은 '장 청소'라는 뜻을 내포하고, 이는 해당 상품의 기능과 용도를 직접적으로 나타낸다. 따라서 위 명칭은 일반적인 상황에서 상품 출처를 구별하는 역할을 하지 않고, 어떤 시장 주체가 이를 자신의 상품 명칭으로 사용함으로써 현저한 특징을 취득하고 나아가 상품의 출처가 위 시장 주체라는 점을 직접적으로 가리키게 되지 않는 이상, '창칭'은 특유명칭이 될 수 없다.

이 사건에서는 원고가 입증책임을 부담한다. 법원은 원고가 제출한 증거에 근거하여 '위성탕 창칭차' 제품의 판매 기간은 비교적 길고, 판매 영역이 비교적 광범위하다는 사실을 인정한다. 또한 관련 공중이 원고 상품을 널리 알고 있으므로 해당 상품은 「반부정당경쟁법」 제5조 제2호가 규정한 주지상품에 해당된다는 점 역시 인정된다.

그러나 '창칭차' 명칭이 사용을 통해 이미 제품의 출처 표지가 되었는지 여부는 광고 방식과 관련 대중의 인지도 등의 관련 요소들을 종합적으로 고려하여 판단해야 한다. 이 사건에서 원고는 대량의 인쇄 광고를 제출하였는데, 광고는 장 세척의 필요성과 장점, 창칭차가 불티나게 팔리는 상황 등을 대대적으로 홍보하고, 위성탕 창칭차 제품의 도안과 구매 방식 등의 상세한 정보들도 함께 기재하고 있다. 그런데 위 광고의 중점 홍보 내용은 창칭차 제품의 기능인데, 이는 창칭차 제품류 자체의 기능을 묘사하는 성질을 뛰어넘지 못했다. 또한 관련 대중이 '창칭차' 표지를 특정 출처에 해당하는 시장 주체와 연관시킨다는 목

40_ 最高人民法院 (2011)民提字第60号 民事判决书, 2011년 중국 법원 지식재산권 사법보호 50대 대표 판례.

적에도 다다르지 못했다. 비록 '창칭차' 이 세 글자는 위성탕 창칭차 제품의 포장 장식 중에도 돋보이는 자리에 위치해 있지만, 제품 출처를 나타내는 표시라고 할 수는 없다.

따라서 원고의 '창칭차'가 주지상품의 특유명칭이라는 주장은, 증거가 부족하므로 이를 받아들이지 않는다.

1심과 2심은 원고가 위성탕 창칭차 제품에 대하여 대대적인 홍보를 진행했고 '창칭차' 제품 명칭이 두드러지게 사용되었다는 점만으로 창칭차가 주지상품의 특유명칭이라고 보아 판단을 그르쳤는바, 이를 바로잡는다.

위 사안과 반대로, 아래에서는 사용에 의한 식별력이 인정된 사안을 살펴본다. 안휘성 고급인민법원은 아래 사안 상품의 명칭은 원료 명칭이 포함된 상품 명칭이긴 하나, 광범위한 홍보를 통해 현저한 식별력을 획득하였다고 판단하였다. 아래 사안에서는 상품 명칭이 상품의 원료 명칭에 '건강(健康)'의 '강(康)'자를 결합시킨 것일 뿐이어서, 과연 그 명칭을 특유명칭이라고 볼 수 있는지 여부가 문제되었다.

사례 상품 원료를 표시하는 단어가 포함된 상품 명칭을 특유명칭으로 판단한 사안[41]

안후이성 화신 생물 약업 주식유한회사(安徽省华信生物药业股份有限公司, 이하 원고)**와 장시 차오산후 약업 유한회사**(江西草珊瑚药业有限公司, 이하 피고) **외 1의 주지상품 특유명칭 · 포장 · 장식에 대한 무단사용 분쟁 사안**

[사실관계] 원고는 베이징대학 생명과학학원이 개발한 고셀레늄(富硒, 푸시) 단백질을 산업화하기 위하여 베이징대학과 공동 연구 끝에 고셀레늄 보충 보건식품인 '푸시캉(富硒康)' 드링크제를 개발하였다.[42] 원고는 위 드링크제에 관하여 오랜 기간 동안 지속적이고 대대적인 홍보를 진행하였고, 1996년 이래 원고가 생산하는 푸시캉 드링크제는 중국 소비자 보호협회, 안후이성 과학기술위원회, 안후이성 인민 정부 등으로부터 '우수 상품'이나 '주지상품'으로 인정받아 왔다. 그리고 2004년 12월 31일, 안휘성 공상국은 푸시캉 드링크제 상

41_ 安徽省高级人民法院 (2009)皖民三终字第0026号 民事裁定书, 2009년 중국 법원 지식재산권 사법보호 50대 대표 판례. 이 사안에서 피고는 '쟝뤄 푸시캉 드링크제'라는 이름으로 국가 식약품 감독관리국으로부터 국산 보건식품 비준증서를 발급받았으므로, '푸시캉 드링크제'는 셀레늄 보충 보건식품의 보통명칭에 해당한다고 주장하였다. 그러나 법원은 이에 대해서 국산 보건식품 비준증서에 명시된 '쟝뤄 푸시캉 드링크제'는 보건식품의 명칭에 해당하며 이는 약품의 명칭이 아니므로 법정 명칭이나 보통명칭에 해당하지 않는다며 피고의 주장을 받아들이지 않았다.

42_ 원료 이름인 '푸시(富硒)'에 '건강(健康)'의 '강(康)'자를 결합시킨 것이다.

품(서비스)에 표시된 '화신' 상표를 안휘성 저명상표(驰名商标)로 인정하였다. 이를 통해 원고의 '화신 푸시캉'의 지명도가 더욱 상승하였고, 현재 안후이성, 장수성, 상하이(上海) 등지에서 높은 시장 점유율을 확보하고 있다. 원고의 푸시캉 드링크제 포장에는 박스 정면과 뒷면에 행서체로 금박 처리된 '푸시캉'이라는 글자가 중앙에 쓰여 있다.

[법원의 판단] 안후이성 고급인민법원은, '푸시캉'의 '푸시'가 상품 원료의 명칭으로 '푸시캉' 상품 명칭에 상품의 일부 원료를 표시하는 문자가 포함된 것이라고 할지라도, 원고가 지속적으로 사용해 왔고 광범위한 홍보를 진행하여, 위 명칭은 이미 상품 출처 구별이 가능한 현저한 식별력을 획득하였다고 볼 수 있다고 판단하였다. 위 법원은 이와 같은 이유로 '푸시캉'을 주지상품 '화신 푸시캉 드링크제'의 특유의 명칭으로 인정하였다.

3. 명칭 · 포장 · 장식(装潢) 등의 표지

상품 명칭 등에 관한 중국 반부정당경쟁법과 한국 부정경쟁방지법 규정은 서로 체계가 다르다. 양 법을 대비하여 보면 다음과 같다. 한국 부정경쟁방지법 제2조 제1호 가목은 상품에 관한 표지로서 성명, 상호, 상표, 상품의 용기나 포장, 그 밖에 타인의 상품임을 표시한 표지를 예시하고 있고, 나목은 영업에 관한 표지로서 성명, 상호, 표장 기타 타인의 영업임을 표시하는 표지를 예시하고 있다. 한편, 중국 반부정당경쟁법은 제5조 제3호에서 타인의 성명 또는 상호를 사용하는 행위에 대해서 규율하고 있고, 제5조 제1호에서는 주지상품의 명칭 · 포장 · 장식 등의 표지를 사용하는 행위를 규율하고 있다.

이처럼 한국법은 상품과 서비스에 관한 표지로 목을 구별하고 있는 반면, 중국법은 호칭의 종류로 항을 구별하고 있어서 그 대응 관계에 혼란이 있을 수 있다. 두 법에서 예시 또는 열거하고 있는 표지의 내용을 표로 정리하면 아래와 같다.

아래 표에서 볼 수 있듯이, 한국 부정경쟁방지법이 상품 또는 영업을 표시하는 표지의 예시를 나열하고 이에 더하여 '기타 타인의 주지 상품/영업임을 표시하는 표지'라는 포괄적인 구문을 추가하고 있는 것과 달리, 중국 반부정당경쟁법 제5조 제2호는 주지상품의 명칭 · 포장 · 장식이라고만 규정되어 있으므로, 문언만 보아서는 중국 반부정당경쟁법으로 보호되는 표지의 범위가 매우 협소한 것이 아닌지 일견 의문이 들 수 있다.

<table>
<tr><th>한국 부정경쟁방지법
제2조 제1호 가, 나목</th><th>중국 반부정당경쟁법 제5조</th></tr>
<tr><td>주지 성명</td><td>성명, 기업명칭 (제3호)</td></tr>
<tr><td>주지 상호</td><td>성명, 기업명칭 (제3호)</td></tr>
<tr><td>주지 상표</td><td rowspan="4">주지상품의 명칭 · 포장 · 장식 (제2호)[43]</td></tr>
<tr><td>주지상품의 용기나 포장</td></tr>
<tr><td>주지 표장</td></tr>
<tr><td>기타 타인의 주지상품/영업임을 표시한
표지 (예) 상품형태</td></tr>
</table>

그러나 학설과 실무는 '주지상품의 명칭 · 포장 · 장식'이라는 법문의 실체적 의의는 상품의 출처를 구별하는 작용을 하는 것을 의미한다고 보고 있고, 주지상품의 명칭 · 포장 · 장식이라는 형식에 얽매일 필요가 없다고 보고 있다.[44] 예를 들어, 유명한 식당의 내부 인테리어, 종업원의 유니폼 등 일체의 표장 기타 영업의 표지 역시 반부정당경쟁법으로 보호될 수 있다. 최고인민법원 사법해석은 경영자가 영업장에 한 장식, 영업용 도구의 양식, 종업원 복장 등이 독자적인 스타일의 영업적인 형상을 구성하는 경우, 이 역시 '장식'으로 인정된다고 보고 있다(반부정당경쟁법 사법해석 제3조). 이 경우에는 일반적인 '장식'과는 의미가 좀 다를 수 있지만, 서비스 상품의 일종의 특수한 표현 형식으로서 그 본질상 '장식'의 개념에서 크게 벗어나지 않는다고 보는 것이다.[45]

이하에서는 중국 반부정당경쟁법상 보호되는 표지의 범위가 쟁점이 된 구체적인 사안들을 검토한다.

43_ '주지상품의 명칭 · 포장 · 장식'에 영업의 표지가 포함됨은 물론이다. 한편, 요즘에는 인터넷 사이트로 서비스를 제공하는 경우가 많은데, 그 사이트의 명칭은 서비스 명칭에 해당하여 어느 정도 지명도와 특유성을 구비한다면 반부정당경쟁법의 보호를 받을 수 있다[京市高级人民法院 (2011)高民终字第846号 民事裁定书].

44_ 孔祥俊, 反不正当竞争法的创新性适用, 中国法制出版社, 2014, p.211.

45_ 孔祥俊 主编, 最高人民法院知识产权司法解释理解与活用, 中国法制出版社, 2012, p.252. 한편 장식의 의미와 관련하여, 베이징시 제2중급인민법원은 원고가 유명한 서비스를 제공하는 홈페이지 첫 화면 상단에 별 모양의 웃는 얼굴과 홈페이지의 이름을 결합한 표지를 표시한 것은, 해당 사이트 명칭의 아이콘에 해당하고, 반부정당경쟁법상의 장식으로는 볼 수 없다고 판단한 바 있다[北京市第二中级人民法院 (2009)二中民字初字第10988号 民事判决书].

(1) 주지상품의 약칭(简称)을 주지상품의 명칭으로 볼 수 있는지 여부

반부정당경쟁법 제5조 제2호는 '주지상품의 명칭'을 보호 대상으로 포함하고 있다. 그런데, 주지상품에 사용된 명칭이 아니지만, 상품의 광고 등 상업활동에 사용되었고 소비자들도 널리 인식하고 있는 상품 명칭의 약칭을 '주지상품의 명칭'으로 보아 반부정당경쟁법 제5조 제2호를 적용하여 보호할 수 있을까? 상품 명칭의 약칭이 현저한 특징을 가지고 있어서 소비자들이 해당 주지상품과 경영자의 관련성을 쉽게 알 수 있다면, 주지상품의 명칭으로 보호된다는 것이 중국 법원의 입장이다.[46] 이와 관련된 사례를 아래에서 살펴보자.

사 례 주지상품 특유명칭의 약칭을 보호한 사안[47]

하얼빈 맥주 유한회사(哈尔滨啤酒有限公司, 이하 원고)**와 하얼빈 성스단 맥주 유한회사**(哈尔滨圣士丹啤酒有限公司, 이하 피고)**의 부정경쟁 분쟁 사안**

[법원의 판단] 생산 판매한 시간 · 지역 · 생산 판매량 · 시장 점유율 · 동류 제품 중에서 상품의 위치 · 판매 측의 상품 선전을 위한 광고 투입 정도 및 소비자가 당해 상품에 대한 익히 아는 정도 등의 상황을 근거로 판단할 때, 원고가 생산하는 하얼빈 맥주(哈尔滨啤酒)는 주지상품으로 인정된다. '하피(哈啤)'는 하얼빈 피지우(啤酒, 맥주)의 약칭으로, 원고가 다년간 지속적인 광고 선전을 하여 많은 소비자의 인정을 받아서 하얼빈 맥주 주지상품의 특유명칭이 되었다. …(중략) … 피고는 '哈金 HAJIN'을 가로로 배열한 상표를 사용할 때, 심사 비준된 도형을 사용한 것이 아니라, 중국어 특징을 이용하여 상표 중 '哈金' 두 글자를 골라서 세로로 배열하고, 옆에 '啤酒' 두 글자를 붙여서 가로로 배열된 '哈啤金酒' 표식으로 보이게 하였다. 또는 '哈豪' 상표 옆에 '啤酒'두 글자를 세로로 배열하여, 가로로 배열된 '哈啤豪酒' 표지로 보이게 하여 소비자에게 오인 또는 혼동을 일으키게 함으로써 '哈啤' 두 글자가 지닌 저명도를 빌려 자신의 제품 판매량을 높일 목적이 있다고 보여진다. 피고의 이러한 행위는 반부정당경쟁법의 규정에 위반된다. 판매상으로서 준수해야 하는 신의성실원칙을 위반하고, 원고의 주지상품의 특유명칭 전용권을 침해하여 원고의 상업상 신용과 상품 명성에 손해를 입혔으므로 권리 침해에 대한 손해배상 책임을 부담한다.

46_ 林文, 反不正当竞争法律制度与实务技能, 法律出版社, 2014, pp.273-274.

47_ 最高人民法院公报, 2005年第3期.

['哈金啤酒' 글자를 세로로 배열하여 '哈啤金酒'로 보이게 한 맥주병 라벨]

이 사안에서 문제된 명칭 '하피(哈啤)'는 두 가지 문제를 가지고 있었다. 하나는 원고 상품의 특유명칭인 '하얼빈 피지우(啤酒, 맥주)'의 정식 명칭이 아닌 약칭이라는 점이다. 그리고 다른 하나는 원고 스스로는 '하피(哈啤)' 명칭이 직접적으로 상품의 상표 · 포장 또는 용기(병 또는 병의 라벨)에 사용해오지 않았다는 점이다. 즉 '하피' 명칭은 상품상에 사용되지 않고 광고 선전 및 다른 상업적 활동에만 쓰였을 뿐이다. 따라서 이 사안에서는 약칭에 불과한 '하피' 명칭이 과연 반부정당경쟁법에서 보호하는 '명칭'에 해당하는지 여부뿐 아니라, '상품'의 명칭에 해당하는지도 논란이 되었다. 위와 같은 논란에도 불구하고, 법원은 위 내용과 같이 '하피(哈啤)' 명칭을 주지상품의 특유명칭에 해당한다고 인정하여 보호하였다.[48]

(2) 외국 문자 상품명칭의 발음을 딴 중문 명칭을 주지상품의 명칭으로 볼 수 있는지 여부

외국 문자로 된 상표만을 중국에 등록하여 중국에 진출한 기업들이 많다. 그런데 중국에서는 외국 문자로 된 상표를 대중들이 쉽게 인식하도록 하기 위해 그 외국 문자 상표와 유사한 발음의 중문(中文) 상표로 따로 정하여 사용하는 것이 통상적이다. 이때 그 중문 상표를 별도로 등록하지 않았다면, 다른 사람이 해당 중문 상표와 동일한 상표를 사용하는 것을 상표권 침해행위 또는 부정경쟁행위로 보아 막을 수 있을까?

이에 대해서는 견해가 나뉘는데, 중문 상표를 별도의 미등록상표처럼 보아 미

48_ 이 사안의 2심은 조정(调解)으로 해결되었으나, 1심 판결 내용 중 상품 명칭의 약칭이 상품의 특유명칭에 해당하는지 여부에 대한 판단 부분은 참고할 만한 가치가 있다.

등록상표의 일반적인 보호 방법에 따라 보호하는 입장이 있는 반면, 중문 상표와 원래의 외국 문자 상표가 이미 고정적인 대응 관계를 형성하였다는 전제하에 중문 상표를 외국 문자 상표의 보호 범위에 포함시키는 경우가 있다.

아래에서 소개하는 사안은 'LEROY-SOMER'라는 외국 문자 상표만 중국에 등록된 상황에서, 타인이 위 외국 문자 상표에 대응하는 중문 상표인 '리라이선마(利莱森玛)'를 무단으로 등록하고 사용한 행위가 상표권 침해 또는 반부정당경쟁법 위반에 해당하는지 여부가 문제된 사안이다. 이 사안에서 1심법원은 중문 상표를 외국 문자로 된 본래 상표와 분리하여 보아 중문 상표를 사용한 행위가 외국 문자 상표의 전용권 침해 또는 부정경쟁행위에 해당하지 않는다고 보았다. 그러나 2심법원은 일정한 전제하에, 중문 상표를 사용하는 행위는 외국 문자 상표와 동일 · 유사한 상표를 사용하여 관련 공중의 오인 혼동을 유발하는 행위에 해당한다고 보아, 상표권 침해 및 부정경쟁행위를 인정하였다. 그리고 최고인민법원은 2심법원의 판단을 지지하였다.

사 례 외국 문자 명칭의 발음을 딴 중문 명칭 보호 사안[49]

리라이선마회사(利莱森玛公司, 이하 원고) **외 1과 리라이선마**(푸젠)**전기 유한회사**[利莱森玛(福建)电机有限公司, 이하 피고]**의 기업명칭 무단사용분쟁 사안**

[사실 관계] 원고는 중국에서 1987년 7월과 1994년 11월 각각 상표 'LEROY SOMER', 'LEROY-SOMER'를 등록하였다. 그리고 1995년 12월과 1986년 1월 원고 1은 프랑스 공업산권국에 각각 상표 'LEROY-SOMER', 'LEROY SOMER'를 등록하였다. 1994년 11월, 'LEROY-SOMER' 상표의 국제 등록이 완료되었고, 보호 범위는 중국을 포함한 24개 국가로 설정되었다.
원고는 위 상표를 전기발전기 등의 상품에 사용하였다. 위 상표를 사용한 원고의 제품은 1980년대 말 중국의 공업 부문과 민간 영역에서 광범위하게 사용되었다. 1990년대 이후, 관련 전문 간행물이나 교과서, 정부 관련 부문이 발급한 관련 증서나 문서에서는 'LEROY SOMER'를 '리라이선마(利莱森玛)'로 표시하여 사용하였다. 원고는 제품과 홍보책자, 제품 설명서 등의 자료에 중문 '리라이선마'와 'LEROY SOMER'를 공동으로 사용하였다.
한편 2004년 4월, 피고의 전신인 푸안시 지아넝 전기 유한회사(福安市佳能电机有限公司)가

49_ 1심: 福建省宁德市中级人民法院 (2012)宁民初字第28号 民事判决书, 2심: 福建省高级人民法院 (2012)闽民终字第436号 民事判决书, 2012년 중국 법원 지식재산권 사법보호 10대 창의성 판례.

설립되었고, 2005년 9월, 기업명칭이 푸젠 지아넝 전기 유한회사(福建佳能电机有限公司)로 변경되었다. 그리고 2005년 12월 5일, 재차 리라이선마 전기 유한회사(푸젠)으로 기업명칭이 변경되어 등록되었다. 피고는 원고와 동종의 영업을 하고 있다. 피고는 2005년 12월과 2006년 9월 중문 '리라이선마'라는 글씨가 포함된 상표를 등록 신청하여 자신의 상품에 사용하였다.

[법원의 판단] 닝더시 중급인민법원은 1심에서 아래와 같이 판결하였다. 원고는 중문으로 된 '리라이선마(利莱森玛)' 상표를 먼저 등록하지 않았다. 그리고 '리라이선마' 상표를 선사용했다는 사실, 그 중문 상표가 어느 정도 영향력을 가지고 있다는 사실에 대해 충분한 증거를 통해 증명하지 못하였다. 원고가 등록허가를 받은 등록상표는 모두 영문 알파벳으로 이루어져 있고, 중문을 포함하지 않는다. 해당 영문 알파벳 상표는 피고가 사용한 중문으로 된 '리라이선마' 표지와 확연한 차이가 있으며, 보통 소비자들에게 혼란을 일으키지 않는다. 따라서 피고는 원고의 등록상표 전용권을 침해하지 않았다. 또한 원고는 피고가 '리라이선마'와 그림 등으로 구성된 상표를 악의적으로 등록하여 자신들의 상호권(商号权)을 침해하는 부정경쟁행위를 하였다고 주장하나, 그 사실에 대해 충분한 증거를 통해 증명하지 못하였기 때문에, 피고의 행위는 부정경쟁행위에도 해당하지 않는다.

이와 같은 이유에서 1심법원은 원고의 청구를 기각하였고, 원고는 상소하였다.

2심법원은 다음과 같이 판단하였다. 원고는 전기 기계 업계 내에서 저명도가 높은 기업이다. 'LEROY SOMER'가 회사 명칭인지 제품 브랜드인지에 상관없이 전기 관련 업계에서는 비교적 높은 지명도와 명성을 가지고 있다. 현존 증거를 통해 외국 문자 'LEROY SOMER'와 중문 '리라이선마'는 이미 고정적인 상응 관계를 형성했다고 인정할 수 있고, 중국 내 관련 업계의 공중들은 이를 잘 알고 있다. 따라서 'LEROY SOMER'의 중문 상표 '리라이선마'는 피고가 사용한 중문 '리라이선마' 상표와 유사하다고 볼 수 있다. 그러므로 피고가 중문 '리라이선마'라는 글자가 들어간 상표를 사용한 행위는 원고의 등록상표권을 침해하는 행위이다.

또한 중문 '리라이선마'와 'LEROY SOMER'의 상응 관계와 위 'LEROY SOMER'상표의 저명도를 고려할 때, 피고가 중문 '리라이선마'를 기업명칭으로 등록한 행위는 원고의 기업명칭권을 침해하는 것이고, 이는 부정경쟁행위에 해당된다.

2심법원은 이와 같은 이유에서, 피고는 즉시 상표권 침해행위와 부정경쟁행위를 중단해야 한다고 판결하였다. 또한 기업명칭을 변경하며, 원고의 경제적 손실 인민폐 100만 위안을 배상하라고 판결하였다.

위 사건 제1심법원은 외국 문자 상표와 중문 상표를 서로 분리하여, 중문 상표를 별도의 미등록상표로 보았다. 따라서 제1심 판단의 핵심적 쟁점은 해당 중문 상표의 구체적인 사용 상황 및 지명도가 되었다. 그러나 위 사건에 관하여 2심법원이 발표한 판결 평석은 위 제1심 판결에 대해 다음과 같이 비판하고 있다. 첫째, 제1심 판결은 외국 기업이 외국 문자 상표를 사용하면서 중국 대중들이 쉽게 외국 문자 상표를 구별할 수 있도록 하기 위해 중문 상표를 동시에 사용함으로써 형성되는 대응 관계를 무시한다는 문제가 있다. 둘째, 제1심 판결과 같이 중문 상표가 외국 문자 상표와 무관한 별도의 미등록상표에 불과한 것으로 본다면, 그 중문 상표를 보호받을 방법은 상표법의 미등록 저명상표 규정 또는 반부정당경쟁법의 주지상품의 특유명칭 조항을 적용하는 것밖에 없다. 따라서 권리자가 중문 번역 명칭 자체의 주지 저명성을 별도로 입증해야 한다는 부담을 지게 되고, 그 결과 중문 번역 명칭에 대한 보호가 매우 어려워질 수 있다.[50]

반면 위 사건 제2심 법원은 중문 상표를 외국 문자 상표 사용 금지권의 보호범위에 포함시켰고, 다만 그 전제로서 중국 소비자들에게 중문 상표와 외국 문자 상표 사이에 고정된 대응 관계가 형성되어 있는지 여부를 심리하였다.

1심의 태도와 구별되는 2심 심리 방식의 실익은, 구체적인 입증의 부담에서 드러난다. 1심의 입장에 따르면 중문 상표 자체의 지명도를 입증해야 하므로, 중문 상표를 사용한 선전 광고의 범위 및 정도, 중문 상표를 사용한 상품의 판매 범위, 판매량 등을 증거로 제출해야 하는데, 외국 기업으로서는 영문 등 외국어 상표를 이용한 상업 활동 자료와 별도로 중문 상표를 이용한 자료를 확보하여 두는 것이 매우 부담스럽다. 이와 비교하여 위 2심 판결의 입장에 따르면 외국 문자 상표와 중문 상표가 관련 공중들의 사이에서 고정된 대응 관계를 형성하였는지 여부를 살피게 된다. 위 사건 2심법원은 이와 같은 고정된 대응 관계가 있다는 점을 인정한 근거로, 제3자의 전문 간행물, 제품 소개서 등 원고의 자료 그리고 정부 기관이 중문 번역 이름을 사용한 상황 즉 정부의 관련 부문이 발행한 「중화인민공화국 외자 기업 투자 비준서」, 원고가 획득한 「중국 국가 강제성 제품 인증증서」 그리고 「중국 선급 협회식 인정 증서」 등에서 원고의 'LEROY SOMER'는 중문 '리라이선마'로 표시되어 사용되었다는 점 등을 들고 있는바,[51] 실무적으로 입증 자료 준비 부담이 훨씬 가볍다는 점을

50_ 奚晓明 主编, 孔祥俊 副主编, 中国知识产权指导案例评注, 第五辑, 中国法制出版社, p.190.

51_ 奚晓明 主编, 孔祥俊 副主编, 中国知识产权指导案例评注, 第五辑, 中国法制出版社, pp.191, 192.

알 수 있다.

다만, 위 사안은 외국 문자 상표가 중국에서 사용된 지 약 25년이 다 되어가는 상당한 지명도를 가지는 상표에 관한 것이고, 외국 문자 상표와 중문 상표의 관련성이 대중에게 확실히 인식된 상황이었으므로 해당 중문 상표를 보호할 필요성이 큰 사건이었다는 점을 염두에 두어야 한다. 따라서 일반적인 주지상품의 명칭 또는 기업명칭 일반에 대해서도 그 명칭의 발음을 딴 중문 명칭이 위와 마찬가지로 보호될 수 있을 것이라고 확대 적용하는 것은 경계할 필요가 있다.[52] 오히려 실무자들은 위 사안의 1심법원의 태도, 즉 외국 문자 상표와 그에 대응하는 중문 상표를 별개의 상표로 분리하여 보는 태도를 전제하고 브랜드 보호 전략을 수립하는 것이 안전할 것이다.

(3) 중문 상표의 병음(拼音)이 보호되는지 여부

중국어는 표의문자이므로 발음을 표시할 수 없기 때문에, 로마자 알파벳으로 발음을 표시하는 별도의 시스템을 갖추고 있다. 이를 병음(拼音)이라고 한다. 병음은 중국 문자와 결합되거나 또는 별도로 사용되며, 유명한 명칭의 경우 그 병음만으로도 일반 대중들이 어떤 명칭인지 한자를 보지 않아도 바로 알 수 있는 경우가 많다. 그러나 병음이 같다고 해서 반드시 같은 단어라고 볼 수 없다. 그렇다면 중문으로 된 상품의 명칭 또는 상표의 병음 표시도 보호될 수 있을 것인지 문제된다.

중국 법원은 타인의 저명한 중문 상표의 병음 표시를 무단으로 사용하는 것도 부정경쟁행위에 해당한다고 본다. 아래 사안은 타인의 저명한 중문 상표와 그 중문 상표의 병음을 무단으로 기업명칭에 포함시켜 사용한 행위를 부정경쟁행위로 본 사안이다. 권리자는 중문 상표와 그에 대응되는 영문 상표를 등록해 두었을 뿐 병음에 대해서는 별도의 권리를 확보해 두지 않았는데, 침해자가 권리자의 중문 상표 병음을 사용하여 자신의 영문 기업명칭을 만들어 사용하였다. 이에 대하여 법원은 그 병음의 사용을 금지하였다.[53]

52_ 미국의 유명 전자제품 소매업체 '베스트 바이(Best Buy)' 회사는 자신의 기업명칭의 중문 명칭인 '바이쓰마이(百思买)' 명칭을 이용하여 피고가 기업명칭을 등록하여 사용하는 것을 막으려 하였으나, 인민법원은 피고가 공상 등기를 하기 이전에 원고가 중국에 진출하였다는 점, 중문 명칭을 가지고 있었다는 점, 그리고 중문 명칭에 '百思买'라는 핵심명칭을 포함하고 있었다는 점을 입증하지 못한 것으로 보아 부정경쟁행위를 인정하지 않은 사안이 있다. 다만, 이 사안에서 원고는 '百思买'라는 상표권도 확보하고 있었기 때문에 상표권 침해는 인정되었다[福建省厦门市中级人民法院 (2009)厦民初字第605号 民事判决书].

사 례 타인의 상표 및 상표의 병음(拼音)을 기업명칭에 포함시킨 행위를 부정경쟁행위로 본 사안[54]

쟈스둬 유한회사(嘉实多有限公司, 이하 원고)와 조육신(姚育新, 이하 피고 1), 미국 자스둬 국제 석유그룹(홍콩)유한회사[美国嘉实多国际石油集团(香港)有限公司, 이하 피고 2], 닝보시 인저우 윤활유 공장(宁波市鄞州嘉帅润滑油厂, 이하 피고 3)의 부정경쟁 분쟁 사안

[사실 관계] 원고는 세계적으로 유명한 석유화학회사로서 'CASTORL', '쟈스둬(嘉实多)' 상표의 전용권자이다. 원고는 1918년 영국법에 따라 설립되었고 본명칭은 C. C. WAKEFIELD & COMPANY, LIMITED였다. 1960년에 CASTORL LIMITED로 명칭을 바꾸었으며 윤활유 상품을 전문으로 생산하여 왔다. 원고는 1996년 중국 대륙에 진출한 뒤, 같은 해 'CASTORL', '쟈스둬' 상표를 등록하였다. 원고 및 관계 회사는 많은 광고 비용을 투자하여 전용 매장 외관, 옥외 광고판, 잡지, 방송 등에 광고를 하고 자동차 경기를 협찬하는 등의 방식으로 판촉 및 광고 선전을 하였다. 원고의 'CASTORL', '쟈스둬' 상표는 2000년 국가 공상국에 의해 '전국 중점 상표 보호 명단'에 포함되었고, 2008년 '쟈스둬' 상표는 국가 공상행정 관리총국 상표국(国家工商行政管理总局商标局, 이하 국가 상표국)에 의해 저명상표로 인정받았다.

피고 1은 2004년 12월 홍콩 특별행정구역에 피고 2 회사를 설립하여 등록하였는데, 피고 2 회사의 영문명은 'U.S.A. JIASHIDUO INT'L PETROLEUM GROUP(H.K.) LIMITED'이다. 한편 소외 채씨 및 조씨는 2005년 피고 3(윤활유 공장)을 설립하였다. 그리고 피고들은 피고 2가 피고 3에게 윤활유의 가공을 위탁하는 방식으로 윤활유를 생산하여 판매하였다. 피고 3 회사의 매니징 파트너인 소외 채씨는 피고 1과 부부 관계이고, 피고 3 회사의 또 다른 파트너인 소외 조씨는 피고 1의 딸이었다.

피고들은 중국 대륙 내에서 윤활유 상품(상품의 이름은 'casibar'이다)을 판매하면서 상품의 포장라벨, 포장상자, 벽면 광고 등에 '미국 쟈스둬 국제 석유그룹(홍콩)유한회사 제품',

---

53_ 다만 이 사건은 반부정당경쟁법 제5조 제2호가 아닌 제2조 위반으로 규율한 사안이라는 점을 유의할 필요가 있다. 제2조를 적용한 이유는 판결문에 명확히 나와 있지 않으나, 사견으로는 원고의 상표가 단순한 '상품의 명칭'을 넘는 역할을 하므로 보호 범위를 더 넓게 보아야 한다고 보아 제2조를 적용한 것으로 보인다. 뒤에서 자세히 소개하겠지만, 미술 공예인과 그 전승자 가족을 일컫는 '니런장'이라는 호칭을 보호함에 있어서, 최고인민법원은 '니런장'의 사용 범위가 '상품의 명칭'의 범위를 넘는다고 보아 제5조 제2호가 아닌 제2조 위반으로 규율해야 한다고 판시한 바 있다[最高人民法院 (2010)民提字第113号 民事判决书].

54_ 上海市第二中级人民法院 (2008)沪二中民五(知)初字第91号 民事判决书, 2009년 중국 법원 지식재산권 사법보호 50대 대표 판례.

'U.S.A. JIASHIDUO INT'L PETROLEUM GROUP(H.K.) LIMITED'를 표시하였다. 피고 2의 중문 상호의 주요 부분인 '쟈스둬'는 원고 '쟈스둬' 등록상표 문자와 완전 동일하였고, 영문 상호의 주요 부분인 'JIA SHI DUO'는 원고의 '쟈스둬' 상표의 병음에 해당한다. 또한 피고들은 '미국 쟈스둬 국제 석유그룹(홍콩) 유한회사 제품' 문구에서 '미국 쟈스둬' 글자 크기를 상대적으로 크게 하고 '쟈스둬' 글자를 빨간 색깔로 두드러지게 사용하였다.

원고는 상하이 제2중급인민법원에 소를 제기하여 "1. 세 피고는 즉시 중국 대륙 지역에서 '쟈스둬', 'JIA SHI DUO' 문구가 들어간 기업명칭 사용을 중단한다. 2. 세 피고는 '신민완보(新民晚报)'에 사실을 바로잡는 성명을 게재한다"는 판결을 구하였다.

[법원의 판단] 법원은 원고의 주장을 받아들여 피고 2와 피고 3이 중국 대륙 지역에서 '미국 쟈스둬 국제 석유그룹(홍콩) 유한회사 제품'이라는 중문 명칭뿐 아니라 'U.S.A. JIASHIDUO INT'L PETROLEUM GROUP(H.K.) LIMITED'라는 영어 명칭도 상업적으로 사용할 수 없도록 하였고, 본원이 지정한 「신민완보」에 침해 사실을 바로잡는 성명을 게재하도록 명하였다.[55]

다만, 중문과 대응하는 병음이 일반적으로 보호되는 것은 아님을 유의할 필요가 있다. 주지상품의 명칭에 대응하거나 또는 주지성 있는 기업명칭 또는 유명인 성명의 병음이어야 보호될 수 있다. 상표국은 병음상표와 한자상표 유사성판단 표준(拼音商标与汉字商标近似判定的标准)을 발표하였는데, 그 표준에 따르더라도, (1) 한자상표와 대응하는 병음상표는 일반적으로 유사상표로 판단되지 않고(예:天达와 TIAN DA), (2) 다만, 저명상표인 경우에는 유사한 것으로 판단된다(예: 茅台와 MAO TAI).[56]

(4) 공중이 붙여 준 별명이 주지상품의 명칭으로 보호될 수 있는지 여부

주지상품의 약칭은 특유성을 가지고 있는 경우에 보호될 수 있다는 내용은 앞

55_ 영문 명칭 사용 금지에 관한 법관 평술 내용은 이하와 같다: 피고 홍콩 캐스톨사가 등록한 기업명칭 중 중문의 것 외에 "U.S.A. JIASHIDUO INT'L PETROLEUM GROUP(H.K.) LIMITED"라는 영어 명칭이 있다. 위 문자들에서 볼 수 있듯이 "JIASHIDUO"는 "嘉实多" 상표 문자에 해당하지 않고, "Castrol"이라는 영어 상표에도 해당하지 않는다. 단, 이는 "嘉实多" 상표에 대응하는 한자 병음이다. 법원 심리 결과에 따르면, 피고가 위 영어 명칭을 자신의 중문명칭과 결합하여 사용하는 경우 오인 혼동의 결과를 일으키기에 충분하고, 또 피고들이 그와 같은 고의가 명백하므로, 이에 영어 명칭의 사용이 부정당경쟁 행위를 구성한다고 판단한 법원의 판단은 매우 타당하다[奚晓明 主编, 孔祥俊 副主编, 中国知识产权指导案例评注(下), 中国法制出版社, 2011, p.1034].

56_ 상표국, 「병음상표와 한자상표 유사성판단 표준(拼音商标与汉字商标近似判定的标准)」(2001년), 제1조.

서 본 바와 같다. 별명의 경우에도 약칭의 경우와 다를 바 없으므로, 특유성을 가지고 있고 관련 공중이 그 주지상품 및 주지상품의 출처와 해당 별명을 연결시킬 수 있다면 보호될 수 있을 것이다.

그렇다면 주지상품에 대중이 별명을 붙여주는 경우는 어떠한가? 주지상품과 별명이 연관되어 널리 대중에 인식되었지만, 만일 그 제품의 생산자 스스로는 해당 별칭을 자신의 상표로 사용한 적이 없다면, 그 별칭은 주지상품의 명칭으로 보호받을 수 있을까? 중국 법원은 미등록 저명상표에 관한 사안에서, 상표법으로 보호받을 미등록 저명상표가 되기 위해서는 상업 활동을 통하여 해당 표지에 대한 권리를 주장하는 주동적이고 적극적인 의사표시가 있어야 한다고 보고 있다. 따라서 경영자 스스로 해당 별명을 상품의 출처 표지로 사용하거나 사용할 의도가 없었던 경우, 대중이 널리 부른 별명이라 하여도 이를 미등록 저명상표로 보호받을 권익이 생기는 것은 아니라는 것이다. 이와 관련하여 참고할 만한 판결들을 아래에서 소개한다.

사 례 비아그라의 별명 '웨이거(伟哥)'에 대한 보호를 불인정한 사안[57]

후이루이 유한회사(辉瑞有限公司) 외 1(이하 비아그라 회사 또는 원고)과 상하이 동팡 제약유한회사 파산 청산조(上海东方制药有限公司破产清算组, 이하 피고) 외 2의 부정경쟁 및 미등록 저명상표권 침해 분쟁 사안

[사실관계] 비아그라 회사는 'Viagra' 또는 '완아이커(万艾可)'라는 상표를 사용해 왔고 다만 상표등록을 하지 않았다. 그런데 중국의 많은 매체에서 비아그라를 '웨이거(伟哥)'[58]라는 별명으로 불렀고, '웨이거의 효능' 등 제목의 보도 및 기사에서 비아그라에 관한 내용을 다루어 왔다. 다만 비아그라 회사 스스로 자신의 상품을 '웨이거'라고 지칭하거나 또는 선전한 바는 없었다. 그런데 다른 회사가 유사 약품을 출시하면서 그 약품을 '웨이거'라고 선전하며 판매하는 행위를 하자, 비아그라 회사는 위 행위가 부정경쟁행위 및 미등록 저명상표 침해행위에 해당한다고 주장하였다.

[법원의 판단] 이에 대하여 최고인민법원은 다음과 같은 이유에서 원고 비아그라 회사의 청구를 모두 기각하였다. "비록 많은 매체가 관련 보도에서 'Viagra'와 '웨이거'를 대응되게 사용하였으나, 위와 같은 보도는 모두 매체가 한 것이지 원고가 자신의 상표를 선전한 것

57_ 最高人民法院 (2009)民申字第313号 民事裁定书, 2009년 중국 법원 지식재산권 사법보호 50대 대표 판례.

58_ 홍콩에서 비아그라를 지칭하는 호칭으로, '위대한 형'의 의미가 있다.

이 아니고, 나아가 원고는 '완아이커'가 정식 상품명이라는 점을 명확하게 밝혀 왔고, 중국 내에서 '伟哥'상표를 사용한 사실이 없다는 점을 스스로 인정하고 있다. 따라서 매체들이 'Viagra'를 '伟哥'라고 지칭해 온 것은 원고가 당시 '伟哥'를 상표로 사용하겠다는 진실된 의사를 반영하는 것이라고 인정할 수 없다. 제시된 증거만으로는 '伟哥'를 미등록상표라고 인정하기 부족하고, 미등록 저명상표라고 인정하는 것은 더더욱 불가하다."

제1, 2심법원도 최고인민법원의 위 설시와 같이 원고가 '웨이거' 상표에 대한 합법적 권익이 없고, 따라서 피고가 '웨이거' 상표를 사용한 행위가 정당하고 합리적이므로 부정경쟁행위에 해당하지 않는다고 판단하였다.[59]

사례 **소니 에릭슨에 대해 각종 매체가 사용한 약칭을 보호하지 않은 사안**[60]

소니 에릭슨 이동통신 제품(중국)유한회사[索尼爱立信移动通信产品(中国)有限公司, **이하 원고**] **와 광저우시 숴아이 디지털 과학기술 유한회사**(广州市索爱数码科技有限公司, **이하 피고)의 상표 무효 분쟁 사안**

이 사안은 '소니 에릭슨' 상표가 문제된 사건이다. 원고의 중문 상표 및 기업명칭은 '소니 에릭슨(索尼爱立信)'이다. 중국 내에서는 일반적으로 위 상표 내지 기업명칭을 줄여서 간단하게 '숴아이(索爱)'라고 불려 왔다. 그런데 피고가 '숴아이'라는 상표를 전화기, VCD 플레이어 등을 지정상품으로 하여 등록 출원하였고, 그 신청이 받아들여져 등록이 이루어졌다. 이에 원고는 위 상표의 등록이 중국 내 저명한 상표를 악의로 침해하여 등록한 것이라며 등록 무효를 구하였다. 문제는 원고가 '숴아이'라는 약칭을 스스로 사용한 적이 없고, 심지어 중국 소비자들이 '소니 에릭슨'을 '숴아이'라고 부르는 것이 부적절하다고 인터뷰 등을 통하여 지적하기까지 하였던 점이다.

이러한 상황에서, 제1심 법원은 비록 원고가 스스로 '숴아이'라는 약칭을 사용한 적이 없지만, 워낙 광범위하게 그 약칭이 사용되어 왔으므로 스스로 '索爱'를 상표로 사용하는 것과 같은 효과가 있다고 보면서, 나중에 등록된 '索爱' 상표는 등록 무효라고 보았다.

그러나 제2심 법원과 최고인민법원은 원고가 '숴아이' 상표를 스스로 상품 출처의 표지로 사용하거나 사용할 의도를 가지지 않았다고 보아, 매체의 보도 등에서 널리 부른 약칭이라

59_ 원고가 재심에서 반부정당경쟁법 위반을 재심 신청 이유로 주장하였으나, 최고인민법원은 이에 대하여 별도로 설시하지 않았다.

60_ 最高人民法院 (2010)知行字第48号 民事裁定书.

고 하더라도 보호받을 권익이 생기는 것은 아니라고 하면서, 1심법원의 판단을 파기하였다.

위 사안들은 비록 미등록 저명상표에 관한 상표법 분쟁 사안이나, 부정경쟁행위 사건에서도 적용할 수 있다. 위 사안들에서 약칭이 보호되지 않은 이유는, 그 약칭이 미등록 저명상표로 '보호될 권익'이 없다고 인민법원이 판단하였기 때문이다. 유사한 상황에서 부정경쟁행위가 문제되었다고 한다면, 반부정당경쟁법 제2조 제2항은 '경영자의 합법적인 권익'에 손해를 가하는 것을 부정경쟁행위로 규정하고 있으므로, 마찬가지로 '보호될 경영자의 합법적인 권익'이 없다고 판단될 가능성이 높을 것으로 보인다.

(5) 상품의 형상을 보호하는지 여부

반부정당경쟁법상 보호되는 표지의 범위에 포함되는지 여부가 문제되는 또 다른 사례는 상품의 형상이다. 중국 반부정당경쟁법의 권위자 공상퀀 판사는 상품의 형상이 반부정당경쟁법 소정의 '상품의 포장 · 장식'에 해당하는지 여부는 해당 형상에 기술적 의미가 어느 정도 있는지 여부를 고려하여 결정해야 한다고 보고 있다. 즉, 해당 상품의 형상이 상품에 적용된 기술적 요소에 따른 것일 경우, 이는 특허 정책의 각도에서 고려하여 보호해야 하는 것이지 이를 '상품의 포장 · 장식'에 포함시켜서는 안 된다는 것이다. 다만 그 상품형상의 기술적 의미가 크지 않은 경우라면 이를 '주지상품의 포장 · 장식'으로 보호할 수 있다고 본다.[61]

최고인민법원의 사법해석 내용을 보더라도, "상품 자체의 성질에서 기인하는 형상, 기술 효과를 획득하기 위하여 필수적인 상품의 형상 그리고 상품이 고유의 실질적 가치를 구비하도록 한 형상"은 지명상품 특유의 명칭 · 포장 · 장식으로 인정하지 않는다고 규정하고 있는바,[62] 이를 반대 해석하면 상품 출처의 기능을 획득한 주지상품의 비기능적 형상이라면 주지상품 특유의 명칭 · 포장 · 장식에 해당하는 것으로 인정한다는 취지로 해석될 수 있다.

최고인민법원은 한국 모닝글로리 회사의 베스트셀러 수성펜 제품의 형상을 타인이 따라 한 사안에서, 위 모방행위는 반부정당경쟁법 제5조 제2호의 '주지상품의 포장 · 장식'을 따라 한 행위라고 인정한 바 있다.[63] 이 판결은 상품의 형상 보호에

61_ 孔祥俊, 反不正当竞争法的创新性适用, 中国法制出版社, 2014, p.235.

62_ 반부정당경쟁법 사법해석 제2조.

63_ 最高人民法院 (2010)民提字第16号 民事裁定书.

관한 중요한 판결이므로, 그 내용을 아래에서 상세히 살펴보도록 하겠다.

사례 모닝 글로리 펜 상품 형상 보호 사안[64]

상하이 중한 천광 문구제조 유한회사(上海中韩晨光文具制造有限公司, 이하 원고)와 닝보 웨이야다 필기구 제조 유한회사(宁波微亚达制笔有限公司, 이하 피고) 외 2의 주지상품 특유 장식에 대한 무단사용 분쟁 사안

[사실관계] 원고는 국가 지식산권국(国家知识产权局)에 '펜(사무용 펜)'이라는 이름의 외관 디자인 특허(디자인권)를 2002년 7월 19일 신청하였고, 2003년 2월 19일 등록되었으며, 현재는 그 권리 보호 기간이 만료된 상태이다. 원고의 K-35 모델 클리커 중성펜(이하 '피침해 제품')의 외관은 위 외관 디자인 특허와 동일하다.
침해 피의 제품인 681형 수성펜(이하 '침해 제품')은 피고들이 생산하고 판매하는 상품이다. 침해 제품의 구조는 피침해 제품과 동일하고, 다만 펜에 쓰여진 상표와 제품의 모델명이 다른 정도뿐이어서, 전체적으로 보았을 때 외관이 기본적으로 동일하다고 인정되었다.
이 사건은 피침해 제품의 디자인권이 이미 권리 보호 기간을 경과하였으므로 그 제품의 형상에 대해서 반부정당경쟁법으로 추가로 보호를 받을 수 있는지 여부가 문제된 사안이다.
[법원의 판단] **디자인권을 획득한 상품의 외관은 디자인권 보호 기간이 경과한 후 반부정당경쟁법에 의거하여 보호를 받을 수 있는지 여부(적극)**
… 디자인권이 종료된 이후 그 디자인을 사용한 상품이 주지상품이 되었을 경우, 만약 타인이 그 디자인을 사용하는 것이 관련 대중에게 상품 출처에 대해 혼란이나 오인을 일으킨다면, 이러한 후사용행위는 그 디자인권 종료전 권리자이자 디자인 선사용자인 자의 상업신용을 부정하게 이용한 행위이므로 부정경쟁행위에 해당한다. 그렇기 때문에 디자인권이 종료되었다고 하여 그 디자인이 당연하게 공공 영역으로 포섭되는 것은 아니고, 반부정당경쟁법의 보호 조건에 부합하는 경우 그 법의 보호를 받을 수 있다. …

형체 구조 종류의 장식이 '주지상표 특유 장식'으로서 보호 받을 수 있는 조건
상품상에 외재되어 있는 문자 도안 종류의 장식과 비교할 때, 상품에 내재되어 있는 형체 구조 종류의 장식들이 주지상품의 특유 장식에 해당하려면 엄격한 조건을 만족해야 한다.

64_ 最高人民法院 (2010)民提字第16号 民事裁定书, 2010년 중국 법원 지식재산권 사법보호 50대 대표 판례.

이러한 조건은 일반적으로 최소 아래 조건을 만족해야 한다. 1. 해당 형체 구조는 일반적으로 흔히 볼 수 있는 디자인과 구별되는 현저한 특징을 가져야 한다. 2. 시장에서의 사용을 통해 관련 대중이 이미 해당 형체 구조를 특정 생산자 · 공급자와 연관시켰어야 한다. 즉, 해당 형체 구조가 본래 의미에서 더 나아간 의미를 가져야 한다. 다시 말해, 한 형체 구조가 주지상품의 특유 장식이 되려면 신규성과 독창성을 가지고 있어야 하고, 소비자를 유인한 것만으로는 불충분하다. 그 외에 반드시 상품 출처를 구별하는 역할을 해야만 한다. 그리고 충분한 증거를 들어 해당 형체 구조의 특징이 상품 출처를 구별하는 작용을 한다는 것을 증명해야만, 해당 형체 구조는 주지상품의 특유 장식으로서 보호받을 수 있다.

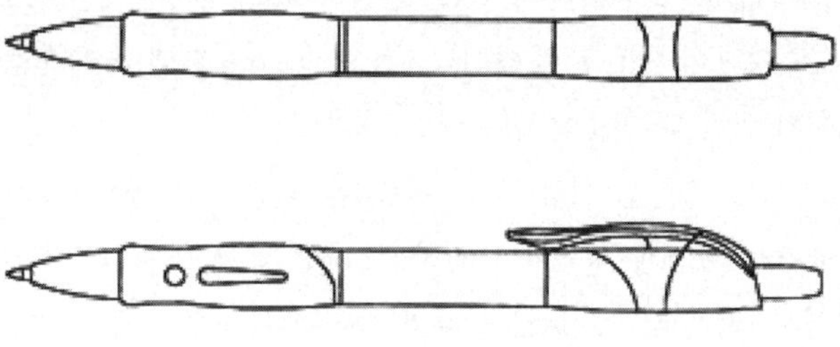

[원고 디자인 도면]

위 사건에서 최고인민법원은 상품의 형태를 반부정당경쟁법 주지상품의 포장 · 장식으로 보아 보호할 수 있다고 보면서, 우선 다음과 같은 조건을 만족해야 한다고 보았다. (i) 당해 디자인을 사용한 상품은 주지상품이어야 한다. (ii) 당해 디자인은 이미 실제로 상품 출처를 구별하는 역할을 함으로써 주지상품의 특유 포장이나 장식이어야 한다. (iii) 상품의 기능 · 성질에 관한 디자인이 아니어야 한다. (iv) 타인이 해당 디자인을 사용한다면 관련 대중의 혼란과 오해를 불러일으킬 수 있어야 한다.

여기서 핵심이 되는 조건은 (ii) 당해 디자인이 "상품 출처를 구별하는 역할을 하는 주지상품 특유의 포장 · 장식이어야 한다"는 것인데, 최고인민법원은 이를 판단함에 있어서, 상품의 '장식'은 일반적으로 ① 문자 도안형 장식과 ② 형체 구조형 장식으로 구분될 수 있다고 분석한 후, 문자 도안형 장식과 달리 형체 구조형 장식은 그 형체 구조가 상품 출처 구별 역할을 하는지 여부에 대해 엄격히 판단해야 한다고 보았다. 여기에서 ① 문자 도안형 장식은 외부적으로 보이는 상품상의 문자 · 도안 · 색채 · 배열의 조합을 의미하고, ② 형체 구조형 장식은 물품에 내재되어 물품 본체의 일부를 구성하며 장식 역할을 하는 외관 구조를 의미한다.

우선 문자 도안형 장식은 현저성이 떨어지는 경우 이외에는 일반적으로 어느 정도 상품의 출처를 구별하는 작용을 하는 것으로 인정된다고 본다. 일반 소비자들은 습관처럼 거의 문자 도안 종류의 장식들을 이용하여 상품의 출처를 구분하기 때문이다.

이와 달리 형체 구조형 장식의 경우, 관련 대중들은 보통 형체 구조가 상품 본체의 구성 부분이라고 생각할 뿐 일반적으로 이를 바로 상품의 특정 생산자나 공급자와 연관시키지 않는다. 따라서 형체 구조 종류의 장식은 이를 사용한 상품이 주지상품이 되었다는 사실만으로 그 형체 구조가 상품 출처를 구별하는 작용을 한다고 볼 수 없고, 충분한 증거로서 이 형체 구조가 상품 출처를 구별하는 작용을 하는 주지상품의 특유장식이라는 점을 증명해야 한다고 보았다.

결론적으로 최고인민법원은 문자 도안형 장식뿐 아니라 형체 구조형 장식 모두 '주지상품의 장식'에 해당하여 보호될 수 있다고 보나, 형체 구조형 장식의 경우 그 장식이 상품의 출처 구별의 작용을 하는지에 대하여 보다 엄격한 증명을 요구하고 있다고 할 것이다.

상품의 형상을 반부정당경쟁법으로 보호할 수 있는지에 관한 또 다른 대표적 판례로는 한국에서도 유명한 이탈리아 초콜릿 '페레로 로쉐(FERRERO ROCHER)' 상품의 포장을 포함한 외관 형태의 보호에 관한 사안이다. 이 사안에서 최고인민법원은 전체 포장, 상품의 용기를 포함한 포장과 상품 또는 포장에 부가된 문자 · 도안 · 색채 및 그 조합으로 구성된 장식을 통해 상품의 출처를 구별할 수 있는 경우, 이는 「반부정당경쟁법」 제5조 제2호가 보호하는 '특유 포장 및 장식'에 해당한다고 아래와 같이 판시하였다.

사례 페레로 로쉐 상품 형상 보호 사안[65]

페레로 회사(意大利费列罗公司, 이하 원고)**와 카이핑시 후이위안롱 초콜릿 식품 유한회사**(开平市汇源隆巧克力食品有限公司, 이하 피고)**의 주지상품 특유명칭 · 포장 · 장식에 대한 무단사용 분쟁 사안**

원고 페레로 회사가 보호를 요청한, 페레로 로쉐(FERRERO ROCHER) 초콜릿에 사용된 포장과 장식은 여러 종류의 요소들로 구성되어 있다.

65_ 最高人民法院 (2006)民三提字第3号 民事判决书.

우선, 구형(球體) 초콜릿이고 금속지로 싸여 있으며 투명 소재로 외부 포장을 하여 초콜릿 내부를 나타내는 등의 간단한 조합 방식으로 이루어진 포장 및 장식은 상품의 출처를 구분하는 현저한 특징이라고 할 수 없기 때문에 특유성을 가지고 있지 않다. 또 이런 조합 방식에서의 각 요소들은 식품 포장 업계에서 통용되는 포장 및 장식이기 때문에 독점적으로 사용될 수 없다.

하지만 금속지, 종이 받침, 플라스틱 상자 등의 포장 재료와 형태 그리고 색깔의 배열로 이루어진 조합은 큰 선택의 여지를 준다. 또 포장에 표기되거나 붙어 있는 라벨의 크기, 도안, 그림 구조 등을 이용하여 자유로운 디자인을 가질 수 있다. 자유로운 디자인 범위 내에서 포장 및 장식 등 각 요소들은 독특한 배열 조합을 이루어 상품 출처를 구분하는 현저한 특징을 만들어 내고, 상품 특유의 포장 및 장식을 만들어 낸다.

페레로 로쉐 초콜릿에 사용된 포장 및 장식의 구성 요소는 문자, 도형, 색채, 형상, 크기 등의 배열 조합이 매우 독특하며 전체적으로 현저한 형상을 이루었다. 또 이는 상품의 기능과 무관하고 이미 장기적인 사용과 대량의 홍보를 통해 관련 대중에게 위 포장 및 장식의 전체적인 형상과 원고의 페레로 로쉐 초콜릿 상품을 연관시키게 하여 상품의 출처를 식별하는 역할을 한다. 따라서 페레로 로쉐 초콜릿 상품에 사용된 포장 및 장식은 「반부정당경쟁법」 제5조 제2호가 보호하는 특유한 포장 및 장식에 해당한다.

(6) 타인의 인터넷 사이트 명칭이 보호되는지 여부

인터넷 서비스를 제공하는 사이트의 명칭을 무단으로 사용하는 행위 역시 반부정당경쟁법 제5조 제2호의 부정경쟁행위에 해당한다. 이와 관련하여 2011년 10대 지적재산권 판례로 최고인민법원이 선정한 판례를 살펴보도록 한다.

사 례 유명 SNS 서비스 사이트 명칭을 무단 사용하여 SNS 서비스를 한 사안[66]

베이징 카이신 정보 기술 유한회사(北京开心信息技术有限公司, 이하 원고)**와 베이징 첸샹 인터넷 과학기술 발전 유한회사**(北京千橡互联科技发展有限公司, 이하 피고) **외 1의 상표전용권 침해 및 부정경쟁 분쟁 사안**

[사실관계] 원고는 소셜 네트워킹 서비스(SNS) 사이트인 '카이신왕(开心网)'을 운영하고

66_ 北京市高级人民法院 (2011)高民终字第846号 民事判决书, 2011년 중국 법원 지식재산권 사법 보호 10대 판례.

있다. 카이신왕은 가입자 수가 약 1억 1천만 명에 달하는 상당히 유명한 SNS 서비스 사이트이다. 그리고 카이신왕의 도메인명은 'kaixin001.com'이다.

피고는 원고 도메인명보다 먼저 등록된 'kaixin.com'이라는 도메인명을 제3자로부터 양도받은 뒤, 이를 사용하여 원고 사이트와 동일한 이름인 '카이신왕(开心网)'이라는 이름의 사이트를 열어 SNS 서비스를 제공하였다.

[법원의 판단] 이 사안에서 법원은 원고의 '카이신왕(kaixin001.com)'이 SNS를 제공하기 시작한 2008년 3월 이후 급속도로 성장하여 저명 서비스에 해당하는 규모의 서비스를 제공하고 있는 사실을 인정하며, 해당 사이트 명칭은 저명 서비스의 특유명칭에 해당하기 때문에 반부정당경쟁법의 보호를 받을 수 있다고 판단하였다. 그리고 피고는 원고가 '카이신왕(kaixin001.com)'을 통해 SNS를 제공해 이미 저명 서비스에 해당한다는 사실을 알고 있는 상태에서 2008년 10월부터 이 저명 서비스의 특유명칭인 '카이신왕'을 사용해 동일한 서비스를 제공해 왔으며, 이로 인해 인터넷 사용자가 피고 측과 원고 측에서 제공하는 서비스에 대해서 혼동할 수 있기 때문에, 이는 부정경쟁행위에 해당한다고 판단하였다.

다만, 원고가 사업을 시작하기 전에 이미 등록된 'kaixin.com' 도메인명을 피고가 양수하여 사용한 행위에 대하여, 피고가 도메인명 'kaixin.com'을 사용한 행위 자체는 '카이신왕'이라는 저명 서비스의 특유명칭이나 도메인명 'kaixin001.com'을 모방한 것이 아니기 때문에 부정경쟁행위에 해당하지 않는다고 판단하였다.

1심법원은 피고가 '카이신왕(开心网)'이라는 인터넷 사이트 명칭을 사용하지 못하도록 명하였고, 'kaxin.com'도메인명에 대해서는 어떠한 조치도 취하지 않았다. 이에 대하여 원고가 불복하였으나, 2심법원은 "피고가 소셜 네트워킹 서비스를 제공할 때 원고의 저명 사이트 명칭인 '카이신왕'과 동일하거나 유사한 명칭을 사용할 수 없다고 명시한 원심판결을 통해 도메인명 'kaixin.com'과 원고의 저명 사이트 명칭의 연관성이 끊어졌으므로, 피고가 원심판결의 내용에 따라서 도메인명 'kaixin.com'을 사용하는 것은 더 이상 인터넷 사용자로 하여금 원고와 피고가 제공하는 서비스에 대해 혼동하거나 오인하게 하지 않는다"며 1심법원의 판단을 지지하였다.

(7) 캐릭터를 보호하는지 여부

마지막으로 '캐릭터'가 중국 반부정당경쟁법으로 보호될 수 있는지 여부를 살펴본다. 현재 중국의 법률에는 상품화된 캐릭터제품 보호와 관련된 명확한 규정이 없으나, 중국 법원은 캐릭터를 저작권법으로 보호하는 경향이 있다. 중국 '개혁 · 개방 30년 중요 저작권침해 10대 대표 판례(改革开放30年十大经典著作权案例)' 중 하나로 꼽히는 중국의 유명한 캐릭터 '산마오(三毛)'[67]의 침해 분쟁을 살펴보자. 이는 피고가 '산마오'라는 캐릭터를 베껴서 도형상표로 등록하고, 기업 캐릭터로서 광고, 명함, 기업 내부의 명패 등에 사용한 사안이었다. 이 사안은 피고가 산마오 캐릭터의 유명세를 이용한 사안이라는 점에서 저작물의 독창적 표현 도용이 문제되는 통상의 저작권 침해 사안과 차이가 있었으나, 인민법원은 산마오 캐릭터를 저작물로 보고, 피고의 상표 등록 사용 행위 및 기업 캐릭터로의 사용 행위는 원고의 저작물 침해행위에 해당한다고 보아 저작권법으로 캐릭터를 보호하였다.[68] 다른 사안으로는, 피고가 원고의 '울트라맨(奥特曼)' 캐릭터를 본떠서 자명종을 만들어 판매한 사안이 있다. 이 사안에서 상하이 중급인민법원은 울트라맨 만화 캐릭터를 저작권물로 보호할 수 있다고 보았다.[69]

그러나 이와 같이 저작권법을 통한 캐릭터의 보호방식은 캐릭터가 독창적 표현성이 떨어지지만, 상당한 인지도와 사회적 영향력을 가지는 경우를 보호하지 못한다는 비판이 있다.[70] 예를 들어, 원형 얼굴에 직선으로 된 몸통 및 팔다리로 구성되는 등 매우 단순한 형상의 캐릭터를 생각해 보자. 그 캐릭터 자체는 형상의 단순성으로 인해 저작권으로 보호받을 만한 독창적인 표현이 있다고 보기 어려울 수 있다. 하지만, 만약 해당 캐릭터가 등장하는 만화 또는 애니메이션이 크게 인기를 끌게 된다면 대중 사이에서 해당 형상이 그 명칭과 함께 하나의 캐릭터로 확고히 자리잡고, 나아가 해당 캐릭터가 상당한 인지도와 사회적 영향력을 가질 수 있다. 이와 같은 경우 그 캐릭터를 무단으로 사용하는 행위는 분명히 제재할 필요가 있다.

이러한 문제 인식하에서 중국 학계에서는 반부정당경쟁법을 이용하여 캐릭터를 보호해야 한다는 견해가 있다. 구체적으로 반부정당경쟁법의 어떠한 조항을 적용할 것인지에 대해서는 캐릭터가 상품표지로 사용되는 경우와 그렇지 않은 경우로 나누어 볼 필요가 있다. 우선 캐릭터의 창작자 또는 그로부터 사용 허락을 받은 자가 해당 캐릭터를 상품화하여 이미 시장에 진출해 있는 경우, 캐릭터가 이미 상품 출처 표시의 기능을 가지도록 활용되고 있다면 반부정당경쟁법 제5조 제2호의 적용이 가능할 것이다.[71]

67_ 머리카락이 세 가닥 있는 어린 소년 캐릭터이다.

68_ 1심: 上海市第一中级人民法院 (1996)沪一中民(知)字第94号 民事判决书, 2심: 上海市高级人民法院 (1997)沪高民终(知)字第48号 民事判决书.

69_ 山海市第一中人民法院 (1999)沪一中知初第118号 民事判决书.

70_ 周蕾, 虚构角色的反不正当竞争法保护, 中华商标, 2001.10, p.36.

71_ 何英, 焦洪涛, 关于角色商品化权法律保护的思考, 华中理工大学学报(社会科学版), 2000年第14

하지만 만약 캐릭터가 상품화되지 않아 상품 출처 표시로서의 기능이 없는 경우에는, 반부정당경쟁법 제5조 제2호 규정을 적용할 수 없다. 다만 중국 학계에는 이와 같은 경우 반부정당경쟁법 제2조 일반조항을 적용해야 한다는 견해가 있다. 캐릭터 침해는 반부정당경쟁법에 나열된 구체적인 부정경쟁행위 중 어느 하나에 해당하지 않으나, 무단으로 캐릭터를 도용하는 행위는 공평의 원칙에 위배되고, 사회경제 질서에 혼란을 일으키며, 권리자에게 손해를 입히는 것이므로 반부정당경쟁법 제2조의 일반조항을 적용해야 한다는 것이다.[72] 다만 반부정당경쟁법은 그 주체를 경영자 및 경쟁관계가 있는 자로 한정하고 있는데, 위와 같은 견해에 따르는 경우 경영자의 범위 및 경쟁관계를 넓게 본다 하더라도 과연 캐릭터권자가 경영자에 해당한다고 볼 수 있을지, 캐릭터권자와 침해자 사이에 경쟁관계가 인정될 수 있을 것인지 문제될 수 있다.

이와 비교하여 한국에서는 캐릭터가 어떻게 보호되는지 대법원의 판례를 간략히 살펴보도록 하자. 우선, 한국 대법원은 캐릭터가 상품화되어 상품표지로서 수요자들에게 널리 인식되는 경우, 부정경쟁방지법 제2조 제1호 가목 '기타 타인의 상품임을 표시한 표지'에 해당한다고 보고 있다. 즉, 캐릭터에 대한 상품화 사업이 이루어지고 이에 대한 지속적인 선전, 광고 및 품질관리 등으로 캐릭터가 이를 상품화할 수 있는 권리를 가진 자의 상품표지로서 널리 인식되는 경우 부정경쟁방지법의 보호를 받는다는 것이다.[73]

한편 상품표지로 사용되지 않는 캐릭터를 어떻게 보호할 것인지 여부와 관련하여, 한국 대법원은 중국과 마찬가지로 캐릭터 또한 저작물로 보호될 수 있다는 입장이다. 이와 관련하여, 대법원은 "저작권법에 의하여 보호되는 저작물이기 위하여는 인간의 사상 또는 감정을 표현한 창작물이어야 할 것인바, 만화, 텔레비전, 영화, 신문, 잡지 등 대중이 접하는 매체를 통하여 등장하는 인물, 동물 등의 형상과 명칭을 뜻하는 캐릭터의 경우 그 인물, 동물 등의 생김새, 동작 등의 시각적 표현에 작성자의 창조적 개성이 드러나 있으면 원저작물과 별개로 저작권법에 의하여 보호되는 저작물이 될 수 있다"고 판시한 바 있다. 나아가 대법원은 위 판결에서 캐릭터에 관하여 상품화가 이루어졌는지 여부는 그 캐릭터에 대한 저작권법에 의한 보호 여부를 판단함에 있어서 고려할 사항이 아니라고 판시하였다.[74]

卷第2期, p.34.

72_ 周蕾, 虛构角色的反不正当竞争法保护, 中华商标, 2001.10, p.37.

73_ 대법원 2005.4.29. 선고 2005도70 판결, 대법원 2012.3.29. 선고 2010다20044 판결.

나아가 최근 한국 대법원은 유명 드라마인 '황진이', '대장금', '주몽' 등 제호하에 위 드라마가 연상되는 의상, 소품, 모습, 배경 등으로 꾸민 "HELLO KITTY" 제품을 피고가 제조 · 판매한 사안에서, 피고의 이와 같은 행위는 부정경쟁행위에 해당한다고 인정한 바 있다.[75] 드라마가 연상되는 의상, 소품, 모습, 배경은 캐릭터 저작물에는 미치지 못하나, 경쟁자가 상당한 노력과 투자에 의하여 구축한 성과물에 해당하고, 이를 상도덕이나 공정한 경쟁질서에 반하여 무단으로 사용하는 행위는 불법행위에 해당한다고 인정한 것이다. 그리고 이와 같은 판례의 태도는 입법과정에 반영되어, 2013.7.30. 개정(2014.1.31. 시행) 부정경쟁방지법 제2조 제1호 차목은 "타인의 상당한 투자나 노력으로 만들어진 성과 등을 공정한 상거래 관행이나 경쟁질서에 반하는 방법으로 자신의 영업을 위하여 무단으로 사용함으로써 타인의 경제적 이익을 침해하는 행위"를 부정경쟁행위로 규정하고 있다. 따라서 캐릭터가 저작권법에 의하여 보호받기 어려운 경우 위 법문의 "타인의 상당한 투자나 노력으로 만들어진 성과"로서 부정경쟁방지법으로 보호해 줄 것을 요청할 수 있는 길이 열렸다고 할 것이다.

4. 동일 또는 유사성의 판단 원칙

명칭 등의 표지가 동일 또는 유사한지 여부를 판단하는 원칙 및 방법과 관련하여, 중국 법원은 주지상품의 명칭 등과의 동일 또는 유사 여부를 판단할 때, 상표 사건에 적용되는 원칙과 방법을 참고하고 있다.[76] 따라서 이 절에서는 중국 상표법이 정하고 있는 동일 또는 유사성의 판단 원칙을 살펴보도록 한다.

「최고인민법원의 상표 민사 분쟁 사건 심리에 관한 사법해석(最高人民法院关于审理商标民事纠纷案件适用法律若干问题的解释)」(이하 '상표법 사법해석')에 따르면, 두 상표가 동일하다는 것은 등록상표와 계쟁상표를 비교하였을 때 시각적으로 차이가 없는 것을 의미하고,[77] 유사하다는 것은 등록상표와 계쟁상표를 비교하였을 때 문자의 자형(字形), 독음, 관념 또는 당해 도형의 구도 및 색채, 또는 당해 각 요소의 조합 후의 전체적인 구성이 유사하거나, 입체 형상 · 색깔 조합이 비슷한 것으로 관련 공중

74_ 대법원 2010.2.11. 선고 2007다63409 판결.

75_ 상동.

76_ 반부정당경쟁법 사법해석 제4조 제3항.

77_ 상표법 사법해석 제9조 제1항.

이 해당 상품의 출처를 오인하거나 그 출처가 등록상표권자 상품과 특정한 관계가 있다고 오인할 위험을 일으키는 것을 의미한다.[78]

인민법원은 상표의 동일 또는 유사성의 인정은 원칙적으로 ① 관련 공중의 일반적 주의력 기준, ② 전체 비교, 주부(主部) 비교, 이격 비교 기준, 그리고 ③ 상표의 식별성과 지명도 고려의 원칙을 제시하고 있다.[79]

그러나 실무적으로는 비교되는 상표들의 지명도에 따라 유사성을 판단함에 있어서 특히 중점을 두는 기준이 달라진다. 상표법 및 반부정당경쟁법 권위자 공상쥔 판사는 아래와 같이 3가지의 경우를 나누어 실무상 유사성 판단의 중점 요소를 설명하고 있다. 우선 비교 대조하는 두 가지 상표가 모두 높은 저명도를 가지지 않는 경우 일상적인 소리, 형태, 뜻 등의 자연적 요소의 상표의 전체적인 비교 대조를 한다. 두 번째, 비교 대조하는 두 개의 상표가 모두 상대적으로 높은 대등한 저명도를 가지는 경우, 유사성 판단의 비교 대조는 자연적 요소에 한정하지 않고 실질적 사용 상황 등을 중점적으로 고려하여 혼동 여부에 대한 대비가 필요하다. 세 번째, 비교 대조 상표의 저명도가 상대적으로 차이가 나는 경우, 즉 피침해 상표가 침해상표의 저명도보다 높은 경우 상표의 구성요소가 전체적으로 유사하지 않은 경우라도 주요 부분의 비교를 통해 유사성을 결정할 수 있다고 본다.[80]

이하에서는 중국법에 따른 상표의 유사성 판단 원칙들을 더 구체적으로 살펴본다.

(1) 관련 공중의 일반적 주의력을 기준으로 함

상품의 출처를 오인할 수 있는 '관련 공중'이란 상표가 표시되는 특정 종류의 상품 또는 서비스와 관련된 소비자, 또는 위 상품, 서비스의 판매 및 영업과 밀접한 관계가 있는 기타 경영자를 말한다.[81] 위와 같은 소비자 또는 기타 경영자 어느 한쪽에 해당하면 '관련 공중'인 것이고, 소비자와 경영자 집단을 다 합쳐야 비로소 '관련 공중'이 구성되는 것은 아니다.[82]

상표의 기본적인 기능은 소비자가 제품을 구매함에 있어서 그 제품의 출처를

78_ 위 규정 제9조 제2항.

79_ 위 규정 제10조.

80_ 孔祥俊, 商标法适用的基本问题, 中国法制出版社, 2014, p.92.

81_ 상표법 사법해석 제8조.

82_ 孔祥俊 主编, 最高人民法院知识产权司法解释理解与适用, 中国法制出版社, 2012, p.100.

다른 제품의 출처로부터 쉽게 구별할 수 있도록 하는 데 있다. 그리고 상표가 동일 또는 유사한 상황은 시장에서 발생한다. 따라서 법원에서 상표의 동일 유사성을 판단할 때에는 시장에서의 관련 공중의 주의력을 기준으로 판단해야 한다.

전문가의 주의력을 기준으로 하는 경우, 그 동일 유사성의 판단이 지나치게 엄격해질 수 있다. 다른 한편 지나치게 주의력이 낮은 소비자를 기준으로 판단하는 경우 동일 유사의 범위가 지나치게 넓어질 수도 있다. 따라서 관련 공중의 일반적 주의력이라 함은 그 중간의 것이어야 한다.[83]

(2) 전체 비교, 주부(主部) 비교 그리고 이격 대비의 원칙

상표를 비교함에 있어서 ① 전체에 대하여 비교·대비해야 할 뿐만 아니라, ② 상표의 주요 부분에 대해서도 비교·대비하여야 하고, ③ 비교·대비는 비교·대비 대상을 격리한 상태에서 구분하여 진행해야 한다.

우선 전체 비교란, 상표 전체 관찰 비교라고도 하는데, 상표를 요소 요소 분리하여 관찰하는 것이 아니라 전체적으로 하나로 보아 비교하는 것을 말한다. 이는 상품 또는 서비스의 식별표지로서 소비자에게 인상을 남기게 되는 것은 상표의 전체적인 하나의 구성이지, 상표를 구성하는 개별 요소가 아니기 때문이다. 따라서, 두 개의 상표가 있을 때 하나 하나의 요소는 구체적인 차이가 있다고 해도 모아서 전체적으로 보면 소비자가 오해할 수 있는 경우, 유사한 상표로 인정된다. 반대로, 두 상표의 하나 하나의 요소는 유사한 점이 있어도 모아서 전체적으로 보면 소비자의 오해를 불러일으키지 않는 경우, 즉 전체적으로 시각적인 형태가 서로 다르면 유사한 상표로 인정되지 않는다.

두 번째로 주요 부분 비교란, 상표 중 식별 작용에 가장 중요한 부분을 떼어서 비교 대조하는 것이다. 이는 소비자가 시장에서 상표와 상품을 기억하는 방법을 차용한 것이다. 일반적으로 소비자가 상표에 대해 강한 인상을 받아 잘 기억하는 부분이 별도로 있고 이를 상표의 주요 부분이라 하는데, 주요 부분이 동일하거나 유사한 경우 소비자의 오해를 사기 쉽고 상표가 유사하다고 판단하게 된다.[84]

세 번째로, 이격 대비 방법이란 등록 상표와 침해 상표를 서로 다른 장소에서 서로 다른 시간에 관찰하여 대비하는 것이다. 전체 관찰이나 또는 주요 부분 관찰이나 모두 이격 대비 방법을 사용해야 한다. 일반적으로 소비자들이 상품을 구매할 때

83_ 위의 책, p.102.

84_ 孔祥俊 主编, 最高人民法院知识产权司法解释理解与活用, 中国法制出版社, 2012, p.103.

에는, 자신이 필요한 상품과 관련하여 종전에 본 적이 있는 상품 또는 광고 등의 상표를 기억해 낸 뒤, 앞에 있는 상품의 상표가 머릿속의 그것과 같은지 비교하는 것이 일반적이다. 따라서 법원에서 등록 상표와 침해 상표를 비교할 때에도 소비자들의 이와 같은 행동 태양과 마찬가지로 이격 대비를 해야만, 침해 상표가 소비자에게 미치는 혼란의 정도를 실질적으로 파악할 수 있다. 두 개의 상표를 함께 놓고 비교하는 경우, 법관은 두 가지 상표의 동일하지 않은 점에만 주목하게 될 수 있고, 실제 시장에서 야기될 수 있는 혼동을 정확하게 파악하지 못할 수 있다.[85]

(3) 상표의 식별성, 지명도 및 실제 사용상황 고려

최고인민법원은 상표의 유사 여부를 판단함에 있어서 보호를 청구한 등록 상표의 식별력과 지명도를 고려한다.[86] 피침해 상표가 식별력이 강하여 출처표시 역할이 확실하고, 지명도가 높아 관련 대중이 상표를 잘 기억하는 경우, 해당 상표에 편승하는 행위가 대중들에게 혼란을 일으킬 가능성이 높아지기 때문이다. 따라서 식별력과 지명도가 높은 상표일수록 보호받을 수 있는 범위와 정도 또한 커지게 된다.[87]

최고인민법원은 이를 위하여 상표 침해 사건에서 상표 유사성을 판단할 때에는 구체적인 정황을 토대로 관련 상표의 식별력, 실제 사용상황, 부정당한 의도를 가졌는지 등의 요소를 종합적으로 고려해 상표의 유사성을 판단하여야 한다는 입장이다. 이와 같은 입장에 의하여, 최고인민법원은 아래 사안에서 단지 마지막 글자 하나가 다를 뿐인 원고의 '홍허(红河)' 문자 상표와 피고의 '홍어홍(红河红)'이라는 문자 상표가 상표의 식별력, 지명도, 상표의 실제 사용상황 등을 고려할 때 유사하지 않다고 판단하였다.

사 례 **'红河红'과 '红河'가 유사하지 않은 상표라고 인정한 사안**[88]

[사실관계]　원고는 제32류 맥주 등을 지정상품으로 하여 '홍허' 상표를 보유하고 있다. 피고는 맥주를 지정상품으로 하여 '홍허홍'이라는 상표등록 출원을 신청하였고, '홍허홍' 상표

85_ 상동.

86_ 상표법 사법해석 제10조 제3항.

87_ 이와 같은 관점을 밝힌 판결로는 上海市高级人民法院 (2000)沪高知终字第43号 民事判决书, 江苏省南京市中级人民法院 (2005)宁民三初第23号 民事判决书 등이 있다.

88_ 最高人民法院 (2008)民提字第52号, 2010년 최고인민법원 선정 지식재산권 50대 대표 판례 중 선정된 판결문.

를 사용하여 맥주를 생산하여 판매하고 광고에 사용하였다.

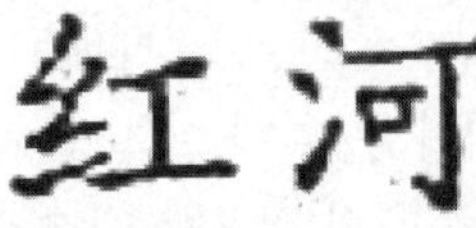

원고의 '홍허' 상표

피고의 '홍허홍' 상표

이 사건에서는 피고가 '홍허홍' 상표를 사용한 것이 원고의 '홍허' 등록 상표와 유사한 상표를 사용하여 원고 상표권을 침해한 것인지 여부가 문제되었다.

[법원의 판단] 최고인민법원은 재심 과정에서 등록상표 전용권을 침해하는 유사상표에 해당하는지 여부를 판단하기 위해서는 관련 상표의 글자 모양(字形), 독음, 의미 등 구성요소의 유사성을 비교해야 할 뿐만 아니라 그 유사성이 시장의 혼동을 초래할 수 있는 정도에 달하였는지를 고려해야 한다고 판단하였다. 이를 위해 최고인민법원은 사건의 구체적인 정황을 토대로 관련 상표의 식별력, 실제 사용 상황, 부정당한 의도를 가졌는지 등의 요소를 종합적으로 고려해 상표의 유사성을 판단하였다. 그 구체적인 내용은 다음과 같다.

"이 사건에서 원고의 문자 상표 '홍허'는 현급(县级) 이상 행정 구역의 명칭이자 비교적 널리 알려진 하천의 명칭이다. 홍허는 상표로서의 고유한 식별력이 강하지 않다. 또한 원고는 심리 절차 동안 홍허 상표를 지속적으로 사용해 온 사실과 상표의 신용을 증명할 수 있는 증거를 제출하지 못하였다. 그러므로 '홍허' 상표가 실제 사용을 통해 강력한 식별력을 구비한 상태인지 입증할 수 있는 증거가 없다.

반면 '홍허홍' 상표는 피고의 지속적이고 광범위한 사용을 통해 이미 어느 정도의 시장 지명도를 획득하였고 식별력을 형성한 상태이므로, 홍허 상표와 전체적으로 구별된다고 봐야 한다. 일반 소비자의 주의력을 기준으로 보았을 때도 홍허홍 맥주의 출처를 쉽게 식별할 수 있기 때문에 혼동이나 오인을 일으키지 않는다고 볼 수 있다. 또한 원고의 등록상표는 이전에 실제로 사용돼 식별 작용을 발휘한 적이 없기 때문에 소비자들도 홍허홍 상표와 원고를 연관 짓지 않을 것이다.

그리고 피고의 주소지가 윈난성(云南省) 홍허주(红河州)이므로 피고가 홍허라는 문자를 포함한 상표를 사용하는 것은 어느 정도 합리성이 있다. 그 외에도 피고가 그 상품의 라벨과 외부 포장에 홍허홍 상표를 실제로 사용한 상황에 비추어 보면 피고가 주관적으로 원고의 등록상표인 홍허와 혼동을 일으키기 위한 부정당한 의도를 가졌다고 볼 수 없다.

위와 같이 '홍허홍' 상표와 등록상표 '홍허'의 글자 모양, 독음, 의미 및 두 상표의 식별력 정도와 지명도, 상표 실제 사용 상황 등 관련된 요소를 종합적으로 고려한 결과, 두 상표 간에는 유사성이 존재하지 않는다고 인정할 수 있다. 그러므로 피고가 홍허홍 상표를 사용한 행위는 원고의 홍허 등록상표권을 침해했다고 볼 수 없다."

사실 '홍허'와 '홍허홍'은 문자 하나의 차이만 있을 뿐이므로, 일견 유사성이 인정되는 것이 타당할 것으로 보인다. 그러나 위 사안은 '홍허' 상표가 홍허 지역의 명칭이자 하천의 명칭으로 식별력이 크지 않고 지명도도 높지 않은 반면 '홍허홍' 상표는 상당한 지명도를 획득한 상품이므로, 일반 소비자들이 '홍허홍' 상표를 보고 원고의 등록상표와 오인 혼동을 일으키거나 또는 '홍어홍' 상표를 사용한 상품의 출처와 원고가 특정한 관계가 있다고 오인하지 않을 것이라는 판단이 결론에 많은 영향을 미친 것으로 보인다.

아래는 최고인민법원이 선정한 지적재산권 관련 대표 판례들 중 주지상품 명칭·포장·장식의 동일·유사성 판단이 비교적 상세히 설시된 사안 2개를 선별한 것이다. 법리상 특별히 두드러지는 내용은 없으나, 법원의 동일·유사성 여부 판단 과정을 상세히 살펴볼 수 있다는 점에 그 의의가 있다.

사례 상품 명칭이 서로 다르더라도 포장의 유사성을 인정한 사안[89]

신장 우쑤 맥주유한책임회사(新疆乌苏啤酒有限责任公司, 이하 원고)**와 이리 위궁 맥주유한회사**(伊犁禹宫啤酒有限公司, 이하 피고) **등의 분쟁 사안**

[사실관계] 원고 우쑤 맥주회사의 전신은 우쑤 맥주 공장(乌苏啤酒厂)으로, 1986년부터 '우쑤(乌苏)' 브랜드 맥주 상품을 생산 판매하고 있다. 1989년 중문 '우쑤(乌苏)' 브랜드는 맥주 상품의 전용 상표가 된다. 2006년 10월 우쑤 맥주는 신장 명품 전략 추진위원회(新疆名牌战略推进委员会)로부터 '신장 명품 상품'이라는 평가를 받는다. 그리고 '우쑤' 브랜드 상표는 2007년 4월 신장 위구르자치구 공상국으로부터 '신장 유명 상표(著名商标)'로 선정되었다.

2007년 2월 원고의 '우쑤(乌苏)' 브랜드 맥주는 포장을 교체하여 지금의 포장·장식을 가지게 되었다. 해당 맥주의 현재 포장·장식을 살펴보면, 짙은 올리브색을 주로 한 바탕에 은

89_ 新疆维吾尔自治区高级人民法院 (2009)新民三终字第21号, 2009년 중국 법원 지식재산권 사법보호 50대 대표 판례.

회색이 위 아래로 교차되어 조합된 사각형의 정면 라벨이 있고 그 중심에 하얀색 '우쑤 맥주' 중문 문자가 하얀색 'WUSU' 병음 알파벳 문자와 같이 위치하고 있으며, 목 부분 라벨(头标)과 후면 라벨(背标)이 있는 포장 · 장식이다(하얀색 '우쑤 맥주' 중문 글자체와 하얀색 'WUSU' 병음 알파벳이 그 후면 라벨의 위쪽에 위치한다). 2007년 3월 해당 포장 · 장식이 되어 있는 우쑤 맥주는 신장에서 판매되기 시작하였다.

한편 피고 위궁 맥주회사는 2007년 4월 창립되었다. 2008년 3월 피고가 생산 판매하는 '이리쉐(伊犁雪)' 브랜드 금장 맥주(金装啤酒) 외부 포장의 포장 · 장식을 살펴보면, 짙은 올리브색을 주로 한 바탕에 은회색이 위 아래로 교차되어 조합된 사각형의 정면 라벨이 있고, 그 중심에 하얀색 '금장 맥주' 중문 문자가 하얀색 'YILI' 병음 알파벳 문자와 함께 위치하고 있으며, 목 부분 라벨(头标)과 후면 라벨(背标)이 있는 포장 · 장식이다(하얀색 '금장 맥주' 중문 글자체와 하얀색 'YILI' 병음 알파벳이 그 후면 라벨의 위쪽에 위치한다).

[법원의 판단] 원고와 피고 맥주의 포장 · 장식이 유사한지 여부에 관하여 1심법원은 다음과 같이 판단하였다. "원고와 피고 양 회사의 상품 포장 · 장식에 적용한 시간의 전후 순서를 분석해 보았을 때, 원고는 상품 포장 · 장식을 3번 변경하였는데, 피고도 이에 따라 3번 상품 포장 · 장식을 변경하였다는 점을 알 수 있다. 또한 양 회사 제품의 실물을 비교하면, 피고 상품의 전체 감각과 시각적인 도안, 색깔, 형태, 전체 디자인 구상은 원고 주지상품의 포장 · 장식과 매우 유사하여, 소비자로 하여금 오인을 초래하기에 충분하다. 따라서 피고가 허가받지 아니하고 원고 주지상품 특유의 포장 · 장식을 사용한 행위는 부정경쟁행위로 판단된다."

피고는 이러한 1심법원 결과에 불복하여, 신장 위구르자치구 고급인민법원에 상소하였다. 2심법원의 판단 요지는 아래와 같다.

"상품 포장 · 장식의 유사성을 판단하기 위해서는 전체 관찰과 이격 관찰의 방법으로 주요 부분에 대한 비교를 진행하고, 과도하게 세밀한 비교는 필요하지 아니하다. 피고 회사가 생산 판매하는 '이리쉐(伊犁雪)' 브랜드 금장 맥주 상품과 원고 회사가 생산 판매하는 '우쑤(乌苏)' 브랜드 맥주를 비교할 때, 양 상품은 병의 모양 및 색깔이 동일하고 병 외면의 포장 · 장식의 형태, 색깔, 전체 배합 구성이 실질적으로 동일한 것으로 보인다. 예를 들어 색깔과 도안 및 문자로 구성된 포장 · 장식의 전체 구성이 비슷하고, 병의 목 부분과 몸통 부분 라벨에 실질적으로 동일한 도안을 사용하였으며, 뒷면 라벨은 모두 직사각형으로 길이에 다소 차이가 있으나 전체 색깔과 뒷면 라벨 속의 문자와 전체 구성도 매우 유사하다. 따라서 일반 소비자의 보통 주의력으로는 오인과 혼동을 쉽게 초래할 수 있으므로, 원심법원이 원고 회사 상품과 피고 회사 상품의 포장 · 장식이 유사하다고 판단한 것은 결코 부당하지 않다.”

2심법원은 이와 같은 이유로 원심의 판결을 지지하고 상소를 기각하였다.

아래는 중국 술 백주(白酒) 상품의 술병과 포장상자의 동일 · 유사성이 문제된 사안이다.

사 례 상품의 명칭이 동일하고, 포장과 장식이 일부 다른 사안[90]

스촨 쟝커우춘 주업(그룹)유한회사[四川江口醇酒业(集团)有限公司, 이하 원고]와 루저우 쟈관 주업 유한회사(泸洲佳冠酒业有限公司, 이하 피고 1), 린진촨(林锦权, 이하 피고 2)의 부정경쟁 및 상표 전용권 분쟁 사안

[사실관계] 이 사안은 중국 남부에서 유명한 ‘주거냥(诸葛酿)’이라는 백주(白酒)의 명칭 · 포장 · 장식에 관한 분쟁이다. 원고와 피고의 상품을 대조한 사진은 아래와 같다.

[위 사진 중 왼쪽은 피고의 A타입 상품, 오른쪽은 원고의 상품]

[법원의 판단] 원고 상품과 피고 상품의 명칭 · 포장 · 장식이 유사한지 여부에 대한 법원의 판단 내용은 아래와 같다.

원고 상품의 농가(農家) 모양의 종이 상자, 금속 상자 포장, 복주머니 모양 술병과 기타 장식은 특별한 형상, 색깔 및 도안을 갖추어 독창성이 있다.

90_ 广东省高级人民法院 (2007)粤高法民三终字第318号 民事判决书, 2009년 중국 법원 지식재산권 사법보호 50대 대표 판례.

이 사안에서 권리 침해로 제소된 피고 상품은 금속 상자에 포장된 상품(A타입 상품)과 종이 상자에 포장된 상품(B타입 상품) 두 가지 종류가 있다. 위 두 종류 상품을 원고 상품과 비교 대조하였을 때, A타입 상품의 명칭, 포장 및 장식은 원고 상품과 모두 유사하나, B타입 상품의 종이상자 포장의 장식은 원고 상품과 동일하지 않은 부분이 있다. 그러나 이 동일하지 않은 부분은 피고 상품과 원고 상품의 명칭 · 포장 · 장식 전체에 대한 유사성을 부정할 정도가 아니어서, 여전히 소비자에게 오인과 혼동을 초래한다.

A타입 상품과 관련하여 살펴보면, 피고 상품과 원고 상품의 주요 부분과 전체 이미지가 동일 혹은 유사하다. 피고 A타입 상품의 포장과 술병은 모두 원고 상품 명칭 중 현저하게 특징 있는 "주거냥(诸葛酿)" 세 글자를 두드러지게 사용하였다. 비록 피고의 "주거냥(諸葛釀)" 세 글자 중 "諸"는 번체자이고, "비행하는 신선 제갈(飞仙诸葛)"이라는 상표를 표시하였으나, 세부에서의 차이는 관련 소비자가 주의를 기울이지 않으면 발견할 수 없을 정도이므로, 소비자로서는 피고 1의 상품이 원고의 주지상품이라는 오인을 하기 쉽다.

B타입 상품과 관련하여 살펴보면, 피고 1 상품과 원고 상품 간에 명칭, 포장은 거의 동일하다. 다만 B타입 상품 종이상자 위의 장식에는 "금장 축전(金装庆典)" 글자 및 빨간 등롱(燈籠) 도안이 있으나, 원고 상품에는 이와 같은 장식이 없는 등의 차이가 있다. 이처럼 비록 피고 B타입 상품과 원고의 장식 간에는 차이가 있으나, 전체적인 시각 효과로 보았을 때 여전히 유사성을 가지고 있다. 그러므로 피고의 A타입 상품, B타입 상품과 원고 상품은 상품 명칭, 포장 및 장식이 유사하다고 인정할 수 있다.

위 사건에서, 피고는 자신이 판매한 상품의 장식 부분이 원고 상품과 서로 다른 점이 있으므로 침해에 해당하지 않는다고 주장하였다. 그러나 법원은 전체적인 시각에서 보았을 때 유사성이 있는 것으로 보아 침해를 인정하였고, 명칭 · 포장 · 장식에 관한 권리를 기계적으로 나누어 각각의 권리를 판단하지 않았다. 이처럼 주지상품의 명칭 · 포장 · 장식 모두가 유사한 경우 부정경쟁행위가 성립됨은 물론이지만, 반드시 세 가지 모두가 유사해야 하는 것은 아니고 어느 한 가지만 유사한 경우에도 오인 · 혼동을 초래하기 충분하다면 부정경쟁행위가 성립되는 데에 장애가 없다.[91]

91_ 「국가 공상행정 관리국의 주지상품 특유의 포장을 무단으로 사용하는 행위의 처리 문제에 관한 답변(国家工商行政管理局关于擅自使用知名商品特有包装行为定性处理问题的答)」(1999.10.20).

5. 상표의 동일 · 유사성 판단의 구체적 사안

(1) 문자상표

문자상표가 동일하다는 것은, 상표 사용의 언어가 같고, 문자 구성, 배열 순서가 완전히 같아 쉽게 관련 공중이 상품이나 서비스의 출처에 대해 오인을 일으키는 것이다.

또한 중문 상표의 한자 구성이 동일하고 단지 글자체나 설계, 주요 독음(主音), 배열순서가 다른 정도의 차이가 있어서 쉽게 관련 공중이 상품이나 서비스의 출처에 대하여 오인을 일으키는 경우 유사상표로 판정한다. 예를 들어 '迪安'이라는 문자상표와 '安迪'라는 상표는 문자 구성이 같고 배열만 반대일 뿐이므로 유사상표로 본다.[92] 또 다른 예로 산동성 고급인민법원은 원고의 '쟈더스(加德士, 한국명 칼텍스)' 상표와 피고가 사용한 '쟈둬스(加多士)' 표지가 유사하다고 판단한 바 있다.[93]

한편 간체로 등록된 상표의 경우 번체 상표도 같이 보호받는다. 한자의 독음, 함의 등 요소가 모두 완전히 일치하고 오직 글자 필획의 복잡도만 차이가 있는 것이므로, 간자 또는 번자체 한자 상표등록을 획득하면 그에 대응하는 번자 또는 간자체 표지도 동등한 정도로 보호받는다.[94]

상표국과 상표평심위원회는 심사 과정에서 일정한 지명도가 있거나 또는 식별력이 강한 타인의 문자상표를 완전히 포함하여, 관련 공중으로 하여금 위 타인 상표와 관련된 상표라고 오인을 하게 하는 경우 유사상표라고 인정한다.[95] 그리고 사법실무도 이와 마찬가지로 선상표가 등록출원신청 상표를 완전히 포함하는 경우 유사상표로 인정하고 있는데, 다만 상표국 및 상표평심위원회와 달리 법원은 선상표의 지명도를 증명하는 증거가 반드시 구비되어 있지 않더라도 유사상표로 인정하는 경우가 있다.[96]

92_ 상표국 · 상표평심위원회, 「상표심사 및 심리기준」.

93_ 山东省高级人民法院 (2007)鲁民三终字第194号, 2009년 최고인민법원 선정 지식재산권 50대 대표 판결 중 선정된 판결문.

94_ http://law.shangdu.com/gongshang/news/20127/64718.shtml.

95_ 상표국 · 상표평심위원회, 「상표심사 및 심리기준」.

96_ 北京市高级人民法院知识产权审判庭 编著, 陈锦川 主编: 商标授权确权的司法审查, 中国法制出版社, p.220.

사례 '雅培'와 '中美 · 雅培ZM · YAPEI'가 유사하다고 인정된 사안[97]

상하이 제1중급인민법원은 다음과 같은 이유로 선상표 '야페이(雅培)' 상표와 침해상표 '中美 · 雅培ZM · YAPEI' 표지가 동일하다고 판단하였다.

"'中美 · 雅培ZM · YAPEI(이하 '중메이 · 야페이 표지')'는 한자와 병음이 위 · 아래로 배열되어 있고, 한자 문자의 크기가 병음 문자보다 훨씬 크다. 따라서 '중메이 · 야페이' 문자부분이 해당 표지의 나머지 부분보다 더 강한 식별작용을 한다. 그리고 '중메이 · 야페이' 문자부분 중 '야페이(雅培)' 문자 부분과 원고의 등록상표 '야페이(雅培)' 문자는 동일하기 때문에, 이를 관련 대중의 일반적인 기억 수준과 주의력으로 판단한다면 계쟁 표지와 원고의 상표 '야페이'는 유사에 해당한다."

또한 위 법원은 위 사건에 관한 평석에서, '야페이(雅培)' 상표권자인 원고가 국제적으로 유명한 미국 회사이기 때문에 '中美 · 雅培(중메이 · 야페이)' 문자 중 '중메이(中美)'는 관련 대중에게 식별력이 없는 묘사성 문구로 이해되어 상표를 인식할 때 쉽게 간과될 수 있다는 점을 지적하였다.

그 외에도, 베이징시 고급인민법원은 인용상표가 '차오이츠(超易此)'이고 계쟁상표가 '차오이(超易)'로 인용상표에서 한 글자만 생략된 사안에서 유사성을 인정한 바 있다.[98] 또한 같은 법원은 인용상표인 문자 '린수이(临水)'와 도형의 결합 상표와 계쟁상표인 '잔린수이푸(金临水福)'라는 문자 상표에 관하여, 위 인용상표의 문자 '临水' 부분이 주요 식별 부분이라고 본 뒤, 계쟁상표는 인용상표를 문자를 모두 포함하고 '临水' 앞과 뒤에 붙은 '金'과 '福'은 모두 특별한 뜻이 없고, 전체적으로 새로운 의미를 형성하는 것도 아니므로 결국 인용상표와 계쟁상표는 유사하다고 판단한 바 있다.[99]

[临水상표]

[金临水福상표]

97_ 上海市第一中级人民法院 (2010)泸一中民五(知)初字第9号, 2010년 최고인민법원 선정 지식재산권 50대 대표 판례 중 선정된 판결문.

98_ (2013)高行终字第564号.

99_ (2010)高行终字第1352号.

(2) 중문 상표와 병음 상표

또한 중문 상표와 병음 상표의 유사성 판단 기준과 관련하여, 중국 상표국은 2001년에 「병음 상표와 한자 상표 유사성 판단 표준(拼音商标与汉字商标近似判定的标准)」을 발표하였다. 그 판단 표준의 내용은 아래와 같다.

첫 번째, 일반적으로 중문 상표와 대응하는 병음 상표를 유사상표로 판단하지 않는다. 예를 들어 '탄다(天达)'라는 중문 상표와 그 병음에 해당하는 'TIAN DA'라는 상표는 서로 유사상표로 판단되지 않는다. 따라서 '天达' 상표가 등록되어 있다고 해도 'TIAN DA' 상표를 새로 등록하는 것은 원칙상 허용되고, 반대로 'TIAN DA' 상표가 등록되어 있다고 해도 '天达' 상표를 새로 등록하는 것은 원칙상 허용된다. 다만, 예외적으로 선사용한 저명상표와 기타 특정한 의미를 가지는 경우는 유사한 것으로 판단한다. 예를 들어 중국의 유명한 바이주 마오타이주의 상표인 '茅台'와 그 병음 'MAO TAI' 는 유사한 것으로 보아 어느 하나가 먼저 등록되어 있다면 다른 하나는 타인이 뒤에 등록할 수 없다.

두 번째, 중문 상표와 동일한 중문과 병음의 조합으로 구성된 상표, 또는 병음 상표와 동일한 병음에 중문을 같이 표시한 상표는 일반적으로 유사상표로 판단한다. 예를 들어 '天达'이라는 상표가 등록되어 있다면 후에 '天达 TIAN DA'라는 상표를 등록할 수 없고 반대도 마찬가지이다. 또한 'TIAN DA'라는 상표가 등록되어 있다면 '天达 TIAN DA' 상표를 등록할 수 없고 반대도 마찬가지이다.

그러나 비교 대상 모두 중문 및 병음으로 조합된 상표이고 그 중문 부분이 유사하지 않은 경우 병음 부분이 동일하다고 해도 일반적으로 유사상표로 판단하지 않는다. 예를 들어 '天达 TIAN DA' 상표와 '恬大 TIAN DA' 상표는 유사하지 않은 것으로 본다.

세 번째, 병음 상표와 그와 유사한 영문 상표는 유사한 상표로 판단한다. 예를 들어 '난탄(南天)'의 병음인 'NAN TIAN' 상표와 일반적인 의미는 없는 영문상표 'NANTION'은 유사한 것으로 본다. 또는 '판다(攀达)' 중문의 병음인 'PAN DA' 상표와 팬더를 의미하는 영문상표 'PANDA'는 유사한 것으로 본다.

(3) 외국어 상표와 중문 상표

일반적으로 외국어 상표는 중국 공중이 그 음과 뜻을 알기 어렵기 때문에 결국 도형상표와 같이 형태 요소만을 보호받게 된다. 다만, 외국어 상표가 중국 공중이 익히 아는 말인 경우, 예를 들어 영어의 널리 알려진 단어인 경우 그 의미를 보호받는 경우도 있다.

즉, 계쟁상표와 인용상표가 중문과 외국어인데, 당해 외국어가 중국 공중이 익히 하는 외국어이고 양자 간의 뜻이 동일한 경우, 이를 사용하는 상품 또는 서비스가 유사 상품 또는 서비스에 해당하여 중국 관련 공중의 오인을 초래하는 경우 양 상표를 유사하다고 인정할 수 있는 것이다.[100] 아래는 동일하게 '선원'을 의미하는 'Mariners'라는 영문 상표와 '水手'라는 중문 상표의 유사성을 인정한 사안이다.

사 례 영문 상표와 중문 상표의 유사성을 인정한 사안[101]

메이저리그 야구 자산회사[Major League Baseball Properties, Inc.(棒球主盟资产公司), 이하 원고]와 중화인민공화국 국가공상행정관리총국 상표평심위원회(이하 피고)의 상표 기각 심결 행정 분쟁안

[사실관계] 계쟁상표는 아래 그림과 같은 'MARINERS 및 도형' 상표이고 지정상품은 제25류 모자, 야구 유니폼, 와이셔츠, 의복, 신발 등이다. 인용상표 '수이서우(水手)'는 아래 그림과 같은 서체로 된 문자 상표이고, 인용상표 '수이서우(水手) 및 도형' 상표는 아래 그림과 같은 문자와 도형의 결합 상표로 제25류에 대해 등록되어 있다. 계쟁상표와 인용상표들이 동일 또는 유사한지 여부와 관련하여, 상표평심위원회는, 계쟁상표 'MARINERS'와 인용상표들 '수이서우(水手)'는 '선원'으로 의미가 모두 동일하고 계쟁상표의 지정상품과 인용상표의 지정상품 또한 유사하므로 소비자에게 상품출처에 대한 오인을 초래할 수 있다고 보아, 계쟁상표와 인용상표들이 유사상표에 해당한다고 판단하였다.

[제4336069호 계쟁상표]

[제1244772호 인용상표(좌), 제881569호 인용상표(우)]

100_ 北京市高级人民法院知识产权审判庭 编著, 商标授权确权的司法审查, 中国法制出版社, p.210.
101_ 北京高级人民法院 (2012)高行终字第699号 行政判决书.

[법원의 판단] 베이징시 제1중급인민법원은 일반 공중이 계쟁상표 'MARINERS'의 영어 단어 뜻에 대해 보편적인 이해 능력이 있는지 고려해야 한다고 하였다. 1심법원은 중국의 일반 공중이 계쟁상표와 인용상표가 동일한 의미를 내포하고 있다는 점을 인식하기 어렵다고 보았다. 그리고 계쟁상표와 인용상표의 독음과 모양이 모두 유사하지 않으므로, 결국 유사상표에 해당하지 않는다고 판단하였다.
베이징시 고급인민법원은 1심법원과 견해를 달리하여 다음과 같이 판단하였다. "계쟁상표와 인용상표가 내포한 뜻이 동일하여, 일반 소비자가 인식할 수 있는 범위에 속한다. 계쟁상표와 인용상표의 뜻이 명확히 구별되지 않고, 계쟁상표가 다른 특정한 뜻이 없는 상황에서, 계쟁상표와 두 인용상표가 동일 또는 유사 상품에 상표를 사용하게 되는 경우, 관련 공중으로 하여금 상품 출처에 대해 쉽게 오인을 초래하거나 양자 간에 특정한 관계가 있다고 여기게 하는바, 계쟁상표는 두 인용상표에 대한 유사상표에 해당한다."

유사한 사례로, 실무에서는 인용상표 'AMAZON' 영문 상표와 계쟁상표 '야마쉰(亚马逊)'[102] 중문 상표의 유사성이 인정된 바 있고,[103] 인용상표 'WALKMAN' 영문 상표와 계쟁상표 '보행자(步行者)' 중문 상표의 유사성이 인정된 바 있다.[104]

(4) 외국어 상표와 외국어 상표

상표국과 상표평심위원회가 외국어 상표의 유사성에 관하여 심사할 때, 상표가 외국어로서 그 자모의 구성 혹은 자모와 숫자의 구성이 같고, 단지 글자체나 설계가 다른 경우 유사상표로 본다.[105]

(예) BIGREY BIG REY

그러나 상표가 하나 혹은 둘의 보통 글자체가 아닌 외국어 자모로 구성되어 함

102_ 남아메리카 아마존강을 나타내는 단어임과 동시에, 전자상거래 웹사이트 'Amazon'의 중문 명칭임.

103_ 商标评审委员会商评字[2006] 第4371号.

104_ 北京市高级人民法院 (2013)高行终字第537号 行政判决书.

105_ 상표국 · 상표평심위원회, 「상표심사 및 심리기준」.

의는 없지만 문자의 외견은 명확히 다른 경우 유사하다고 보지 않는다.

(예)

상표가 셋 혹은 셋 이상의 외국어 자모로 구성된 경우, 배열 순서가 다르고 발음이나 글자 형태가 명확히 다르며, 뜻이 없거나 뜻이 상이한 경우 유사하다고 보지 않는다. 예를 들어 'ARNEGI' 와 'AIGNER'는 서로 상이하다고 본다. 그러나 자모 구성이 다르다고 해도 항상 비(非)유사에 해당하는 것은 아니다. 예를 들어 프랑스의 유명한 화장품 상표 'L'OREAL' 또는 'L'ORÉAL'과 'L'OIYIR'과 'LOIYIR' 상표가 유사한지 여부가 문제된 사안에서, 쟝쑤성 고급인민법원은 알파벳 조합이 다르더라도 중국 소비자들이 그 발음 및 의미의 차이를 구별할 수 없고, 앞의 두 글자가 'LO'로 시작하여 시각적으로 유사한 인상을 줄 수 있으므로 유사하다고 판단한 바 있다.[106]

(5) 도형상표

도형상표가 동일하다는 것은, 상표도형이 시각적으로 기본적인 차이가 없어 관련 공중이 상품이나 서비스의 출처에 대해 쉽게 오인을 일으키는 상표를 말한다. 표지의 외관, 독음, 함의 비교 요소 중 도형상표는 독음과 함의에 해당하는 요소가 없으므로 외관이 유사하여 공중에게 오인 혼동을 일으키는 경우 유사하다고 판단한다.[107]

(예)

문자상표와 마찬가지로, 아래와 같이 일정한 지명도가 있는 타인의 인용상표를 완전히 포함함으로써 관련 공중으로 하여금 계열 상표에 속한다고 여기게 하여 상품이나 서비스의 출처에 대해 쉽게 오인을 일으키는 경우 유사상표로 판정한다.[108]

106_ 江苏省高级人民法院 (2009)苏民三终字第0168号, 2010년 최고인민법원 선정 지식재산권 50대 대표 판례 중 선정된 판결문.

107_ 상표국 · 상표평심위원회, 「상표심사 및 심리기준」.

(예)

[인용상표 (좌), 계쟁상표(우)]

한편, 도형상표를 실제 사용하는 위치가 유사성 판단에 영향을 미치기도 한다. 이와 관련하여 론진 시계회사와 상표평심위원회의 상표 행정 분쟁 사안을 살펴보면, 상표평심위원회는 계쟁상표와 론진 시계회사의 인용상표가 유사하지 아니하다고 판단하였으나, 베이징시 제1중급인민법원과 고급인민법원은 문제의 상표들이 사용되는 상품과 그 위치를 고려하여 유사하다고 판단한 바 있다. 위 법원들은 계쟁상표와 인용상표가 확연한 차이가 있으므로 일반상품에서 사용할 경우 유사상표에 해당하지 않을 수 있다고 보면서도, 두 상표가 사용되는 상품은 손목시계이고 손목시계의 문자판 부분에 위 상표들이 사용될 때 그 상표가 차지하는 면적 비율이 극히 작다는 점을 고려하여, 시계에 인용상표와 계쟁상표가 실제로 사용되는 환경에서 두 상표의 차이는 결국 소비자가 쉽게 구별할 수 없으므로, 유사상표에 해당한다고 판단하였다.[109]

(6) 문자와 도형의 결합상표

문자와 도형의 결합상표의 경우 주요 식별 부분을 확정하여 비교 대조를 진행하고, 주요 식별 부분이 유사하면 전체적으로 유사하다고 판단한다. 통상적으로 상표의 호칭 부분에 해당하는 문자 부분이 주요 식별 부분으로 선택되는 경우가 많으나, 간혹 표지 자체의 특징에 따라 도형 부분이나 도형과 문자 모두 선택되는 경우가 있다.

주요 식별 부분이 문자인 경우는 문자상표의 유사성 판단 방법과, 주요 식별 부분이 도형 부분인 경우는 도형상표의 유사성 판단 방법과 다르지 않다. 주요 식별 부분이 문자인 경우, 그 문자 부분이 동일 · 유사하여 관련 공중으로 하여금 상품이

108_ 상동.

109_ 北京市第一中级人民法院 (2009)一中行初字第17号 行政判决书, 北京市高级人民法院 (2009)高行终字第1049号 行政判决书; 北京市高级人民法院知识产权审判庭 编著, 商标授权确权的司法审查, 中国法制出版社, 2012, p.225 재인용.

나 서비스의 출처에 대해 쉽게 오인을 일으키는 경우 유사상표로 판정한다. 이때 한쪽은 중문 문자이고 다른 한쪽은 의미가 잘 알려진 외국어 문자(예를 들어 널리 알려진 영어 단어)인 경우, 그 의미가 동일하면 유사하다고 인정한다.[110]

(예 1)[111]

(예 2)[112]

주요 식별 부분이 도형 부분인 경우, 그 도형의 외관 형태가 유사하여 관련 공중으로 하여금 상품이나 서비스의 출처에 대해 쉽게 오인을 일으키는 경우 유사상표로 판정한다.[113]

(예)

다만 도형과 문자가 모두 주요 식별 부분인 경우, 전체적인 비교 대조가 필요하고, 어느 한 부분만을 비교 대조하여 결론을 내리는 것은 충분하지 않다.[114] 도형 또는 문자는 다르지만 배열 조합 방식이나 전체 서술적인 사물이 기본적으로 동일하

110_ 상표국 · 상표평심위원회, 「상표심사 및 심리기준」.

111_ 상표의 '风度'는 '기품, 세련됨'을 의미한다.

112_ 좌측 상표의 '老板'은 '사장'의 의미로 영어로 번역하면 'boss'이다.

113_ 상표국 · 상표평심위원회, 「상표심사 및 심리기준」.

114_ 北京市高级人民法院知识产权审判庭 编著, 商标授权确权的司法审查, 中国法制出版社, 2012, p.229.

고 상표 전체 외관 혹은 뜻이 유사하여 관련 공중으로 하여금 상품이나 서비스의 출처에 대해 쉽게 오인을 일으키는 경우 유사상표로 판정한다.[115]

(예)

또한 베이징시 고급인민법원은 아래와 같이 두 개의 상표가 문자 부분은 유사하지만, 전체적으로 상이하다고 보아 유사성을 부인한 바 있다.

(예)

6. 입체상표의 동일·유사성 판단 기준

비교 대상 상표 모두 단일한 입체 표지로 구성되어 있고 기타 표지가 결합되어 있지 않은 경우에는, 그 입체 표지의 구성, 형상과 전체 시각효과가 동일 또는 유사하여 관련 공중으로 하여금 상품이나 서비스의 출처에 대해 쉽게 오인을 일으키는 경우 유사상표로 판정한다.

비교 대상 상표가 입체 표지와 기타 표지가 결합된 상표인 경우, 주요 식별 부분을 확정하여 비교·대조를 진행한다. 만일 입체 표지 부분이 주요 식별 부분이라면 단일한 입체 표지로 구성된 경우와 같다. 만일 기타 표지 부분, 예를 들어 병 용기 입체 표지에 부착된 라벨이 주요 식별 부분이라면 그 기타 표지를 비교 대조하여 공중으로 하여금 상품이나 서비스의 출처에 대해 쉽게 오인을 일으키는지 판단한다.

관련 상표의 입체 표지와 기타 표지가 모두 주요 식별 부분이라면 입체 표지 및 기타 표지를 전체적으로 비교·대조하여 관련 공중으로 하여금 상품이나 서비스의 출처에 대해 쉽게 오인을 일으키는지 판단한다.[116]

115_ 상표국·상표평심위원회, 「상표심사 및 심리기준」.
116_ 이상 상표국·상표평심위원회, 「상표심사 및 심리기준」.

입체상표 간의 동일 · 유사성뿐만 아니라, 경우에 따라 입체상표와 평면상표 상호 간의 동일 · 유사성이 문제되는 경우가 있다. 이 경우에도 주요 식별 부분이 무엇인지에 따라 비교 대상이 달라진다. 입체 표지에 결합된 기타 표지 부분이 식별력을 가진 경우, 그 기타 표지와 평면상표의 식별력 있는 부분이 동일 유사하여 관련 공중으로 하여금 상품이나 서비스의 출처에 대해 쉽게 오인을 일으키는 경우 유사상표로 판정한다.

이와 달리 입체상표 중 입체 표지 부분이 식별력을 구비했으나, 시각효과상으로 평면상표의 식별력 있는 부분과 동일 유사하여 관련 공중으로 하여금 상품이나 서비스의 출처에 대해 쉽게 오인을 일으키는 경우, 양 상표는 유사상표로 인정한다.

(예)

7. 상품이 동일 또는 유사해야 하는지 여부

주지상품의 명칭 등을 주지상품과 다른 종류의 상품에 무단으로 사용하는 경우 부정경쟁행위가 성립하는지 여부에 대해 살펴본다.

주지상품 명칭 등을 상표법상 동일 또는 유사한 상품에 무단으로 사용하는 경우, 혼동을 일으키고 소비자가 침해상품을 주지상품으로 오인하기 용이하므로, 부정경쟁행위가 성립한다는 점은 물론이다. 반부정당경쟁법의 권위자인 공상쥔 판사 역시 일반적으로는 주지상품 특유의 명칭 · 포장 · 장식을 동일 또는 유사상품에 무단 사용하는 경우에 부정경쟁행위 성립을 인정해야 할 것이라는 입장이다.[117]

그러나 상표법상 동일 · 유사한 상품일 것이 부정경쟁행위 성립의 필수 요건인지는 생각해볼 필요가 있다. 반부정당경쟁법 및 그 사법해석은 주지상품과 침해상품이 상표법상의 동일 · 유사한 상품이어야 부정경쟁행위가 성립하는 것인지 여부에 대해 별다른 규정을 두고 있지는 않다. 그리고 이에 대한 학계의 논의는 아직 정

117_ 孔祥俊, 反不正当竞争法的创新性适用, 中国法制出版社, 2014, pp.243-245.

리되어 있지 않은 것으로 보인다. 다만 반부정당경쟁법의 권위자인 공상권 판사는 동일 · 유사 상품에 사용된 것이 아니라도 주지상품과 침해상품의 생산주체가 동일하거나 또는 양 주체 간에 특별한 관계가 있다는 오인 혼동을 일으키기에 족하다면 부정경쟁행위 성립을 인정할 수도 있다는 입장이다.[118] 실무적으로도, 유명한 음료의 포장 · 장식을 베껴서 샴푸에 사용한 사안에서, 국가 공상국은 부정경쟁행위에 해당한다고 인정한 바 있다.[119]

여기까지만 살펴보면, 부정경쟁행위가 성립할 수 있는 침해상품의 범위가, 상표권 침해행위가 성립할 수 있는 침해상품의 범위보다 넓은 것으로 이해된다. 상표권 침해행위는 반드시 동일 · 유사한 상품에 사용될 것을 요건으로 하기 때문이다. 그러나 좀 더 살펴보면 이와 같이 일의적으로 단정하기에는 어려움이 있다.

위 공상권 판사의 논의에서 전제하는 '상표법상의 상품의 동일 · 유사' 또는 위 음료 사안에서의 국가공상국 '상품의 동일 · 유사 개념'은, 중국 상표국 및 상표평심위원회가 정의하는 상품의 동일 · 유사 개념을 전제로 하는 것으로 보인다. 중국 상표국 및 상표평심위원회는 '동일(同一种) 상품 또는 서비스'란 그 상품 혹은 서비스를 일컫는 명칭이 동일한 경우뿐 아니라, 그 명칭이 동일하지 않더라도 그 상품이나 서비스의 사물이나 내용이 동일한 경우를 의미한다고 규정하고 있다. 또한 '유사상품'이란 기능 · 용도 · 생산부문 · 판매 경로 · 소비 대상 등의 방면이 동일하거나 기본적으로 동일한 상품을 말하고, '유사서비스'란 서비스의 목적 · 내용 · 방식 · 대상 등의 방면이 동일하거나 또는 기본적으로 동일한 서비스를 말한다고 규정하고 있다.[120]

그런데 최고인민법원은 위 상표국 및 상표평심위원회의 해석에서 더 나아가 혼동 가능성을 상품 유사성 판단 요건으로 두고 있다. 최고인민법원은 상표법 사법해

118_ 상동.

119_ 「국가 공상행정 관리국의 비상동, 비유사 상품상 타인의 주지상품 특유의 명칭, 포장, 장식을 무단으로 동일하거나 유사하게 사용한 행위의 처리 문제에 관한 답변(国家工商行政管理局 关于在非相同非类似商品上擅自将他人知名商品特有的名称, 包装, 装潢作相同或者近似使用的定性处理问题的答复)」(1998.11.20): 주지상품 특유의 명칭 · 포장 · 장식을 모방하는 부정경쟁행위는 일반적으로 동일하거나 유사한 상품에 대해서 일어나나, 단 경영자가 동일 또는 유사하지 않은 상품상에 타인의 주지상품 특유의 명칭 · 포장 · 장식을 무단으로 사용하여 오인 혼동을 일으키거나 일으키기에 족한 정도에 이르렀다면, 「반부정당경쟁법」 제2조 규정의 시장경쟁원칙에 위반하였으므로, 「반부정당경쟁법」 제5조 제2호의 규정에 의하여 부정경쟁행위로 인정될 수 있다.

120_ 国家工商行政管理总局商标局商标评审委员会, 「商标审查标准」(2005), p.55.

석에서 유사상품이란 "기능 · 용도 · 생산 부문 · 판매 경로 · 소비 대상 등의 분야에서 서로 동일하거나, 관련 공중이 일반적으로 특정 관계가 존재하는 것으로 믿거나 용이하게 혼동을 초래하는 상품"을 말한다고 정의하고 있다.[121] 그리고 유사서비스업이란 "서비스의 목적 · 내용 · 방식 · 대상 등의 분야에서 서로 같거나 또는 관련 공중이 일반적으로 특정한 관계가 존재하는 것으로 믿거나 용이하게 혼동을 초래하는 서비스"를 말한다고 정의하고 있다.[122] 즉, 기능, 용도, 판매경로와 같은 객관적인 요건뿐만 아니라, 일반적인 혼동가능성이 있는 상품이라면 유사상품으로 판단하고, 나아가 상표권 침해를 인정한다는 것이다.

위와 같은 점을 종합하면, 상표국의 동일 · 유사상품의 범위를 벗어나도 주지상품과 침해상품의 생산주체가 동일하거나 또는 양 주체 간에 특별한 관계가 있다는 오인 혼동을 일으키기에 족하다면 부정경쟁행위를 인정하는 것과, 유사상품의 정의의 범위를 확장하여 상품의 일반적인 혼동가능성이 있으면 유사상품으로 보아 상표권 침해를 인정하는 것 사이에 차이가 있는 것인지, 있다면 어떠한 차이가 있는지 아직 논의가 더 필요하다는 점을 알 수 있다.

실무의 입장에서는, 상표법상의 유사 상품 · 서비스에 해당하는 경우 부정경쟁행위가 성립할 수 있다는 점은 널리 받아들여진 실무이고, 중국 인민법원의 사법실무상 상표법상의 유사 상품 · 서비스 판단요건에 대해서는 비교적 풍부한 판결례들이 나와 있으므로, 침해상품과 피침해 주지상품이 인민법원 실무로 인정되는 상표법상의 유사 상품 · 서비스의 영역 내에 있는 경우 부정경쟁행위가 성립하는 것으로 일응 전제하고 접근하는 것이 안전할 것으로 보인다.

반면 상표법상의 유사 상품 · 서비스에 해당하지 않으면서 부정경쟁행위에는 해당하는 경우는 개념적으로 가능하나 구체적인 판단요건이 실무상 정리된 것으로 보이지는 않는다. 따라서 이 부분에 대한 중국 사법기관의 입장이 어떻게 구체화되는지 앞으로 지켜보아야 할 필요가 있다.

8. 오인 및 혼동의 인정

중국 법원은 크게 아래 세 가지 중 어느 하나의 오인을 일으키기에 충분한 경우 반부정당경쟁법의 오인 혼동에 해당한다고 판단한다.[123]

121_ 상표법 사법해석 제11조 제1항.

122_ 위 규정 제11조 제2항.

① 주지상품과 침해상품을 동일한 상품으로 오인하게 함에 충분한 경우

② 주지상품 생산자와 침해상품 생산자가 동일하다고 오인하게 함에 충분한 경우,

③ 침해상품 생산자가 주지상품 생산자로부터 상표 등의 사용 허가를 받았거나, 또는 자회사 등의 특별한 관계에 있다고 오인하게 함에 충분한 경우

"… 오인하게 함에 충분(足以)한 경우"라 함은, 반드시 혼동이 현실적으로 초래될 것을 요구하는 것이 아니고, 비교적 높은 오인·혼동의 개연성이 있는 경우에도 인정된다는 의미이다.[124]

한국 법원 역시, 부정경쟁방지법의 '혼동을 하게 하는 행위'에는 타인의 영업 시설 또는 영업 활동과 출처가 동일하다고 생각하게 하는 혼동뿐 아니라, 양자 사이에 어떤 관계가 존재한다고 생각하게 하는 혼동도 포함되며, 그와 같은 혼동은 반드시 현실적으로 초래되지 않더라도 혼동의 구체적 위험이 있으면 된다는 입장으로 중국과 같다.[125]

오인·혼동의 입증책임과 관련하여, 최고인민법원은 반부정당경쟁법 사법해석에서 "주지상품에 사용된 것과 동일 또는 시각적으로 차별성이 없는 상품의 명칭·포장·장식을 사용하는 경우 주지상품과 혼동을 일으키기에 충분한 것으로 본다"고 규정하고 있다.[126] 위 규정의 의미와 관련하여 추정 규정으로 입증책임이 전도된다고 보는 견해도 있으나, 일반적으로는 주지상품의 명칭 등과 침해상품의 명칭 등이 동일 또는 유사한 것이 입증된다고 하더라도 오인 혼동을 일으키기에 충분하다는 점이 추정된다는 취지는 아니고 구체적인 정황을 고려하되 개연성이 높은 것으로 본다는 취지라고 해석하고 있다.[127]

9. '사용'의 의미

중국 법원은 주지상품 특유의 명칭·포장·장식을 '사용'하는 행위의 의미에 관

123_ 반부정당경쟁법 사법해석 제4조.

124_ 孔样俊 主编, 最高人民法院知识产权司法解释理解与活用, 中国法制出版社, 2012, p.253.

125_ 서울고법 2006.12.12. 선고 2005나35938 판결, 대법원 2007.4.27. 선고 2006도8459 판결.

126_ 반부정당경쟁법 사법해석 제4조 제2항.

127_ 孔样俊 主编, 最高人民法院知识产权司法解释理解与活用, 中国法制出版社, 2012, p.253.

하여, 상품 또는 상품 포장에 사용하거나 거래 문서에 사용하는 것, 또는 광고 선전, 전람회 등 기타 상업 활동 중에 쓰는 것 등을 포함하여 중국 내에서 벌어지는 상업에 사용하는 것을 모두 반부정당경쟁법 제5조 제2호 규정의 '사용'으로 인정하고 있다.[128]

최근 산동성 고급인민법원은 타인의 상업 표지를 자신의 기업명칭으로 '등록'한 행위가 과연 '사용'에 해당하는지 여부가 쟁점이 된 사안에서 '사용'의 의미에 관하여 다음과 같이 설시한 바 있다.

사 례 **상업 표지의 '사용'의 의미에 관하여**[129]

바오강 그룹 유한회사(宝钢集团有限公司, 이하 원고)**와 바오산 강철 주식유한회사**(宝山钢铁股份有限公司, 이하 피고) **외 1의 상표권 침해 및 타인의 기업명칭 무단사용 분쟁 사안**

[법원의 판단] 기업명칭 또는 상표 모두 상업 표지의 속성을 가진다. 중국 상표법과 반부정당경쟁법에서 금지하는 행위는, 본질적으로 모두 타인이 우선 등록 · 사용하고 있는 상업 표지를 사용하여 시장의 혼란을 조성하고 타인의 경쟁 우위에 손해를 가하는 행위이다. 또한 상표법 및 반부정당경쟁법의 상표와 기업명칭의 '사용'과 관련하여, 중국 법률과 사법해석은 명확한 규정을 두고 있다. 중국 「상표법실시조례」 제3조는, 상표법과 본 규정의 상표의 사용이란, 상표를 상품, 상품의 포장, 용기 또는 상품 교역 문서에 사용하거나 또는 광고 선전, 전시회 또는 기타 상업 활동 중에 사용하는 것을 포함하는 것을 말한다고 규정하고 있다. 중국 반부정당경쟁법 사법해석 제7조 또한 반부정당경쟁법 상의 '사용'의 의미를 제한하고 있는데, 이는 중국 내에서 진행되는 상업에 사용하되, 주지상품의 특유명칭 · 포장 · 장식 또는 기업명칭 · 성명을 상품, 상품 포장 또는 상품 교역 문서에 사용하거나, 또는 광고 선전, 전시 또는 기타 상업 활동 중에 사용하는 것을 포함한다고 규정하고 있다. 이로부터 중국 「상표법」과 「반부정당경쟁법」이 규정하는 '사용'이란 경영자가 경영 활동 중 기업명칭에 내재된 상업 표지 등을 사용하는 행위인 것이지, 경영자가 경영 활동에 종사하며 기업명칭을 등록하는 행위를 의미하는 것이 아니라는 점을 알 수 있다. 침해 피의자가 상업 활동 중 그 명칭 등을 사용한 경우에만 타인의 선상표권 또는 기업명칭권에 손해를 가하였다고 볼 수 있고, 부정경쟁행위도 성립할 수 있다.

128_ 반부정당경쟁법 사법해석 제7조.

129_ 山东省高级人民法院 (2014)鲁民三终字第228号 民事判决书.

산동성 고급인민법원은 위와 같이 반부정당경쟁법의 '사용'이란 상업 활동 중의 상업 표지로서의 사용을 말한다고 하면서, 피고가 원고의 핵심명칭(字号)을 그대로 가져다가 기업명칭을 등록하였다고 하더라도, 그 등록 행위만을 볼 때 이를 상업 활동 중에 사용한 행위라고 볼 수 없으므로 부정경쟁행위가 아니라고 판결하였다.

한편, 주지상품의 포장 · 장식을 이용하여 주지상품과 유사한 상품을 판매하는 것이 아니라, 단지 주지상품의 포장 · 장식과 동일한 포장물 또는 장식 자체를 무단으로 생산 · 판매하는 행위는 '사용'행위에 해당한다고 볼 수 있을까? 이에 관한 하급 행정기관의 질의에 대하여, 국가 공상국은 "타인의 주지상품 특유의 포장 · 장식을 무단으로 제조하고 판매하는 행위는, 그로 인하여 시장의 혼란을 초래하기에 충분한 경우 반부정당경쟁법 제5조 제2호의 부정경쟁행위에 해당한다"고 회신한 바 있다.[130]

한국 부정경쟁방지법은 주지 상표 및 주지 성명 등을 '사용'하거나 이를 '사용한 상품을 판매, 반포, 수입, 수출하는 행위'를 금지한다고 하여 '사용' 외 판매 등 기타 행위를 열거하고 있다. 따라서 한국법상 '사용'과 중국법상 '사용'은 문언상 의미에 차이가 있는 것으로 보이나, 실무상으로는 법문에 규정된 상업 활동 중의 어느 한 유형에 해당하는지 여부를 따지기보다는, 해당 상업 활동이 혼동을 초래하는 상업 활동 행위인지 여부를 관건으로 하여 부정경쟁행위에 해당하는지 판단한다는 점에서 중국 법원의 태도와 크게 구별할 실익이 없는 것으로 보인다.[131]

130_ 「국가 공상행정 관리총국의 주지상품 특유의 명칭 · 포장 · 장식 무단 제작, 판매 행위의 정의, 처벌 문제에 관한 답변」
"擅自制造、销售他人知名商品特有的包装、装潢的行为, 其后果足以导致市场混淆, 属于《反不正当竞争法》第五条第(二)规定的擅自使用知名商品特有的包装、装潢的不正当竞争行为, 应依据《反不正当竞争法》和《关于禁止仿冒知名商品特有的名称、包装、装潢的不正当竞争行为的若干规定》予以处罚."

131_ 혼동을 초래하는 사용 행위인지 여부를 판단하는 데 대한 대법원 판결 내용을 살펴보면 아래와 같다. 대법원은 2002.9.24. 선고 99다42322 판결에서 버버리 제품의 병행 수입 업자가 영업 활동 중 버버리 표장을 사용한 것이 마치 버버리의 국내 공인대리점인 것과 같은 혼동을 초래한 것인지가 문제되었는데, 해당 사안에서 법원은 사용 행위의 태양을 나누어 각각 다르게 판단하였다. 즉, 병행 수입 업자의 표장 사용 태양 중 매장 내부 간판, 포장지 및 쇼핑백, 선전 광고물에 버버리 표장을 표시한 것은 병행 수입 업자의 매장이 마치 대리점인 것처럼 오인하게 할 염려가 없다고 보아 그 사용이 허용된다고 한 반면, 사무소, 영업소, 매장의 외부 간판 및 명함에 버버리 표장을 표시하는 것은 영업 표지로 사용한 것이어서 이와 같은 사용이 허용될 수 없다고 판단한 바 있다.
같은 취지로, 대법원 2009.1.30. 선고 2008도7462 판결에서는 나이키 제품의 병행 수입 업자가 문제되었는데, 그 원심에서는 나이키 표장이 인쇄된 간판 및 현수막을 매장 전면에 설치한 행위

10. 보호범위의 제한

(1) 지역적 제한

앞서 설명한 바와 같이, 중국 내 일정 지역에서만 널리 알려진 것이어도 주지상품으로 인정된다. 그렇다면 주지상품이라고 일단 인정된 상품의 보호 범위가 그 주지성이 인정되는 지역 내로 국한되는지, 그렇지 않으면 전국적으로 확대되는지 문제된다. 예를 들어 어떤 상품이 중국 남부에 있는 광동성에서만 널리 알려져 있고 다른 지역에는 별로 알려지지 않은 상황에서, 광동성과 멀리 떨어진 하얼빈에서 어떤 업자가 동일한 이름의 상품을 출시했다면 이러한 행위가 부정경쟁행위에 해당하는지 여부가 문제이다.

이에 관해서 법원은 위 하얼빈 업자가 그 선의를 증명할 수 있는 경우, 반부정당경쟁법 제5조 제2호의 부정경쟁행위를 구성하지 않는다는 입장이다. 중국의 영역은 매우 넓은데 주지상품의 주지성이 미치지 않은 곳까지 무한정 보호하기 어렵고, 그러한 주지상품의 존재도 모른 채 우연히 동일 또는 유사한 상표를 사용했다고 해서 이를 부정경쟁행위로 보는 것은 불공정하다고 보기 때문이다. 다만, 나중에 하얼빈 업자가 광동성에 진출하여 그 상품 출처에 혼동이 생기게 되는 경우, 광동성 업자는 하얼빈 업자에게 상품의 출처를 구별할 수 있도록 표지를 추가할 것을 청구할 수 있다.[132]

반면 타인의 주지상품의 특유한 명칭 · 포장 · 장식 등을 악의적으로 무단 사용하였다면, 비록 주지성이 인정되지 않는 지역이라고 하더라도 부정경쟁행위에 해당한다고 보는 것이 일반적이다. 무단 사용의 대상이 된 위 타인의 잠재적인 시장 확장에 방해가 되는 행위이기 때문이다.[133]

(2) 비특유 부분의 비상표적 사용

(1) 해당 상품의 보통명칭, 도형, 규격의 표지, (2) 상품 품질, 주원료, 기능, 용도, 중량, 수량 등의 특징을 직접 표시하는 부분 또는 (3) 지명과 같은 부분은 특유성

가 그 상표권자로부터 전용 사용권을 받은 공인대리점의 영업상의 시설 또는 활동과 혼동을 야기하는 부정경쟁행위에 해당한다고 보았고, 대법원도 동일한 입장을 취하였다.

132_ 반부정당경쟁법 사법해석 제1조 제2항; 郑友德、万志前、论商标法和反不正当竞争法对商标权益的平行保护, 法商研究, 2009年06期, p.96; 蒋志培、孔祥俊、王永昌, 《关于审理不正当竞争民事案件应用法律若干问题的解释》的理解与适用, 法律适用, 2007年03期, p.23.

133_ 孔祥俊 主编, 最高人民法院知识产权司法解释理解与活用, 中国法制出版社, 2012, p.251.

이 없으므로 주지상품 특유의 명칭 · 포장 · 장식이라고 인정되기 어렵다는 점은 앞서 본 바와 같다.

위와 같이 특유성이 없는 명칭 등이 다른 글자 또는 도형과 결합하여 특유성을 인정받게 된다고 하더라고, 위 비특유 부분을 타인이 객관적으로 자신의 상품을 서술하기 위해 정당하게 사용하는 경우에는, 부정경쟁행위에 해당되지 않는다.[134]

(3) 금지 표지의 사용

상표법은 국가 명칭, 국기 등과 동일하거나 유사한 표지 등의 상표 사용을 금하고 있다.[135] 반부정당경쟁법도 이와 마찬가지로, 상표법이 사용을 금지하고 있는 국가 명칭, 국기, 군기, 군가 등의 사용 금지 표지를 사용하는 자의 권리는 반부정당경쟁법 제5조 제2호 규정에 의거하여 보호를 청구하더라도 받아들이지 않는다.[136]

11. 상표법상 미등록 저명상표 보호제도와의 관계

반부정당경쟁법 제5조 제2호의 주지상품(知名商品)의 명칭 · 포장 · 장식 보호제

134_ 반부정당경쟁법 사법해석 제2조 제2항.

135_ 중국 「상표법」 제10조 ① 아래의 표지는 상표로 사용할 수 없다.

1) 중화인민공화국의 국가명칭, 국기, 국장, 국가, 군기, 군장, 군가, 훈장과 동일 혹은 유사하거나 중앙 국가기구와 관련된 명칭, 표지, 소재지 특정 장소의 명칭 또는 상징적 건축물의 명칭, 형태와 동일한 경우;

2) 외국의 국가 명칭, 국기, 국장, 군기 등과 동일 혹은 유사한 경우, 단 그 나라 정부가 동의한 경우 제외;

3) 정부 간 국제 조직의 명칭, 깃발, 휘장 등과 동일하거나 유사한 경우, 다만 그 조직의 동의를 얻거나 혹은 공중을 오도할 염려가 적은 경우 제외;

4) 통제 실시, 보증 부여를 나타내는 정부 당국의 표지나 검증 인장과 동일하거나 유사한 표지. 다만, 수권(授權)을 받은 경우 제외;

5) "적십자(Red Cross)", "홍신월(紅新月Red Crescent)"의 명칭, 표지와 동일하거나 유사한 경우;

6) 민족 차별성을 띠는 경우;

7) 사기성이 있어 상품의 품질 등 특징 혹은 생산지에 대해 오인을 일으키기 쉬운 경우;

8) 사회주의의 도덕풍속을 해치거나 또는 기타 좋지 않은 영향을 주는 경우;

② 현급 이상의 행정구역의 지명 또는 공중에게 알려져 있는 외국의 지명은 상표로 삼을 수 없다. 다만, 지명에 다른 함의가 있거나 단체상표, 증명상표의 구성 부분이 되는 경우에는 그러하지 아니하며, 지명을 사용하는 상표로서 이미 등록된 것은 계속하여 효력이 있다.

136_ 반부정당경쟁법 사법해석 제5조.

도와 비교해야 할 제도는 중국 상표법의 저명상표(驰名商标) 보호제도이다. 저명상표 보호제도는 널리 알려진 상표를 특히 두텁게 보호하는 제도로 한국의 주지·저명상표의 보호제도와 궤를 같이한다.

다만, 한국의 상표법은 주지·저명상표에 대해 타인이 등록을 하지 못하게 하는 법률효과만을 규정하고 있을 뿐이어서,[137] 등록되지 않은 주지·저명상표를 타인이 무단으로 사용하는 것을 제재하려면 상표법에 의할 수 없고 부정경쟁방지법을 근거로 사용 금지를 요청해야 한다. 반면, 중국 상표법은 저명상표의 등록 금지 효력뿐 아니라 등록되지 않은 저명상표를 타인이 무단으로 사용하는 것을 금지시킬 수 있는 효력까지 규정하고 있다는 점에서 한국의 상표법과 차이가 있다.

중국 「상표법」 제13조 제1항은 "관련 대중에게 널리 알려진 상표권의 침해를 받았다고 여길 시, 권리자는 본 법에 근거하여 저명상표 보호를 신청할 수 있다"라고 하여, 관련 대중에게 널리 알려진 상표를 저명상표로 보호한다고 규정하고 있고, 제2항에는 등록하지 않은 저명상표는 동일·유사한 상품의 범위에서 보호된다는 점이, 제3항에는 등록한 저명상표는 모든 상품에 대해서 보호된다는 점이 규정되어 있다.[138] 즉, 등록하지 않은 저명상표를 타인이 무단으로 사용하는 경우, 저명상표의 권리자는 중국 상표법 제13조 제2항에 근거하여 동일·유사한 상품에 대하여 해당 상표를 사용하는 것을 제재할 수 있는 것이다.

그렇다면 중국 상표법 제13조 제2항에 따른 미등록 저명상표의 보호는, 반부정당경쟁법 제5조 제2호의 주지상품의 명칭·포장·장식 보호제도와 보호범위가 중첩되는 것으로 보인다. 이와 같은 경합관계를 법원은 어떻게 처리할까? 최고인민법원은 사법해석을 통하여 '저명상표'에 해당하는지 여부를 판단하지 않고도 부정경쟁행위가 인정되는 경우, 저명상표 여부를 심리하지 않는다는 입장을 밝히고 있다. 즉, 반부정당경쟁법 제5조 제2호 부정경쟁행위가 인정된다면 미등록 저명상표 보호

137_ 한국 「상표법」 제7조 제1항 제9, 10호.

138_ 중국 「상표법」 제13조 ① 관련 대중에게 널리 알려진 상표의 권리자가 침해를 받았다고 여길 시, 본 법에 근거하여 저명상표 보호를 신청할 수 있다.
② 동일하거나 유사한 상품에 대하여 상표 등록 출원한 상표가 타인이 중국에 등록하지 않은 저명상표를 복제, 모방 또는 번역하여 혼동을 일으키기 쉬운 경우에는 등록을 불허하고 사용을 금지한다.
③ 동일하지 않거나 유사하지 않은 상품에 대하여 상표 등록 출원한 상표가 타인이 이미 중국에 등록한 저명상표를 복제, 모방, 번역하여 공중을 오도함으로써 저명상표권자의 이익에 손해를 줄 염려가 있는 경우에는 등록을 불허하고 사용을 금지한다.

에 대해서는 심리하지 않는다.[139]

위 사법해석이 발표되기 이전에도 법원은 같은 취지로 판단한 바 있다. 권리자가, 자신의 바이주(白酒) 명칭 · 포장 · 장식을 모방한 침해자에 대하여 부정경쟁행위 및 미등록 저명상표 침해를 동시에 주장한 사안에서, 광동성 포산시 중급인민법원은 1심에서 부정경쟁행위와 미등록 저명상표 침해를 이유로 한 상표권 침해행위를 모두 인정하였다. 그러나 고급인민법원은 부정경쟁행위 성립이 인정되는 이상 미등록 저명상표 침해를 판단할 필요가 없다고 하면서, 부정경쟁행위만 인정한 바 있다.[140]

한편, 상표법은 '저명상표(驰名商标)', 반부정당경쟁법은 '주지상품(知名商品)'이라고 규정하고 있는데, 그 의미에 어떤 차이가 있는지 살펴보도록 한다. 한국 상표법 제7조 제1항 제9호는 '수요자 간에 현저하게 인식되어 있는 상표'를 동일 · 유사한 상품에 대해 타인이 상표등록을 하는 것을 배제할 수 있도록 규정하고 있고, 제10호는 '수요자 간에 현저하게 인식되어 있는 상표'를 모든 상품에 대해 타인이 상표등록을 하는 것을 배제할 수 있도록 규정하고 있다. 제9, 10호 모두 문언은 '수요자 간에 현저하게 인식되어 있는 상표'라고 동일하게 되어 있지만, 제9호는 강학상 '주지상표'를, 제10호는 강학상 '저명상표'를 보호하는 것으로 해석되고 있고, 주지상표와 저명상표는 주지도에 있어서 차이가 있다고 보고 있다. 즉, 주지상표는 해당 상품 관련 거래자 및 수요자에게 널리 알려질 것을 요하며, 저명상표는 일반 수요자 대부분에게까지 알려질 것을 요한다.

그러면 중국 상표법의 '저명상표'와 반부정당경쟁법의 '주지상품'은 한국의 상표법과 같이 지명도에 차이가 있는 것일까? '저명상표'의 의미와 관련하여 2001년 상표법 체계하의 종전 「저명상표 인정과 보호에 대한 규정」은 "중국에서 관련 공중에게 널리 알려진 비교적 높은 명성을 보유하고 있는 상표"라고 규정하고 있다.[141] 그러나 2013년 개정 상표법 제13조 제1항은 저명상표란 "관련 대중에게 널리 알려진 상표"라고 규정하고 있고, 이에 따라 개정된 「저명상표의 인정과 보호 규정」 역시 "저명상표라 함은 중국에서 관련 대중에게 널리 인지되어 있는 상표를 말한다"라

139_ 「저명상표보호의 민사분쟁안건에 대한 법률적용에 관한 몇 가지 문제의 해석(最高人民法院关于审理涉及驰名商标保护的民事纠纷案件应用法律若干问题的解释)」 제3조.

140_ 1심: 广东省佛山市中级人民法院 (2007)佛中法民知初字第105号 民事判决书, 2심; 广东省高级人民法院 (2007)粤高法民三终字第318号 民事判决书.

141_ 국가 공상행정 관리총국 「저명상표 인정과 보호에 대한 규정」(2014년 개정 전) 제2조.

고 변경되었다.[142] 그리고 저명상표의 판단기준에 대하여 상표법 제14조 제1항은 ① 당해 상표가 관련 공중에 알려진 정도, ② 당해 상표의 사용 지속 기간, ③ 당해 상표의 홍보 지속시간, 정도와 지리적 범위, ④ 당해 상표가 저명상표로서 보호를 받은 기록, ⑤ 당해 상표의 저명성 기타 요소를 고려하여 인정하도록 정하고 있다.

반부정당경쟁법을 비교하면, 상표법과 달리 반부정당경쟁법은 제5조 제2호의 '주지상품'의 의미에 대하여 별도의 규정을 두고 있지 않다. 다만 최고인민법원은 반부정당경쟁법 사법해석 제1조 제1항에서 "중국 내에서 일정 정도의 시장 지명도를 가지고 관련 공중에게 널리 알려진 상품은 반부정당경쟁법 제5조 제2호에 규정된 '주지상품'으로 인정한다"라고 규정하고 있다. 그리고 주지상품 인정 시에 ① 해당 상품의 판매 기간, ② 판매 지역, ③ 판매액, ④ 판매 대상, ⑤ 그 상품에 관련된 제반 선전을 진행한 기간, ⑥ 선전의 정도, ⑦ 선전을 한 지역 범위 등의 구체적인 요소를 고려하여 판단하도록 정하고 있다.[143]

위와 같은 규정들을 보아서는 중국 반부정당경쟁법 제5조 제2호의 '주지상품'과 중국 상표법의 '저명상표'의 의미에 어떠한 차이가 있는지 문언상 명확하지 않다. 또한 학계에서도 저명상표와 주지상품의 지명도의 차이에 대해서 정리된 견해가 있는 것으로 보이지 않는다. 다만 일부 학설은 상표법의 저명상표는 중국 전국 범위 내에서 지명도가 있는 상표이고, 반부정당경쟁법의 주지상품은 일정 지역 내에서 일정 정도의 지명도가 있으면 되는 상표로 보아 양자 사이에 지역적 범위의 차이가 있다고 보고 있다.[144]

사견으로는, (1) 중국 상표법의 '저명상표(驰名商标)'는 한국 상표법의 '저명상표'와 같이 전국 범위 내에서 일반 수요자 대부분에게 지명도가 있는 경우를 의미한다고 보는 것이 타당하고, (2) 중국 반부정당경쟁법의 '주지상품(知名商品)'의 경우 일정 지역 범위 내에서 유명한 것으로도 족하지만, 그 주지의 정도에 따라 보호되는 지역적 범위 및 보호되는 상품의 범위도 달라지는 것으로 보는 것이 타당한 것으로 보인다. 그 이유는 다음과 같다. 중국 상표법상 가장 두텁게 보호되는 '등록된 저명상표(驰名商标)'는 지정 상품류를 넘는 범위의 상품에 대해서도 전국적으로 타인이

142_ 국가 공상행정 관리총국 「저명상표 인정과 보호에 대한 규정」(2014년 개정) 제2조.

143_ 반부정당경쟁법 사법해석 제1조 제1항.

144_ 高静, 「未注册驰名商标与知名商品特有名称之区别」, 2010.8, 人民司法, p.38; 王清, 关于著名与知名商标行政特殊保护制度的冷思考(上), 2009.9, 电子知识产权, p.15; 蔡琳, 田文英, 论价值功能视阈下我国驰名商标行政认定制度, 2012.1, 求索, p.156.

그와 동일 · 유사한 상표를 등록 · 사용하는 것이 금지되므로, 이때의 '저명성(驰名性)'는 어느 한 지역, 어느 한 종류의 상품 시장에서 유명한 것이 아니라 전국 범위 내 일반 공중에게까지 널리 알려지는 수준, 즉 한국 상표법의 '저명상표'의 지명도에 이르는 것을 의미한다고 보는 것이 타당하다고 보인다. 반면, 반부정당경쟁법의 '주지상품(知名商品)'의 경우 앞서 살펴본 바와 같이 일정 지역 범위 내에서 유명한 것으로도 족하다고 보는 것이 일반적이나, 주지의 정도에 따라 전국적인 범위 내에서 보호될 수도 있고 심지어는 동일 · 유사한 상품이 아닌 범위에서도 보호된다고 해석되므로,[145] 결국 '주지상품(知名商品)'은 한국 상표법의 주지 및 저명에 해당하는 지명도를 모두 포함하는 것으로 보는 것이 타당하다고 보인다.

145_ 孔祥俊, 反不正当竞争法的创新性适用, 中国法制出版社, 2014, pp.243-245.

제4장

타인의 상호 또는 성명을 사용하여 혼동을 야기하는 행위(제5조 제3호)

> 제5조
> 경영자는 아래의 부정한 수단을 사용하여 시장 거래에서 경쟁 상대에게 손해를 가하여서는 아니 된다.
> 3. 타인의 기업명칭 또는 성명을 허가를 받지 아니하고 사용하여, 타인의 상품인 것처럼 오인을 초래하는 행위

반부정당경쟁법 제5조 제3호는 "타인의 상호 또는 성명을 허가를 받지 아니하고 사용하여 타인의 상품인 것처럼 오인을 초래하는 행위"를 부정경쟁행위로 규정하고 있다. 이때 '타인의 상품'은 상품에 국한되지 않고, 서비스 역시 포함한다.

제5조 제2호는 '주지상품'의 명칭 · 포장 · 장식을 보호하고 있어서 주지성을 요건으로 하지만, 제3호는 주지성을 요건으로 하지 않는다는 점에 차이가 있다. 이 점은 한국의 부정경쟁방지법과도 다른 부분인데, 한국 부정경쟁방지법은 상호, 성명에 주지성이 있거나,[1] 사칭에 해당하는 높은 정도의 기망성이 있는 침해가 이루어진 경우에만 타인의 상호, 성명을 보호하고 있다.[2]

그러나 실무에서는 이와 같은 차이가 크게 의미가 없다. 그 이유는 다음과 같

1_ 한국 「부정경쟁방지 및 영업비밀보호에 관한 법률」 제2조 제1호 가, 나목.
2_ 위 법 제2조 제1호 바목.

다. 중국의 경우 상호를 등록할 때에는 한자를 사용한 정식 명칭을 등록하지만, 실생활에서는 긴 명칭의 일부를 따거나 줄여서 짧게 부르는 등 상거래 습관에 따라서 일정 정도 변형해서 사용하는 경우가 대부분이다. 그런데 이와 같이 변형된 상호를 보호하는 경우, 법원은 그 보호되는 변형된 상호가 주지성이 있을 것을 요구하고 있기 때문이다.

1. 기업명칭 또는 성명의 의미

반부정당경쟁법 제5조 제3호에 규정된 '타인의 기업명칭 또는 성명'은 등록된 정식 기업명칭, 등록된 성명뿐 아니라, 그중 핵심이 되는 부분만 따서 부르는 명칭, 약칭, 병음 등을 두루 포함되는 것으로 해석된다. 다만 그 보호범위를 정해둔 규정이 따로 있는 것은 아니다. 아래에서는 법원이 판례를 통해서 보호하고 있는 기업명칭 또는 성명의 범위를 살펴보도록 한다.

반부정당경쟁법 제5조 제3호에 규정된 '기업명칭'의 대표적인 예는 「기업명칭등기 관리규정」에 따라 등기 등록한 기업명칭 그리고 중국 내에서 진행되는 상업에 사용하는 외국상호 혹은 지역상호이다. 위 규정에 따르면 중국에서는 기업명칭을 등록할 때 '행정 구역 + 핵심명칭(字号) + 업종 또는 경영자 특징 + 조직 형식'으로 구성한 명칭을 등록하도록 되어 있다.[3] 예를 들면 '베이징 광장 정보통신 주식회사'와 같다.[4] 종전 중국 법원의 입장은 이와 같은 기업의 전체 명칭만을 반부정당경쟁법이 보호하는 '기업명칭'으로 보는 입장이었다.[5]

그러나 이와 같이 입장을 계속 따르는 경우 기업명칭의 무단 사용을 효과적으로 제재할 수 없기 때문에, 최고인민법원은 '기업명칭'의 의미를 점차 확대하여 반부정당경쟁법 제5조 제3호를 적용하고 있다. 아래에서는 기업명칭의 범위에 대한 법원의 태도를 구체적인 사례를 통해 살펴보도록 한다.

3_ 중국 「기업명칭등기관리규정」 제7조. 한편, 기업명칭등기관리규정은 '핵심명칭(字号)'과 '상호(商号)'를 병기하고 있다. 그러나 '상호'는 기업명칭을 포함하여 상거래의 주체를 표시하는 호칭 일반의 의미로 사용되기도 하므로, 혼란을 방지하기 위하여 이 책에서는 이하 '핵심명칭(字号)'이라고 서술한다.

4_ 다만 전국적인 기업, 역사가 오래된 저명 기업, 외상투자기업의 경우 맨 앞의 행정구역을 붙이지 않아도 된다(기업명칭등기관리규정 제7조 제3항).

5_ 林文, 反不正当竞争法律制度与实务技能, 法律出版社, 2014, p.292.

(1) 기업의 핵심명칭(字号)이 타인의 상호에 해당하는지

앞서 예로 든 '베이징 광장 정보통신 주식회사' 기업명칭 중 핵심명칭(字号)에 해당하는 '광장'이 가장 중요한 부분이라는 점을 알 수 있다. 즉, '베이징'이나 '정보통신' 부분은 동일하지 않아도 '광장' 부분만 동일하다면, 예를 들어 어떤 사람이 '상하이 광장 과학기술 주식회사'라고 기업명칭을 내건다면 제3자로서는 두 사무소가 어떤 관계가 있는 것이라고 생각하기 쉬운 것이다. 실제로 발생하는 기업명칭의 임의 도용 문제는 대부분 위 '광장'과 같은 핵심명칭을 베끼는 방식으로 발생하는 경우가 대부분이다. 그러나 등기된 기업명칭은 '베이징 광장 정보통신 주식회사'이지 '광장'을 별도로 기업명칭으로 등록한 것이 아닌데, 타인이 기업명칭의 일부에 불과한 '광장'을 사용하는 행위를 금지시킬 수 있을까?

중국 법원은 기업명칭에 포함된 핵심명칭(字号) 부분이 지명도가 있는 경우, 즉 '베이징 광장 정보통신 주식회사'를 일컫는 의미로 '광장'이라는 호칭이 관련 공중에게 일정 정도의 지명도가 있는 경우, 이를 보호하여 타인이 무단으로 사용하는 것도 금지한다는 입장이다. 일정 정도의 시장 지명도를 가지고 관련 공중에게 널리 알려진 상호의 핵심명칭(字号)은 반부정당경쟁법 제5조 제3호 규정의 '기업명칭'으로 인정하는 것이다.[6]

자연인 성명이 침해당하는 경우에도 생각해 볼 문제가 있는데, 동일 자연인의 필명 또는 이명이 보호될 수 있을지 여부이다. 예를 들어 율곡 이이 선생의 후손들이 '이이 서당'이라는 학교를 냈는데 상당한 성공을 거두었다. 이를 보고 다른 사람이 '율곡 서당'이라는 학교를 따라서 냈다면, 반부정당경쟁법에 의해 보호받을 수 있을까?

중국 법원은 기업명칭의 핵심명칭을 보호하는 것과 마찬가지로, 널리 알려진 인물에 대해서는 그 필명, 이명 등을 보호하고 있다. 즉 일정 정도의 시장 지명도를 가지고 관련 공중에게 널리 알려진 자연인의 필명, 이명 등은 반부정당경쟁법의 제5조 제3호 규정의 '성명'으로 인정한다는 것이다.[7]

최고인민법원이 선정한 2010년 지식재산권 50대 대표 판례 중, 원고의 기업명칭이 '소주 샤오링양 전동차 유한회사'인데, 피고가 핵심명칭에 해당하는 '샤오링양'을 자신의 전동 스쿠터 상품에 무단으로 표시하여 판매하는 영업을 한 것이 문제된 사안이 있다. 장쑤성 고급인민법원은 피고 행위가 원고의 기업명칭을 침해한 반부

6_ 반부정당경쟁법 사법해석 제6조 제1항.

7_ 위 규정 제6조 제2항.

정당경쟁법 제5조 제3호의 부정경쟁행위에 해당한다고 판단하였다. 아래에서 자세하게 살펴보도록 하자.

사례 타인 기업의 핵심명칭(字号)을 사용하여 상품을 판매한 것을 부정경쟁행위로 인정한 사안[8]

수저우 샤오링양 전동차 유한회사(苏州小羚羊电动车有限公司, 이하 원고)와 제안다 회사(天津捷安达车业有限公司, 이하 피고) 외 1의 기업명칭권 침해 분쟁 사안

[사실관계] 원고는 전동 스쿠터 제조·판매 회사로 '샤오링양(小羚羊)' 글자를 기업의 핵심명칭으로 사용하여 광고 선전을 널리 진행해 왔다. 원고 회사는 전동 스쿠터 생산량, 판매량, 시장 점유율이 전국 수위를 차지하는 비교적 높은 지명도와 영향력이 있는 회사이다. 반면 피고는 자본금 50만 위안(한화 약 9억원) 규모의 전동 스쿠터, 전동 삼륜차 등을 제조·판매하는 회사인데, 피고 회사는 자신이 생산 판매하는 전동 스쿠터 뒷좌석, 차체 등의 위치에 뚜렷하게 '샤오링양(小羚羊)' 문자와 영양 도형 표지를 표시하고, 외부 포장 상자에는 비교적 큰 글자체로 '샤오링양 전동차(小羚羊电动车)', '샤오링양(小羚羊)' 문자와 영양 도형 표지를 표시한 뒤, 자신의 상품을 '샤오링양(小羚羊)' 시리즈 상품이라고 선전하여 판매하였다.

[법원의 판단] 피고 행위에 대하여 1심법원은 아래와 같이 판단하였다.

"원고 회사의 '샤오링양(小羚羊)' 핵심명칭이 기업명칭으로 인정되어 보호될 수 있는지 여부에 관하여 살펴보면, 반부정당경쟁법 사법해석 제6조는 시장에서 일정한 지명도가 있어 관련 공중이 알고 있는 기업명칭 중의 핵심명칭은 반부정당경쟁법 제5조 제3호 규정의 '기업명칭'으로 인정된다고 규정하고 있다.

원고 회사는 1997년 설립된 후로, 회사 기업명칭 특유의 '샤오링양(小羚羊)'을 기업의 핵심명칭으로 사용하여 광고 선전을 진행하였다. 원고 회사는 자신이 생산하는 전동 스쿠터 상품에 대하여 상당한 광고비를 투입하여 텔레비전, 잡지, 간행물 등의 여러 방식으로 전국적인 광고를 하였다. 또한 원고 회사가 생산하는 전동 스쿠터는 '2000년도 국가급 신상품', '중국 시장 베스트셀러 브랜드', '중국 유명 브랜드' 등의 명예 브랜드로 선정되었다. 위와 같은 점으로부터, 원고 회사는 설립된 후로 생산이 안정되어 있고, 상품 생산량, 품질, 판매

8_ 江苏省高级人民法院 (2010)苏知民终字第0161号 民事判决书, 2010년 중국 법원 지식재산권 사법보호 50대 대표 판례.

량, 시장 점유율이 동종 업계의 선두에 위치하며, 전동 스쿠터 업계에 널리 알려진 주지기업(知名企业)이라는 점을 알 수 있다.

그리고 '샤오링양(小羚羊)' 핵심명칭은 이미 관련 공중이 해당 핵심명칭과 원고 회사 간에 특정한 관계를 맺고 있는 것으로 인식하기 있다. 따라서 '샤오링양'은 시장에서 일정한 지명도가 있는 기업명칭 중의 핵심명칭에 해당하므로, 「반부정당경쟁법」 제5조 제3호가 규정하는 '기업명칭'으로 판단된다."

1심법원은 위와 같이 '샤오링양(小羚羊)'이 널리 알려진 기업의 핵심명칭으로 반부정당경쟁법에 의해 보호받을 수 있다고 전제한 뒤, 피고의 행위는 그 기업명칭을 침해한 부정경쟁행위에 해당한다고 보았다. 피고는 상소하였으나 2심법원 장쑤성 고급인민법원은 1심법원의 판단을 지지하고 피고의 상소를 기각하였다.

(2) 기업의 약칭(简称)이 보호 대상에 포함되는지

핵심명칭의 경우와 마찬가지로, 기업의 약칭도 일정한 조건을 만족하면 반부정당경쟁법 제5조 제3호로 보호받을 수 있다. 다만, 약칭은 정식 명칭 중 일부분을 생략한 것이므로 약칭은 정식 명칭보다 넓은 범위의 대상을 지칭할 가능성이 있다. 따라서 기업의 약칭이 정확히 특정 기업을 가리키는 것으로 인정되어야 비로소 그 약칭은 기업명칭으로 보호받을 수 있다. 기업의 약칭이 정확히 특정 기업을 가리키는지의 여부는 해당 약칭을 관련 공중이 알고 있는지, 그리고 관련 공중이 그 약칭은 해당 기업을 지칭하는 것이라는 점을 잘 알고 있는지에 따라 결정된다고 보는 것이 최고인민법원의 태도이다.[9]

중국 법원은 위와 같은 기준에 따라 ① 허난성 루오양(洛阳) 지역의 '중국 이시 그룹 유한공사(中国一施集团有限公司)'의 약칭 '루오시(洛施)', ② '귀주 룬타이 유한공사(贵州轮胎有限公司)'의 약칭 '귀룬(贵轮)'이 이미 해당 지역의 정부 기관, 신문 매체, 동업자, 소비자들에 의해 해당 기업의 상업적 표지로 보편적으로 인식된 것이므로 반부정당경쟁법의 보호를 받는다고 판시한 바 있다.[10] 반면, ③ '샤먼대학(厦门大学, 샤먼따쉐)'의 약칭인 '샤따(厦大)'와 같은 핵심명칭을 가지는 '상하이 샤따 부동산 개발 유한공사(上海厦大房地产开发公司)'가 샤먼 대학의 약칭을 침해하였는지에 관한 사안에서, 적어도 상하이 지역에서는 '샤따'가 '샤먼대학'을 지칭하는 것으로 인식되

9_ 最高人民法院 (2008)民申字第758号 民事裁定书.

10_ 河南省洛阳市中级人民法院 (2006)洛民五初字第21号 民事判决书, 贵州省贵阳市中级人民法院 (2008)筑民三初第101号 民事判决书.

지 않으므로, 반부정당경쟁법의 보호를 받지 않는다고 판시한 바 있다.[11]

최고인민법원이 위와 같은 기준을 적용하여 기업명칭의 약칭을 보호하는 판단을 내린 판례를 아래에서 살펴보도록 한다.

사 례 **타인의 기업의 약칭을 자신의 기업명칭으로 사용하는 행위가 부정경쟁행위라고 인정한 사안[12]**

산동 기중기 공장 유한회사(山东起重机有限公司, 이하 원고)와 산동 산기 중공업 유한회사(山东山起重工有限公司, 이하 피고)의 기업명칭권 침해 분쟁 사안

[사실관계] 원고는 1968년 설립되어 기중기 제조 등을 주 업무로 하였고, 1991년 10월 31일 '산동 기중기 공장'으로, 그 뒤 2002년 1월 8일 '산동 기중기 공장 유한회사'로 명칭을 변경하였다. 현재 원고의 경영 범위는 기중기 및 그 부품의 설계, 제조, 설치, 자문, 기술 서비스 및 판매 등의 업무를 포함하고 있다.

피고는 2004년 2월 13일 설립되어, 2004년 5월 24일 기업 법인 영업 허가증을 취득하였다. 그 경영 범위는 기중기 제조, 판매, 설치 및 수리를 포함하고 있다. 피고 회사가 세워지는 과정에서 산동성 공상국은 2004년 1월 13일 산동 산기 중공 유한회사를 기업명칭으로 하는 것에 대해 심사하고 허가하였다.

원고는 피고가 '산기(山起)'라는 핵심명칭(字号)을 사용하는 것이 부정경쟁행위에 해당한다고 보아, 2005년 7월 11일 산동성 칭저우시 인민법원에 피고가 '산기'라는 핵심명칭(字号)을 사용하는 것을 중지하고, 50만 위안을 손해배상금으로 지급하라는 판결을 내려달라는 취지의 소를 제기하였다. 후에 이 사건은 산동성 웨이팡시(潍坊市) 중급인민법원으로 이송되어 재판되었다.

[법원의 판단] 이 사건은 2심 확정 판결에 대해 최고인민법원이 재심을 진행한 사안이다. 재심에서 최고인민법원은 아래와 같이 판단하였다.

"약칭은 언어 교류의 편리를 위해서 생겨난 것이다. 약칭의 형성은 두 개의 과정과 관련 있다. 하나는 기업이 정식 명칭을 대체하여 약칭을 사용하는 것이고, 또 하나는 사회 대중이 약칭과 정식 명칭이 가리키는 대상 간의 관계를 인정하는 것이다. 이 두 과정은 서로 교차되는 것이다. 약칭은 정식 명칭 중 대상을 한정시키는 부분을 생략한 것이라서, 지칭하는

11_ 上海市高级人民法院 (2006)沪高民一(民)终字第58号 民事裁定书.

12_ 最高人民法院 (2008)民申字第758号 民事裁定书, 2009년 중국 법원 지식재산권 사법보호 50대 대표 판례.

대상 범위를 적절하지 않게 확장했을 가능성이 있다. 그래서 기업의 약칭이 특정한 기업을 가리키는지의 여부는 해당 약칭이 관련 공중에게 잘 알려져 있는지, 그리고 그 약칭이 관련 공중 사이에서 해당 기업과 안정된 관계를 형성하였는지 여부에 따라 결정된다.

이번 사안에서 원고는 1968년 창립되어 1991년부터 '산동 기중기 공장 유한회사'라는 기업명칭을 사용하였고 많은 명예 칭호를 얻었다. 상품 생산량과 품질은 동종 업계에서 선두를 차지하고 있고, 기중기 업계에서 저명한 기업이다 …(중략)… 원고는 기업 선전물, 작업장, 직원 복장, 계약 등의 대외 선전 행사에서 여러 번 자발적으로 '산기'라는 약칭을 사용하였다. 원고의 사용을 통해, 적어도 칭저우라는 특정 지역의 관련 공중에게 '산기'라는 약칭은 이미 원고가 설립되면서 안정된 관계를 맺었다고 볼 수 있다. 또한 원고가 제출한 증거에 의하면 기중기 설비의 관련 사용자들도 원고의 별칭으로 '산기'를 자주 사용하였다. 그러므로 '산기'가 일정한 지역 범위 내에서 이미 관련 공중에게 원고로 식별된다고 판단할 수 있으며, 양자 간에 안정된 관계를 맺었다고 볼 수 있다. 따라서 원심법원이 '산기'를 대중이 인정하는 원고의 특정 약칭이라 판단한 것은 부당하지 아니하다."

이와 같은 전제하에 최고인민법원은 피고가 '산기' 상호를 사용한 것이 부정경쟁행위라고 판단한 원심 판단을 지지하였다. 기업명칭의 약칭을 사용한 행위를 반부정당경쟁법 제5조 제3호의 위반 행위로 포섭하는 법리에 관한 설시 내용은 아래와 같다.

"일정한 시장 저명도가 있고, 관련 공중이 익히 알고 있으며, 실질적으로 고유의 상호 역할을 하는 기업 혹은 기업명칭의 약칭이라면, 이를 기업명칭으로 간주한다. 만약 기업의 특정 약칭이 특정 지역 내에서 관련 공중에게 인정받아 시장 저명도가 있고, 그 약칭이 해당 기업과 안정된 관계를 맺었다면, 그 약칭은 이미 경영 주체를 식별하는 상업 표지로서의 의미를 가지게 된 것이다. 이후에 타인이 임의로 해당 저명 기업의 약칭을 사용한다면, 특정 지역 내의 관련 공중이 후(後)사용자와 선(先)사용 기업을 혼동하기에 충분하고, 나아가 후사용자가 제공하는 상품 혹은 서비스를 선사용기업이 제공하는 상품 혹은 서비스로 오인하여, 시장 내에 혼란을 야기하게 된다. 이는 후사용자가 선사용 기업의 상품과 신용과 명예를 부당하게 이용하는 것이고, 선사용 기업의 합법적인 권리와 이익을 침해하는 것이다. 따라서 이와 같은 경우 반부정당경쟁법 제5조 제3호의 기업명칭에 대한 보호 규정을 기업의 약칭에 적용할 수 있다.

피고와 원고는 모두 칭저우시 구역에 위치해 있고, 쌍방 거리가 비교적 가까우며 경영 범위도 기본적으로 같다. '산기'가 원고의 특정 약칭으로서 이미 관련 공중의 인정을 받은 상황에서, 피고도 당연히 '산기'는 원고의 약칭이라는 것을 알았을 것이다. 이런 상황에서 피고가 여전히 기업명칭 중에 '산기'를 상호로 사용하는 것은, 두 기업에 대한 관련 공중의 혼동을 야기하기 충분하고, 원고의 합법적인 권리와 이익을 침해하므로 부정당경쟁으로 간주된다."

최고인민법원은 이와 같은 이유에서 원심의 판결을 지지하고 재심 신청을 기각하였다.

어떤 약칭이 일정한 시장 지명도가 있고 또한 특정 기업을 지칭하는 것으로 관련 공중에게 이해되는지 여부에 대한 입증책임은, 약칭을 보호받고자 하는 권리자에게 있다. 아래 사안은 반부정당경쟁법으로 약칭이 보호된 사안에서 권리자의 구체적인 입증의 정도를 살펴볼 수 있는 사안으로, 참고할 만하다.

사 례 약칭을 보호받기 위한 원고의 입증 내용[13]

상하이 징미 과학기기 유한회사(上海精密科学仪器有限公司, 이하 원고)**와 상하이 징쉐 과학기기 유한회사**(上海精学科学仪器有限公司, 이하 피고 1), **청두 커시 기기세트 유한회사**(成都科析仪器成套有限公司, 이하 피고 2)**의 부정경쟁 분쟁 사안**

[법원의 판단] "원고 상하이 징미 과학기기 유한회사의 약칭인 '상하이징커(上海精科)' 또는 '징커(精科)'가 저명도 있는 원고의 기업명칭 약칭인지 여부와 관련하여 원고가 법원에 제출한 증거를 살펴보면, 피고가 2001년 8월에 이 사건 상표를 등록 신청하기 전에 이미 원고가 '상하이징커' 또는 '징커'를 기업명칭의 약칭으로 사용하고 있었고, 일정한 지명도가 있었다는 것을 뒷받침하고 있다. 원고가 제출한 증거를 살펴보면 아래와 같다.

'중국 기기 · 측정기기 업계 협회'는 '상하이징커'가 원고의 약칭으로 국내 동종업계에서 인정받고 있다는 증명과 함께, 원고가 항상 '상하이징커'를 약칭으로 사용하여 왔고 또한 업계 내에서 일정한 지명도가 있다는 증명을 하였다.

원고는 2000년 8월에 '신화매일소식'에 게재한 광고를 제출하여 당시에 자신의 기업명칭의 약칭으로 '상하이징커'라는 호칭을 사용하였다는 점을 입증하였다.

또한 원고와 관련 있는 중개상 39곳은 '상하이징커'가 원고를 가리키며, 중개상 중 22곳은 2001년 8월 이전에 이미 원고와 거래 관계를 맺었다는 점을 확인하였다. 또한 원고 측의 중개상은 전국 각지에 분포되어 있다.

한편 원고는 1996년 8월 1일부터 '징커바오(精科報)'라는 신문을 자체적으로 발행해 왔고, 2001년 8월 이전에 위 신문에서 꾸준히 '징커'라는 약칭을 칼럼 및 광고 문구로 사용해 왔

13_ 上海市第一中级人民法院 (2011)沪一中民五(知)终字第232号 民事判决书.

으며, 대외 활동 또는 자신의 기업 경영 상황에 대한 보도 내용에서 주로 '상하이징커', '상하이징커 회사' 또는 '징커 회사'라는 명칭을 사용하였다는 점을 증명하였다. 그리고 위 중개상 39곳은 원고와 중개 관계를 맺은 기간 동안 모두 정기적으로 '징커바오'를 받았다고 진술하였다.

상술된 요소를 종합하여 보았을 때, 피고가 2001년 8월 사건의 상표를 등록 신청하기 전, '상하이징커'와 '징커'는 이미 원고의 기업명칭에 대한 약칭으로 사용되어 일정한 지명도가 있었다고 인정된다."

법원은 일정한 시장 지명도가 있고 상호(商號) 역할을 하는 기업명칭의 약칭은 기업명칭으로 보호해야 한다면서, 위와 같이 원고가 제공한 증거에 따르면 사실상 '상하이징커'와 '징커'가 상호 역할을 하고 있으므로, 이 사안에서 '상하이징커'와 '징커'라는 약칭은 원고의 기업명칭으로 보호되어야 한다고 판단하였다.

이어서 타인의 약칭을 무단으로 사용하였는데, 기업명칭으로 사용한 것이 아니라 인터넷 포털 사이트의 키워드로 삼아 검색어 광고를 하는 방식으로 사용한 경우에도 이를 부정경쟁행위로 본 사안을 살펴보도록 한다. 아래 사안에서 피고는 자신의 홈페이지나 광고에 직접 원고 기업명칭이나 약칭을 사용한 적이 없다. 다만 사용자가 검색 사이트에서 원고 기업명칭의 약칭을 키워드로 검색하면 그 검색 결과 화면에 자신의 홈페이지 링크가 표시되도록 하였는데, 법원은 이 행위 역시 타인의 기업명칭을 침해하는 부정경쟁행위에 해당한다고 인정하였다.[14]

사 례 타인의 기업의 약칭을 포털 사이트 검색 키워드로 사용하는 것을 부당경쟁행위라고 인정한 사안[15]

텐진 중국 청년 여행사(天津中国青年旅行社, 이하 원고)**와 텐진 궈칭 국제 여행사**(天津国青国际旅行社, 이하 피고)**의 기업명칭 무단사용 분쟁 사안**

14_ 이 사건은 피고가 구글 및 바이두 검색사이트에서 Pay Per Click 이라는 광고 방식을 이용한 사건이다. Pay Per Click 방식이란, 인터넷 사용자가 특정 키워드를 사용하여 검색하면 검색 엔진 서비스 회사가 그 회사와 약정을 맺은 광고주 사의 홈페이지를 검색 결과 화면의 앞쪽에 표시해주고, 인터넷 사용자가 만약 그 광고주 사의 홈페이지 링크를 클릭하는 경우 그 클릭 횟수에 따라 광고주사가 검색 서비스 업체에 돈을 지급하는 일종의 광고 방식이다.

15_ 1심: 天津市第二中级人民法院 (2011)二中民三知初字第135号 民事判决书, 2심: 天津市高级人民法院 (2012)津高民三终字第3号 民事判决书, 2012년 중국 법원 지식재산권 사법보호 50대 대표 판례.

[사실관계] 이 사건의 원고 '톈진 중국 청년 여행사'는 1986년도 설립되어 전국적으로 알려져 있는 회사로, 국내외 여행업을 하고 있다. 한편 이 사건의 피고는 '톈진 귀칭 국제 여행사 유한공사'라는 이름의 회사로 원고와 마찬가지로 국내외 여행업에 종사하는 회사이다.
그런데 피고는 원고의 명칭과 약칭을 검색어로 하여 구글과 바이두 검색사이트에서 검색을 하는 경우 피고 자신의 사이트에 대한 링크가 표시되도록 키워드 광고를 하였다.
상세히 살펴보면, 구글 검색 엔진에 '톈진 중국 청년 여행사'와 그 약칭인 '톈진청여(天津青旅)'[16]를 입력하여 검색하면, 검색 결과 중 제일 첫 번째 위치와 스폰서 링크가 표시되는 위치에 '톈진 중국 청년 여행사 온라인 영업점(www.lechunyou.com) 톈진 귀칭 온라인 영업점은 당신의 이상적인 선택입니다. 따뜻하고 편안한 최고의 서비스를 제공해 드립니다'와 '톈진청여 온라인 영업점(www.lechunyou.com) 톈진 귀칭 온라인 영업점은 당신의 이상적인 선택입니다. 따뜻하고 편안한 최고의 서비스를 제공해 드립니다'라는 문구가 나타나도록 하였다. 그리고 링크를 클릭하면 피고의 홈페이지에 연결되었다.
바이두 사이트에서도 '톈진청여(天津青旅)'를 검색하는 경우 검색 결과의 추천 링크가 표시되는 화면 위쪽 첫 번째 위치에 '톈진청여(天津青旅)'라는 문자와 전화번호를 포함한 문구 및 링크가 나타났고, 그 링크를 클릭하면 피고의 홈페이지에 접속되었다.
[법원의 판단] 톈진시 고급인민법원은 다음과 같이 판단하였다.
"원고는 1986년부터 국내외 여행업에 종사하기 시작했다. 원고의 기업명칭 및 약칭인 '톈진청여(天津青旅)'는 장기간의 영업과 홍보를 통해 이미 비교적 높은 지명도를 가졌다. '톈진청여(天津青旅)'는 기업 약칭으로서 이미 원고와 일정한 연결 관계를 구성하고 있었고, 경영 주체를 구별하는 상업표지가 되었다. 위 약칭은 시장 지명도를 어느 정도 가지고 있고, 관련 대중이 그에 대해 익숙하게 잘 알고 있으며, 이미 실제 상호의 역할을 하고 있다. 즉 '톈진청여(天津青旅)'는 기업명칭으로 볼 수 있고, 이는 '톈진 중국 청년 여행사'와 함께 보호되어야 한다.
피고가 원고의 허가 없이 피고의 사이트 및 추천 링크와 스폰서 링크에 '톈진 중국 청년 여행사'와 '톈진청여(天津青旅)' 명칭을 사용한 행위는 관련 대중으로 하여금 인터넷 검색 과정에서 혼란과 오해를 하게 할 수 있고, 이러한 행위는 원고의 합법적 권익을 침해한다. 따라서 피고의 위 무단 도용 행위는 「반부정당경쟁법」 제5조 제3호에 의거하여 부정경쟁행위에 해당되므로, 그 행위는 마땅히 제지받아야 하고, 피고는 이에 상응하는 민사 책임을 진다. … (중략) …

16_ '톈진청여'는 '톈진 중국 청년 여행사'의 약칭이다.

피고와 원고는 동일 업종에 종사하는 경쟁자이다. 피고가 원고의 기업명칭과 약칭이 비교적 높은 지명도를 가지고 있다는 사실을 알면서 원고의 기업명칭과 약칭을 무단 도용하였고, 이는 타인의 명의를 이용하여 부당이득을 취하려는 의도와 주관적 악의를 나타낸 것이다. 그러므로 피고는 권리 침해 중단의 책임을 부담하는 동시에 원고에 대한 민사 책임 또한 부담해야 한다."

톈진시 고급인민법원 지식재산권부는 위 사건에 대해 발표한 평석 내용에서 다음과 같이 평가하였다. "피고는 자신의 홈페이지나 신문 등 매체 광고에 직접 원고 기업명칭이나 약칭을 사용한 적이 없다. 그러나 특정 키워드에 대한 검색 결과 화면에 홈페이지 링크와 간략한 설명문구를 현출시켜 두는 것은, 홈페이지 접속을 위한 중요한 표지와 진입로의 기능을 하는 한편, 홈페이지에서 제공하는 제품이나 서비스 등의 내용에 관한 홍보 및 소개 그리고 가격 안내 등의 중요한 역할을 하는 것이다. 따라서 피고가 키워드 광고에 '톈진 중국 청년 여행사 온라인 영업점'과 '톈진청려(天津青旅)'를 사용한 행위는 충분히 관련 대중들에게 혼란과 오인을 불러일으킬 수 있다. 인터넷 사용자가 피고의 홈페이지에 접속한 후 해당 홈페이지가 본래 검색하려 했던 원고의 홈페이지가 아니라는 것을 발견한다고 해도, 피고는 같은 여행기업이므로 인터넷 사용자들은 '일단 접속했으니 한 번 보자'라는 생각을 할 확률이 매우 높고 이를 통해 최초로 검색하려 했던 홈페이지를 포기하고 피고의 홈페이지에서 소개한 제품을 선택하게 할 수 있다. 이는 인터넷 사용자들의 초기 혼란을 이용하여 원고의 잠재적 고객을 빼앗아 가는 행위이다. 따라서 피고의 행위는 원고에 대한 부정경쟁행위에 해당한다."[17]

(3) 성명의 병음(拼音)이 타인의 성명에 해당하는지

중국어는 표의문자이므로 발음을 표시할 수 없기 때문에, 로마자 알파벳으로 발음을 표시하는 별도의 시스템을 갖추고 있다. 이를 병음(拼音)이라고 한다. 병음은 중국 문자와 결합하여 사용되거나 또는 별도로 사용되며, 유명한 명칭의 경우 그 병음만으로도 일반 대중들이 어떤 명칭인지 한자를 보지 않아도 바로 알 수 있는 경우가 많다. 그러나 병음이 같다고 해서 반드시 같은 단어라고 볼 수는 없다. 그렇다면 타인의 기업명칭 또는 성명의 병음과 동일한 병음을 사용하는 것을 부정경쟁행

17_ 奚晓明 主编, 孔祥俊 副主编, 中国知识产权指导案例评注, 第五辑, 中国法制出版社, p.490.

위라고 할 수 있을지 여부가 문제된다.

성명이나 기업명칭이 일정 정도의 시장 지명도를 가지는 경우, 그 병음 표기 역시 타인이 무단으로 사용할 수 없다는 것이 중국 법원의 입장이다. 이와 관련하여 상하이시 고급인민법원은 유명인 성명의 병음을 무단으로 사용하는 행위는 금지되어야 한다고 보고, 유명한 코미디언 성명의 병음과 일치하는 도메인명을 부당 선점한 행위를 부정경쟁행위로 판단한 사례가 있다.

사 례 유명인 성명의 병음이 반부정당경쟁법 제5조 제3호로 보호되는 타인의 기업명칭 또는 성명에 해당한다고 인정한 사안[18]

웨통위(岳彤宇, 이하 원고)와 저우리보(周立波, 이하 피고)의 인터넷 도메인명 권리확인 및 권리침해 분쟁 사안

[사실 관계] 피고 저우리보(周立波)는 상하이를 근거로 하여 활동하는 연예인으로, 독특한 장르를 구축한 매우 명성이 높은 코미디언이다. 원고는 피고 성명의 병음 'zhoulibo'와 동일한 'zhoulibo.com'이라는 도메인명을 등록한 뒤, 위 도메인명으로 접속되는 웹사이트에 위 도메인명을 10만 위안에 판매하겠다는 광고 화면을 띄웠다.

피고 저우리보는 아시안 도메인 네임 중재센터[19]에 신청하여 원고가 위 도메인 등록은 명백히 악의가 있는 사이버 스쿼팅(cybersquatting)에 해당한다고 주장하며, 위 도메인을 자신의 명의로 이전해 줄 것을 요청하였고, 그 신청은 받아들여졌다.

그러자 원고는 상하이 중급인민법원에 대하여 자신이 위 도메인명을 사용할 권리를 가진다는 점을 확인하는 취지의 소를 제기하였다.

[법원의 판단] 소송 중 원고는 피고가 자신의 중국 문자 성명 자체가 아닌 그 병음에 대하여 타인의 무단 사용 금지를 요구할 합법적인 권익은 없다고 주장하였다. 1심법원은 그와 같은 주장을 받아들이지 않았다. 2심에서도 원고는 같은 주장을 되풀이 하였으나 받아들여지지 않았다. 아래는 원고 주장에 대한 상하이시 고급인민법원의 판단 부분이다.

"피고가 보호를 신청한 선행(在先)하는 합법적 권익이 존재하지 않는다는 원고의 주장에 관하여 살펴본다. 「반부정당경쟁법」 제5조 제3호 및 「반부정당경쟁법 사법해석」 제6조 제2항의 규정에 의거하여, 상품 관련 영업에서 일정 정도의 시장 지명도를 가지고, 관련 공중

18_ 上海市高级人民法院 (2011)沪高民三(知)终字第55号 民事判决书, 2012년 중국 법원 지식재산권 사법보호 50대 대표 판례.

19_ 亚洲域名争议解决中心.

에게 널리 알려진 자연인의 성명, 필명, 예명 등은「반부정당경쟁법」의 보호를 받으며, 타인이 허락받지 아니하고 사용하거나 혹은 부당한 수단으로 시장 거래 등의 경영 활동을 하는 행위를 금지할 권리가 있다. 이 사안에서 피고 저우리보는 1984년부터 '저우리보(周立波)'란 성명을 사용하여 상업성 작품에 참여하였다. 피고가 상업성 작품에 참여한 시간, 범위, 매체 선전 등의 상황을 종합해 보았을 때, 2007년 10월 원고가 사건 도메인명을 등록할 시점에 피고의 '저우리보(周立波)'라는 성명은 이미 상업성 연기를 통하여, 일정 정도의 시장 지명도를 가지고 관련 공중에게 널리 알려졌으며, 그 지명도가 상하이 지역에만 국한된 것이 아님을 인정할 수 있다. 2012년 10월 이후, 저우리보는 '상하이 칭' 공연을 여러 차례 선보이고, '중국 달인쇼(中国达人秀)', 'A Date With Luyu(鲁豫有约)' 등의 토크쇼에 출연하였으며, 'Asian Weekly(亚洲周刊)', 'Vogue(时尚)' 등 잡지 인터뷰도 하는 등 '저우리보(周立波)' 성명은 비교적 높은 시장 지명도를 가지게 되었다. 그리고 'zhoulibo'는 저우리보 성명 '저우리보(周立波)'와 상응하는 유일한 병음 표현이므로, 저우리보의 성명 '周立波'와 병음 'zhoulibo'는 함께 관련 공중에게 널리 알려져 있다. 이에 근거하여, 원심 법원이 성명 '저우리보(周立波)' 및 병음 'zhoulibo'에 대해 타인이 허락받지 아니하고 사용하거나 혹은 부당한 수단으로 시장 거래 등의 경영 활동을 하는 행위를 금지할 합법적 권익이 피고 저우리보에게 있다고 판단한 점은 부당하지 아니하다."

(4) '기업명칭' 인정 범위의 확대 경향

'기업명칭'의 인정 범위는 갈수록 확대되는 것으로 이해되고 있다. 중국 법원은 문자로 되어 있는 기업명칭뿐만 아니라, 기업의 바코드도 기업명칭의 일종으로 보아 보호한 사례가 있다. 아래에서 그 사례를 살펴보도록 한다.

사례 기업의 바코드를 기업명칭으로 보아 보호한 사례[20]

닝보 화넝 국제 경제무역 유한회사(宁波华能国际经济贸易有限公司, 이하 원고)**와 복건 텐룽 전기기계 유한회사**(福建天龙电机有限公司, 이하 피고)**의 부정경쟁 분쟁 사안**

피고는 원고의 허락을 받지 아니하고, 원고가 등록한 바코드를 사용하였는데, 당해 바코드는 원고의 공장명칭과 제품명칭을 포함하고 있었다. 1심법원은 피고가 원고의 바코드를

20_ 福建省高级人民法院 (2004)闽民终字第283号 民事判决书. 최고인민법원이 발표한 최근 30년 지식재산권 사법보호 대표사례 100건 중 하나.

무단 사용한 행위는 원고의 합법적 권익에 손해를 입히는 부정경쟁행위에 해당한다고 판단하였다. 피고는 이러한 1심판결에 불복하여 상소하였다.

타인의 바코드를 사용한 것이 타인의 기업명칭을 사용한 것에 해당하여 반부정당경쟁법 제5조 제3호 위반이 성립하는지 여부에 관하여, 2심법원은 아래와 같이 판단하였다.

"상품 바코드는 규칙적으로 배열되어 있는 검고 흰 줄무늬 및 이에 상응하는 문자부호로 이루어진, 일정한 정보를 나타내는 상품 표지로 국가 기술 감독국(国家技术监督局)의 「상품 바코드 관리방법(商品条码管理办法)」 규정에 따라 만들어진다. 상품 바코드는 반드시 등록한 뒤 사용되어야 하고, 등록된 상품 바코드에는 반드시 제조업자의 코드가 있으며, 이는 기업명칭 및 주소 등의 내용을 포함하고 있다. 이와 같이 등록된 상품 바코드는 특정 기업명칭 및 상품의 특수한 표현 형식으로, 특정 상품 바코드의 사용은 컴퓨터의 분석을 통해 특정 기업명칭의 사용을 포함한다는 것을 알 수 있다. 또한 국가 기술 감독국의 「상품 바코드 관리방법」도 제조업자 식별 코드와 상응하는 상품 바코드를 등록한 자는 그 바코드에 대해 전용권이 있다고 규정하고 있다.

상품 바코드가 상술한 정보를 포함하고, 특정 주체가 전용권을 지닌 상품 표지일 경우 이에 상응하는 민사적 권리가 생기게 된다. 원고는 원고 상품 바코드를 합법적으로 취득하였고, 그 전용권은 법적으로 보호 받는다. 피고가 자신이 생산하는 펌프에 원고의 상품 바코드를 도용한 행위는 관련 행정관리의 규정을 위반했을 뿐만 아니라, 동시에 상품 바코드 전용권자의 상품 시장 소비자들로 하여금 특정한 상황에서 상품의 출처에 대해 오인하도록 하였고, 이로 인해 시장 거래 중의 신의성실 원칙을 위반하고, 사회경제질서에 혼란을 가하였다. 또한, 당해 제조업자 식별 코드 사용은 특정한 상황에서 원고의 기업명칭을 사용하는 것과 다름없으므로, 「반부정당경쟁법」 제2조와 제5조 제3호의 규정에 따라 피고의 행위는 원고에 대한 부정경쟁행위에 해당하고, 원고의 합법적 권익을 침해하였다고 판단한다."

반부정당경쟁법으로 보호되는 '기업명칭'은 재산권의 성격을 가지므로 승계가 가능하다. 최고인민법원도 "반부정당경쟁법의 보호를 받는 기업명칭, 특히 핵심명칭(字号)은, 일반적인 인신권과 달리, 다른 시장 주체와 구별 짓는 상업 표지로서, 승계가 가능하다"는 입장이다.[21] 다만 영업과 함께 승계되어야 하고, 단순히 기업명칭만을 타인에게 사용하도록 허가하는 것은 허용되지 않는다.[22]

21_ 最高人民法院 (2008)民提子第36号 民事判决书.

22_ 「베이징시 고급인민법원의 「상표와 기업명칭 충돌 분쟁 안건 심리 중 약간의 문제에 대한 해결」 통지(北京市高级人民法院关于印发《关于商标与使用企业名称冲突纠纷案件审理中若干问题的解

2. '사용'의 의미

반부정당경쟁법 제5조 제3호는 "타인의 상호 또는 성명을 허가를 받지 아니하고 사용하여 타인의 상품인 것처럼 오인을 초래하는 행위"를 금지하고 있는데, 위 조항의 '사용'은 상호 또는 성명을 상품, 상품 포장에 사용하거나, 거래 문서에 사용하는 것 또는 광고 선전, 전람회 등 기타 상업 활동 중에 쓰는 등 중국 내에서 벌어지는 상업에 사용하는 것을 모두 포함한다.[23]

만일 타인의 기업명칭의 핵심명칭(字号) 등 일부를 무단으로 차용하여 해외에서 기업명칭으로 합법적으로 등기한 다음 중국 국내에서는 기업명칭을 등기하지 않고 국외 등록 기업명칭으로써 사용하는 경우, 이를 제재할 수 있을까? 최고인민법원은 비록 외국에서 합법적으로 등록한 기업명칭이라고 하더라도, 지식재산권법은 각 국가별로 적용된다는 점에 근거하여, 외국 기업명칭이 중국 내에서 상표법 또는 반부정당경쟁법을 침해하는 경우 그 사용을 금지하는 등의 조치를 취할 수 있다는 입장이고, 이는 타당하다.[24]

실무적으로, 타인의 기업명칭 등을 모방하면서도 중국의 기업명칭 등록심사를 회피하기 위해서, 국외(특히 홍콩 등)에 기업명칭을 등록한 뒤 실제 영업은 중국에서 하는 경우가 상당히 많다. 그 유형을 살펴보면 ① 중국에서 유명한 상표나 기업명칭을 따서 홍콩 등에 기업명칭을 등록한 뒤, 중국 내 기업에 생산 위탁 가공을 하여 제품을 만들어 내고, 위 등록한 명칭을 사용하여 판매하는 방식, ② 직접 생산한 제품에 국외에 등록한 명칭을 사용하여 중국 내에 판매하는 방식, ③ 홍콩 등 국외에 유명 상표를 본 딴 기업명칭을 등록한 뒤, 그 모방 명칭을 이용하여 중국 국내 모방 상표를 취득하고, 국내 기업에 위 상표의 사용을 허가하여 유사품을 만들게 하는 방식 등이 있다.[25] 비록 국외 기업명칭 등록 자체의 취소는 불가능하나, 중국 내에서의 사용은 중국 등록 기업의 명칭과 마찬가지로 제재할 수 있다.

한편, 기업의 핵심명칭에 해당하는 단어가 일반적 의미를 내포하고 있는 경우, 타인이 그 일반적 의미로 핵심명칭에 해당하는 단어를 사용하는 것은 부정경쟁행위

答》的通知)」(2002.12.24.) 제7항.

23_ 반부정당경쟁법 사법해석 제7조.

24_ 林文, 反不正当竞争法律制度与实务技能, 法律出版社, 2014, p.307.

25_ 常洪跃, 于平, 境外注册"傍名牌"企业名称行为的法律适用问题探析, 中国工商管理研究, 2011年03期; 林文, 反不正当竞争法律制度与实务技能, 法律出版社, 2014, p.306 재인용.

로 인정되지 않는다. 예를 들어, 중국에는 '비펑탕(避风塘)'이라는 유명한 홍콩식 식당 체인점이 있는데, 한편 '비펑탕'이라는 단어는 특정 요리법으로 만들어진 독특한 스타일의 요리 종류를 의미하기도 한다. 그런데 어떤 음식점이 비펑탕 스타일의 요리를 팔면서 음식점 유리창이나 메뉴, 길가의 세워둔 음식점 안내판에 '비펑탕 요리' 등이라고 표시하자, '비펑탕' 체인점을 보유하고 있는 상하이 비펑탕 미식 유한회사(上海避风塘美食有限公司)는 이것이 부정경쟁행위라고 주장한 바 있다. 이에 대해서 상하이시 고급인민법원은 피고는 '비펑탕'을 특정 요리 스타일을 뜻하는 일반적 의미로 사용한 것이므로 부정경쟁행위에 해당하지 않는다고 판단하였다.[26]

3. 상호권, 상표권의 충돌과 부정경쟁행위

상표권과 상호권이 충돌되는 경우는 네 가지 경우로 나누어 생각할 수 있다. ① 선(先)상표권과 후(後)상표권이 충돌하는 경우, ② 선상표권과 후상호권이 충돌하는 경우, ③ 선상호권과 후상표권이 충돌하는 경우, ④ 선상호권과 후상호권이 충돌하는 경우이다. 중국에서는 이와 같은 상표권과 상호권의 충돌 관계를 상표권, 상호권에 관한 법률과 더불어 반부정당경쟁법을 보충적으로 이용하여 해결하고 있다.

권리 충돌이 발생하면 일반적인 원칙은 선후순서에 따라 선권리를 보호하도록 하는 원칙에 따른다. 이는 선권리자의 합법적인 권리 보호와 시장질서 유지를 위해 판결을 통해 확립된 원칙이다.[27]

아래에서는 네 가지 경우에 대한 법원의 태도 및 학계의 입장을 살펴본다. 우선 광동성 포산시 중급인민법원과 광동성 고급인민법원이 각각 1, 2심을 담당하였고, 최고인민법원의 재심을 거친 '정예(正野) 기업명칭 및 상표권 충돌 사안'을 소개한다. 이 사안은 두 회사가 각각 '正野'라는 기업명칭과 상표를 가지고 있어서 기업명칭 및 상표의 충돌이 종합적으로 쟁점이 된 사건으로, 상표권과 상호권이 충돌하는 모든 경우에 대한 최고인민법원의 태도를 확인할 수 있다. 정예 기업명칭 및 상표권 충돌 사안'의 사실관계는 아래와 같다.

26_ 上海市高级人民法院 (2003)沪高民三(知)终字第49号 民事判决书.

27_ 孙东雅, 商标与企业名称冲突若干问题研究, 电子知识产权, 2005年07期, p.47.

사례 '정예(正野)' 기업명칭 및 상표권 충돌 사안[28]

광동 웨이시옹그룹 유한회사(广东伟雄集团有限公司, 이하 원고 1), **포산시 고명구 정예 전기실업 유한회사**(佛山市高明区正野电器实业有限公司, 이하 원고 2), **광동 정예 전기유한회사**(广东正野电器有限公司, 이하 원고 3)**와 포산시 순덕구 정예 전기 유한회사**(佛山市顺德区正野电器有限公司, 이하 피고 1), **포산시 순덕구 광다 기업그룹 유한회사**(佛山市顺德区光大企业集团有限公司, 이하 피고 2)**의 부정경쟁행위 분쟁 사안**

[사실관계] 원고들 회사와 피고들 회사는 각각 "正野(정예)"라는 글자가 들어간 상표와 기업명칭의 소유자이거나 사용권자들이다. 원고들과 피고들의 상표, 기업명칭과 그 취득 시기를 정리하면 아래와 같다.

	상 표	기업명칭
원고들	'正野 GENUIN' (11류, 에어컨 등) (1994년 신청 1996년 등록)	佛山市高明区正野电器实业有限公司 (1996년 5월 설립)
피고들	'正野 ZHENGYE' (9류, 콘센트 등) (1997년 신청 1998년 등록)	佛山市顺德区正野电器有限公司 (1998년 10년 설립)

원고들은 위 상표를 이용하여 장기간 지속적으로 선전 활동을 벌여왔으며, 원고들의 상표와 기업 핵심명칭인 '正野'는 에어컨 업계에서 널리 알려져 있다. 피고들이 상표를 등록한 이후이기는 하나, 2000년에 이르러 광동성 유명상표로 선정되기도 하였다.

위 표에서 볼 수 있듯이, 피고들의 상표권 및 기업명칭 등록은 모두 원고들보다 나중의 일이다.

이 사건은, 후사용자인 피고들의 등록상표의 사용 및 기업명칭 사용 행위가 원고들의 상표 또는 기업명칭을 침해하고 오인 혼동을 조성하여 부정경쟁행위에 해당하는 것이 아닌지 문제가 된 사안이다. 본 사안과 관련하여 1심과 2심 법원이 결론을 서로 달리하였고, 최고인민법원은 1심법원과 대체적으로 견해를 같이하였다.

[쟁점] ① 후등록상표 사용이 선등록상표를 침해하는 부정경쟁행위에 해당하는지 여부(판단 안 함—행정절차 전치주의)

28_ 1심: 广东省佛山市中级人民法院 (2001)佛中法知初字第84号 民事判决书, 2심: 广东省高级人民法院 (2003)粤高法民三终字第17号 民事判决书, 재심: 最高人民法院 (2008)民提字第36号 民事判决书, 2010년 중국 법원 지식재산권 사법보호 50대 대표 판례.

② 상표적으로 사용하지 않은 후등록 기업명칭의 사용이 선등록상표권자에 대한 부정경쟁행위에 해당하는지 여부 (적극)
③ 후등록상표의 사용이 선등록 기업명칭을 침해하여 부정경쟁행위에 해당하는지 여부 (적극)
④ 후등록 기업명칭의 사용이 선등록 기업명칭을 침해하여 부정경쟁행위에 해당하는지 여부 (적극)

위 각 쟁점별 판시 내용은 아래에서 항을 나누어 하나씩 살펴보도록 한다.

(1) 선상표권과 후상표권이 충돌하는 경우

우선 선상표권과 후상표권이 충돌하는 경우를 살펴보도록 한다. 타인이 정당하게 등록한 상표와 동일 · 유사한 상품에 대해서 타인이 동일 · 유사한 상표를 등록하여 사용하고 있는 경우, 선상표권자가 이를 막기 위해서는 후상표권자의 상표권의 효력을 다투어야 한다. 만일 민사소송으로 이를 해결하기 위하여 제소하는 경우, 법원은 수리하지 아니하고 관련 행정 기관에 신청할 것을 고지한다. 다만, 후상표권자가 그 등록된 상표에 지정된 상품 이외의 범위에서 후상표권을 사용하고 있거나, 후상표를 변형시켜 사용하고 있는 경우에는 상표권 침해를 이유로 민사 소송을 제기할 수 있다.[29]

이 사안에서도 법원은 후상표권의 효력을 심사하는 것은 법원의 심리 권한 범위를 넘는다고 보아 판단하지 않았다.

사 례 '정예(正野)' 기업명칭 및 상표권 충돌 사안

[법원의 판단] 후등록상표 사용이 선등록상표를 침해하는 부정경쟁행위에 해당하는지 여부

1심법원은 피고의 후등록상표 사용 행위가 원고의 선등록상표를 침해하는 부정경쟁행위에 해당한다고 보았다. 1심법원의 판시는 다음과 같다. "원고와 피고는 모두 순덕시에 위치함에도 불구하고, 피고는 1997년 원고의 '正野 GENUIN' 상표와 유사한 '正野 ZHENGYE' 상표를 등록 신청하였는바, 이로부터 원고의 주지상표에 편승하여 소비자로 하여금 두 상표를 오인 혼동하게 하려는 고의를 명백히 인정할 수 있다. 따라서 피고가 신의성실 원칙과

29_ 「최고인민법원의 상표, 기업명칭과 선사용권 충돌에 관한 민사 분쟁 안에 관한 몇 가지 문제의 규정」(2008.3.1) 제1조 제1, 2항.

공인된 상업도덕을 위반하여, 타인의 주지상표를 모방한 이 사건 후등록상표를 등록 신청한 행위는 부정경쟁행위로 판단된다."

반면 2심법원은 이와 결론을 달리하여 부정경쟁행위 또는 상표권 침해에 해당하지 않는다고 보았다. 2심법원의 판시는 다음과 같다. "피고의 기업명칭이 등록 신청된 시기는 원고회사의 이 사건 상표 '正野 GENUIN'가 '광동성 유명상표'로 선정된 시기보다 이전이므로, 순덕 정예회사가 기업명칭을 등록 신청한 행위는 위 원고의 상표권을 침해하지 않는다."

그러나 최고인민법원은 이 부분이 법원의 심리 권한 범위를 넘는다고 보아 판단하지 않았다. 최고인민법원의 판시는 다음과 같다. "원고 상표는 지정상품 제11류, 피고 상표는 지정상품 제9류에 관하여 등록되어 있는데, 원심법원이 조사한 사실에 의하면 피고 회사들이 자신의 등록상표를 지정된 상품 범위 이상으로 사용한 점을 발견하지 못하였다. 그렇다면 이는 등록된 상표인 '正野GENUIN' 상표와 '正野 ZHENGYE' 상표 간의 분쟁인 것이고, 이미 상표법에 등록상표 쟁의에 관련된 행정 처리 절차가 규정되어 있으므로, 본원에서는 판단하지 않는다."

(2) 상표권과 상호권이 충돌하는 경우

다음으로 선등록 상표와 동일 유사한 기업명칭을 후사용자가 사용하는 경우를 살펴본다. 실무에서는 이 경우 후사용자의 구체적인 사용 태양에 따라 다르게 처리한다.

최고인민법원은 "기업명칭을 두드러지게 사용하여 선등록 상표권을 침해하는 경우 상표권 침해행위로서 상표법에 따라 처리하고, 기업명칭을 두드러지지 않게 사용하였으나 시장의 혼란을 일으키기에 족하고 공평한 경쟁의 원칙에 위반되는 경우 부정경쟁행위로 처리한다"는 입장이다.[30]

즉 후사용자의 기업명칭 중 선등록 상표와 동일 유사한 부분이 두드러지게 표시되어 상표적으로 사용되는 경우라면 상표법 침해로 처리될 수 있다. 상표법 사법해석 제1조 제1호는 '타인의 등록상표와 동일 또는 유사한 문자를 기업의 상호로서 동종 또는 유사 상품에 두드러지게 사용하여 관련 공중으로 하여금 용이하게 오인하도록 초래하는 행위'는 상표권 침해행위에 해당한다고 규정하고 있다.[31]

30_ 최고인민법원「현재 경제 상황에서의 지식재산권 심판에 관한 몇 가지 문제에 대한 의견」(2009.4.21).

31_ 상표법 사법해석 제1조 아래의 행위는 상표법 제52조 제5호(제57조 참조) 규정의 타인의 등록상표권에 기타 손해를 가하는 행위에 해당한다.

'두드러지게 사용' 하였는지 여부를 판단하기 위해서 법원은 글자체의 형태, 글자의 크기, 사용된 위치, 빈도 등의 요소를 고려한다.[32] 즉, 타인의 상표와 동일한 부분만 크게 표시하거나, 다른 색깔로 표시하거나, 눈에 띄는 글자체로 표시하는 방법 또는 포장의 중앙에 크게 표시하는 방법, 그리고 선전과 인터넷, 포장지 등에 반복적으로 표시하는 방법 등으로 이를 접하는 사람에게 해당 부분의 인상을 깊게 남기는 행위는 '두드러지게 사용'하는 행위라고 인정될 수 있다.[33]

반면, 기업명칭이 두드러지게 사용되지는 않았으나 시장의 혼란을 초래하는 경우라면 부정경쟁행위로 인정한다는 것이 법원의 일관된 입장이었다.[34] 이와 관련하여 최근 개정된 상표법에도 "타인의 등록상표, 미등록 저명상표를 기업명칭 중의 핵심명칭(字号)으로 사용하여 공중의 오인을 야기하고 부정경쟁행위를 구성하는 경우, 「중화인민공화국 반부정당경쟁법」에 따라 처리된다"는 규정이 도입되었다.[35] 위 규정의 도입 의의는, 상표처럼 두드러지게 사용하는 방식이 아닌 다른 방식으로 타인의 상표를 사용하는 것은 비록 상표권 침해행위에는 해당하지 않아 상표법이 적용되지 않지만, 반부정당경쟁법으로 이를 제지한다는 원칙을 확인한 것이라고 본다.[36]

사 례 **'정예(正野)' 기업명칭 및 상표권 충돌 사안**

[법원의 판단] 두드러지지 않게 후등록 기업명칭을 사용한 행위가 선등록상표권자에 대한 부정경쟁행위에 해당하는지 여부

이 부분에 대한 1심법원의 판단은 불분명하고, 2심법원은 상표권을 침해하거나 부정경쟁

---

1. 타인의 등록상표와 동일 또는 유사한 문자를 기업의 상호로서 동종 또는 유사상품에 두드러지게 사용하여 관련 공중으로 하여금 용이하게 오인하도록 초래하는 행위;

32_ 林文, 反不正当竞争法律制度与实务技能, 法律出版社, 2014, p.333.

33_ 상하이 인민법원은 상품의 포장라벨, 포장상자, 벽면 광고 등에 "미국 캐스톨(美国嘉实多) 국제 석유그룹(홍콩) 유한회사 제품", "U.S.A. JIASHIDUO INT'L PETROLEUM GROUP(H.K.) LIMITED"를 표시하면서, "미국 캐스톨(美国嘉实多)" 글자 크기를 상대적으로 크게 하고 "嘉实多" 글자를 빨간 색깔로 두드러지게 사용하는 행위를 '두드러지게 사용'하는 행위로 인정한 바 있다[上海市第二中级人民法院 (2008)沪二中民五(知)初字第91号 民事判决书]; 江苏省南京市中级人民法院 (2004)宁民三初字第312号 民事判决书.

34_ 최고인민법원「현재 경제 상황에서의 지식재산권 심판에 관한 몇 가지 문제에 대한 의견」, 베이징시 고급인민법원의「상표와 기업명칭 충돌 분쟁 안건 심리 중 몇 가지 문제에 대한 해결」통지 제3항.

35_ 중국「상표법」제58조.

36_ 金武卫, 《商标法》第三次修改回顾与总结, 知识产权, 2013年第10期, p.9.

행위에 해당하지 않는다고 보았다. 이에 관한 최고인민법원의 판단은 다음과 같다.
"원고 1은 1995년 소외 순덕시 정예 전자기기 실업회사의 '正野 GENUIN' 상표 사용을 허가하고, 1996년 지정상품 제11류 환풍기에 해당 상표를 등록하였다. 원고 1, 원고 2의 광고 선전과 관련 상품 판매를 통하여, 1999년 2월 피고 1 회사가 설립될 당시, '正野 GENUIN' 상표는 이미 일정한 지명도를 가지고 있었다. 피고 1은 타인이 등록 신청한 상표 일부와 동일한 '正野' 문자를 기업명칭 중의 핵심명칭으로 사용하여, 스위치 콘센트 등의 상품을 생산하였다. 건자재 시장 및 일상생활에서 환풍기와 스위치 콘센트 등의 판매 경로, 소비 대상이 동일한 관계로, 피고 1의 행위는 관련 공중에게 상품 혹은 서비스의 출처에 대한 혼란을 초래하기 충분하다. 피고 1이 원고1이 등록 신청한 '正野 GENUIN' 문자 일부와 동일한 '正野' 핵심명칭을 사용한 행위는, 비록 두드러지게 사용한 것이 아닐지라도 부정경쟁행위로 판단된다."

(3) 상호권과 상표권이 충돌하는 경우

세 번째로, 선사용 기업명칭과 동일 유사한 상표를 후등록하여 사용하는 경우를 살펴본다. 선사용 기업명칭 전부를 가져다가 상표 등록을 하는 경우는 드물 것이고, 선사용 기업명칭 중 핵심명칭(字号)을 임의로 가져다가 상표로 등록하여 사용하는 경우가 많은데, 이 경우에는 어떻게 처리할 것인지가 문제된다.

만일 그 핵심명칭이 일정 정도의 지명도가 있는 것이라면, 이를 무임 승차의 의도를 가지고 상표로 등록하는 행위는 부정경쟁행위를 구성하게 된다.[37] 그리고 만일 후상표권자가 자신의 상표권이 등록되어 있다는 점을 이용하여 오히려 선기업명칭권자에 대해 자신의 상표권 침해를 주장하며 선사용자의 기업명칭 사용을 금지하는 청구를 하는 경우, 그 청구는 받아들여지기 어렵다.[38]

사례 '정예(正野)' 기업명칭 및 상표권 충돌 사안

[법원의 판단] 후등록상표의 사용이 선등록 기업명칭을 침해하여 부정경쟁행위에 해당하는지 여부

이 부분에 대한 1심과 2심법원의 판단은 불분명하고, 최고인민법원은 부정경쟁행위에 해당한다고 보았다. 최고인민법원의 이 부분 판결은 아래와 같다:

37_ 孔祥俊, 反不正当竞争法的创新性适用, 中国法制出版社, 2014, p.256.
38_ 林文, 反不正当竞争法律制度与实务技能, 法律出版社, 2014, p.312.

"반부정당경쟁법의 보호를 받는 기업명칭, 특히 핵심명칭은 일반적 의미에서의 인신권과 다르다. 이는 서로 다른 시장 주체의 상업 표지를 구별하는 것이고, 본질적으로 재산 권익에 속한다. 원심 법원이 조사한 바에 따르면, 1994년 5월 소외 순덕시 정예 전자기기 실업회사가 '正野' 핵심명칭을 사용하였다. 순덕시 정예 전자기기 실업회사가 기업 등기를 말소한 후에, 그에 관한 채권 채무는 모두 원고 2가 승계하였으므로, 핵심명칭으로 인해 발생하는 권익 또한 원고 2가 승계할 수 있다.

소외 순덕시 정예 전자기기 실업 회사의 영업활동과 원고 2의 광고 선전 및 판매활동으로 '正野' 핵심명칭 및 관련 상품은 일정한 지명도를 가지게 되었고, 관련 공중이 이를 널리 알게 되었다.

1999년 2월 피고 2는 '正野 ZHENGYE' 등록상표를 피고 1이 사용하도록 허가하고, 이는 가정용 선풍기, 에어컨 기계 등의 생산 경영에 사용되었다. 피고 1은 스위치 콘센트 등의 선전 자료, 선전 간행물, 판매 장소, 가격표, 포장 상자 등의 두드러지는 위치에 '正野 ZHENGYE' 글자를 사용하였다. 피고 1, 피고 2가 '正野 ZHENGYE' 상표를 사용하는 행위는 관련 공중에게 상품의 출처에 대한 오인을 초래하기 충분하고, 원고 2의 '正野' 선행 핵심명칭의 권익을 침해하므로 부정경쟁행위로 판단된다."

(4) 상호권과 상호권이 충돌하는 경우

선등록 기업명칭과 동일하거나 유사한 후등록 기업명칭을 사용하여, 관련 공중이 그 상품의 출처에 대하여 혼란을 일으키기에 충분한 경우, 그 후사용자의 행위는 반부정당경쟁법 제5조 제3호의 부정경쟁행위를 구성할 수 있다.[39]

사 례 '정예(正野)' 기업명칭 및 상표권 충돌 사안

[법원의 판단] 후등록 기업명칭의 사용이 선등록 기업명칭을 침해하여 부정경쟁행위에 해당하는지 여부

이에 관하여 1심법원은 부정경쟁행위로 인정하였다. 1심법원의 판시내용은 다음과 같다.

"피고가 원고 회사의 핵심명칭 '正野'를 핵심명칭으로 하여 기업명칭을 등록 사용한 행위 역시 위와 같이 명백히 편승하려는 고의성이 인정되고, 해당 상품, 포장, 광고 등의 선전 자료에 '正野' 글자를 두드러지게 사용하는 등 이것을 상품 표지로 사용하여 소비자에게 오인과

39_「최고인민법원의 상표, 기업명칭과 선사용권 충돌에 관한 민사 분쟁 안에 관한 몇 가지 문제의 규정」(2008.2.18.) 제2조.

혼동을 초래하였으므로, 부정경쟁행위로 판단된다."

2심법원은 이와 판단을 달리하여 부정경쟁행위에 해당하지 않는다고 보았다. 판시 내용은 다음과 같다. "기업명칭의 법정 보호 범위는 타인이 동일 지역 내의 동종 업계에서 동일 혹은 유사한 기업명칭을 등록하는 행위를 금지하는 것이다. 피고와 원고의 기업명칭 중의 핵심명칭이 비록 동일하나, 행정 구역이 동일하지 아니하다. 원고가 '正野' 기업명칭을 먼저 소유하고 있는 점을 이유로 삼아, 피고의 기업명칭 등록 행위가 자신의 기업명칭권을 침해하였다는 주장은 법적 근거가 부족하다. 피고의 '正野 ZHENGYE' 상표 사용 허가를 근거로 하여 피고가 자신의 기업명칭 중 '正野' 핵심명칭을 사용한 행위는, 합법적인 권리 및 정당한 사유가 있는 것이다. 양자 간에 혼란을 초래한다는 증거가 없다."

그러나 최고인민법원은 2심법원의 판단을 부당하다고 보아 이를 취소하고 다음과 같이 판단하였다. "원고 1, 원고 2 및 전신 회사는 1995년부터 에어컨 제어기, 환풍기 등의 상품에 '正野' 핵심명칭과 상표를 사용해 왔고, 광고 선전과 상품 판매를 통하여 해당 핵심명칭은 관련 공중에게 일정한 영향을 가지게 되었다. 피고 1, 원고 1 그리고 소외 순덕시 정예 전자기기 실업회사는 모두 같은 지역에 위치하여 피고 1은 원고의 '正野' 상표와 '正野' 핵심명칭에 대한 지명도를 알고 있었음에도 불구하고, 피고 1이 원고 2 기업명칭 중의 핵심명칭과 동일한 '正野' 핵심명칭을 사용하여 선풍기, 에어컨 기계 등을 생산 경영한 행위는, 관련 공중에게 상품 혹은 서비스의 출처에 대한 혼란을 초래하기 충분하여 부정경쟁행위로 판단된다. 2심법원은 피고 1의 설립 시기가 원고 1의 '正野 GENUIN' 등록상표가 광동성 유명상표로 선정된 시간보다 이르고, 피고 1이 피고 2의 '正野 ZHENGYE' 등록상표 사용 허가를 받았다는 데에 근거하여, 피고 1이 '正野' 핵심명칭을 사용한 행위는 합법적인 권리이자 정당한 사유가 있다고 판단하였는바, 이는 법률 적용에 오류가 있었던 것이다."

4. 퍼블리시티권의 보호

미국은 퍼블리시티권(Right of Publicity)을 보호하는 제도를 두어 성명, 초상 등의 인격적 요소의 상업적 이용에 대한 권익을 보호하고 있다. 한국의 실무례는 하급심 판결례에 퍼블리시티권을 인정하는 판결례와 인정하지 않는 판결례가 혼재되어 있고, 아직 대법원 판례로 정리되지 않은 상황이다.[40]

40_ 퍼블리시티권을 인정하지 않은 사안으로는 서울고등법원 2002.4.16. 선고 2000나42061 판결 등이, 퍼블리시티권을 인정한 사안으로는 서울중앙지방법원 2007.1.19. 선고 2006가단250396 판결 등이 있다.

중국은 현행 법규정에 아직까지 퍼블리시티권(形象权)[41] 보호에 관한 근거 조항을 두고 있지 않다. 따라서 많은 학자들이 퍼블리시티권 제도를 신설하여 인격권익은 물론이고 성명, 초상 등의 상업적 이용에 관한 재산권익도 보호해야 한다고 주장하고 있다.[42] 한편 사법 실무에서는 침권책임법(侵权责任法) 또는 반부정당경쟁법을 근거로 하여 유명인의 성명을 보호하고 있다. 침권책임법 또는 반부정당경쟁법 양법에 의한 보호의 정도와 범위에 관한 내용을 살펴보면 아래와 같다.

중국의 「침권책임법(侵权责任法)」 제2조는 "민사권익을 침해할 경우 본법에 따라 침권책임을 진다"고 규정하고 있다. 여기서 말하는 '민사권익'이란 생명권, 성명권, 소유권, 저작권 등의 인신 및 재산권익을 포함한다. 그러므로 유명인의 성명을 타인이 부당하게 사용한 사안에서 권리인은 성명권 침해와 재산권익 침해를 따로 또는 동시에 선택하여 자신의 합법적 권익을 보호받을 수 있다.

우선 성명권 침해를 선택하는 경우, 성명권은 현행 법률 체제에서 여전히 인신권의 범위에 속하므로, 보호 범위와 보호 정도가 어느 정도 제한된다. 구체적으로, 성명권의 보호 범위는 일반적으로 자연인의 본명에 국한되어 있으므로, 해음(谐音)[43]이나 병음 등은 성명권으로 보호받지 못한다. 그리고 성명권 침해의 민사 책임은 주로 도의적 사과를 하는 것이고, 손해배상은 일반적으로 정신적 고통에 대한 손해배상에 국한된다. 재산권익 침해를 선택하였을 경우, 경제적 손해배상을 받을 수 있으나, 보호 범위는 여전히 일반적으로 본명에만 국한되어 있어 상당한 제한을 받는다.[44] 이처럼 성명권 및 재산권익 침해를 이유로 침권책임법을 근거로 한 민사 책임을 묻는 경우, 정신적 · 경제적 손해배상 및 도의적 사과를 받는 권리구제가 가능하나, 다만 일반적으로 본명에 대한 침해만을 물을 수 있다는 한계가 있다.

다음으로, 반부정당경쟁법에 의한 보호를 살펴보면, 상품 관련 영업 중 사용되

41_ 중국 학계에서 퍼블리시티권에 대응되어 사용되는 용어는 상품화권(商品化权), 형상권(形象权), 공개권(公开权), 공개형상권(公开形象权) 등이 있다. 성명, 초상 등 인격적 요소의 상업적 이용과 관련해서는 비교적 다수의 학자들이 '형상권(形象权)'이라는 용어를 쓰고 있으므로, 이 책은 다수의견에 따랐다.

42_ 李明德, 国形象权法研究, 环球法学评论, 2003年04期; 杨立新, 林旭霞, 论形象权的独立地位及其基本内容, 吉林大学社会科学学报, 2006年02期; 한편 吴汉东, 形象的商品化与商品化的形象权, 法学, 2004年10期는 퍼블리시티권에 관한 입법을 명시적으로 주장하지는 않았으나 현행 인격권법, 저작권법, 상표법, 반부정당경쟁법으로는 퍼블리시티권을 충분히 보호할 수도 없고, 퍼블리시티권을 보호하기에 적절한 법형식도 아니라고 보았다(83면).

43_ 독음이 같거나 비슷한 단어를 의미한다. 예를 들면, 숫자 4(四)와 죽음(死)이 있다.

44_ 奚晓明 主编, 孔祥俊 副主编, 中国知识产权指导案例评注(第五辑), 中国法制出版社, 2014, p.506.

는 자연인의 성명은 반부정당경쟁법 제5조 제3호 규정의 '성명'으로 인정될 수 있고, 별도의 주지성 요건은 필요로 하지 않는다. 따라서 상업적으로 사용된 성명이라는 점만 입증하면 반부당경쟁법에 의하여 보호될 수 있다.[45] 특히 미술품, CD 등 예술문화 상품의 경우 작가 또는 가수와 같은 자연인의 성명이 구매자에게 상품 출처로서 기능하는 경우가 많다. 이 경우 제3자가 그림을 그리거나 CD를 만들어서 타인의 이름을 가져다 쓰는 경우 시장에 혼란이 올 수 있으므로 이를 금지하는 것이다.[46]

또한 반부정당경쟁법을 활용하면 유명인의 경우 보다 넓게 보호받을 수 있다. 반부정당경쟁법 제5조 제3호의 규정에 대한 최고인민법원의 사법해석 제6조 제2항은 "상품 관련 영업 중 사용되는 자연인의 성명은 반부정당경쟁법 제5조 제3호 규정의 '성명'으로 인정된다. 일정 정도의 시장 지명도를 가지고, 관련 공중에게 널리 알려진 자연인의 필명, 예명 등은 반부정당경쟁법 제5조 제3호 규정의 '성명'으로 인정된다"고 규정하고 있다. 위 규정에 따를 때, 일정 정도의 시장 지명도를 가지고, 관련 공중에게 널리 알려진 유명인의 명칭은 본명에 국한되지 않고 모두 보호를 받을 수 있다는 점을 알 수 있다.

유명 코미디언 저우리보(周立波)의 성명의 병음 'zhoulibo'를 무단으로 이용한 도메인을 선점 등록한 사안에서,[47] 법원이 일정 정도의 시장 지명도를 가지고 관련 공중에게 널리 알려진 명칭의 병음은 반부정당경쟁법의 보호 범위에 포함된다는 점을 명확히 하였다는 점은 앞서 제4장 1.(3)에서 살펴본 바와 같다.

최근 퍼블리시티권과 관련하여 중국에서 널리 문제된 사안으로는, 한국에도 잘 알려져 있는 전 농구 선수 야오밍(姚明)의 초상 및 성명을 무단으로 사용하여 제품을 판매한 사건이 있다. 아래에서 자세히 살펴보도록 한다.

사례 유명인의 초상권, 성명권 침해 및 반부정당경쟁법 위반을 모두 인정한 사안[48]

야오밍(姚明, 이하 원고)**과 우한 윈허 다사위 체육용품 유한회사**(武汉云鹤大鲨鱼体育用品有限公司, 이하 피고)**의 인격권 침해 및 부정경쟁행위 분쟁 사안**

[사실관계] 피고는 원고 야오밍의 동의를 거치지 않고 '야오밍 일대(姚明一代)'라는 이름

45_ 반부정당경쟁법 사법해석 제6조.

46_ 王先林, 竞争法学, 中国人民大学出版社, 2009, p.125.

47_ 上海市高级人民法院 (2011)沪高民三(知)终字第55号.

48_ 湖北省高级人民法院 (2012)鄂民三终字第137号 民事判决书, 2012년 중국 법원 지식재산권 사법보호 10대 판례.

의 브랜드를 출시한 뒤 신발, 스케이트 보드 등 운동용품을 생산 · 판매하면서, 원고의 초상 및 원고의 이름을 사용하여 팸플릿, 광고판 등에 선전하였다. 이에 대하여 원고는 피고의 행위가 자신의 초상권, 성명권을 침해하고, 부정경쟁행위에 해당한다고 주장하였다.

[법원의 판단] "현대에는 전통적인 상품 유통 시장 외에, 문화 시장, 광고 시장 등의 신흥 시장이 형성되었다. 유명한 연예인은 상품 브랜드의 모델이 되어, 자신의 초상 · 성명에 대해 특정 업체가 상품 광고 선전으로 사용할 수 있도록 권한을 부여함으로써, 자신의 이미지를 상품의 이미지와 관련시켜 소비를 유도할 수 있도록 한다. 즉, 유명 연예인은 광고 시장의 상품 경영자로서 「반부정당경쟁법」의 경쟁 주체의 요구에 부합한다. 이 사건에서 원고는 유명한 남자 프로 농구 선수로서 상품 모델 활동은 경제 수익을 얻는 방식 중 하나이다. …(중략)…. 광고 시장의 경영자로서, 원고는 자신의 초상 · 성명을 상품 브랜드와 연결지어, 자신의 이미지가 소비자의 마음 속에서 소비 선택에 영향을 미칠 수 있게 하였다. 원고의 초상 · 성명은 상품 광고 선전의 효과가 있으므로, 타인의 상술된 부정경쟁행위를 금지할 권리가 있다. 피고는 자신의 상품에 '야오밍 일대(姚明一代)'라는 상표를 표시하였고, 피고 회사 인터넷 사이트를 통해 브랜드 해석, 가맹점 선전 등의 사항 등을 모두 원고와 연결지어 설명하였으며, 상품에 직접 원고의 성명 및 초상을 사용하였다. 이로써 소비자가 피고가 생산하는 상품과 원고를 연결지어, 피고 상품이 원고로부터 권한을 부여받아 생산한 상품 혹은 모델인 상품이라 오인하게 하여, 원고가 소비자 사이에 형성한 영향력을 이용하여 구매를 유도하였다. 반부정당경쟁법 제5조 제3호의 규정에 따라 피고의 이와 같은 행위는 원고에 대한 부정경쟁행위에 해당한다."

1심법원은 위와 같이 부정경쟁행위를 인정하면서, 동시에 성명권 및 초상권 침해를 모두 인정하였고, 2심법원은 그와 같은 1심판단을 유지하였다.

5. 타인의 상호 또는 성명을 침해하는 부정경쟁행위 인정 사례

이하에서는 중국 인민법원이 반부정당경쟁법 타인의 상호 또는 성명을 침해하여 제5조 제3호를 위반한 부정경쟁행위를 인정한 대표적인 사례들을 살펴보도록 한다. 아래 판결례는 모두 최고인민법원이 지식재산권 관련 대표사례로 선정한 사안들로 참고의 가치가 있으므로, 가급적 상세하게 사례와 판결의 내용을 소개하고자 한다.

사례 '정신(正新)' 기업명칭 침해 사안[49]

샤먼 정신 고무공업 유한회사(厦门正新橡胶工业有限公司, 이하 원고)**와 톈진 하오원 과학기술 유한회사**(天津豪文科技有限公司, 이하 피고 1), **정신 타이어**(대만) **홀딩스그룹 유한회사**(正新轮胎(台湾)控股集团有限公司, 이하 피고 2)**의 부정경쟁 분쟁 사안**

[사실관계] 원고 회사는 홍콩 기업으로 1989년 5월에 투자 설립되었고, 원래 명칭이 '샤먼 정싱(正星) 고무공업 유한회사'였으나, 1991년 11월, 현재 명칭 '샤먼 정신(正新) 고무공업 유한회사'로 변경되었다. 원고 회사는 타이어 등의 관련 상품을 생산하는 회사이다. 원고가 등록하여 사용하고 있는 '正新' 상표 및 '正新 CST(도형)' 상표는 2004년 상표국이 인정하는 저명상표(驰名商标)로 인정되는 등 상당한 지명도를 가지고 있다.

한편 피고 2는 2007년 10월부터 중국 내에서 여러 규격의 '팡처왕(防刺王)'이라는 상표로 전동 스쿠터용 타이어를 생산하였고, 피고 1은 피고 2의 중국 내 총대리인의 신분으로 선전, 판매를 진행하였다. 피고 1은 광고 전단에도 피고 2의 생산 혹은 피고 2의 위임이라고 밝혔다. 그리고 위와 같이 생산, 판매된 타이어 외측에는 분명한 글자체와 색깔로 피고 2의 기업 전체 명칭 '정신(正新) 타이어(대만) 홀딩스그룹 유한회사'를 명시하였다.

2007년 원고는 피고 1이 톈진 등의 시장에서 피고 2의 전체 명칭 글자를 명시하고 있는 타이어를 대리 판매하고 있는 것을 발견하고, 피고 2가 'www.taiwanzhengxin.com'이라는 인터넷 도메인을 등록하였음을 발견하였다. 원고는 피고 2의 기업명칭 중의 핵심명칭(字号)인 '正新' 및 인터넷 도메인명, 그리고 피고들이 생산 판매하는 타이어 상품의 표지가 모두 원고의 기업명칭 및 원고의 '正新' 저명상표와 동일하거나 유사하여, 관련 공중에게 상품의 출처에 대하여 혼란을 초래할 수 있다고 보았다. 이에 피고 2의 해당 타이어를 판매하는 행위 또한 부정경쟁행위에 해당한다고 보아 톈진시 제2중급인민법원에 소를 제기하였다.

[법원의 판단] 이 사건은 결국 조정으로 종결되었다. 조정을 성립시킨 재판부는 위 사안에 관한 평석에서 피고의 행위는 「반부정당경쟁법」 제5조 제3호의 규정을 위반한 부정경쟁행위에 해당한다고 평가하였다.

조정 내용은 ① 피고가 기업명칭 '정신 타이어(대만) 홀딩스그룹 유한회사' 및 ② 인터넷 도메인 'www.taiwanzhengxin.com'을 사용하지 않을 뿐만 아니라, 타이어 상품 및 포장, 장식을 비롯하여 상업 문서 및 광고 선전과 인터넷에서 ③ '정신(正新)' 글자를 포함하고 있는 모든 표지의 사용을 정지하는 것이다.

49_ 天津市第二中级人民法院 (2008)二中民三初字第78号 民事调解书, 2009년 중국 법원 지식재산권 사법보호 50대 대표 판례.

이 사건은 최고인민법원이 발표한 2009년 지식재산권 대표 판결 50선에 포함된 사건인데, 중국 내에 등록되지 않은 기업의 행위를 저지하기 위하여 1심법원이 도출해 낸 조정서(调解书) 내용을 참고로 살펴보면 아래와 같다.

"심리 과정에서 1심법원의 주관하에 양측 당사자는 이하의 조정 협의를 하였다. (1) 피고 정신 홀딩스는 이 조정서의 효력이 발생하는 날부터 3개월 내에 기업명칭 '정신 타이어(대만) 홀딩스그룹 유한회사' 및 인터넷 도메인 'www.taiwanzhengxin.com'을 말소한다. (2) 두 피고는 이 조정서의 효력이 발생하는 날부터 6개월 내에 타이어 상품 및 포장, 표장을 비롯하여 상업문서 및 광고선전과 인터넷에서 '정신' 글자를 포함하는 모든 표지의 사용을 중지하고 위 표지를 변경하거나 폐기한다. 기업명칭 '정신 타이어(대만) 홀딩스그룹 유한회사' 및 인터넷 도메인 'www.taiwanzhengxin.com' 또한 이에 포함된다. (3) 두 피고는 이 조정서의 효력이 발생하는 날에 원고가 권리 침해를 제지하기 위하여 지불한 필요비용 42,580위안을 공동 지불한다(이미 지불 완료). (4) 만약 두 피고가 기한 내에 상술된 약속 의무를 지키지 않을 경우, 원고에게 50만 위안을 배상하고, 원고는 다시 소를 제기할 권리를 유지하게 된다. (5) 사안 수리(受理)비 8,800위안은 4,400위안으로 감하고, 관련 소송보전금(诉讼保全费) 3,020위안, 합계 7,420위안은 두 피고가 부담하며, 해당 비용은 이 조정서의 효력이 발생하는 날에 원고에게 지불한다(이미 지불 완료). (6) 피고 정신홀딩스의 법정 대표인 순쟈셩(孙加胜)은 담보인으로서 두 피고의 상술된 의무에 대하여 전적으로 연대 보증 책임을 부담한다. (7) 양측은 기타 이견이 없다."

위 사안은 대만에 기업 등록을 하고 중국 대륙에서 영업을 하는 피고에 대하여, 중국 대륙 내에서의 그 기업명칭 사용을 불허하는 것에 그치지 않고 비록 조정서이긴 하나 기업명칭 등록의 말소를 포함시켰다는 특징이 있다.

다음으로 살펴볼 사안은 타인의 상호를 인터넷에서 무단으로 사용하여 부정경쟁행위가 인정된 사안이다.

사례 '루이터(瑞特)' 기업명칭 침해 사안[50]

다롄 루이터 건자재 유한회사(大连瑞特建材有限公司, 이하 원고 1), **다롄 중더 진주암공장**(大连中德珍珠岩厂, 이하 원고 2)**과 류쟈왕**(刘嘉旺, 이하 피고)**의 부정경쟁 분쟁 사안**

50_ 辽宁省大连市中级人民法院 (2009)大民四初第237号 民事判决书, 2009년 중국 법원 지식재산권 사법보호 50대 대표 판례.

[사실관계]　원고 1과 원고 2는 기업 지명도를 높이기 위해 상당한 금원을 투자하여 판촉 및 선전을 진행하는 등 노력을 통해 업계에서 매우 높은 명성을 얻었고, 중국 내 시장뿐 아니라 국외 시장에서도 상품을 판매하였다.
피고는 다롄 뤼순 왕파 진주암공장(旅顺旺发珍珠岩厂)(이하 '피고 회사')을 운영하며 두 원고와 유사한 상품을 생산하였다. 피고는 상품 마케팅 목적으로 판매 활동 중에 피고 회사를 원고 1의 산하 회사라 하였고, 자신의 인터넷 사이트에서 원고 2의 상품 사진 수십 장을 가져다가 마치 피고 회사 상품의 사진인 양 사용하는 방식으로 광고를 하여, 타인으로 하여금 피고 상품을 원고들의 상품으로 오인하게 유도하였다.
이에 원고들은 다롄시 중급인민법원에 소를 제기하여 피고의 부정경쟁행위를 이유로 손해배상 및 침해 중지를 청구하였다.
[법원의 판단]　1심법원은 아래와 같이 판단하였다.
"원고 1과 원고 2는 창립된 이후 차례로 여러 번 명예 칭호를 얻었고, 2008년 품질 관리 체계 인증을 통과하는 등 다롄 지역 동일 유형 기업 중에서 일정한 지명도를 가지고 있는 회사이다. 피고가 설립한 회사와 두 원고는 모두 같은 대련 지역에서 진주암, 보온 재료를 생산하는 기업으로서 생산 경영상의 경쟁관계에 있다.
그런데 피고 회사 인터넷 사이트의 '회사 소개'란에서 원고 2의 인터넷 사이트와 거의 똑같은 선전 용어를 골라 쓰고 원고 1의 산하 회사라고 사칭한 것은, 충분히 타인으로 하여금 원고 회사들과 피고 회사의 관계 및 그 상품들의 생산에 대해 오인 혼동하게 하거나, 특정한 관계가 있다고 여기게 할 수 있다.
이러한 행위는 신의성실 원칙과 공인된 상업도덕에 위배되므로, 중국「반부정당경쟁법」규정에 위반된다. 타인 기업명칭 및 상품 명성에 형성된 우세한 지위에 무임 승차하는 것은 타인의 기업명칭 전용권 침해 및 부정경쟁행위이므로, 제지함이 마땅하다."
다롄시 중급인민법원은 이와 같은 이유로 피고가 허가받지 아니하고 원고들의 기업명칭을 이용하고, 원고들의 상품 사진을 자신의 상품으로 선전하여 사용한 것은 부정경쟁행위라고 보았고 침해 중지와 손해 배상의 민사책임이 있는 것으로 판단하였다.

참고로, 위 사안에서 원고는 피고가 원고의 상품 사진을 사용한 점에 대하여 저작권 침해도 주장하였으나, 인민법원은 저작권 침해 주장에 대해서는 별도로 판단하지 않고, 일의적으로 부정경쟁행위로 규율하였다.

다음으로 소개할 사안은 부동산 개발회사의 기업명칭 침해여부가 문제된 사안이다. 중국의 부동산 개발회사들은 회사의 핵심명칭을 브랜드로 내세워 부동산을 개발하는 경우가 많은데, 예를 들어 중국에서 가장 큰 부동산 개발회사로 꼽히는 완다(万达)그룹은 '완다' 브랜드를 내세워 중국 곳곳에 종합쇼핑몰을 비롯한 부동산을 개발하고 있다. 아래 사안에서는 '진위안(金源)'을 핵심명칭으로 하는 부동산개발 그룹이 있었는데, 이와 관련이 없고 지역도 다른 부동산 개발회사가 동일하게 '진위안'을 핵심명칭으로 기업명칭을 사용하면서 부동산 개발을 한 사안이다.

사 례 **'진위안(金源)' 기업명칭 침해 사안**[51]

스지 진위안 투자그룹 유한회사(世纪金源投资集团有限公司, 이하 원고)와 허난 스지 진위안 부동산 유한회사(河南世纪金源置业有限公司, 이하 피고)의 부정경쟁 분쟁 사안

[사실관계] 부동산 개발 등의 영업을 하고 있는 '스지 진위안 투자그룹(世纪金源投资集团)'은 원고 회사가 중심이 되고 있는 그룹이고, 그 그룹명칭의 약칭은 '스지 진위안 그룹(世纪金源集团)'이다. 원고는 고급 호텔, 대형 종합 쇼핑센터 등 부동산 영역에 투자하여 왔다.
원고 계열사 12곳은 '스지 진위안(世纪金源)'을 기업 핵심명칭으로 하고 있고, 6곳은 '진위안(金源)' 혹은 '진위안(金源) + 기타'를 기업 핵심명칭으로 하고 있다. 그리고 위 6곳은 모두 피고가 설립된 2005년 1월 이전에 등록 설립되었다. 원고 계열사들은 베이징, 윈난, 후난, 복건, 귀주, 안휘, 충칭 지역에 분포되어 고급호텔, 대형 쇼핑몰 등 많은 종류의 부동산 개발을 하였다. 부동산 개발 총 투자액은 이미 400억 위안을 넘었고, 투자 개발한 부동산과 관련하여 신문사 22곳에 광고를 게재하여 왔다.

['진위안(金源)' 브랜드를 사용하여 원고가 개발한 쇼핑몰(좌)과 호텔(우)][52]

51_ 河南省高级人民法院 (2009)民三终字第12号 民事调解书, 2009년 중국 법원 지식재산권 사법보호 50대 대표 판례.

52_ 사진 인용: (좌)바이두 바이커 (百度百科), (우)스지 진위안 호텔 홈페이지(http://www.empark.com.cn/guian/)

한편 피고는 2005년 1월 설립되어 부동산 개발 및 경영을 하고 있다. 피고는 2006년 4월 정주(郑州)시에서 아파트 단지를 개발하고 그 명칭을 '진위안 제일성(金源第一城)'이라 하였다. 그리고 2007년 다른 아파트 단지를 개발하고 그 명칭을 '진위안 성 위의 성(金源城上城)'라 하였다.

원고는 피고가 기업명칭과 개발 건물 명칭에 '스지 진위안(世纪金源)', '진위안(金源)' 표지를 사용한 행위가 부정경쟁행위라며 소를 제기하였다.

[법원의 판단]　1심법원의 판단 요지는 아래와 같다.

"원고 및 계열사들은 일련의 경영 활동을 통해 피고가 설립된 2005년 1월 이전부터 이미 전국 부동산 업계에서 비교적 높은 지명도를 가지고 있었고, 그 이후에도 그 지명도가 나날이 높아졌다. 부동산 업계에서 '스지 진위안(世纪金源)', '진위안(金源)' 이 두 명칭은 이미 원고 및 계열사들의 비교적 높은 상업상의 신용과 지명도를 나타내게 되었다. 따라서 위 명칭들은 원고 및 계열사들의 무형자산에 해당한다.

… (중략)…

피고가 자신의 기업명칭에 '스지 진위안(世纪金源)'을 사용하는 것이 부정경쟁행위에 해당하는지 여부와 관련하여 살펴보면, 피고 회사가 등록 설립되기 전부터 '스지 진위안(世纪金源)'은 이미 부동산 업계에서 비교적 높은 지명도를 가지고 있었고, 그것은 원고 스지 진위안 회사 및 관련 회사를 지칭해 왔다. 피고 회사의 주요 경영 범위 또한 부동산의 개발과 판매이고, 기업명칭 중 '스지 진위안(世纪金源)' 핵심명칭을 사용하는 것은 공중으로 하여금 피고 회사와 원고 회사 사이에 모회사-자회사 관계 혹은 양측 사이에 일정한 관계가 존재한다는 오인을 초래한다. 이런 관계에 대한 오인은 피고에게 경쟁 우세를 가져다 준다. 피고가 원고의 상업 표지의 명성에 편승하여 경쟁 우세를 차지하는 행위는 원고의 기업명칭권을 침해하는 부정경쟁행위로 판단된다.

나아가 피고가 자신이 개발한 건물 이름에 '진위안(金源)' 표지를 하는 것이 부정경쟁행위에 해당하는지 여부와 관련하여 살펴보면, 피고가 개발한 아파트 단지 이름 '진위안 제일성(金源第一城)', '진위안 성 위의 성(金源城上城)'은 '진위안(金源)' 상업 표지와 쉽게 관련이 되어, 이 사건 부동산을 원고 및 관련 회사가 투자 개발한 '金源' 시리즈 부동산 중 하나라고 관련 공중의 오인을 초래하고 출처 관계에 혼란을 초래한다.

이에 대해 피고는, 원고가 허난(河南)지역에서 부동산 개발을 하지 않았으므로, 본인이 허난에서 '진위안(金源)'이란 명칭으로 개발한 아파트 단지는 시장에 혼란을 초래하지 않는다고 주장하였다. 그러나 '진위안(金源)' 상업 표지가 일정 지역에서 지명도가 있는지 여부를 판단하는 데에 있어, 해당 지역에서의 영업 여부는 단지 고려해야 할 요인 중 하나일 뿐이다. 조사한 사실에 따르면 '진위안(金源)' 상업 표지는 전국적으로 부동산 업계의 관련 공중에게 높은 지명도가 있으므로, 원고가 설령 아직 부동산을 개발하지 않은 지역에서라도 부동산 관련 영역에서는 자신의 상업 표지를 타인이 사용하는 행위를 저지할 권리가 있다. 그러므로 피고가 '진위안(金源)' 을 본인이 개발하는 부동산 항목의 명칭으로 사용하는 행위는 부정경쟁행위로 판단된다."

피고 회사는 위와 같은 1심법원 결과에 불복하여, 하남성 고급인민법원에 상소하였다. 2심법원은 아래와 같이 조정으로 이 사건을 종결하였다. 조정서(调解书)의 내용은 아래와 같다. "(1) 피고는 조정서의 효력이 발생하는 날부터 18개월 내에 공상행정관리기관에 기업명칭 변경 신청을 하여, 기업 핵심명칭 중 '스지 진위안(世纪金源)', '진위안(金源)'에 대한 사용을 중지한다. (2) 피고는 현재 이미 개발된 부동산 개발 항목 '진위안 제일성(金源第一城)', '진위안 성 위의 성(金源城上城)', '진위안 신리청(金源新里程)'에 한하여 '진위안(金源)' 표지를 사용한다. (3) 피고는 이 합의서의 효력이 발생하는 날부터 15일 내에 원고에게 15만 위안을 지불한다(1심 소송 비용 포함). (4) 1심 사안 수리비 14,700위안은 원고가 부담하고, 2심 사안 수리비는 반감하여 1,650위안으로 하되, 피고가 부담한다."

위 사안에서, 원고 회사는 허난(河南)지역에서 부동산을 개발한 적이 없고, 반면 피고는 허난(河南)지역에서만 부동산을 개발하였다. 피고는 이와 같은 점을 들어 오인 · 혼동의 가능성이 없다고 주장하였으나, 허난성 고급인민법원은 원고 회사 핵심명칭 '진위안(金源)'의 지명도가 전국에 미치므로 허난지역에서 영업을 하지 않았더라도 여전히 허난지역에서도 원고의 핵심명칭은 지명도가 있다고 보았고, 피고의 행위가 여전히 부정경쟁행위에 해당한다고 인정하였다는 점을 특히 눈여겨볼 만하다.

제5장

상품의 산지, 품질 등에 관한 오해를 유발하는 행위(제5조 제4호, 제9조)

중국 반부정당경쟁법은 소비자들에게 상품의 품질이나 산지 등에 관하여 오해를 초래하는 행위를 금지하고 있다. 다만 행위 유형에 따라 적용 조항을 달리하고 있는데, 반부정당경쟁법 제5조 제4호는 상품의 품질 등에 관한 허위의 '표시'를 하는 행위를 금지하고 있고, 제9조 제1항은 광고 기타 방법을 이용하여 허위의 '선전'을 하는 행위를 금지하고 있다. 한편 제9조 제2항은 광고업자가 악의 또는 중과실로 허위의 광고를 제작하거나 배포하는 것을 금지하고 있다.

제5조

경영자는 아래의 부정한 수단을 사용하여 시장 거래에서 경쟁 상대에게 손해를 가하여서는 아니 된다.

4. 상품에 인정 표지 또는 유명 우수 표지 등 품질 표지를 위조 또는 모용하는 행위, 산지를 위조하는 행위, 상품의 품질에 오해를 초래하는 허위의 표시를 하는 행위

제9조

① 경영자는 광고 또는 기타 방법을 이용하여 상품의 품질, 제조 성분, 성능, 용도, 생산자, 유효 기간, 산지 등에 대하여 오해를 초래하는 허위의 선전을 해서는 아니 된다.

② 광고 경영자는 명백히 알았거나 또는 중대한 과실로 인하여 모르는 상황 하에서 허위 광고를 대리 설계 · 제작 · 배포해서는 아니 된다.

한국 부정경쟁방지법도 소비자들이 원산지, 생산지, 상품의 품질·내용·제조 방법·용도 또는 수량을 오인하도록 상품에 표시하거나 또는 광고하는 등의 행위를 금지하고 있다.[1]

품질 표시는 소비자가 상품 구매 여부를 판단하는 데에 중요한 기준이 되는 정보이므로, 이러한 표시를 위조하는 행위는 공정한 경쟁질서 및 소비자의 권익에 매우 큰 해를 입힌다. 이에 중국은 반부정당경쟁법 제5조 제4호뿐 아니라 「소비자권익 보호법(消费者权益保护法)」 및 「상품 품질법(产品质量法)」에도 품질 표지, 원산지 등을 위조·모용하는 행위를 금하는 규정을 두고 품질의 허위 표시 행위를 규제하고 있다.

「소비자권익 보호법」 제8조 제2항은 "소비자는 상품 또는 서비스에 대해서 경영자에게 가격, 원산지, 생산자, 용도, 성능, 규격, 등급, 주요성분, 생산일자, 유효기간, 검사 합격 증명 등에 관한 정보를 요구할 수 있다"고 규정하고 있다. 그리고 같은 법 제56조는 "경영자가 상품의 원산지 위조, 타인의 사업장 명칭·주소의 위조 모용, 생산일자의 부정한 수정, 인증 표지 등 품질 표지의 위조 또는 모용" 행위를 하는 경우 그에 상응하는 민사책임과 행정책임을 지게 하고 있다.[2]

1_ 한국 「부정경쟁방지 및 영업비밀보호에 관한 법률」 제2조(정의)
이 법에서 사용하는 용어의 뜻은 다음과 같다.
1. "부정경쟁행위"란 다음 각 목의 어느 하나에 해당하는 행위를 말한다.
…(중략)…
라. 상품이나 그 광고에 의하여 또는 공중이 알 수 있는 방법으로 거래상의 서류 또는 통신에 거짓의 원산지의 표지를 하거나 이러한 표지를 한 상품을 판매·반포 또는 수입·수출하여 원산지를 오인(誤認)하게 하는 행위
마. 상품이나 그 광고에 의하여 또는 공중이 알 수 있는 방법으로 거래상의 서류 또는 통신에 그 상품이 생산·제조 또는 가공된 지역 외의 곳에서 생산 또는 가공된 듯이 오인하게 하는 표지를 하거나 이러한 표지를 한 상품을 판매·반포 또는 수입·수출하는 행위
바. 타인의 상품을 사칭(詐稱)하거나 상품 또는 그 광고에 상품의 품질, 내용, 제조방법, 용도 또는 수량을 오인하게 하는 선전 또는 표지를 하거나 이러한 방법이나 표지로써 상품을 판매·반포 또는 수입·수출하는 행위

2_ 중국 「소비자권익 보호법」 제8조 ① 소비자는 자신이 구매·사용하는 상품 또는 자신이 받는 서비스의 진실한 정보를 알 권리를 가진다.
② 소비자는 상품 또는 서비스에 대하여 경영자에게 가격, 원산지, 생산자, 용도, 성능, 규격, 등급, 주요성분, 생산일자, 유효기간, 검사 합격 증명, 사용방법 설명서, 애프터서비스 또는 서비스의 내용, 규격, 비용 등 관련 정보를 요구할 수 있다.
제56조 경영자가 아래 어느 하나에 해당하는 경우, 그에 상응하는 민사 책임을 지는 외에, 기타 법규정에 처벌 기관과 처벌 방식에 대한 규정이 있는 경우, 그 법규정에 따른다; 법규정이 없는 경우, 공상행정 관리부문 또는 기타 관련 행정부분은 시정을 명하고, 정황에 따라 아래

한편, 상품 품질법은 보다 구체적으로 생산자와 판매자의 의무를 규정하고 있다. 상품 품질법은 생산자와 판매자가 인증 표시 등 품질 표지를 위조·모용하거나, 상품 산지를 위조하거나, 타인 공장의 명칭 및 주소를 위조·모용하는 행위를 금지하고 있다.[3] 이를 위반하는 경우, 공상국의 상품 품질 감독 관리 부서는 시정을 명하거나, 위법 상품 몰수, 과태료 부과 등의 조치를 취할 수 있다.

상품 품질법, 소비자권익 보호법 및 반부정당경쟁법 제5조 제4호가 중첩하여 적용되는 영역의 행위에 대해서는, 상품 품질법을 우선 적용한다. 반부정당경쟁법 제21조 제1항은 "경영자가 타인의 등록상표를 위조하거나, 타인의 기업명칭 또는 성명을 허가를 받지 아니하고 사용하거나, 인증 표지·유명 우수 표지 등 품질 표지를 위조 또는 도용하거나, 산지를 위조하여 상품의 품질에 대한 오해를 초래하는 허위 표시를 한 경우, '상표법', '중화인민공화국 상품 품질법' 규정에 따라 처벌한다"라고 규정하고 있고, 소비자권익보호법 제56조는 "기타 법규정에 처벌 기관과 처벌 방식에 대한 규정이 있는 경우, 그 법규정에 따른다"라고 정하고 있기 때문이다. 물론 중첩되지 않은 부분에 대해서는 각 법에 정한 대로 처리한다.

한편 허위 선전 행위를 금지하는 규정은 반부정당경쟁법 제9조뿐 아니라 「광고법」에도 정해져 있다. 「광고법」 제4조는 광고는 허위의 내용을 포함해서는 아니 되

어느 하나의 벌에 처하거나 병과한다: 위법소득이 있는 경우 위법소득의 1배 이상 10배 이하의 벌금, 위법소득이 없는 경우 50만위안 이하의 벌금; 정황이 중한 경우 영업 정지 또는 영업 허가 취소; …

(4) 상품의 원산지 위조, 타인의 사업장 명칭, 사업장 주소의 위조 또는 모용, 생산 일자의 부정한 수정, 인증 표지 등 품질 표지의 위조 또는 모용

3_ 중국 「상품 품질법」 제5조 인증 표지 등 품질 표지의 위조 또는 모용을 금지한다; 상품 산지의 위조, 타인의 공장의 명칭, 주소의 위조 또는 모용을 금지한다; 생산·판매 상품 중 나쁜 것을 우량 상품으로 속이거나, 가짜를 진짜로 속이거나, 진품에 가짜를 섞거나, 불순물을 섞는 행위를 금지한다.

제30조 생산자는 산지를 위조해서는 안 되고, 타인 공장의 명칭 및 주소를 위조하거나 모용해서는 안 된다.

제31조 생산자는 인증표지 등 품질표지를 위조하거나 또는 모용해서는 안 된다.

제37조 판매자는 산지를 위조해서는 안 되고, 타인 공장의 명칭 및 주소를 위조하거나 모용해서는 안 된다.

제38조 판매자는 인증표지 등 품질표지를 위조하거나 또는 모용해서는 안 된다.

제53조 상품 산지를 위조하거나, 타인 공장의 명칭, 주소를 위조 또는 모용하는 경우, 인증표지 등 품질표지를 위조 또는 모용하는 경우, 개정을 명하고, 위법 생산·판매된 상품을 몰수하고, 위법 생산·판매된 상품의 가액 이하의 벌금을 병과한다; 위법 소득이 있는 경우, 위법 소득 몰수를 병과한다; 정황이 중한 경우 영업 허가를 취소한다.

고, 소비자를 기만하거나 오도해서는 안 된다고 규정하고 있다. 그리고 허위 광고를 하는 경우 민사, 형사, 행정 책임을 지도록 규정하고 있다.[4]

4_ 2015년 개정 「광고법」

제4조 ① 광고는 허위 혹은 타인의 오해를 유발하는 내용을 포함해서는 안 되며 소비자를 기망, 오인시켜서는 안 된다.

② 광고주는 광고 내용에 대한 진실성에 대하여 책임진다.

제28조 ① 광고가 허위 혹은 오해를 야기할 만한 내용으로 소비자를 기망, 오인시킬 경우, 그 광고는 허위 광고를 구성한다.

② 광고가 아래에서 나열된 상황 중 하나를 만족할 경우 허위 광고에 속한다.

1. 상품 혹은 서비스가 존재하지 않는 경우
2. 상품의 성능, 기능, 생산지, 용도, 품질, 규격, 성분, 가격, 생산자, 유효기간, 판매상황, 수상경력 등의 정보 혹은 서비스 내용, 제공자, 형식, 품질, 가격, 판매상황, 수상경력 등의 정보 및 상품 혹은 서비스와 관련한 허가 등의 정보가 실제와 부합하지 아니하고, 그 정보들이 구매행위에 실질적 영향을 미친 경우
3. 허위, 위조 혹은 검증될 수 없는 과학 연구 성과, 통계자료, 조사결과, 발췌문서, 인용어구 등의 정보를 증명자료로서 사용한 경우
4. 허위로 상품의 사용하거나 또는 허위로 서비스 효과를 받은 경우
5. 허위 또는 오해를 야기할 만한 내용으로 소비자를 기망, 오인하게 한 기타 정황이 있는 경우

제55조 본 법의 규정을 위반하여 허위 광고를 한 경우 공상행정관리 부서는 광고의 정지를 명할 수 있고 광고주에게 상응하는 범위 내의 영향을 제거할 것을 명령할 수 있으며 광고 비용의 3배 이상 5배 이하에 해당하는 벌금에 처할 수 있다. 만약 광고 비용을 계산할 수 없거나 광고 비용이 현저하게 낮은 경우, 20만 위안 이상 100만 위안 이하의 벌금에 처한다. 2년 동안 3회 이상 전단의 위법 행위를 했거나 혹은 기타 엄중한 정황이 있을 경우 광고 비용의 5배 이상 10배 이하에 해당하는 벌금에 처할 수 있고, 광고 비용을 계산할 수 없거나 광고 비용이 현저하게 낮은 경우, 100만 위안 이상 200만 이하의 벌금에 처하고 영업허가증을 말소할 수 있으며, 광고 심사 기관이 광고 심의 허가문서를 취소한 경우 1년 동안 광고심사 신청을 수리하지 않는다.

제56조 ① 본 법의 규정을 위반한 허위 광고를 하여 소비자를 기망, 오인하게 한 경우, 상품을 구매했거나 서비스를 받을 합법적 권익에 손해를 야기한 경우, 광고주는 법에 따라 민사책임을 부담해야 한다. 광고 경영자, 광고 배포자가 광고주의 실명, 주소, 연락 가능한 연락처를 제공하지 못하는 경우, 소비자는 광고 경영자와 광고 배포자에게 우선 배상할 것을 요구할 수 있다.

② 소비자의 생명, 건강과 관련한 상품 혹은 서비스의 허위 광고가 소비자에게 손해를 야기한 경우, 당해 광고 경영자와 광고 배포자, 광고 대변인은 광고주와 함께 연대책임을 부담한다.

③ 전항 규정 외의 상품 혹은 서비스에 대한 허위 광고가 소비자에게 손해를 야기한 경우, 해당 광고 경영자, 광고 배포자, 광고 대변인이 광고의 허위사실을 명확히 알고 있었거나 당연히 알고 있는 상태에서도 해당 광고의 설계, 제작, 대리, 배포 혹은 추천, 증명한 경우 광고주와 함께 연대책임을 부담한다.

「형법」 제222조(허위광고죄) 광고주, 광고 경영자, 광고 발송자가 국가 규정에 위반하여, 광고를 이용하여 상품 또는 서비스에 대해 허위 선전을 하고 정황이 중한 경우, 2년 이하 유기징역 또는 구역 또는 벌금에 처한다. 벌금은 병과할 수 있다.

아래에서는 반부정당경쟁법 제5조 제4호 및 제9조에 규정된 금지된 행위 내용과 행위 유형을 구체적으로 살펴보겠다.

1. 품질 표지의 위조 또는 모용

품질 표지는 특정 경영자의 상품 품질이 일정한 정도에 도달하였다는 것을 증명하는 부호 또는 표시이다. 품질 표지는 인증 표지, 우수 표지, 기타 품질 표지로 나눌 수 있다.

'인증 표지'는, 인정 기관이 어떤 상품에 대하여 인정 표준과 기술 요건에 부합한다는 점을 인정해 주는 표시로, 인정 기관은 인정된 상품에 그 전용 품질 표지를 사용하도록 허락한다.[5]

'우수 표지'는 소비자, 사회 단체 또는 행정 기관이 평가 선발하여 일정한 품질 조건에 도달하는 우수 상품의 경영자에게 그 사용을 허락하는 일정한 명예성 표지를 의미한다. '기타 품질 표지'로는 예를 들어 환경 표지나 녹색 식품 표지 등이 있다.[6]

이와 같은 품질 표지들을 정당한 권원 없이 멋대로 상품에 표시하거나 아예 존재하지 않는 표지를 만들어서 그럴듯한 외관을 형성하는 경우 모두 반부정당경쟁법 제5조 제4호를 위반하는 부정경쟁행위에 해당한다. 또한 위와 같은 품질 표지를 이용하여 광고, 기타 방법으로 선전을 하는 경우 반부정당경쟁법 제9조 위반의 부정경

5_ 중국에서 발행하고 있는 품질 인증 표지로 대표적인 것으로는 중국 강제 인증 표지인 CCC 혹은 3C 마크 등이 있다.

国家3C认证

[CCC 마크]

그 밖에도 중국 국무원 상품 질량 감독부문에서 인정하는 전문 기구들이 발행하는 다양한 인증 표지들이 있다.

6_ 예를 들면 농산물 우수관리 인증(Good Agriculture Practicies: GAP) 등이 있다.

[GAP 마크]

쟁행위에 해당한다.

품질 표지와 유사한 것으로, 각종 기관 또는 단체가 수여하는 우수 품질상 등이 있는데, 허위로 우수 품질상 등을 수상하였다고 선전하여 공중을 오도하고 시장의 혼란을 일으키는 경우 역시 반부정당경쟁법 제9조 위반의 부정경쟁행위에 해당한다.[7]

2. 산지(産地)의 위조

산지(産地)란 농수산물 등 천연 생산품의 생산지, 공산품의 제조지 혹은 가공지를 의미한다. 여러 지역에서 나누어 생산, 제조된 경우 물건의 주요 생산지를 의미한다.[8]

중국 반부정당경쟁법상 산지 위조 행위에는 혼동, 오인을 유발하는 간접적 허위 표시 행위를 포함하는 것을 의미한다고 보는 것이 일반적이다. 예컨대, 포장에 원산지 국가의 언어를 사용함으로써 그 표시된 내용만으로는 국산품인지 수입품인지 식별하기 불가능하거나 곤란하게 하는 방법은 간접적 허위표시행위에 해당한다. 따라서 이처럼 외국 언어를 사용하여 소비자에게 오인을 유발하는 경우 등과 같은 간접적인 지리적 표시행위도 반부정당경쟁법 위반으로 보고 있다.[9]

이와 관련하여 상품 품질법 사안이기는 하나, 장수성 고급인민법원은 제품을 판매하면서 중국 검사 기관의 제품 합격증을 누락시키고, 제품 포장에는 생산 공장명 그리고 공장 주소가 기재되어 있지 않고, 중문 설명은 전혀 기재하지 않았으며 제품 설명서에도 생산자를 기재하지 않아, 소비자들로 하여금 그 제품이 수입제품이라고 오인하게 한 경우, 상품 품질법 위반에 해당한다고 판단한 바 있다.[10]

7_ 「국가공상행정관리총국의 우수 수상의 허위 선전 행위의 인정 문제에 대한 답변(国家工商行政管理总局关于对获奖获优情况作不真实宣传行为认定问题的答复)」(2002.3.11).
经营者利用广告或者其他方法, 对其获奖获优情况进行不真实的宣传, 误导公众, 扰乱市场竞争秩序, 违反了《反不正当竞争法》第九条的规定, 构成虚假宣传行为, 可以依照《反不正当竞争法》第二十四条的规定予以处罚.

8_ 林文, 反不正当竞争法律制度与实务技能, 法律出版社, 2014, pp.356-357.

9_ 叶京生, 地理标记的法律保护, 国际商务研究, 1992年06期, p.20; 左宗顺, 反不正当竞争法视野下的地理标志保护问题研究, 上海交通大学硕士学位论文, 2014, p.10.

10_ 江苏省高级人民法院 (2000)苏民终字第011号 民事判决书.

3. 상품 품질 등에 대한 오해 유발

(1) 상품 품질 등 오해 유발의 대상 내용

중국 반부정당경쟁법 제9조와 제5조 제4호를 비교해 보면 문언상의 차이가 있다. 광고 등 선전에 관한 규정인 제9조는 "상품의 품질뿐만 아니라 제조 성분, 성능, 용도, 생산자, 유효 기간 등에 대해 오해를 초래하는 허위의 선전을 해서는 안 된다"고 규정하고 있는 반면, 상품상 표시에 관한 규정인 제5조 제4호에는 "상품의 품질에 오해를 초래하는 허위의 표시행위를 해서는 안 된다"고 규정되어 있을 뿐이다. 즉 문언에 의하면 제9조의 금지대상 범위가 제5조 제4호의 금지대상 범위보다 넓은 것으로 보인다.

이에 관하여 최고인민법원의 사법해석에는 별도로 규정된 바가 없지만, 국가공상국은 상하이시 공상국의 질의에 대한 회신에서 "경영자가 상품에 상품의 안전 표준, 성능, 용도, 규격, 등급, 주요 성분 및 함량, 생산 일자, 유효 기간, 보존 기간 등 상품의 품질과 관련 있는 내용을 허위로 표시하여 공중의 오해를 야기하고 시장 경쟁 질서에 혼란을 야기하는 경우 반부정당경쟁법 제5조 제4호의 허위의 표시행위에 해당한다"고 하였다.[11] 반부정당경쟁법 제9조의 오해를 일으키는 허위의 선전 행위 대상의 내용과 제5조 제4호의 허위 표시 내용을 실질적으로 동일하게 보고 있는 것이다.

한편 반부정당경쟁법상 명문으로 규정되어 있지는 않지만 '상품의 가격'이나 '시장 정보'에 대해 오해를 초래하는 행위도 제9조의 부정경쟁행위에 포함된다. 국가 공상국은 하위 행정기관의 질의에 대한 회신에서 "상품 가격과 시장 정보에 대해 허위 선전을 하고 경쟁자의 이익에 손해를 끼쳐 반부정당경쟁법 제2조에 정한 원칙을 위반하는 경우 제9조의 부정경쟁행위에 해당한다"고 확인한 바 있다.[12]

11_ 국가 공상행정 관리총국의 「반부정당경쟁법」 제5조 제4항의 예시 행위 이외의 허위표시 행위를 어떻게 처리할 것인지 문제에 관한 답변.

12_ 「국가 공상행정 관리국의 상품가격 및 시장정보에 대한 허위 선전 행위의 정의, 처리 문제에 관한 답변(国家工商行政管理局关于对商品价格和市场信息进行虚假宣传定性处理问题的答复)」(1994.10.20).

"经营者利用广告或者其他方法, 对商品价格和市场信息进行虚假宣传, 损害竞争对手的利益, 违反了《反不正当竞争法》第二条所规定的原则, 并属于该法第九条所规范的行为, 可以按《反不正当竞争法》第九条和第二十四条的规定定性处罚."

(2) 오해를 초래하는 허위의 표시 · 선전 행위

중국 반부정당경쟁법은 '오해를 초래하는 허위의 선전 행위' 또는 '오해를 초래하는 허위의 표시 행위'를 금지하고 있다. 이와 같이 문언상으로 볼 때, ① 오해를 초래하는 요건과 ② 허위를 표시한다는 요건을 모두 충족시켜야 하므로 반부정당경쟁법 제5조 제4호 또는 제9조의 적용 범위가 매우 협소한 것이 아닌가 하는 의문이 들 수 있다.

이에 관한 해석과 관련하여, ① 오해를 초래하는 요건과 ② 허위를 표시하는 요건 두 가지를 모두 만족시키는 것으로 이해하여야 한다는 논의도 있다.[13] 그러나 중국 인민법원은 본질이 '오해를 초래하는 행위'에 있는 것으로 보아 반드시 표시나 선전의 내용이 사실에 반하는 허위의 것일 것임을 요구하지 않고, 진위가 불확실하거나 정도를 넘은 과장된 내용인 경우 오해를 초래하는 허위의 표시 · 선전 행위로 인정하는 입장이다.[14]

최고인민법원은 "상품 경영자가 상품 판매를 위하여 시장에 제공하는 상품 관련 선전 정보가 허위인 경우, 일반적으로 오해를 일으키기에 족한 허위 선전으로 인정한다. 한편, 정보가 진실이긴 하나 다만 정확하지 않거나 전면적인 정보가 아니어서, 해당 정보의 판매자 또는 소비자가 상품에 대해 잘못된 인식을 하고 해당 상품에 존재하지 않는 품질 특징 또는 기타 특징이 있다고 착각하게 하기에 충분한 경우 …(중략)… 이와 같은 행위는 오해를 초래하는 허위 선전 행위로 부정경쟁행위에 해당한다"고 판시한 바 있다.[15]

4. 상품상 표시 · 광고 등 선전 행위

반부정당경쟁법의 제5조 제4호와 제9조는, 위와 같은 오해를 초래하는 허위 내용을 ① 제5조 제4호는 '상품상에 표시'하는 행위를 규제하고, ② 제9조는 '광고' 또는 '기타 방법'으로 선전하는 행위를 규제하는 것으로서 서로 보완적인 관계에 있다.

13_ 1997年 4月底, 国家工商局公平交易局在贵州省贵阳市召开制定禁止虚假表示规章的座谈会时, 与会议人员对于如何界定"引人误解的虚假表示"发生了激烈争论, 争论中曾经提出过的理解; 孔祥俊, 引人误解的虚假表示研究, 中国法学, 1998年3期, p.1 재인용.

14_ 孔祥俊 主编, 最高人民法院知识产权司法解释理解与活用, 中国法制出版社, 2012, p.255; 孔祥俊, 反不正当竞争法的创新性适用, 中国法制出版社, 2014, p.219; 林文, 反不正当竞争法律制度与实务技能, 法律出版社, 2014, pp.420-421; 王先林, 竞争法学, 中国人民大学出版社, 2009, p.149.

15_ 最高人民法院 (2000)知终字第8号 民事判决书.

(1) 상품상 표시 행위(제5조 제4호)

반부정당경쟁법 제5조 제4호의 '상품상 표시'의 의미에 대해서 살펴보면 ① 상품 자체에 표시하는 것, ② 상품의 포장에 표시하는 것이 포함되는 것은 물론이고, ③ 상품에 달려 있는 라벨에 표시하는 것도 포함된다. 다만, 상품과 함께 제공되는 상품 설명서에 표시되어 있는 경우 이를 '상품상 표시'에 해당한다고 보기에는 어렵고, 반부정당경쟁법 제9조의 '기타 방법'을 이용한 선전에 해당한다고 본다.[16]

(2) 광고 및 기타 방법의 선전 행위(제9조)

반부정당경쟁법 제9조 제1항은 경영자가 상품의 품질, 제조 성분, 성능, 용도, 생산자, 유효 기간, 산지 등에 대해서 오해를 초래하는 광고 또는 기타 방법을 이용한 허위 선전 행위를 금지하고 있다.

반부정당경쟁법에는 '광고'에 대한 별도의 정의 규정이 없지만, 「광고법」은 '광고'란 상품 경영자 또는 서비스 제공자가 비용을 부담하고, 일정한 매체와 형식을 통해 직 · 간접적으로 자신이 판매하는 상품 또는 제공하는 서비스를 소개하는 상업적 광고라고 규정하고 있다. 여기서 '일정한 매체'란 라디오, 영화, 텔레비전, 신문, 간행물 등을 말하고, 인터넷 광고도 포함된다.[17]

광고 외의 '기타 방법'은 일반적으로 관련 정보가 일정한 매체나 전파 형식을 통해 불특정 공중에게 공개되어 그들로 하여금 해당 정보를 이해하거나 체험할 수 있게 하는 방법을 의미한다. '기타 방법'으로는 매우 다양한 방법이 있겠으나, 예를 들어 상품의 포장 내에 동봉된 상품 설명서, 선전 책자, 영업 장소 내의 상품 작용 시연회, 영업 장소 내에서의 상품 관련 강연, 방송 등 시청각 자료, 회사의 내부 간행물, 인터넷 홈페이지 내의 표시 등이 이에 해당할 수 있다. 또한 비상업 광고 형태의 신문, 인터뷰, 논문 발표 등의 형식으로 상품을 알리는 행위 역시 '기타 방법'에 의한 선전에 해당한다고 할 수 있다.[18]

쟝수성 고급인민법원은 피고 회사가 중국 증권감독관리위원회에 제출하고 인터넷 사이트를 통하여 공중에 제공한 '최초 주식 공개 발행 투자설명서'가 반부정당경쟁법 제9조의 '기타 방법'에 해당하는지 여부에 관하여 긍정적으로 판단한 바 있

16_ 林文, 反不正当竞争法律制度与实务技能, 法律出版社, 2014, p.356.

17_ 2015년 개정 광고법 제2조 제1항, 제44조.

18_ 王先林, 竞争法学, 中国人民大学出版社, 2009, p.146; 林文, 反不正当竞争法律制度与实务技能, 法律出版社, 2014, pp.411-412.

다. 위 법원은 "이 사건에서 피고의 투자설명서는 원고가 공개한 제품 및 경영 관리 부문의 정보를 포함하고 있으며 인터넷 사이트를 통해 불특정의 대중들에게 공개되었으므로, 대중은 이를 통해 해당 정보를 이해하거나 체험할 수 있다. 따라서 피고의 투자설명서는 '기타 방법'의 형식과 성립요건에 부합하므로 「반부정당경쟁법」 제9조 제1항에 규정된 '기타 방법'에 해당한다고 볼 수 있다"라고 판시하였다.[19]

5. '오해를 초래하는 허위 선전'의 판단 기준 및 대표적인 유형

앞서 설명한 바와 같이 반부정당경쟁법 제9조는 광고 기타 방법을 이용하여 상품 품질 등에 '오해를 초래하는 허위 선전'을 하는 행위를 금지하고 있다. 아래에서는 이와 같은 허위 선전의 판단 기준과, 최고인민법원이 제시하는 허위 선전의 대표적인 사례를 살펴보도록 한다.

(1) '오해를 초래하는 허위 선전' 판단 기준

최고인민법원은 사법해석을 통하여 인민법원은 ① 일상생활 경험을 바탕으로 하여, ② 관련 공중의 일반적인 주의력을 기준으로, ③ 오해가 발생한 사실이 무엇인지, ④ 선전 대상의 실제 정황이 어떠한지 등을 고려하여, 오해를 일으키는 허위 선전 행위에 해당하는지 여부를 판단한다고 규정하고 있다.[20] 즉, 허위 선전 여부를 판단함에 있어서 관련 경제 영역에서 일상적인 생활 경험과 선전 행위의 구체적인 정황을 고려하여, 관련 공중이 오해를 할 만한지 그렇지 않은지를 살핀다는 것이다.[21]

여기서 '관련 공중의 일반적인 주의력을 기준으로 판단한다'는 것은, 일반 상품에 대해서는 일반 소비자의 일반적인 주의력으로, 전문성이 있는 상품은 관련 전문가의 일반적인 주의력으로 살핀다는 것이다. 이와 관련하여 소개하는 아래 사안은, 콘크리트 말뚝 생산 회사가 상장을 위한 투자설명서에 편파적인 내용을 포함시켰는데 그 내용이 오해를 초래하는 정도에 이르렀는지 여부가 문제된 사안이다. 1심법원과 2심법원은 모두 거래 관행 및 관련 공중의 전문성 등을 고려하여 오해를 초래할 정도에 이르지 않는다고 판단하였다.

19_ 江苏省高级人民法院 (2012)苏知民终字第0219号 民事判决书.
20_ 반부정당경쟁법 사법해석 제8조 제3항.
21_ 王先林, 竞争法学, 中国人民大学出版社, 2009, p.150.

사례 선전 기타방법으로 유포된 정보의 내용이 편파적이나 오해를 초래할 정도에 미치지 않는다고 본 사안[22]

쟝수 젠화 건축자재 유한회사(江苏建华管桩有限公司, 이하 원고)와 상하이 중지 건축자재업 주식유한회사(上海中技桩业股份有限公司, 이하 피고)의 허위선전 분쟁 사안

건설을 위한 콘크리트 말뚝을 생산하는 피고의 「투자설명서(신청본)」(이하 '투자설명서') 내용 중 피고의 상품에 대한 설명 부분 내용이 편향적이고 사실성이 부족하다는 점은 1심과 2심이 견해를 함께하였다. 그러나 그 정도가 오해를 초래하는지 여부에 대해서는 1심과 2심 모두 부정적으로 보았다.

이 사건의 선전 행위 매체에 해당하는 '투자설명서'의 특징상, 선전 행위의 대상이 되는 상품을 ① 피고 회사가 생산하는 콘크리트 말뚝으로 보는 경우와 ② 투자를 받는 피고 회사의 주식으로 보는 경우가 있을 수 있다. 우선, 투자설명서가 선전하는 상품이 콘크리트 말뚝이라고 보는 경우, 콘크리트 말뚝을 구매하거나 구매를 결정할 가능성이 있는 관련 공중에게 오인을 일으킬 정도인지 여부에 관하여 1심법원은 아래와 같이 판단하였다.

"먼저 이 사건의 쟁점 상품인 말뚝은 일반적인 저가 소모품과 달리 건설 공사와 연계성이 매우 강하며 투자 금액이 크다. 또한 여기서 오해가 초래된, 혹은 오해한 사람은 일반적으로 ① 말뚝 기초 설계와 시공에 종사하는 자 또는 ② 관련 업주들을 의미하게 된다. 피고는 투자설명서에서 말뚝 모델 선택과 관련해 명시한 내용[23]을 통해 이미 관련 공중에게 기본적이고 합리적인 제시 의무를 다하였고 이를 통해 적극적, 고의적으로 오해를 초래할 수 있는 동기를 제거하였다고 볼 수 있다. 말뚝 모델을 선택할 때에는 전문적이고 복잡한 과정을 거쳐야 한다. 이때 오해가 초래된 혹은 오해하는 사람들 중 첫 번째 부류는 말뚝 기초에 대한 전문 지식을 보유하고 있어 오해의 가능성이 없거나 매우 적은 사람들로서, 처음에는 오해하는 상황이 있을 수 있으나 말뚝 모델을 선택하는 과정에서 점차 오해의 소지를 배제할 수 있다. 마찬가지로 두 번째 부류의 사람들인 관련 업주는, 일반적으로 전문가의 자문이나 관련 요소에 대한 평가 및 계산을 통해 자신의 자금과 수요 등 상황에 따라 결정하는 사람들이기 때문에, 피고의 투자설명서상에 관련된 기재 내용과 비교 결론만 믿고 결정하는 경우는 거의 없다."

22_ 江苏省高级人民法院 (2012)苏知民终字第0219号 民事判决书.

23_ 피고는 「투자설명서」에 파일 모델을 선택할 때 고려할 여섯 개의 요소, 즉 ① 공사 현장의 지질과 수문 지질 조건, ② 공사의 특징과 하중의 성질 및 크기, ③ 시공이 주위환경에 끼치는 영향, ④ 시공 장소와 설비의 제약, ⑤ 시공 안전 그리고 공사기간 및 건설 비용에 대해 설명하였다.

1심법원은 위와 같은 이유에서 피고 투자설명서의 피고 상품에 대한 편파적인 기재 내용이 콘크리트 말뚝 상품과 관련된 공중에게 오인을 일으킬 정도에 이르지 못하였다고 보았다.

다음으로, 투자설명서가 선전하는 상품이 피고 회사의 주식이라고 보는 경우 잠재적 투자자에게 오해를 초래하는 허위 선전 행위에 해당하는지 여부에 대하여, 1심법원은 아래와 같이 판단하였다.

"만약 곧 발행될 주식을 특수한 상품의 일종으로 본다면 피고의 투자설명서에서 제소된 내용이나 결론이 잠재적 투자자들에게도 영향을 줄 수 있다. 또한 이로 인한 오해를 초래하여 피고의 주식을 구매해 투자할 가능성도 존재한다. 그러나 중국 증감위의 요구에 따라 피고는 투자설명서의 눈에 띄는 중요한 위치에 '현재 본사의 증권 발행 신청은 중국 증감위가 심사 중이기 때문에 이 「투자설명서(신청본)」는 증권 발행의 근거로서의 법적 효력이 없으며 관련 정보의 우선 공개를 위해서만 사용 가능합니다.[24] 투자자는 반드시 정식으로 공개된 투자설명서 전문을 투자 결정의 근거로 사용해야 합니다.'라고 기재하였다. 또한 발행인, 즉 이 사건의 피고는 투자설명서에서 '「증권법(证券法)」의 규정에 따른 주식 발행 이후 발행인의 경영과 수익의 변화는 발행인이 책임지며, 변화에 따른 투자 리스크는 투자자 본인이 책임집니다. 또한 해당 투자설명서와 초록에 대한 질문은 증권 중개인, 변호사, 회계사 혹은 기타 전문가에게 문의해야 합니다.'라고 명시하였다. 위와 같이 피고는 기본적이고 합리적인 주의의무를 다했으며, 투자자들에게 신중한 투자를 경고하였다. 일반적인 상황에서 정상적, 이성적인 투자자들은 투자설명서에 기재된 내용과 결론만을 통해 피고의 주식 매매를 결정하지 않는다. 만약 투자자가 투자설명서의 내용을 신뢰하여 주식 투자를 결정하더라도 이러한 내용으로 인해 경제적 손실이 발생한 경우, 최고인민법원이 발표한 「증권 시장에서 허위 내용으로 발생한 민사 배상 안건 심리에 관한 규정(最高人民法院关于审理证券市场因虚假陈述引发的民事赔偿案件的若干规定)」 등 관련 법률과 사법해석을 통해 구제받을 수 있다. 그러나 이를 반부정당경쟁법의 허위 선전 행위로 규제할 수는 없다."

1심법원은 이와 같은 이유로, 피고의 투자설명서 내용이 잠재적인 투자자에게 오인을 일으키는 허위 선전에도 해당하지 않는다고 보았다.

원고는 이에 불복해 2심법원에 상소하였으나, 2심법원은 1심법원과 견해를 같이하였다.

24_ 「최초주식공개발행 및 상장관리방법(首次公开发行股票并在创业板上市管理办法)」 제60조는 "투자설명서는 발행인이 주식을 발행하는 정식 문건이 아니다. 이는 발행 신청이 증감위의 허가를 받지 못하였기 때문이며 투자설명서는 우선 공개를 위해서 사용되며 이는 주식 발행의 근거가 될 수 있는 법적 효력을 갖지 않는다"고 규정하고 있다.

또한, 허위 선전 여부를 판단할 때에는 다음 세 가지 원칙을 적용한다. 첫째, 전체 관찰의 원칙. 일반 소비자는 광고를 보고 난 다음 대략적이고 비교적 모호한 인상만 남아 있는 상태에서 이를 소비의 근거로 삼는 것이지, 광고의 상세한 내용을 면밀히 분석하는 경우는 매우 드물다. 따라서 광고 등 상품의 선전 내용이 진실한 것인지 또는 오인을 일으키는 것인지 여부를 판단함에 있어서는 선전 내용의 전체적인 내용을 살피고 이를 근거로 해야지, 선전의 문구를 한 글자씩 따져서 판단해서는 안 된다.[25]

둘째, 주요 부분 관찰의 원칙. 광고 내용은 주요 부분과 부수적인 내용으로 구별이 되는데, 주요 부분은 광고의 구성 요소 중 가장 이목을 끄는 부분이고, 부수적인 부분은 광고 중 주요 부분 이외의 요소이다. 만일 주요 부분의 외견상, 명칭상, 개념상 잘못된 이해를 불러일으키게 되어 있다면, 부수적인 부분이 진실성을 가진다고 하더라도, 그 선전은 오인을 불러일으키는 허위의 선전에 해당한다.[26]

셋째, 이격 관찰의 원칙. 광고가 사실에 대해 오해를 일으키는지 여부를 판단할 때에는, 소비자가 광고를 본 다음에 남아 있는 다소 모호한 기억을 근거로 물건 구매 여부를 판단한다는 점을 전제로 해야 한다. 따라서 광고를 접한 시간과 다른 시간에, 광고를 접한 장소와 다른 장소에서 물건 구매 여부를 판단할 때 오해가 초래되는지 여부를 판단하는 이격 관찰의 원칙에 따라야 한다.[27]

(2) 최고인민법원이 제시하는 허위 선전의 대표 유형

최고인민법원은 누적된 판례를 근거로 '오인을 초래하는 허위 선전'의 예를 정리하여, 실무상의 판단 기준을 제시하고 있다. 아래에서 하나씩 살펴보도록 한다.

1) 상품에 대하여 편면적 선전을 하거나 비교하는 것

비교 광고는 일종의 특수한 표현 형식의 광고이다. 중국에서 비교 광고 자체는 위법 행위가 아니다. 광고 내용이 사실이고, 정당한 수단을 이용한 비교 광고는 경영자의 표현의 자유를 나타내는 수단이 되고, 공중은 관련 상품과 서비스의 사실 정보를 얻기에 유리하다는 장점이 있다.

그러나 비교 광고가 만약 광고의 기본 규칙을 위반하고 정상적인 한계를 벗어

25_ 黄旭: "引人误解的虚假宣传探析", 载《湖北经济学院学报》2010年第8期(人文社会科学版); 林文, 反不正当竞争法律制度与实务技能, 法律出版社, 2014, p.417 재인용.

26_ 朱钰洋, 徐火明, 《虚伪不实广告法与公平交易法-公平法与智产法系列三》, 台北三民书局, 1993, p.67; 林文, 反不正当竞争法律制度与实务技能, 法律出版社, 2014, p.418 재인용.

27_ 徐火明, 《从美德与我国法律论商标注册》, 台北端光书局, 1992, p.212; 林文, 反不正当竞争法律制度与实务技能, 法律出版社, 2014, p.418 재인용.

나 다른 경영자의 합법적인 권익에 손해를 끼친다면, 부정경쟁행위로 판단된다.[28] 대표적인 경우로는 비교 광고가 정보를 전면적으로 충분히 제공하지 않아서 오해를 일으키게 하는 경우가 있다. 예를 들어 자신의 A 상품의 우수한 점과 타인의 B 상품의 결점만을 편면적으로 비교 광고하여, 소비자들이 A 상품이 훨씬 좋고 B 상품은 결점이 많다고 오해하게 하는 경우를 생각할 수 있다. 이러한 경우는 비교적 자주 일어나는데, 이와 같은 광고에 사용된 정보가 모두 진실이고 허위의 내용은 전혀 없다고 하더라도 부정경쟁행위에 해당될 수 있다.

최고인민법원은 사법해석을 통해 상품에 대하여 편면적인 선전을 하거나 또는 편면적으로 비교하여 관련 공중의 오해를 일으키는 경우, 허위 선전 행위로 인정한다고 규정하고 있다.[29] 그리고 이와 같은 편면적인 비교 광고로 경쟁 상대방의 상업 신용과 상품 명성에 손해를 주는 경우, 상업적 비방행위에 관한 반부정당경쟁법 제14조 위반도 성립하므로, 반부정당경쟁법 제9조와 제14조가 경합하게 된다.

2) **과학적으로 확인되지 않은 주장을 사실인 것처럼 선전하는 것**

최고인민법원 사법해석은 과학적으로 확인되지 않은 주장을 결론적인 사실인 것처럼 상품의 선전에 사용하여 관련 공중의 오해를 일으키는 경우, 오해를 일으키는 허위 선전 행위로 인정한다고 규정하고 있다.[30]

결론적인 사실로 인정되지 않은 과학적 가설을 마치 입증된 사실인 것처럼 선전함으로써 상품의 품질 등에 대하여 오해를 유발하게 하는 경우, 비록 그와 같은 가설이 실제로 존재하는 것이 진실이라고 하더라도 허위 선전 행위로 금지된다는 것이다.

3) **다의어 등을 사용하여 선전하는 것**

최고인민법원 사법해석은 다의어 또는 기타 오해를 일으키는 방식으로 상품을 선전하여 관련 공중의 오해를 일으키는 경우, 허위 선전 행위로 인정한다고 규정하고 있다.[31] 고의적으로 불명확하고 다의적인 의미를 사용하여 관련 공중의 오해를 일으키는 경우 허위 선전이라고 본 것이다.

28_ 王先林, 竞争法学, 中国人民大学出版社, 2009, p.151.

29_ 반부정당경쟁법 사법해석 제8조 제1항 제(1)호.

30_ 위 규정 제8조 제1항 제(2)호.

31_ 위 규정 제8조 제1항 제(3)호.

(3) 허위 선전에 해당하지 않는 경우—명확한 과장 선전

광고는 통상적으로 과장성을 포함하고 있을 수밖에 없다. 따라서 과장의 정도가 소비자가 오인하게 할 정도에 이르지 않는 경우 부정경쟁행위로 규율할 필요는 없다. 최고인민법원 사법해석은 명확한 과장 방식으로 상품을 선전하더라도 관련 공중이 오해하게 할 정도에 이르지 않은 경우라면 오해를 일으키는 허위 선전 행위에 해당하지 않는다고 규정하고 있다.[32]

(4) 상업 명예 훼손 행위

허위 선전이 경쟁상대의 상업 신용과 상품의 명성에 손해를 입히는 정도에 이르는 경우, 반부정당경쟁법 제14조에서 금지하고 있는 부정경쟁행위에 해당한다. 이에 대해서는 제6장에서 자세히 살펴보도록 한다.

32_ 위 규정 제8조 제2항.

제6장

상업적 비방행위(제14조)

제14조
경영자는 허위사실을 날조 · 유포하여 경쟁 상대의 상업 신용과 상품 명성에 손해를 주어서는 아니 된다.

중국 반부정당경쟁법 제14조에는 경영자는 허위사실을 날조 · 유포하여 경쟁상대의 상업 신용과 상품 명성에 손해를 주어서는 안 된다고 규정되어 있다.

1. 상업 신용(商业信誉)과 상품 명성(商品声誉)

상업 신용(商业信誉)은 경영자가 공평한 경쟁과 신의성실에 입각한 경영을 통하여 취득한 우수한 평가로, 경영자의 자산 상태, 경영 능력, 신용 상황 등을 포함한다. 상품 명성(商品声誉)은 상업 신용의 일부분으로, 경영자가 제공하는 상품의 품질 또는 서비스의 품질에 대한 사회의 우수한 평가로서 상품의 성능, 용도, 품질, 효과 등을 포함한다.[1]

1_ 林文, 反不正当竞争法律制度与实务技能, 法律出版社, 2014, p.525.

이 규정의 보호 권리가 되는 상업 신용권의 법률 속성이 무엇인지에 대해서 중국에서는 다양한 논의가 있다. 그중에서 상업상 신용권은 지식재산권의 범위에 속하지만, 권리 내용의 확정적 성질이 떨어진다는 점에서 저작권, 특허권, 상표권 등 전통적인 지식재산권과는 다른 특징을 가진다고 보는 견해가 비교적 일반적이다.[2] 전통적인 지식재산권과 구별되는 상업 신용권의 특징으로는 첫째, 지역적 범위를 확정할 수 없다는 점, 둘째, 권리가 지속되는 법정 시간이 없다는 점, 셋째, 고정된 권리 범위가 없다는 점, 넷째, 형성에 장기간의 시간이 소요되고 매우 짧은 시간에 상실될 수 있다는 점, 다섯째, 상업 신용이 발현되는 형식이 매우 다양하다는 점 등을 들 수 있다. 발현되는 형식이 다양하다는 것은, 상업의 신용이 기업의 명칭이나 상표로 체현되는 것뿐만 아니라, 기업의 전화번호, 도메인, 특수한 경영 형태, 핵심 기술자의 명성 등을 통해서도 나타날 수 있다는 것이다.[3]

2. 상업적 비방행위의 요건

반부정당경쟁법 제14조 규정에 따라 상업적 비방행위를 구성하기 위해서는 첫째, 행위주체는 경영자이어야 하고, 행위자와 피해자 사이에는 구체적인 경쟁관계가 있어야 한다. 둘째, 행위자는 주관적으로 과실이 있어야 한다. 셋째, 행위자는 객관적으로 비방행위에 해당하는 허위사실의 유포, 날조 행위를 해야 한다. 넷째, 행위의 결과로 비방당하는 상품 또는 회사의 사회적인 평가가 낮아지거나, 낮아질 가능성이 있어야 한다.[4] 각 요건에 대해 구체적으로 살펴보도록 한다.

(1) 경영자일 것

본조가 규율하는 비방행위의 주체는 경영자이다. 즉, 상품 경영에 종사하거나 영리성 서비스를 제공하는 법인, 기타 경제 조직과 개인이 경쟁 상대방의 명성에 손해를 끼치는 행위만이 반부정당경쟁법 제14조의 '상업적 비방행위'에 해당한다.

따라서 비경영자가 실시하는 타인에 대한 비방, 모욕, 가치를 깎아내리는 행위

2_ 상업상 신용권의 법률 속성에 대해 다양한 학설이 존재한다. 주로 인격권설과 복합권설로 나뉜다. 인격권설은 단일 인격권설과 특별 인격권설로 나누고, 복합권설은 지식재산권의 인격권설과 재산권설로 나뉜다(王先林, 竞争法学, 中国人民大学出版社, 2009, p.192).

3_ 王先林, 竞争法学, 中国人民大学出版社, 2009, p.192; 林文, 反不正当竞争法律制度与实务技能, 法律出版社, 2014, pp.526-527.

4_ 王先林, 竞争法学, 中国人民大学出版社, 2009, p.194.

는 반부정당경쟁법의 규율을 받지 않는다.[5] 예를 들어 신문사 또는 소비자가 상품 품질이나 서비스 품질에 대해 비평을 하였는데 그 주된 내용이 허위에 해당하고 매우 부당한 경우, 이는 부정경쟁행위가 아니라 명예권 침해로 보아 처리하게 된다.

또한, 상업적 비방행위의 주체인 '경영자'는 피침해자와 구체적인 경쟁관계, 즉 동일한 업종이거나 유사한 업종 관계가 있어야 한다고 보는 것이 일반적이다. 따라서 행위자와 관련 없는 다른 산업의 경영자에 대한 비방행위는 상업적 비방행위라기보다는 명예권 침해행위로 처리한다.[6] 예를 들어 어떤 식당에 대한 비방행위를 한 행위자가 자전거포를 운영하고 있는 경영자인 경우, 서로 경쟁관계에 있는 경영자에 해당하지 않으므로 명예권 침해행위로 처리하게 된다.

(2) 상업 비방의 주관적 귀책사유가 있을 것

상업 비방의 주관적 귀책사유 요건에 대해서는 여러 입장이 있는데, 상대방의 상업 신용을 훼손시키고 시장에서 우위를 차지하겠다는 고의가 필요하다는 입장이 있고, 다른 한편으로는 주관적 요건이 필요 없다는 입장도 있다. 일반적인 견해는 상업 비방의 과실이 있으면 족하다는 중간의 견해인 것으로 보인다.[7]

이와 관련하여 상하이 제1중급인민법원은 최소한 과실이 있어야 상업 비방 부정경쟁행위가 성립한다는 입장을 취한 판결을 내린 바 있다. 이 사안에서 피고는 관련 정부 기관에 원고를 고발하였고, 원고는 피고의 위 고발행위가 원고에 대한 상업적 비방행위라고 주장하였다. 상하이 제1중급인민법원은 상업적 비방행위의 성립 여부에 관하여 다음과 같이 판단하였다. "피고는 원고와 동업 경쟁관계에 있는 자이므로, 해당 고발의 목적에 관하여 합리적인 의심이 들 수 있다. 따라서 피고는 다른 비경쟁자들에 비하여 보다 높은 주의의무를 부담한다. 이와 같은 이유에서 법원은 피고가 고발하는 과정 중 신중하고 합리적인 고려를 하였는지 여부를 더욱 충분히 살펴야 한다. 그런데 법원이 확인한 사실관계에 따르면, 피고는 신중하게 주의의무를 다하였으므로 상업 비방의 주관적인 과실을 인정할 수 없다." 이러한 판단에 따라 상하이 제1중급인민법원은 피고가 주의의무를 다하였으므로 과실이 없어 상업 비방의 부정경쟁행위를 구성하지 않는다고 결론 내렸다.[8]

5_ 위의 책, p.194.

6_ 위의 책, p.195.

7_ 위의 책, p.194; 孔祥俊, 商标与不正当竞争法原理和判例, 法律出版社, 2009, p.820; 林文, 反不正当竞争法律制度与实务技能, 法律出版社, 2014, p.537 재인용.

(3) 허위사실을 날조, 유포할 것

허위사실이란 반드시 사실과 다른 정보만을 의미하는 것이 아니고, 사실과 다른 오해를 불러일으키거나 불러일으키기 쉬운 것을 포함한다.[9] 날조는 허위사실 전부를 날조하는 행위뿐만 아니라 사실을 악의적으로 왜곡하거나 과장하는 행위도 포함한다. 유포된 내용이 만약 진실에 부합하는 것이고 왜곡, 과장도 없었다면 설령 타인의 상업 신용에 영향을 미쳤다 하더라도 상업적 비방행위에 해당하지 않는다.[10]

유포는 불특정 다수 또는 특정의 공동 고객 또는 같은 업계의 다른 경쟁자들에게 그 날조된 허위사실을 여러 가지 형식으로 전파하여 알게 하는 행위를 의미한다. 반드시 불특정 다수에게 알려야 유포에 해당한다고 보는 견해도 있으나, 특정한 대상에게만 허위사실을 알리는 경우에도 피해자의 상업명성과 경쟁력에 손해를 주는 경우라면 허위사실 유포에 해당한다고 보는 견해가 보다 일반적이다.[11]

아래에 소개하는 사안은, ① 유포 당시 아직 법원에서 영업비밀 침해 쟁송이 계속 중이었음에도 불구하고 영업비밀을 침해하였다고 확언을 하는 것이 '허위사실'을 퍼트리는 것에 해당하는지, ② 피해자의 주주회사들 및 피해자 고객회사들 중 특정한 하나의 회사 그리고 관련 업계의 위원회 및 협회에게 허위사실을 담은 서신 및 경고장을 보낸 행위가 허위사실의 '유포'에 해당하는지 여부가 문제된 사안이다.

실무적으로 참고할 수 있도록 아래에서는 피고의 구체적인 행위 태양 및 그에 대한 법원의 태도를 비교적 상세히 소개한다.

사 례　몇몇 특정 대상에게 '통지서' 또는 '진정서'를 발송한 것이 상업적 비방행위로 인정된 사안[12]

쉬안다 실업 집단 유한회사(宣达实业集团有限公司, 이하 원고)와 멍모커 회사(孟莫克公司, MECS, Inc, 이하 피고) 외 1의 상업비방 분쟁 사안

[사실관계]　원고 회사와 소외 자연인 2인은 2004년 6월 공동으로 소외 상하이 아오거리

8_ 上海市第一中级人民法院 (2010)沪一中民五(知)终字第288号 民事判决书.

9_ 最高人民法院 (2013)民三终字第5号 民事判决书.

10_ 王先林, 竞争法学, 中国人民大学出版社, 2009, p.196.

11_ 林文, 反不正当竞争法律制度与实务技能, 法律出版社, 2014, pp.532, 535; 奚晓明 主编, 孔祥俊 副主编, 中国知识产权指导案例评注 第四辑, 中国法制出版社, pp.308-309.

12_ 上海市第一中级人民法院 (2009)沪一中民五(知)初字第228号 民事判决书.

회사(上海奧格利公司)를 설립하였다. 아오거리 회사의 주요 경영 항목은 환경보호 재료와 설비, 화학공업 설비의 설치 및 테스트 등이다.

소외 졔성회사(捷胜公司) 및 소외 중성회사(忠盛公司)는 위 아오거리 회사 및 원고 회사에 황산 제품 생산 설비 프로젝트(이하 '이 사건 프로젝트' 또는 '졔성/중성 프로젝트')를 위탁하였고, 원고 회사와 아오거리 회사는 이 사건 프로젝트에서 '건식 흡수탑 저온 열에너지 회수(DWHS)' 기술을 유상으로 제공하였다.

피고는 유황 관련 기술 설비를 제공하는 회사로, 비교전 선진적인 '열회수 시스템 기술(HRS)'을 보유하고 있다.

2006년 4월 12일, 피고는 원고와 소외 상하이 아오거리회사가 제공한 DWHS기술은 자신의 HRS 기술과 동일하여 영업비밀을 침해한다고 주장하며, 상하이시 제1중급인민법원에 원고 및 이 사건 프로젝트의 관련자(소외 상하이 아오거리회사, 소외 졔성회사, 그리고 소외 중성회사)를 상대로 소를 제기하였다.

위 소송이 진행되는 동안, 피고는 아래와 같은 일련의 서신을 발송하였다.

2006년 6월 20일, 피고 측 변호사는 소외 중성회사의 주주인 소외 이텅중회사에 경고장을 보냈고, 경고장의 내용은 다음과 같다. "이텅중회사는 중성회사가 저희 의뢰인 피고 1의 영업비밀을 침해하는 행위를 중지하도록 필요한 조치를 취하시기 바랍니다. … 저희가 알고 있는 바로는 중성회사가 취득한 DWHS기술은 졔성회사 또는 상하이 아오거리 회사로부터 받은 것이고, 이 기술은 저희 의뢰인 피고 1의 전(前) 직원 홍보지[13]가 불법적으로 취득한 것으로 알고 있습니다." 또한 위 경고장에서는 피고가 영업비밀 침해에 대한 소를 제기한 사실을 고지했으며, "저희 의뢰인이 이 소송에서 승소할 확률이 매우 높습니다. … 저희 의뢰인이 승소하는 경우 졔성/중성 프로젝트는 중지되거나 철거될 수 있습니다"라는 내용이 있었다.

2006년 9월 13일, 피고 측 변호사는 중국 화학공업학회 무기산 · 알칼리 · 소금 전문위원회(中国化工学会无机酸碱盐专业委员会)에 서신을 보냈다. 서신의 내용은 다음과 같다. "2004년부터 피고 1의 전 직원 홍보지와 원고, 상하이 아오거리 회사 등이 저희 의뢰인의 HRS 관련 노하우를 침해하기 시작해 명칭을 DWHS 기술로 바꾸어 중국시장에서 판매 했습니다", "앞서 말씀 드린 권리 침해자는 제26회 황산 기술 교류회(硫酸技术交流会)에서 DWHS 기술을 선전하고, 회의에 참가한 대표들을 데리고 졔성/중성(捷胜/忠盛) 프로젝트를 참관시킬 가능성이 있습니다. … 저희 측은 귀 위원회가 위 교류회 기간 동안 앞서 말씀 드린

13_ 피고 1의 전 직원의 이름.

기술 및 상품을 침해하는 프로젝트를 선전하는 행위를 금지할 것을 요청하는 바이며, 권리 침해자가 다른 회의 대표들을 제성/중성 프로젝트에 참관시키는 것을 막아주시기를 부탁하는 바입니다" 등의 내용이 있었다.

2006년 9월 20일, 피고는 항저우 정밀 화학공업지구 관리위원회(杭州精细化工园区管委会) 류웅쟝(刘涌江) 주임과 상위시 발전 및 개혁위원국(上虞市发改局) 푸야원(傅亚文) 국장에게 《멍모커회사의 영업기밀 침해 안건》이라는 서신을 각각 보냈다. 두 편지의 내용은 동일하였는데, 주요 내용은 제성회사와 중성회사가 현재 추진하고 있는 황산 생산 공장 프로젝트는 피고의 노하우를 침해하므로 관련 부서에 경고하여 당해 프로젝트 중 DWHS 기술을 사용하는 가동이나 시운전을 중지시킬 것을 요청하는 것과, DWHS 기술은 보안의 문제가 많은 '보안상 숨겨진 우환'이라는 것이었다.

2007년 4월 10일, 피고 측 변호사는 중국 황산 공업협회(中国硫酸工业协会) 치옌(齐焉) 상무부 이사장에게 서신을 보냈는데, 서신의 내용은 다음과 같다. "원고는 피소된 권리 침해자임에도 불구하고 귀 협회가 개최한 전국적인 황산 전문 회의에서 권리 침해 혐의가 있는 기술을 선전하였습니다. … 본사는 귀 협회가 관련 회의 및 좌담회에서 원고가 권리 침해 혐의가 있는 DWHS 기술을 선전하는 행위를 저지해 주시길 요청합니다" 등의 내용이 담겨 있었다.

2007년 6월 4일, 피고 측 변호사는 원고의 고객사인 소외 우시 동워회사(无锡东沃公司)에 경고장을 보냈다. 이 경고장에서도 원고가 피고의 영업 비밀을 침해한 사항에 대하여 언급하였고, 우시 동워회사에 원고 및 소외 상하이 아오거리 회사와 DWHS 기술구매와 관련된 모든 협의, 협상, 협력을 중지하고, 이와 관련된 요청을 거절할 것을 요구하였다.

한편 피고가 기술침해를 주장한 사안을 담당한 법원은 사건 심리 후 2009년 8월 21일 피고가 침해당했다고 주장하는 기술(HRS)과 권리를 침해하였다고 제소당한 기술(DWHS)이 동일하지 않다고 판단하여, 피고 1의 모든 소송 청구를 기각하였다.

이 사건에서 원고는 피고 측의 위와 같은 행위가 반부정당경쟁법상의 비방행위에 해당한다고 주장하였다.

[법원의 판단]

1. 피고 측이 항저우 정밀 화학공업지구 관리위원회, 상위시 발전 및 개혁위원국, 중국 황산공업협회, 중국 화학공업학회 무기산 · 알칼리 · 소금 전문위원회에 경고장을 보낸 행위는 상업적 비방행위에 해당하는가?

피고가 서신을 보낸 대상은 지방 관련 부서와 업계 협회이다. 만약 서신의 목적이 현존하는 문제 처리를 독촉하기 위하였다면 격렬한 언사 등을 이유로 하여 허위사실을 유포했다고 인정할 수 없다. 하지만 만약 지방 관련 부서, 업계 협회에 의견을 표출할 때, 정상적으로 문제를 반영하여 해결할 수 있는 범위를 벗어나게 된다면 원고의 명성에 손해를 입혔다고 인정된다.
본 사안에서 피고가 발송한 서신에는 피고가 영업비밀 침해소송을 제기했을 때 근거로 한 사실과 이유 외에 원고의 기술설비는 '보안상 숨겨진 우환'이라는 표현과, 2007년 5월 중국 유황 시장 및 유황을 이용한 산 제조법에 관한 좌담회, 제26회 황산 기술교류회에서 DWHS 기술과 상품을 선전하는 것을 저지해 줄 것을 요구하는 내용, 원고가 회의대표들과 함께 이 사건 프로젝트를 참관하려는 행위를 저지해 줄 것을 요구하는 내용 등이 포함되어 있다.
아무런 증거도 없는 상황에서, 이 사건 프로젝트에 관한 피고의 위 서신 내용과 같은 서술은 명백히 정상적으로 문제를 반영할 수 있는 범위를 벗어났으므로, 원고의 생산 경영에 악영향을 미쳐 원고의 명성을 훼손하였다고 인정된다.
2. 피고 측 변호사가 소외 중성회사(忠盛公司)의 외국 주주 이텅중회사(伊藤忠公司)와 고객사 우시동워회사(无锡东沃公司)에게 서신을 보낸 행위는 상업비방에 해당하는가?
피고가 서신을 보냈을 때, 법원은 영업비밀 침해소송에 대해 판결을 내리지 않았다. 그리고 피고는 관련된 사실의 근거도 제공하지 않고, 사법기관이 원고의 영업비밀 침해여부에 대해 판단하지 않은 상황에서, 임의로 원고를 부정적으로 평가한 서신을 유포하였다. 이러한 피고의 행위는 원고의 정상적인 경영활동에 실질적인 영향을 미쳤고 원고의 명성을 훼손하였다고 인정된다.

위 판결 내용에 따르면, 아직 소송이 진행 중이어서 영업비밀 침해사실에 대한 진위 여부가 확정되지 않은 상황에서, 경고장 등에 원고가 피고의 영업비밀을 침해하였다고 기술한 내용은 반부정당경쟁법 제14조의 '허위사실'에 해당한다. 위 판결을 내린 상하이 인민법원 지식재산권 심판정(审判庭)은 위 사안에 대한 평석에서 '허위사실'은 반드시 허위 여부가 확인된 사실뿐만 아니라, 유포된 사실과 당시 상황을 비교하여 유포 사실과 당시 상황이 일치하지 않는 경우(즉, 진실된 사실에 해당하지 않는 경우) 반부정당경쟁법의 '허위사실'에 해당한다고 볼 수 있다고 하였다.[14]

또한 위 사안을 심리한 상하이 법원의 평석에 따르면, 법원은 '유포'에 해당하는지 여부를 판단하는 기준으로 문제된 행위가 경쟁상대의 상업 신용에 손해를 주었는지 여부를 고려하였다고 한다. 본안의 경우 황산 공업 설비 영역을 생산하는 업계의 사안으로 일반 공중에게 잘 알려지지 않았기 때문에 수요자가 비교적 적다는 점

14_ 이하 평석 내용은 奚晓明 主编, 孔祥俊 副主编, 中国知识产权指导案例评注, 第四辑, 中国法制出版社, pp.307-310.

을 법원은 주목하였다. 즉, 수요자가 적은 비교적 전문적이고 특수한 시장이므로, 경영자가 업계 내 특정 대상에 한하여 허위사실을 퍼트렸더라도 경쟁 상대의 상업 명성에 손해를 주었으므로 결국 '유포'에 해당하는 것으로 인정된다는 것이다. 그러나 일반적인 대중 소비품의 경우, 이러한 종류의 상품 시장은 비교적 크기 때문에 개별적 또는 특정한 소비자에게 허위사실을 진술하는 행위는 경쟁 상대의 상업명성과 경쟁력에 실질적인 손실을 준다고 인정하기에 부족할 수 있다는 것이다.

기술 침해 분쟁이 발생하는 경우, 피침해 기업은 상대방 침해 기업에게 경고장을 보내는 데 그치지 않고, 상대방 침해 기업의 소비자, 주주 또는 관련 기관 등에게 '통지서' 또는 '진정서' 등을 보내어 상대방 기업을 압박하는 전략을 취하려는 경우가 많다. 그러나 이와 같은 '통지서' 또는 '진정서'를 보내는 방식은 추천할 만하지 않은데, 그 이유는 한국에서 위와 같은 방식을 취하는 경우 명예훼손 또는 영업방해가 인정될 수 있기 때문이다. 그리고 위 사안의 피고 역시 그와 같은 전략을 취하였으나, 그 결과 상업적 비방행위가 인정된 것이다.

다음으로 아래에서 소개하는 사안은 일반적인 소비재인 치아 미백제 시장에서 허위사실 날조 · 유포가 문제된 비교적 전형적인 사안이다.

사 례 허위사실을 날조 · 유포한 상업적 비방행위가 인정된 사안[15]

광저우 Colgate 종란 유한회사(广州高露洁棕揽有限公司, 이하 원고)**와 P&G**(중국)**유한회사**[宝洁(中国)有限公司, 이하 피고 1], **광저우 하오린 무역 유한회사**(广州浩霖贸易有限公司, 이하 피고 2) **외 1의 부정경쟁 분쟁 사안**

[법원의 판단] 이 사건에서 피고 2는 '크레스트 화이트 스트립스 프리미엄(佳洁士深层洁白牙贴)' 치아 미백제 상품(이하 '크레스트 제품')을 중개 판매하고, 원고는 '콜게이트 심플리 화이트 어드밴스트(高露洁捷齿白美白液)' 치아미백제 상품(이하 '콜게이트 제품')을 중개 판매하고 있다. 따라서 법원은 원고와 피고가 서로 경쟁관계라고 보았다. 피고 1은 '크레스트 제품'을 중개 판매하지 않았으나, 치아 케어 상품을 경영하고 원고와 사실상의 경쟁관계이다. 피고 1과 피고 2는 각각 인터넷 광고 또는 전단지를 배포하는 수단으로 "크레스트 제품 효과는 도포형 치아미백액의 3배이다", "일반적으로 사용하는 치아미백 제품(예를 들어 미백치약, 치아미백제)은 치아 표면의 얼룩만 제거할 뿐이다", "치아미백액는 흔히 치아에 바른

15_ 上海市第二中级人民法院 (2004)沪二中民五(知)初字第40号 民事判决书.

뒤 몇 분간 유지해야 하나, 타액으로 씻겨져 버려서 결국 미백 효과를 비교적 적게 거둔다" 등의 허위 서술을 하여 도포형 치아미백액의 효과를 폄하하였다.
두 피고의 행위는 원고가 중개 판매하는 '콜게이트 제품'의 명성과 원고가 당해 상품을 중개 판매함으로써 누리는 상업적 신용에 손해를 입혔으므로 「반부정당경쟁법」 제14조가 규정하는 부정경쟁행위에 해당한다.

허위사실을 날조한 뒤 유포하는 것은 당연히 상업적 비방행위를 구성하고, 허위사실 날조와 허위사실 유포는 모두 단독으로 상업적 비방행위를 구성한다. 실무에서 일부 상업적 비방행위는 서로 다른 행위자가 공동으로 완성시키는 경우가 있는데, 예를 들어 허위사실 날조가 먼저 되고 이후에 타인에 의해 유포되는 것이다. 이 경우 날조자와 유포자의 행위 모두 부정경쟁행위에 해당한다.[16]

또한 허위사실을 날조하거나 유포하는 과정에서 반드시 감정적인 비난의 언어를 사용해야 하는 것은 아니다. 최고인민법원은 이와 관련하여 "비방의 언어는 감정적인 색채를 필요로 하지 않는다. 즉 증오, 치욕, 경멸적인 언어, 비난하는 말 또는 기타 감정적인 진술이 포함되어야 하는 것은 아니다. 단지 그중 관련된 사실이 허위이고 그로 인하여 다른 사람의 상업 신용과 상품 명성에 손해를 가하기만 하였다면 상업적 비방행위에 해당한다"는 입장이다.[17]

(4) 비방당하는 상품 또는 회사의 사회적인 평가가 낮아지거나 낮아질 가능성이 있을 것

상업적 비방행위에 해당하기 위해서는 비방 당하는 상품이나 회사의 사회적 평가가 낮아지거나 낮아질 가능성이 있어야 한다. 즉, 상업 신용의 훼손 혹은 훼손 가능성이 있어야 한다.

상업 신용의 훼손은 상업 주체의 상품 품질, 경영 상태, 소비 상황, 이행 능력과 태도 등 경제적 능력에 대해 폄하하거나 오해를 살 수 있게 하는 등 부당한 영향을 주는 것이다. 상업 신용에 손해를 입은 것은 상업 이미지, 상품 이미지 부분에 사회적 평가가 낮춰지고 그럴 가능성이 있다는 것을 의미하는 것이지, 반드시 실질적인 경제적 손해가 조성되어야 하는 것은 아니다.[18]

16_ 王先林, 竞争法学, 中国人民大学出版社, 2009, p.197.
17_ 最高人民法院 (2009)民申字第508号 民事裁定书.
18_ 王先林, 竞争法学, 中国人民大学出版社, 2009, p.194.

3. 허위 선전 행위와 상업적 비방행위의 구별

허위 선전 행위와 상업적 비방행위는 구별된다.

첫째, 선전의 내용과 범위가 다르다. 허위 선전 행위는 자신의 상품 또는 서비스와 관련 있는 것으로 자신의 상품 또는 서비스에 대해 각종 형식의 허위적 또는 오해를 야기하는 선전을 의미한다. 상업적 비방행위는 자신의 상품 또는 서비스에 대한 내용뿐만 아니라, 나아가 다른 경영자의 상품 또는 서비스에 대한 허위사실 또는 왜곡된 사실을 알려 상대방의 상품과 서비스의 평판을 깎아내리고 자신의 상품이나 서비스에 대한 명성을 끌어올리는 것을 그 내용으로 한다.[19]

비방 상대방을 명시적으로 특정하지 않더라도 그 상대방이 충분히 특정될 수 있는 정도라면 상업적 비방행위로 인정될 수 있다. 최고인민법원은 이와 관련하여 "반부정당경쟁법 제14조에 정하고 있는 상업적 비방행위는 행위자가 직접 상대방을 구체적으로 지칭하며 비방할 것을 요하지 않는다. 즉, 비방 행위자가 상대방의 이름과 성을 제시하는 것을 요구하는 것은 아니다. 다만 상업적 비방의 상대방은 특정될 수 있어야 한다"라고 하며, 비방 상대방의 명칭이 직접 표시되어 있지 않지만, 정황으로 볼 때 그 상대방이 특정되는 경우 상업적 비방행위가 성립한다고 판단한 바 있다.[20] 이와 관련된 사안은 뒤에서 자세히 살펴보도록 한다.

둘째, 행위 대상이 다르다. 허위 선전 행위는 일반적으로 명확한 대상이 없고, 부당하게 경쟁 우위를 점하게 된다는 점에서 불특정의 동일 업종 경쟁자에게 손해를 끼칠 뿐이다. 그러나 상업적 비방행위는 통상적으로 그 대상이 존재하고, 동일한 범위의 경쟁 대상자 중 특정한 경영자를 대상으로 한다.

셋째, 손해를 끼치는 대상이 다르다. 허위 선전 행위는 사회 공중에 대한 선전으로 사회 공중에 대해 손해를 끼치는 것이다. 반면 상업 비방행위는 허위 선전과 같이 사회 공중에 손해를 끼치는 것은 물론이고 나아가 특정 경쟁자의 상업 신용을 직접적으로 침해하여 손해를 끼친다는 차이가 있다.

이와 같이 상업 비방행위는 허위 선전 행위와 구별된다. 다만 상업 비방행위는 '타인의 기업, 상품, 서비스 또는 상업 활동'에 대한 허위 선전이므로 일종의 허위 선전 행위에 포함된다고 볼 수 있다. 따라서 이론적으로나 실무적으로나, 상업적 비방행위도 허위 선전 행위의 일종에 해당하는 것으로 보아 반부정당경쟁법상 허위 선

19_ 위의 책, p.152.

20_ 最高人民法院 (2009)民申字第508号 民事裁定书.

전 행위에 관한 행정 책임 규정을 적용하여 처벌한다.[21]

최근에는 상업적 비방행위에 대해 민사소송에 의해 권리구제를 받는 경우가 많은데 상업적 비방행위에 대한 민사책임은 반부정당경쟁법 제20조 규정에 따르고,[22] 형법 제221조, 제231조 규정에 따라 형사책임을 지울 수도 있다.[23] 이에 관한 내용은 권리구제편에서 상술하도록 한다.

사 례 비방행위 상대방이 명시적으로 표시되어 있지 않아도 상업적 비방행위를 인정한 사안[24]

상하이 다허 난제품 유한회사(上海大鹤蛋品有限公司, 이하 원고)와 상하이 바이란왕 무역 발전 유한회사(上海百兰王贸易发展有限公司, 이하 피고)의 상업비방 분쟁 사안

[사실관계] 상하이에서 '난왕(蘭王)'이라는 브랜드로 합작하여 계란을 생산 · 판매하던 두 회사가 원고와 피고가 되어 다툰 사안이 있다. 피고 회사는 '난왕' 브랜드를 가지고 있었고, 원고 회사는 계란을 생산하는 합작 관계에 있었다. 원 · 피고 양 회사의 합작 기간이 종료된 후, 피고 회사는 소외인에게 위 브랜드의 계란 생산을 위탁하였다.

그 뒤 피고 회사는 일간지 광고란에 성명의 형식으로, 상하이 시장에 '난왕'이라는 이름의 유사품이 판매되고 있으니 조심하도록 하고, 위 유사품의 품질에 대해 피고는 어떠한 책임도 지지 않는다는 내용의 광고를 하였다(1차 광고). 그리고 약 한 달 뒤에 다시 광고를 하여, 피고 회사 신청으로 상하이 계란 관련 제품 감독기구가 원고 회사를 조사한 결과, 원고 회사는 스스로 양계장을 가지고 있지 않았다는 점이 발견되었다는 것과, 피고 회사가 종전에 원고 회사와 합작을 한 적이 있었는데 계란의 관리, 세척, 선정 및 포장 등의 방면에서 많은 어려움이 있었다는 내용을 공중에 알렸다(2차 광고).

21_ 다른 부정경쟁행위와는 다르게 중국 반부정당경쟁법은 상업적 비방행위에 대한 행정 책임 규정을 별도로 두고 있지 않다.

22_ 林文, 反不正当竞争法律制度与实务技能, 法律出版社, 2014, p.539.

23_ 중국 「형법」

제221조(상업 신용, 상품 명성 훼손죄) 허위사실을 날조 및 유포하고 타인의 상업 신용, 상품 명성에 손해를 입혀, 타인에게 중대한 손실을 일으키고 기타 중대한 정황이 있는 경우, 2년 이하의 유기징역, 구역 또는 벌금에 처하고, 벌금은 병과할 수 있다.

제231조(단체의 시장 질서 교란죄의 처리규정) 법인 등 단체가 본절 제221조에서 제230조의 규정의 죄를 범하는 경우, 그 단체에 벌금을 부과하고 동시에 직접 책임을 지는 담당자 그리고 직접 책임자에게 본절 각 조의 규정에 따른 처벌을 한다.

24_ 最高人民法院 (2009)民申字第508号 民事裁定书.

이에 대하여 원고 회사는 피고의 행위가 상업적 비방행위로 부정경쟁행위에 해당한다며 소송을 제기하였다. 이에 대하여 피고는 1차 광고에서는 원고 회사를 지명하지 않았다고 주장하였다. 이 부분 주장에 관하여 최고인민법원은 다음과 같이 판단하였다.

[법원의 판단] "반부정당경쟁법 제14조에 정하고 있는 상업적 비방행위는 행위자가 직접 상대방을 구체적으로 지칭하며 비방할 것을 요하지 않는다. 즉, 비방 행위자가 상대방의 이름과 성을 제시하는 것을 요구하지 않는 것이다. 단지 상업적 비방의 상대방은 응당 구별될 수 있어야 한다. 본안에서 피고가 발표한 1차 광고에서는 상대방이 원고라는 점을 명백히 밝히고 있지 않으나, 단지 당시 상하이에는 원고와 피고 두 회사만이 '난왕' 브랜드의 계란을 판매하고 있었을 뿐이므로, 피고 회사의 상대방이 누구인지는 분명히 알 수 있었다. 또한 소비자는 위 광고로부터 원고 회사가 피고 회사의 상표권을 침해한다고 판단하게 될 수밖에 없었다." 이와 같은 이유에서 최고인민법원은 상업 비방행위가 성립한다고 판단하였다.

제7장

일반조항 위반의 부정경쟁행위(제2조)

「반부정당경쟁법」 제2조를 독자적으로 적용하여 부정경쟁행위를 인정할 수 있는지 여부에 관하여, 중국 학계에는 대립되는 견해가 있으나 법원은 독자적으로 적용할 수 있다는 확고한 입장을 보이고 있다. 이에 대해서는 앞서 제2장에서 이미 살펴보았다.

중국 법원이 「반부정당경쟁법」 제2조를 적용하여 부정경쟁행위를 인정하는 가장 대표적인 예로 부당한 도메인명 선점행위가 있다. 그 외에도 경제 상황이 빠르게 변화하고 다양한 영업방식이 출현함에 따라 제2조를 적용하는 사안도 날로 다양해져 가고 있다. 특히 빠르게 변화하는 컴퓨터 기술과 인터넷 기술을 이용한 다양한 새로운 형태의 침해행위들이 이에 해당한다.

아래에서는 우선 부당한 도메인명 선점행위에 관하여 살펴본 뒤, 중국 법원이 「반부정당경쟁법」 제2조를 적용하여 부정경쟁행위를 인정한 부정경쟁행위 사례들을 살펴보도록 한다.

Ⅰ. 정당한 권원 없는 도메인명 선점행위

중국 법원은 도메인명 선점행위를 부정경쟁행위의 하나로 보아 규율하고 있다.[1] 중국 최고인민법원은 2001.7.17. 「최고인민법원의 인터넷 도메인에 관한 민사안건 심리에 적용하는 몇 가지 법률 문제의 해석(最高人民法院关于审理涉及计算机网络域名民事纠纷案件适用法律若干问题的解释)」(이하 '인터넷 도메인 사법해석')을 발표하여, 「반부정당경쟁법」 제2조 규정을 위반하고 위 사법해석이 제시하는 요건에 해당하는 도메인명 선점행위를 부정경쟁행위로 인정한다고 규정하였다.[2]

중국 최고인민법원이 인터넷 도메인 사법해석에 제시한 요건은 아래와 같은 4가지이다. ① 원고가 보호를 요청하는 민사 권익이 합법적이고 유효할 것, ② 피고가 등록하여 사용하는 도메인명 전부 또는 그 주요 부분이 원고의 저명상표(驰名商标)의 복제, 모방, 번역 또는 음역에 해당할 것 또는 원고의 등록상표, 도메인 등과 동일하거나 유사하여 관련 공중의 오인을 일으킬 수 있을 것, ③ 피고는 해당 도메인명 또는 그 주요 부분에 대한 권익을 가지고 있지 않고, 또한 당해 도메인을 등록, 사용할 정당한 이유가 없을 것, ④ 피고가 해당 도메인명의 등록 및 사용에 악의가 있을 것.[3]

위와 같은 요건을 충족하고 「반부정당경쟁법」 제2조의 일반조항에서 정하고 있는 신의성실의 원칙과 공인된 상업도덕을 위반하는 행위를 한 경우 제2조 위반 부정경쟁행위로 인정된다. 그러나 그 행위가 타인의 기업명칭, 성명 등을 침해하는 경우라면 반부정당경쟁법 제2조가 아닌 반부정당경쟁법 제5조 제3호의 부정경쟁행위로 인정될 수 있다.[4]

아래에서 중국 최고인민법원이 인터넷 도메인 사법해석에 제시한 부당한 도메인명 선점행위 네 가지 요건의 구체적인 내용을 살펴보도록 한다.

1_ 2004년 개정 전 한국 부정경쟁방지법은 부당한 도메인명 선점행위를 별도의 부정경쟁행위의 한 유형으로 규정하지 않고, 부정경쟁방지법 제2조 제1호 가, 나, 다목의 규정을 적용하여 규율하였다. 그러나 위 규정만으로는 부당 선점을 한 뒤 상업행위를 하지 않는 경우, 예를 들어 침해자가 도메인 이름을 실제로 사용하지 않고 등록해 두기만 하는 경우 그 행위를 제재하기 어려운 점이 있었다. 이에 2004년 제7차 개정에서는 부당한 도메인명 선점행위를 독자적인 하나의 부정경쟁행위 유형으로 규정하게 되었다. 그리고 같은 해 「인터넷주소자원에 관한 법률」이 제정되었고 부정한 목적의 도메인명 선점 등록을 금지하는 규정이 포함되었다.

2_ 「인터넷 도메인 사법해석」 제7조는 "인민법원은 도메인명 분쟁 사건을 심리 시에 본 해석 제4조가 규정하는 경우에 대하여, 관련 법률이 규정하는 권리 침해에 해당할 경우, 그에 상응하는 법률 규정을 적용한다. 부정경쟁행위에 해당할 경우 「민법통칙」 제4조, 「반부정당경쟁법」 제2조 제1항의 규정을 적용한다."고 규정하고 있다.

3_ 위 규정 제4조.

4_ 上海市高级人民法院 (2011)沪高民三(知)终字第55号 民事判决书(타인 성명의 병음과 동일한 도메인명을 선점한 행위를 반부정당경쟁법 제5조 제3호의 부정경쟁행위로 인정한 사안).

1. 원고가 보호를 요청하는 권익이 합법적이고 유효할 것

인터넷 도메인 사법해석 제4조 제2호는 “피고 도메인 또는 그 주요 부분이 원고 저명상표(驰名商标)의 복제 · 모방 · 번역 또는 음역에 해당할 것. 또는 원고의 등록상표, 도메인 등과 동일하거나 유사하여 관련 공중의 오인을 일으킬 수 있을 것”이라고 규정하고 있어서 원고의 ① 저명 상표권, ② 일반 등록상표권, ③ 도메인명에 관한 권리가 보호받을 수 있다는 점을 명시하고 있다.

원고의 상표가 저명상표에 해당하는지 여부는, 부정경쟁행위를 다투는 소송 절차를 관할하는 인민법원이 당사자의 청구와 안건의 구체적인 정황에 따라 판단하여 정한다.[5]

일반 등록상표와 동일 또는 유사하여 관련 공중의 오인을 일으킬 수 있는 경우 부당한 선점행위로 인정하는 중국 최고인민법원의 태도는 한국 부정경쟁방지법 문언과 차이가 있다. 한국 부정경쟁방지법은 보호되는 상표가 국내에서 널리 인식된 것임을 요건으로 하고 있으므로, 등록된 상표라 하더라도 국내에서 널리 인식되지 아니한 상표는 부정경쟁방지법의 보호 대상이 아니다.[6]

위와 같은 문언의 차이만 보면, 중국에서의 도메인명 보호범위가 더 넓다고 생각할 수도 있다. 그러나 실무적인 보호범위는 큰 차이가 없는 것으로 보인다. 그 이유는, 중국 최고인민법원 사법해석에 따르면 부당한 도메인명 선점행위 요건에는 주관적인 ‘악의’를 요건으로 하는데,[7] 등록되었으나 지명도가 없는 상표라면 침해자가 해당 도메인명을 등록 사용하는 데 악의가 있었다는 점을 입증하기 어려울 것이기 때문이다.[8]

위 인터넷 도메인 사법해석 제4조 제2호에서 예를 들고 있는 저명상표권, 일반 등록상표권, 도메인명에 관한 권리 외에도 원고의 합법적인 권리는 부당한 도메인

5_ 인터넷 도메인 사법해석 제6조는 “인민법원은 도메인 분쟁안건을 심리함에 있어서 당사자의 청구와 안건의 구체적인 정황에 따라, 등록상표가 저명한 정도에 이르는지 법에 의하여 인정할 수 있다”라고 규정하고 있다.

6_ 한국 「부정경쟁방지 및 영업비밀보호에 관한 법률」 제2조.

7_ 인터넷 도메인 사법해석 제4조.

8_ 위 규정 제5조 제1항 제2호는 “영리목적을 위하여 타인의 등록상표, 도메인 등과 동일하거나 유사한 도메인을 등록하고, 타인이 제공하는 상품, 서비스 또는 웹사이트와 고의로 혼동을 발생시켜 인터넷 사용자가 오인하여 그 침해자의 웹사이트 등을 방문하도록 한 경우 악의를 인정한다”고 규정하고 있다.

명 선점행위로부터 보호될 수 있다. 예를 들면, 앞서 제4장에서 살펴본 '저우리보' 사안에서, 상하이 고급인민법원은 유명인 '저우리보' 성명의 병음과 동일한 도메인명 'zhoulibo.com'을 타인이 선점 등록한 것은 부정경쟁행위에 해당한다고 판단한 바 있다.[9] 이로부터 정당한 성명권자의 권리가 도메인명 선점행위로부터 보호될 수 있다는 점을 알 수 있다. 또한 최고인민법원은 타인의 지명도 있는 기업명칭의 핵심명칭(字号)을 따서 도메인명을 등록·사용하는 행위를 도메인명의 부당 선점 행위로 판단한 바 있다.[10] 이 사례는 뒤에서 자세히 살펴보도록 한다.

한편 인터넷 도메인 사법해석에 제시된 보호되는 권리자의 합법적 권익 중에 '도메인명에 관한 권리'가 있는데, 이것이 어떤 의미인지 생각해 볼 필요가 있다.

외국 기업들의 경우, '.com'과 같이 국제 범위에서의 도메인명은 확보하고 있으나, '.com.cn'이라는 중국 지역의 도메인명을 미처 확보하지 못한 상황에서, 타인이 위 도메인명을 선점해버리는 상황에 자주 직면하게 된다. 혹시 외국 기업들은 인터넷 도메인 사법해석이 '도메인명에 관한 합법적 권리'를 보호한다는 점을 근거로 하여, 타인이 등록·사용하는 '.com.cn' 도메인명은 외국 기업인 권리자가 이미 합법적으로 확보하고 있는 '.com'와 주요 부분이 동일한 것이어서 부당한 선점행위라고 주장할 수 있지 않을까? 이와 관련하여 소개하는 아래의 사안에서, 최고인민법원은 '.com' 도메인명을 확보하였다고 하여 타인의 '.com.cn' 도메인명 등록을 당연하게 저지하지는 못한다고 판시하였다.

사례 'mercer.com.cn'을 등록 사용하는 것이 'mercer.com'을 침해하는 것이라고 볼 수 없다고 본 사안[11]

상하이 메이즈 인재 서비스 유한회사(上海美智人才服务有限公司, 이하 원고)와 머서(미국)회사[美世(美国)公司, 이하 피고]의 컴퓨터 인터넷 도메인명 권리확인 분쟁 사안

[사실관계] 피고는 1975년 미국에서 'William M. Mercer Companies Inc.'라는 이름으로 설립된 회사로 현재 'Mercer (US) Inc.'라는 명칭을 가지고 있다. 피고는 2000년 중국에 머서 컨설팅 (상하이) 유한공사[美世咨询(上海)有限公司, 이하 '상하이 머서']를 설립하여 상업관리 자문과 인력 자원 자문 서비스를 해 왔다.[12]

9_ 上海市高级人民法院 (2011)沪高民三(知)终字第55号 民事判决书.

10_ 最高人民法院 (2011)民申字第447号 民事裁定书.

11_ 상동.

2005년 3월 8일 'mercer.com.cn' 도메인명(이하 계쟁 도메인명)이 등록되었고, 원고는 2005년 4월에 설립되어 위 도메인을 양수받은 뒤 인력 관리 자문 서비스를 하였다.

2007년 2월 15일 피고는 중국 국제 경제 무역 중재위원회(China International Economic and Trade Arbitration Commission, 이하 'CIETAC') 도메인 쟁의 해결 센터에 제소하여 계쟁 도메인명 이전을 청구하였다. 2007년 4월 30일 CIETAC은 계쟁 도메인명을 피고 명의로 이전할 것을 결정(裁决)하고 같은 해 5월 10일 이를 공개하였다.

이에 원고는 법원에 위 계쟁 도메인명이 원고 소유라는 권리 확인을 구하는 소송을 구하였다. 이 사건은 1, 2심을 거쳐 최고인민법원에 올라갔는데, 최고인민법원에서 피고가 주장한 사항 중 하나는 자신이 도메인 'mercer. com'과 'mercerhr. com'를 먼저 등록하여 가지고 있으므로, 'mercer.com.cn'에 대한 권리도 가져야 한다는 것이었다.

[법원의 판단] 피고의 위 주장에 관하여, 최고인민법원은 다음과 같이 판단하며 피고의 주장을 배척하였다.

"도메인명 등록 서비스는 선신청의 원칙에 따르며 서로 다른 최상위 도메인(顶级域名) 간의 등록은 독립되므로 피고의 .com 선도메인명은 타인이 .cn 도메인명을 등록하는 것을 당연하게 저지할 수는 없다. 이 사건에서 피고는 중국에서 당사의 두 도메인명이 확보한 지명도를 입증하지 못하였다. 그러므로 이를 통해 원고가 계쟁 도메인명을 사용한 행위가 관련 공중으로 하여금 오인을 초래하기 충분하다고 인정할 수 없다. 따라서 피고가 선등록한 두 도메인명을 보유하고 있는 사실만으로는 계쟁 도메인명 역시 자신에게 귀속되어야 한다는 주장을 받아들이기에 부족하다."

중국 최고인민법원은 위 판결에서 외국 기업이 '.com' 도메인명을 확보하였다고 하여 타인이 등록한 '.com.cn' 도메인명을 당연하게 저지하지 못한다고 판시하였다. 다만, 이 사건 판결 내용은, 피고가 'mercer.com'과 'mercerhr.com' 두 개 도메인 자체의 지명도를 입증하고 원고가 'mercer.com.cn'를 사용하는 행위가 공중으로 하여금 오인을 초래하기 충분하다는 점을 입증하였다면, 피고의 'mercer.com'과 'mercerhr.com' 두 개 도메인에 대한 권리를 근거로도 부당선점행위가 인정될 수 있다는 취지로 보이므로 참고할 필요가 있다.

12_ 피고는 중국에 'MERCER'라는 상표를 금융 분석 자문, 보험 자문 및 관리 등의 서비스 항목을 지정 서비스로 하여 보유하고 있다. 그러나 본건에서 문제되는 인력 관리 자문에 대해서는 등록상표는 2010년에 이르러서야 등록이 되었으므로, 등록상표권을 근거로 원고가 도메인명을 부당 선점했다고 주장하기 어려운 상황이었다.

한편 원고가 보호를 요청하는 권익이 합법적이라는 점이 명확하다고 하여도, 문제가 되는 도메인명의 등록 시기가 원고의 합법적 권익의 발생 시기를 앞선다면, 과연 그 도메인명의 사용을 저지할 수 있을지 문제된다.

예를 들어, 유명한 인터넷 서비스 업체를 모방한 인터넷 서비스 사이트를 열면서 유명 업체의 도메인명과 매우 유사한 도메인명을 사용하였는데, 그 모방업체의 도메인명 자체는 그 유명 업체가 서비스를 개시하기 이전에 이미 등록된 것일 경우를 생각해 볼 수 있다. 이 경우 유명 업체는 모방 업체가 해당 도메인을 사용하는 행위를 부당한 도메인명 선점행위라고 보아 사용을 중지시킬 수 있을 것인지 문제이다.

아래에서 소개할 사례는, 이와 같은 경우 부당한 선점행위에 해당하지 않는다고 본 사안이다. 이 사안에서 베이징시 고급인민법원은 피고가 사용하는 도메인명이 원고가 서비스를 시작한 때보다 먼저 등록된 것이므로 부당한 선점행위의 전제를 만족하지 않는다고 하며 부정경쟁행위에 해당하지 않는다고 판단하였다.[13]

사 례 도메인명 부당 선점을 인정하지 않은 사안[14]

베이징 카이신런 정보 기술 유한회사(北京开心人信息技术有限公司, 이하 원고)**와 북경 첸샹 인터넷 과학기술 발전 유한회사**(北京千橡互联科技发展有限公司, 이하 피고) **외 1의 상표전용권 침해 및 부정경쟁 분쟁 사안**

[사실관계] 2008년 3월 원고는 SNS 서비스 사이트인 '카이신왕(开心网)'을 개설하였고, 도메인명은 www.kaixin001.com으로 사용하였다.

그로부터 얼마 지나지 않은 2008년 10월 16일 피고는 도메인명 'kaixin.com'을 제3자로부터 양도받아 취득한 후, 같은 달 위 도메인명을 이용하여 원고와 동일한 SNS 서비스를 제공하는 인터넷 사이트를 열었고, 원고와 동일하게 "카이신왕(开心网)"이라고 이름을 짓고 운영하였다.

다만, 위 'kaixin.com' 도메인명은 원고가 서비스를 개시하기 이전에 제3자가 등록해 둔 것이고, 원고가 운영하는 사이트의 도메인명 "kaixin001.com"도 피고가 양도받은 'kaixin.com'보다 늦게 등록되었다.

[법원의 판단] 1심법원은 원고가 제출한 증거를 통해 '카이신왕(kaixin001.com)'이 SNS

13_ 北京市高级人民法院 (2011)高民终字第846号 民事判决书.

14_ 1심: 北京市第二中级人民法院 (2009)二中民字初字第10988号 民事判决书, 2심: 北京市高级人民法院 (2011)高民终字第846号 民事判决书, 2011년 중국 법원 지식재산권 사법보호 10대 판례.

서비스를 제공한 2008년 3월 이후 단기간에 저명 서비스에 해당하는 규모의 서비스를 제공해 온 사실을 알 수 있었다. 또한 해당 사이트 명칭이 저명서비스의 특유명칭에 해당하기 때문에 반부정당경쟁법의 보호를 받을 수 있다고 판단하였다.[15]

1심법원은 원고가 '카이신왕(kaixin001.com)'을 통해 소셜 네트워킹 서비스를 제공해 이미 저명 서비스에 해당되는 사실을 피고가 알고 있는 상태에서 2008년 10월부터 이 저명서비스의 특유명칭인 '카이신왕'을 사용해 동일한 서비스를 제공해 왔으며, 이로 인해 인터넷 사용자가 피고 측과 원고 측에서 제공하는 서비스에 대해서 혼동할 수 있으므로 이는 부정경쟁행위에 해당한다고 판단하였다. 그러나 피고가 도메인명 'kaixin.com'을 사용한 행위 자체는 '카이신왕'이라는 저명서비스의 특유명칭이나 도메인명 'kaixin001.com'을 모방한 것이 아니기 때문에 부정경쟁행위에 해당하지 않는다고 판단하였다.

원고는 1심법원 판단에 불복하여, 2심법원에 대하여 피고가 'kaixin.com' 도메인명을 사용하는 것의 정지를 명해 달라고 청구하였다. 그러나 2심법원은 원고의 청구를 배척하고 1심판결을 유지하였는데, 그 판단 이유는 아래와 같다.

"「인터넷 도메인 사법해석」 제4조 규정을 통해, 도메인명을 등록한 피고의 행위가 침해행위 또는 부정경쟁행위로 인정받을 수 있는 전제조건은 피고의 도메인명이 원고의 도메인명보다 늦게 등록된 사실이 있어야 함을 알 수 있다. 그러나 이 사건에서 원고의 도메인명 'kaixin001.com'은 피고의 도메인명 'kaixin.com'보다 늦게 등록되었다. 따라서 피고가 도메인명을 양도받아 사용한 행위는 위 규정에서 침해 또는 부정경쟁행위로 인정하기 위한 조건에 부합하지 아니한다.

두 번째, '카이신왕'은 원고 회사의 관련 공중에게 일정 지명도를 가지고 널리 알려진 인터

15_ 이 부분에 대하여 베이징 고등인민법원 지식재산권 심판정 谢甄珂 판사의 평석은 다음과 같다. "인터넷 사이트는 인터넷 사용자에게 사이트를 기반으로 한 일종의 서비스를 제공하므로 사이트의 명칭은 서비스의 명칭에 해당한다. 사이트의 명칭이 어느 정도의 지명도를 보유하고 반부정당경쟁법에 규정된 특유성을 갖춘 경우 이 저명 사이트는 반부정당경쟁법의 보호를 받을 수 있다.
이 사건에서 원고가 제출한 증거, 즉 바이두에서 '카이신왕'과 관련된 검색결과, 인터넷 매체에서 '카이신왕(kaixin001.com)'의 보도 횟수, Alexa사이트에서 '카이신왕(kaixin001.com)'의 세계 순위 및 비교 결과, 사용자 등록 수 등과 관련된 자료를 통해 원고의 '카이신왕'이 중국의 인터넷 사용자들 사이에서 어느 정도의 지명도를 갖추었기 때문에 '카이신왕'은 저명서비스의 명칭에 해당한다고 볼 수 있다.
또한 특유명칭은 동일하거나 유사한 기타 상품이나 서비스와 구분할 수 있는 명칭을 의미하며, 이는 이 상품이나 서비스의 통용 명칭이 아니다. '카이신왕'은 SNS사이트의 보통명칭이 아니고 자신만의 특징을 지녀 기타 SNS사이트의 명칭과 구별이 가능하므로 특유명칭에 해당한다." [奚晓明 主编, 孔祥俊 副主编, 中国知识产权指导案例评注(第4辑), 中国法制出版社, 2013, pp.55-56].

넷 사이트의 명칭이다. 이 사건에서 피고의 침해행위는 도메인명 'kaixin.com'을 원고의 주지성 있는 인터넷 사이트 명칭과 동일한 '카이신왕'에 연결되도록 설정한 데에 있으며, 온라인 사용자들로 하여금 관련 사이트에 대한 혼동을 유발한 원인 역시 피고가 도메인명 'kaixin.com'이 '카이신왕'과 연결되도록 설정한 데에 있다. 따라서 1심법원이 피고에게 소셜 네트워킹 서비스를 제공할 때 원고의 인터넷 사이트 명칭인 '카이신왕'과 동일 또는 유사한 명칭의 사용을 금지한 상황에서, 도메인명 'kaixin.com'과 원고의 주지성 있는 인터넷 사이트 명칭과 동일한 '카이신왕' 간의 연관성은 이미 끊어졌다. 그리고 피고가 원심 판결의 내용에 따라 도메인명 'kaixin.com'을 사용할 경우, 온라인 사용자들에게 재차 혼동이나 오인을 유발하지 아니할 것이다. 이처럼 원심 판결은 이미 원고와 피고의 '카이신왕'에 대한 온라인 사용자들의 오인과 혼동의 결과를 제거하기에 충분하다. 따라서 두 피고가 도메인명 'kaixin.com'을 등록 및 사용한 행위 자체는 부정경쟁행위에 해당한다고 볼 수 없다."

2. 원고 상표 등과 동일 · 유사할 것

원고의 등록상표, 도메인, 성명, 기업명칭과 동일 또는 유사하여 관련 공중의 오인을 일으킬 수 있어야 한다. 이때 동일 · 유사성의 판단은 상표의 동일 · 유사성 판단의 경우와 마찬가지로 양자를 ① 전체적 관찰, ② 주요 부분 관찰, ③ 이격적으로 관찰 · 비교하여, 관련 공중에게 유사한 것으로 받아들여질 우려가 있는지 아닌지 판단한다.

한편, 등록되지는 않았으나 저명상표에 해당하는 경우에도 보호 대상에 해당하지만, 그 보호의 범위가 등록이 된 경우에 비하여 제한적이다. 미등록 저명상표의 경우 침해 도메인명 전부 또는 그 주요 부분이 저명상표의 복제, 모방, 번역 또는 음역에 해당하는 경우 부정경쟁행위로 인정된다. 등록 저명상표인 경우 동일 · 유사 범위에서 보호될 수 있지만, 미등록 저명상표는 보호되는 범위가 복제, 모방, 번역, 음역으로 한정된다는 점에 유의할 필요가 있다.

아래에서 소개하는 사례는 10개의 글자로 이루어진 도메인명 주요 부분 중 앞쪽 7 글자가 저명한 상표와 동일한 경우, 이를 타인의 상표와 동일 또는 유사한 것이라고 볼 수 있는지에 관한 사안이다. 상하이시 중급인민법원은 공중에게 충분히 오인을 초래할 수 있는 동일 · 유사성이 인정된다고 보았다.

사례 'philipscis.com'이 필립스사의 상표권을 침해하는 도메인명 부당 선점이라고 인정한 사안[16]

장하이신(蒋海新, 이하 원고)**와 필립스사**(飞利浦公司, 이하 피고)**의 컴퓨터 인터넷 도메인명 분쟁 사안**

[사실관계] 피고 필립스사는 'PHILIPS' 상표권을 가지고 있다. 2002년 3월 1일, 원고는 philipscis.com이라는 도메인명을 등록하고 그 도메인명을 사용한 사이트에서 피고 필립스사의 상품을 판매해 왔다.

2002년 7월 19일, 피고는 WIPO 중재조정센터에 원고가 등록한 도메인명이 피고의 합법적 권익을 침해한다고 신고하고, 당해 도메인명을 피고에게 이전하도록 하는 판정을 청구하였다. 2002년 9월 19일, WIPO 중재조정센터는 당해 도메인명을 피고에게 이전하라는 판정을 내렸다.

원고는 이러한 WIPO 중재조정센터의 판정은 근거가 없다며, 상하이시 제2중급인민법원에 1. WIPO 중재조정센터의 판정을 취소 또는 중단할 것과 2. 도메인명 philipscis.com을 자신에게 반환하도록 명할 것을 청구하였다.

[법원의 판단] 상하이시 제2중급인민법원은 이 사건 도메인이 다음과 같이 공중의 오인을 초래하기에 충분하다고 보았다. "문제의 도메인명과 원고의 상표가 유사하여 관련 공중에게 오인을 초래하는지 여부와 관련하여 살펴보면, philipscis.com 도메인명의 앞의 7개 알파벳과 피고의 PHIPLIPS 상표와 동일하고, 뒤의 3개 알파벳은 피고 회사 부서의 약칭[17]과 동일하므로, 이러한 사실은 문제의 도메인명이 공중에게 충분히 오인을 초래할 수 있다는 것을 설명한다."

한편, 원고는 philipscis.com 도메인명에 대해, philip은 자신의 영문 이름이고, sc는 거주지 Shanghai China의 약자이며, is는 Internet System 또는 Internet Server의 약자라고 주장하며 합법적인 권익을 향유한다고 주장하였다. 그러나 상하이시 제2중급인민 법원은 이러한 해석이 지나치게 억지스럽고, 설득력이 없다고 보아 배척하였다.

16_ 上海市第二中级人民法院 (2002)沪二中民五(知)初字第214号 民事判决书.

17_ Communication, Image & Security의 약칭이 CIS이다.

3. 피고가 정당한 권원이 없을 것

도메인명 부당선점행위에 해당하기 위해서는 침해자가 정당한 권원이 없어야 한다. 침해자가 문제의 도메인명에 대하여 성명, 상호, 상표 또는 그 밖의 정당한 권리를 보유하고 있는 등의 경우 해당 도메인명을 등록하여 사용할 정당한 권원이 있다고 볼 것이다. 한국 부정경쟁방지법도 "정당한 권원이 없는 자가 … 국내에 널리 인식된 타인의 성명, 상호, 상표, 그 밖의 표지와 동일하거나 유사한 도메인이름을 등록 · 보유 · 이전 또는 사용하는 행위"를 인터넷 도메인명 부당선점행위로 규정하고 있어서,[18] 중국과 마찬가지로 침해자가 정당한 권한이 없는 자일 것임을 요구한다.

이와 관련하여 고려할 사항이 있다. 만일 부당한 선점행위로부터 보호되어야 할 상표 또는 상호가 상품의 보통명칭 또는 업종을 나타내는 일반명사에 불과하다면, 타인의 정상적인 사용을 저지하기 어려울 것임은 당연하다. 그런데 그 보통명칭 또는 일반명사가 권리자가 영업을 하고 있는 업종 및 계쟁 도메인명이 사용되는 업종과 아무런 관련이 없다면 어떨까? 이와 같은 경우라면 위 보통명칭 또는 일반명사를 사용하여 계쟁 도메인을 등록 · 사용할 정당한 이유가 있다고 인정되기 어려울 것이다.

아래에서 소개하는 사안은, 인적 자원 자문분야에서 유명한 'Mercer (US) Inc.'라는 업체를 모방하여 다른 업체가 'mercer.com.cn'라는 도메인을 선점하고 인력자원 자문 업무를 한 사안인데, 위 'mercer'라는 단어가 영어에서 '실크 판매상'이라는 의미를 가지는 일반명사이므로 이를 자유롭게 사용할 권리가 있는지 여부가 문제된 사안이다. 최고인민법원은 'mercer' 단어의 '실크 판매상'이라는 의미가 침해자의 HR 경영 분야와 어떠한 관계도 없으므로 'mercer'를 사용할 정당한 이유가 없다고 보았다.

사 례 **'mercer.com.cn'을 등록 사용하는 것이 부정경쟁행위라고 본 사안**[19]

원고 상하이 메이즈 인재 서비스 유한회사(上海美智人才服务有限公司, 이하 원고)와 피고 머서(미국)회사(美世(美国)公司, 이하 피고)의 컴퓨터 인터넷 도메인명 권속 분쟁 사안

[사실관계] 위 제7장 Ⅰ.1.에서 이미 살펴본 내용과 같다.

18_ 한국 부정경쟁방지 및 영업비밀보호에 관한 법률 제2조 제1호 아목.

19_ 最高人民法院 (2011)民申字第447号 民事裁定书.

[법원의 판단] 1심법원은 'MERCER'가 영문 단어이며 '방직품 상인, 실크 판매상' 등의 뜻을 가지고 있으므로 이를 피고의 기업명칭의 독창적인 핵심명칭에 해당한다고 보기 어려우며, 타인의 정상적인 사용을 배제할 수 없다고 보았다. 이에 계쟁 도메인명은 원고에게 귀속된다고 보았다.

그러나 2심법원 및 최고인민법원은 1심법원의 판결을 취소하고 계쟁 도메인이 피고에게 귀속된다고 판단하였다.

최고인민법원은 'Mercer'가 주지의 기업 핵심명칭에 해당한다는 점을 인정하면서, 원고가 'mercer.com.cn'을 사용하는 것은 그 사용에 정당한 이유가 없어 부정경쟁행위에 해당한다고 보았다.

"원고는 피고와 동일한 업종인 HR분야에 종사하는 경쟁자로서, Mercer가 일정한 지명도를 보유한 피고의 핵심명칭이라는 사실을 분명히 알고 있어야 한다. 따라서 원고는 Mercer에 대한 합법적인 민사 권리를 가지지 아니한다. Mercer가 영어에서 고유한 단어로 '실크 판매상'의 고유한 의미를 가지고 있고, 자연인의 성명이나 지명에도 해당하나, 이러한 의미와 HR 분야, 그리고 원고와는 어떠한 관계도 존재하지 아니한다. 그러므로 원고가 계쟁 도메인명을 등록, 사용할 정당할 이유가 없음을 알 수 있다. 계쟁 도메인명이 피고와 동일한 업무 분야에서 사용되어 주관적인 고의가 뚜렷하고, 객관적으로도 관련공중에게 혼동을 초래하기 용이하므로 부정경쟁행위에 해당한다. 설령 원고가 계쟁 도메인명을 양도받아 취득한 것일지라도, 계쟁 도메인명의 최초 등록이 타인에 의한 것이라는 사실은 이러한 결론에 영향을 줄 수 없다. 따라서 2심법원이 인정한 사실이 정확하므로 이를 유지하는 것이 마땅하다."

4. 악의로 사용하였을 것

중국 최고인민법원은 침해자의 도메인명 선점행위를 부정경쟁행위로 인정하기 위해서는 침해자가 '악의'로 등록 · 사용하였을 것을 요건으로 정하고 있다.[20] 일반적으로 '악의'의 의미는 알면서 신의성실의 원칙을 위반하였을 것을 의미하나, 도메

20_ 인터넷 도메인 사법해석 제4조 제4호. 한국 부정경쟁방지법도 침해자의 도메인명 선점행위를 부정경쟁행위로 인정하기 위하여, 일정 목적을 가지고 등록 · 사용하였을 것을 요구한다. 즉 ① 상표 등 표지에 대하여 정당한 권원이 있는 자 또는 제3자에게 판매하거나 대여할 목적, ② 정당한 권원이 있는 자의 도메인명의 등록 및 사용을 방해할 목적 또는 ③ 그 밖의 상업적 이익을 얻을 목적 등의 주관적 목적을 요구하고 있다.

인명 부당선점행위를 인정하는 요건인 '악의'는 부당한 선점행위를 하여 이익을 얻을 목적에 가까운 의미로 보인다. 최고인민법원은 악의가 인정되는 가장 일반적인 네 가지 정황을 아래와 같이 제시하고 있다.[21]

첫 번째로, 영리목적을 위하여 타인의 등록된 저명상표를 도메인명으로 등록한 경우 악의를 인정한다. 대중에게 널리 알려진 등록된 저명상표를 영리의 목적으로 도메인 등록하는 것은, 분명히 저명상표에 대한 무임승차의 의도가 있는 것으로 보이기 때문이다. 이와 같이 저명상표의 경우에는 침해행위가 있는 경우 바로 악의를 인정해 주어, 저명상표를 두텁게 보호하는 효과가 있다.

두 번째로, 영리목적을 위하여 타인의 등록상표, 도메인 등과 동일하거나 유사한 도메인명을 등록하고, 타인이 제공하는 상품 · 서비스 또는 웹사이트와 고의로 혼동을 발생시켜, 인터넷 사용자가 오인하여 그 침해자의 웹사이트 등을 방문하도록 한 경우 악의를 인정한다.

세 번째로, 높은 가격으로 양도 또는 대여를 청약하거나 기타 방법으로 해당 도메인을 양도하여 부당이득을 얻은 경우 악의를 인정한다. 일반적인 수수료를 내고 도메인명을 다량 확보한 뒤에, 실제로 사용할 사실상 권리자에게 높은 가격으로 양도하여 위법적인 이익을 얻는 것은 부정경쟁행위에 해당한다고 본다.

네 번째로, 도메인명 등록 이후 스스로 사용하거나 사용을 준비하지 않고, 권리자가 해당 도메인명을 등록하는 것을 저지할 의도만 있는 경우 악의를 인정한다. 물론 도메인명을 등록한 뒤 사용하지 않는 행위가 모두 부정경쟁행위에 해당하는 것은 아니다. 예를 들어, 자신의 도메인명과 유사한 도메인명이 난립할 것을 우려하여, 이를 보호하기 위해 유사한 도메인명을 등록하고 사용하지 않는 경우가 있을 수 있는데, 이를 두고 부정경쟁행위의 악의가 있었다고 보기는 어렵다.[22]

최고인민법원은 위의 내용을 일응의 기준으로 제시하며, 이를 기준으로 각급법원이 재량에 따라 악의를 인정하도록 하고 있다.[23]

한편 피의 침해자가 분쟁 발생 전에 특유의 도메인명을 이미 취득하여 일정 정도의 지명도를 얻었고 또한 권리자의 등록상표, 도메인명 등과 구별될 수 있다는 점을 증명하거나 또한 기타 정황으로 악의가 없다는 점을 증명하는 경우, 법원은 피의 침해자에게 악의가 없었음을 인정할 수 있다.[24]

21_ 이하 인터넷 도메인 사법해석 제5조 제1항 제1 내지 4호.

22_ 孔祥俊 主编, 最高人民法院知识产权司法解释理解与活用, 中国法制出版社, 2012, p.448.

23_ 인터넷 도메인 사법해석 제5조 제1항.

다음으로 '악의로 사용하였을 것'의 '사용'에 관하여 살핀다. '사용'에 해당하기 위해서는 반드시 도메인명을 상표적으로 또는 상업적으로 사용하여야 하는 것은 아닌 것으로 보인다. 명확한 규정은 없으나, 최고인민법원의 인터넷 도메인 사법해석은 "도메인명 등록 이후 스스로 사용하지 않고 사용을 준비하지도 않은 채 권리자가 해당 도메인명을 등록하는 것을 저지할 의도만 있는 경우"에 악의를 인정하여 이를 제재하고 있다는 점에 비추어보면,[25] 실제로 도메인명을 사용하는 것뿐만 아니라 등록, 보유, 이전 등의 행위도 '사용'으로 인정하는 것으로 보인다. 참고로 한국 부정경쟁방지법의 경우에도 도메인명의 사용, 등록, 보유, 이전 행위를 부정경쟁행위로 규정하고 있다.[26]

5. 도메인명 부당 선점행위와 상표권 침해

이상에서는 반부정당경쟁법을 위반하는 도메인명 부당 선점행위를 살펴보았는데, 도메인명 부당 선점행위는 상표권 침해로 인정될 수도 있다. 「상표법 사법해석」 제1조 제3호는 "타인의 등록상표와 동일하거나 유사한 문자를 도메인명으로 등록하고 당해 도메인명을 통하여 관련 상품의 거래 행위를 하여 관련 공중으로 하여금 용이하게 오인을 초래하는 행위"를 타인의 등록상표권을 침해하는 행위로 규정하고 있다.

도메인명 부당 선점행위가 부정경쟁행위로 인정되는 경우와 상표권 침해로 인정되는 경우 사이에는 어떤 차이가 있을까? 인터넷 도메인 사법해석 제4조는 침해자가 도메인명을 '등록·사용 등 하는 행위'를 권리침해 또는 부정경쟁행위로 보고 있는 반면, 상표법 사법해석은 도메인명을 통하여 '관련 상품의 거래 행위'를 할 것을 요건으로 하고 있다. 상표권 침해행위로 인정하는 행위 태양이 부정경쟁행위로 인정하는 경우보다 더 제한적이라고 할 수 있다.

그렇다면 도메인명 부당 선점행위가 상표권 침해행위와 부정경쟁행위 양쪽 모두에 해당할 때, 중첩적으로 인정되는 것인지 어느 하나만 인정되는 것인지 의문이 들 수 있다. 인터넷 도메인 사법해석 제4조에서는 이와 같은 경우 "권리침해를 구성하거나 또는 부정경쟁행위에 해당하는 것으로 인정한다"고 규정하고 있어, 상표권

24_ 인터넷 도메인 사법해석 제5조 제2항.

25_ 위 규정 제5조 제1항.

26_ 한국 부정경쟁방지 및 영업비밀보호에 관한 법률 제2조 제1호 아목.

침해행위와 부정경쟁행위를 중첩적으로 인정하는 것으로는 보이지 않는다. 실무에서는 이와 같은 경우라면 상표권 침해를 인정하고 부정경쟁행위를 다시 인정하지는 않는 것으로 본다. 좀 더 자세하게 경우를 나누어 살펴보면 아래와 같다.[27]

① 타인의 등록상표를 사용하여 도메인명을 등록하고, 타인의 등록상표 지정상품과 동일 또는 유사한 상품 · 서비스를 위 도메인명을 이용하여 판매 · 제공하는 경우 상표법을 적용한다. 만일 동일 또는 유사한 상품 · 서비스가 아닌 경우 반부정당경쟁법을 적용한다.

② 타인의 상표를 도메인명의 중요한 부분으로 삼아 도메인명을 등록하거나 또는 타인의 상표와 유사한 도메인명을 등록하고, 타인의 등록상표 지정상품과 동일 또는 유사한 상품 · 서비스를 위 도메인명을 이용하여 판매 · 제공하는 경우 상표법을 적용한다. 만일 동일 또는 유사한 상품 · 서비스가 아닌 경우 반부정당경쟁법을 적용한다.

③ 타인의 등록상표와 동일 · 유사하게 도메인명을 등록한 뒤 사용하지 않고, 그 목적이 이전 또는 대여를 통해 이익을 얻고자 하는 데에 있는 경우 반부정당경쟁법을 적용한다.

6. 도메인명 분쟁 해결 기관을 통한 선점행위 구제

도메인 등록, 사용 등 행위가 부정경쟁행위에 해당한다고 인정되는 경우, 법원은 피고에게 침해 중지 및 도메인 등록 취소를 명하거나 해당 도메인을 원고에게 등록 이전할 것을 명할 수 있다. 또한 법원은 손해배상을 명할 수 있다.[28]

권리자는 법원뿐 아니라, 도메인명 분쟁 해결 기관을 통하여 권리를 구제받을 수 있다. 우선 'com, net, org'와 같은 최상위 도메인에 대한 분쟁은 WIPO 중재조정

27_ 이하 南京市中级人民法院民三庭: "侵权还是不正当竞争? 域名与商标冲突的处理", 载钱锋 主编:「中国知识产权审判研究」, 人民法院出版社, 2009, pp.533-560; 林文, 反不正当竞争法律制度与实务技能, 法律出版社, 2014, p.574 재인용.

28_ 인터넷 도메인 사법해석 제8조. 참고로 한국 부정경쟁방지법에 따르면 원고는 해당 도메인의 사용 금지, 말소 및 손해배상을 청구할 수 있고, 해당 도메인의 등록 이전까지 청구할 수는 없다. 다만, 인터넷주소자원에 관한 법률에 정한 부정한 목적으로 등록된 도메인 이름으로 인정되는 경우, 위 법에 따라 등록 이전 또는 등록 말소를 청구할 수 있다. 한국 인터넷주소자원에 관한 법률 제12조(부정한 목적의 도메인이름 등의 등록 등의 금지) 참조.

센터가 정한 「도메인명 분쟁 조정 규정(Uniform Domain Name Dispute Resolution Protocol, 이하 'UDRP')」에 따라 'ICANN(Internet Corporation for Assigned Names and Numbers)'이 승인한 분쟁 해결 기관에서 분쟁을 처리할 수 있다. 이는 국제 공통의 분쟁 해결 방법이므로, 여기에서 별도로 설명하지 않는다.

한편, 'cn'으로 끝나는 중국 지역 도메인명에 대해서는 중국 자체의 분쟁 해결 기구가 마련되어 있고, 분쟁 해결의 규정을 두고 있으므로, 이에 대해서 살펴보기로 한다. 1997년 6월 1일부터 실시된 「중국 인터넷 네트워크 도메인명 등록 잠정관리 방법(中国互联网络域名注册暂行管理办法)」에 따라 '중국 인터넷 네트워크 정보 센터(China Internet Network Information Center, 이하 'CNNIC')'는 중국 최상위 도메인명 'cn'에 대한 관리와 운영을 책임진다. 또한 중국 정보 산업부(信息产业部)의 수권을 받아 중립적인 제3자 도메인명 분쟁 해결 기구를 지정하여 도메인명 분쟁을 해결할 수 있다.[29]

CNNIC가 지정한 분쟁 해결 기구는 중국 본토에 한 곳, 홍콩에 한 곳이 있다. 중국 본토의 분쟁 해결 기관은 '중국 국제 경제 무역 중재위원회(CIETAC, 网上争议解决中心)'의 온라인 분쟁 해결 센터[30]이고, 홍콩의 분쟁 해결 기관은 '홍콩 국제 중재 센터(HKINC, 香港国际仲裁中心)'[31]이다. 어느 쪽에 분쟁을 신청할 것인지는 신청인이 선택할 수 있다.

위 분쟁 해결 기관들은 2002년 8월 제정된 「중국 인터넷 네트워크 도메인명 등록 잠정관리방법」, 2012년 개정된 「중국 인터넷 네트워크 정보센터 도메인명 분쟁 해결 방법(中国互联网络信息中心域名争议解决办法, 이하 'CNDRP')」과 「중국 인터넷 네트워크 도메인명 분쟁 해결 방법 절차규칙(中国互联网络信息中心域名争议解决办法程序规则, 이하 '절차규칙')」에 근거하여 분쟁을 해결하고 있다.

CNDRP와 절차규칙에 따른 분쟁 해결 절차를 간략히 살펴보면 다음과 같다. 권리가 침해되었다고 여기는 자가 분쟁 해결 기구에 분쟁 해결을 신청하는 경우, 분쟁 해결 기구는 패널을 구성하여, 패널에 사건을 배당한다. 패널은 절차규칙에 따라 실

29_ 信息产业部「关于同意中国互联网络信息中心继续作为CN和中文域名注册管理机构开展有关工作的批复」[信部电函(2005)204号].

30_ 주소: 中国北京市西城区桦皮厂胡同2号国际商会大厦6层 우편번호: 100035.
전화: +86 10 82217640,82217609,82217639, 팩스: +86 10 64643500 또는 82217766, 홈페이지 주소 http://www.odr.org.cn.

31_ 주소: 交易广场二期38楼康乐广场8号(中国香港), 전화: (852) 2525-2381, 팩스: (852) 2524-2171, 홈페이지 주소 http://www.hkiac.org/sc/.

체 심사를 한 뒤 결정을 내리고 그 결정서를 분쟁 해결 기구에 보낸다. 분쟁 해결 기구는 그 결정을 공개 발표하고, 도메인명의 등록 취소 또는 이전을 명하는 결정인 경우 도메인 등록 서비스기구가 이를 집행한다. 보다 상세한 절차는 아래와 같다.

① 타인이 이미 등록한 도메인과 자신의 합법적인 권리 간의 충돌이 발생하였다고 여긴 경우, 누구나 분쟁 해결 기구에 해결을 신청할 수 있다.[32]

② 분쟁 해결 기구는 신청서(投诉书)를 접수한 이후, CNDPR 및 절차규칙에 따라 신청서 형식에 대한 심사를 진행한다.

③ 심사 결과 수리 요건에 부합하는 경우, 절차규칙에 따라 신청인이 비용을 납부하면, 피신청인에게 신청서 부본을 송달한다.

④ 신청서에 형식상 흠결이 있는 경우, 즉시 신청인에게 통지하고 규정된 시한 내에 필요한 수정을 요구한다. 신청인이 규정된 시한 내에 수정하지 아니하거나, 수정 이후의 문서가 요구에 부합하지 아니한 경우 서면 통지를 통해 신청을 취소한다.[33]

⑤ 피신청인은 도메인명 분쟁 절차 개시일부터 20일 내에 분쟁 해결 기구에 답변서를 제출하여야 한다.[34]

⑥ 패널은 1인 또는 3인으로 구성된다. 신청인이나 피신청인은 패널을 지정할 수 있고, 지정을 수락할지 여부는 패널이 직접 결정한다. 분쟁 해결 절차의 신속하고 순조로운 진행을 위해, 패널 후보자가 지정을 거절한 경우, 도메인 분쟁 해결 기구가 다른 전문가를 지정하여 패널을 구성한다.[35]

⑦ 패널 구성 이후, 도메인명 분쟁 해결 기구는 사건을 패널에 배당하고, 패널 구성 상황과 분쟁 해결 기구에 결정을 제출할 기한을 당사자에게 통지한다.[36]

⑧ 패널들은 절차규칙 등에 따라 적절한 방식으로 사건 절차를 진행하며, 신청인의 신청서와 피신청인의 답변서의 주장, 관련 사실 및 제출 증거를 토대로, 특별한 사정이 없는 한 패널이 구성된 후 14일 내에 결정을 내린다. 그리고 결정서를 도메인명 분쟁 해결 기구에 제출하여야 한다.[37]

32_ CNDRP 제5조 제1항, 절차규칙 제11조.

33_ 이상 절차규칙 제14조.

34_ 위 규정 제17조.

35_ 위 규정 제21, 27조.

36_ 위 규정 제28조.

37_ 위 규정 제31조 제1항, 제37조.

⑨ 만약 절차가 정식으로 개시되기 전이나 진행되고 있는 과정에서, 당사자가 계쟁 도메인에 대하여 사법기관 또는 중재기관에 제소한 경우, 분쟁 해결 기구 또는 패널은 절차를 중지(中止) 또는 종결(終止)할 수 있고, 절차를 계속 진행하여 결정을 내릴 수도 있다. 만약 당사자가 절차 진행 기간에 계쟁 도메인명에 대한 사법 또는 중재 절차를 제기한 경우, 즉시 패널과 분쟁 해결 기구에 통지하여야 한다.[38]

⑩ 분쟁 해결 기구는 패널이 제출한 결정을 접수한 이후 3일 내에 당해 결정서를 이메일(전자우편) 형식으로 양측 당사자, 관련 도메인명 등록 서비스 기구 및 CNNIC에 통지한다. 패널이 당사자의 청구 또는 분쟁의 구체적인 상황에 따라 달리 결정하지 않는 한 분쟁 해결 기구는 공개된 인터넷 사이트에 결정서 내용 전체를 게시한다.[39]

⑪ 분쟁 해결 기구가 등록 도메인명의 말소를 결정하거나 신청인에게 해당 도메인명을 이전할 것을 결정한 경우, 도메인 등록 서비스 기구는 결정 발표일부터 10일 이내에 이를 집행하여야 한다. 그러나 피신청인이 결정 발표일부터 10일 이내에 유효한 증거를 제출하여 관할 법원 또는 중재기관이 관련 분쟁을 수리한 사실을 증명한 경우, 분쟁 해결 기구의 결정은 집행의 잠정적으로 중지(中止)된다.[40]

패널은 실체적 내용에 대한 심사를 거쳐 다음 조건에 부합하는 경우 분쟁 해결 신청을 인용하는 결정을 내린다. ① 계쟁 도메인명과 신청인이 향유하고 있는 민사권리의 명칭 또는 표지가 동일하거나, 혼동을 초래하기 충분한 유사성을 가진 경우. ② 계쟁 도메인명의 소유자가 도메인명 또는 그 주요 부분에 대한 합법적인 권리를 가지지 아니한 경우. ③ 계쟁 도메인명의 소유자가 도메인명의 등록 또는 사용에 악의를 가진 경우.[41]

위 악의의 판단과 관련하여 다음과 같은 상황에 해당하는 경우, 계쟁 도메인명 소유자(피신청인)가 도메인명을 악의적으로 등록 또는 사용한 것으로 판단한다.[42]

첫째, 도메인명을 등록 또는 양도한 행위가 민사권리의 소유자인 신청인 또는 그 경쟁 상대에게 해당 도메인명을 매매, 대여 또는 다른 방식으로 양도하여 부당한

38_ 위 규정 제41조4.
39_ 위 규정 제43, 44조.
40_ CNDRP 제16조 제1항.
41_ 위 규정 제8조.
42_ 위 규정 제9조.

이익을 획득하기 위한 목적을 가진 경우.

둘째, 타인이 합법적인 권리를 향유하는 명칭 또는 표지를 여러 차례 자신의 도메인명으로 등록하여, 타인이 합법적으로 자신의 명칭 또는 표지를 도메인명으로 사용하는 것을 저지한 경우.

셋째, 도메인명을 등록 또는 양도한 행위가, 신청인의 명성에 손해를 끼치고 신청인의 정상적인 업무활동을 방해하거나 또는 관련 공중을 오도하여 피신청인과 신청인을 구별하는 데에 혼동을 일으키게 하기 위한 것인 경우.

그러나 피신청인이 분쟁 해결 기구가 송달한 신청서를 받기 전에 이미 다음과 같은 상황이 존재하는 경우, 피신청인은 해당 도메인명에 대한 합법적인 권리를 가지는 것으로 볼 수 있다. ① 상품 또는 서비스를 제공하는 과정에서 피신청인이 이미 선의로 당해 도메인명 또는 도메인명과 대응되는 명칭을 사용한 경우, ② 상품 상표 또는 관련 서비스 상표를 취득하지는 못하였으나 피신청인이 소유하고 있는 도메인명이 이미 일정한 지명도를 획득한 경우, ③ 피신청인이 당해 도메인명을 공정사용(合理使用)하거나 비상업적, 합법적으로 사용하여, 상업적 이익을 획득하기 위해 소비자를 오도할 의도가 존재하지 아니한 경우.[43]

한편, 분쟁 해결 기구의 결정에 대해서 불복하는 경우 당사자들은 이를 CNNIC 소재지 중국 법원에 제소하거나, 신청인과 피신청인이 협의를 통해 중국 중재기구에 중재를 신청할 수 있다. CNNIC 소재지 법원은 베이징시 하이디엔구 인민법원(北京市海淀区人民法院) 또는 베이징시 제1중급인민법원(北京市第一中级人民法院)이다.[44]

지금까지 소개한 절차와 실체 판단 기준에 따라 중국 국제 경제 무역 중재위원회(CIETAC) 온라인 분쟁 해결 센터에서 해결한 사례 하나를 아래에서 살펴본다.

사례 **'prada.com.cn'에 대한 분쟁해결기구 결정**[45]

PRADA S.A.(普拉达有限公司, 이하 신청인)과 쑤비옌(苏碧燕, 이하 피신청인)의 'prada.com.cn' 도메인에 관한 사안

[사실관계] 2012년 4월 11일, 피신청인은 도메인명 등록 기구인 항저우 아이밍 인터넷 유한공사를 통해 이 사건의 계쟁 도메인명 'prada.com.cn'을 등록하였다. 이를 발견한 신청

43_ 위 규정 제10조.

44_ 위 규정 제15조.

45_ (2014)中国贸仲域裁字第0043号.

인은 2014년에 CIETAC에 분쟁 해결을 신청하였다.

[결정내용] 신청인은 1998년 이래로 제14류, 제9류, 제21류 등 지정 서비스(상품) 항목에서 사용을 허가받은 다수의 'PRADA' 등록상표를 보유하고 있다. 패널은 계쟁 도메인명의 주요 부분이 신청인이 보유한 등록상표와 동일하여 혼동을 유발하기 충분한 유사성을 구비하였으므로, 신청인의 신청은 CNDRP 제8조의 첫 번째 조건에 부합한다고 인정하였다. 또 패널은 피신청인의 이름과 계쟁 도메인명의 식별부분 'PRADA' 간에 어떠한 연관도 없으며 피신청인이 이를 반박할 답변 자료를 제출하지 아니하였기 때문에, 피신청인이 계쟁 도메인명 또는 그 주요 부분에 대한 합법적인 권리를 가지지 아니하였으므로, 분쟁 해결 신청이 CNDRP 제8조의 두 번째 조건에 부합한다고 보았다. 그리고 증거를 통해 계쟁 도메인명의 원등록자인 Lin Shing Yip이 신청인에게 11,500 유로의 도메인명 양도 비용을 요구하였던 사실을 알 수 있었다. 또한 신청인이 제출한 증거를 통해, 피신청인이 여러 차례 온라인에서 세계적으로 저명한 상표 또는 주지상호(知名商号)와 동일하거나 유사한 도메인명을 판매해 왔던 사실을 알 수 있었다. 또한 패널은 이러한 증거를 통해, 피신청인은 패션 업계에서 매우 높은 영향력과 지명도를 지닌 신청인의 'PRADA' 상표를 당연히 알고 있음에도 불구하고, 실제 권리자의 'prada.com.cn' 도메인명의 등록과 사용을 저지하였으며, 도메인명과 신청인 간의 관계에 대한 혼동을 유발하기 용이하게 공중을 오도하였다고 인정하였다. 이러한 이유로 패널은 신청인의 분쟁 해결 신청이 CNDPR 제9조 제3호에서 규정한 조건을 만족한다고 보고, 계쟁 도메인명을 신청인에게 이전할 것을 결정하였다.

II. 신의성실의 원칙을 위반한 부정경쟁행위를 인정한 판례 사안[46]

앞서 제2장에서 살펴본 바와 같이, 「반부정당경쟁법」 제2조를 독자적으로 적용하여 부정경쟁행위를 인정할 수 있는지 여부에 대해서 중국 학계에는 대립되는 견해가 있으나, 법원은 제2조 일반조항을 독자적으로 적용하여 부정경쟁행위를 인정할 수 있다는 확고한 입장을 보이고 있다. 나아가 경제 상황이 빠르게 변화함에 따라 다양한 변칙적 영업방식이 출현하고 있고, 중국 법원이 「반부정당경쟁법」 제2조를 적용하는 사안도 날로 다양해져 가고 있다. 타인의 노력에 무상으로 편승하여 신의성실의 원칙에 위반하는 부당한 경쟁행위의 유형이 다양해지고 있고, 기존의 반

46_ 전정현, 창작과 권리 2015년 봄호, 세창출판사, 65-84면.

부정당경쟁법이 열거하는 부정경쟁행위유형으로는 규율하기 어려운 상황이 많이 발생하고 있으므로, 일반조항인 제2조를 적용하여 공정한 경쟁을 보호하고 있는 것이다.

특히 IT 기술과 인터넷의 발전으로 인하여 컴퓨터 소프트웨어, 인터넷 검색 또는 전자 상거래 등과 관련된 새로운 유형의 부정경쟁행위들이 등장하고 있다. 또 다른 한편으로는 타인의 유명세의 후광을 빌어 간접적으로 자신의 별도의 영업에 부당한 이득을 얻으려는 유형의 부정경쟁행위들도 다양한 산업분야에서 다양한 방식으로 발생하고 있다. 아직은 부정경쟁행위의 새로운 양태를 유형화시키기 어려운 점이 있으므로, 아래에서는 「반부정당경쟁법」 제2조의 적용을 받은 비교적 유명한 부정경쟁행위 분쟁 사안을 사례별로 살펴보도록 한다.

1. '공익의 필요가 아니면 방해하지 않는 원칙(非公益必要不干扰原则)' 위반 사안

인터넷 서비스가 발달함에 따라 인터넷상에서의 부정경쟁행위가 날로 증가되는 추세이다. 베이징 고급인민법원은 반부정당경쟁법 제2조 경쟁의 일반원칙을 인터넷 서비스 영역에 적용하여 '공익의 필요가 아니면 방해하지 않는 원칙(非公益必要不干扰原则)'을 제시하고 있다. 이는 인터넷에서 경영하는 경영자들은 평화공존, 자유경쟁, 신의성실, 사용자의 선택 보장을 원칙으로 경쟁해야 하는 것이고, 서로 다른 경영자들의 인터넷 상품 또는 서비스는 상호 간에 방해되지 않게 제공되어야 한다는 원칙이다. 다만 인터넷 사용자를 보호하는 등 사회 대중의 이익을 보호할 필요가 있는 경우, 인터넷 서비스 경영자는 인터넷 사용자 또는 서비스 제공자의 동의를 거치지 않은 상황에서 타인의 인터넷 상품 또는 서비스 운영을 방해할 수 있다는 것이다. 다만, 이와 같은 경우에도 방해한 자가 방해 수단의 필요성과 합리성을 확보하고 증명해야 한다.[47]

2011년 12월 29일 공업·정보화부서가 발표한 「인터넷 정보 서비스 시장 질서 규범에 관한 약간의 규정(规范互联网信息服务市场秩序若干规定)」 제5조 제1항은 "사용자의 단말기에 제공되는 다른 인터넷 정보 서비스 제공자의 서비스를 악의적으로 방해하거나, 또는 인터넷 정보 서비스와 관련된 소프트웨어 등의 제품의 다운로드,

47_ 北京市高级人民法院 (2013)高民终字第2352号 民事判决书.

설치, 운행 및 업데이트를 악의적으로 방해해서는 안 된다"고 규정하고 있는바, 이와 관련하여 '공익의 필요가 아니면 방해하지 않는 원칙'은 위 규정의 원칙을 따르면서도 예외를 규정하는 것이라고 볼 수 있다.

'공익의 필요가 아니면 방해하지 않는 원칙'에 따라 위법하지 않게 타인의 서비스 또는 프로그램을 방해할 수 있는 경우는 대체적으로 아래와 같은 3가지 경우가 있을 수 있다.[48]

첫 번째는 객관적 원인이 야기한 충돌이 일어나는 경우이다. 즉, 하드웨어 또는 소프트웨어의 객관적인 조건으로 말미암아 양자가 동시에 병존할 수 없고, 그로 인하여 인터넷 상품 또는 서비스 간에 상호 간섭이 일어나는 경우, 타인의 서비스를 방해할 수 있다.

두 번째는, 사용자가 정황을 정확히 알고 능동적으로 선택하는 경우이다. 단, 이와 같은 선택의 결과는 그 선택을 한 사용자에게만 한정되어야 한다. 타인의 합법적 권익을 침해하지 않고, 사용자가 능동적으로 선택하는 경우라면 인터넷 상품 및 서비스 제공자는 침권적이지 않은 방법으로 타인의 인터넷 상품 또는 서비스를 수정할 수 있다.

세 번째는, 고객이 상황을 잘 알지 못하고, 스스로 선택하지도 않았으나, 사용자의 안전과 공공이익을 위해 필요한 경우이다. 예를 들면 백신 프로그램이 응급 상황에서 사용자의 동의 없이도 자동으로 바이러스 프로그램을 제거할 수 있도록 하는 기능이 있다면, 이는 '공익의 필요가 아니면 방해하지 않는 원칙' 위반이라고 보지 않는다.

아래에서는 '공익의 필요가 아니면 방해하지 않는 원칙'과 관련된 인터넷 서비스 관련 부정경쟁행위 사안들이다.

(1) 타인이 제공하는 검색창에 표시되는 관련 검색어를 변형하여 고객을 유인하는 행위[49]

이 사건에서 인터넷 사용자가 피고 프로그램이 설치되어 있는 컴퓨터에서 원고 바이두사 검색 사이트에 접속하면, 검색 결과 페이지에 경고 표지가 표시되게 하고 인터넷 사용자로 하여금 피고의 안전 브라우저 설치 버튼을 클릭하도록 유도하였다.

48_ 이하 石必胜 (北京市高级人民法院), 互联网竞争的非公益必要不干扰原则—兼评百度诉360插标和修改搜索提示词不正当竞争纠纷案, 电子知识产权, 2014年4期, p.31.

49_ 北京市高级人民法院 (2013)高民终字第2352号 民事判决书.

또한 피고의 인터넷 주소 네비게이션 사이트에 바이두 검색창을 삽입한 다음, 바이두 사이트가 그 검색창에 제공하는 연관 검색어를 수정하여 표시되게 하였다. 그리하여 인터넷 사용자가 위 수정된 바이두 검색창을 이용할 때, 바이두사가 원래 제공하는 관련 검색어가 아닌 피고가 제공하는 관련 검색어를 제공하였다. 이러한 방식으로 피고는 자신이 제공하는 관련 검색어 중 앞쪽에 있는 사이트에 인터넷 사용자를 유도하였고, 심지어는 고객의 검색 목적과는 완전히 다른 특정 사이트(피고 회사가 경영하는 사이트)를 방문하도록 유도하였다.

이처럼 피고는 타 기업의 검색 결과 페이지에 무단으로 사진의 표지를 끼워 넣고, 검색창의 연관 검색어를 수정하는 방법으로 타인의 서비스 방해 행위를 하였음에도 불구하고, 그와 같은 방해 행위의 필요성과 합리성을 증명하지 못하였다. 결국 베이징시 고급인민법원은 피고 행위는 '공익의 필요가 아니면 방해하지 않는 원칙'을 위배한 부정경쟁행위에 해당한다고 판단하였다.

(2) 타인의 소프트웨어 설치를 방해하는 행위[50]

우선 소개할 사안은 원고 바이두사와 피고 3721 회사 사이에서 부정경쟁행위가 문제된 사안이다. 피고 3721 회사는 '3721 인터넷 실명(网络实名)'이라는 소프트웨어를 제공하였다. 사용자가 이 소프트웨어를 설치하면 인터넷을 사용할 때 영어로 된 도메인명을 입력할 필요 없이, 중국어로 필요한 홈페이지를 찾을 수 있게 되었다. 그런데 위 '3721 인터넷 실명' 소프트웨어를 설치하고 나면, '바이두 IE 검색 툴바(百度 IE 搜索伴侣)' 소프트웨어를 설치할 수 없게 되었다. 즉, 사용자가 바이두사의 위 검색 툴바 소프트웨어를 설치하려고 하면 위 '3721 인터넷 실명' 소프트웨어가 경고 메시지를 띄워서 사용자로 하여금 무언가 잘못되었다고 오해하게 하고 위 바이두사의 소프트웨어 설치를 포기하게 하였던 것이다. 위 사안에서 베이징시 제1중급인민법원은 사용자가 원고 소프트웨어를 설치하는 것을 방해한 피고 3721 회사의 행위를 부정경쟁행위로 인정하였다.

(3) 다른 소프트웨어 작동을 막는 행위[51]

또 다른 사안에서는, 원고 소프트웨어가 이미 설치된 상황에서 사용자가 후에 피고 소프트웨어를 설치하는 경우, 그 피고 소프트웨어가 원고 소프트웨어를 방해

50_ 北京市第一中级人民法院 (2005)一中民终字第4543, 4544号 民事判决书.

51_ 北京市第一中级人民法院 (2007)一中民终字第13142号 民事判决书.

하여 사용자가 다시는 원고의 소프트웨어를 사용할 수 없도록 하였다. 이 사안의 원고는 '360 안전 보디가드(360安全卫士)' 소프트웨어의 개발 회사인데, 피고는 사용자가 원고의 소프트웨어를 설치한 상황에서 피고의 '야후 조수(雅虎助手)'를 설치하면 원고 소프트웨어가 정상적으로 작동하지 않도록 하였다. 이는 '야후 조수'의 개발자가 소프트웨어 내에 원고 소프트웨어에 대한 장애물을 설치함으로 인해 빚어진 결과로서, 법원은 피고가 원고 소프트웨어의 작동을 방해한 것이 명백하다고 판단하였다. 또한 피고는 사용자가 피고의 소프트웨어를 설치한 후에 컴퓨터를 다시 시작하면 "당신의 컴퓨터에 '360 안전 보디가드'가 설치되어 있는 것을 발견했습니다. 이를 사용하는 경우 '야후 조수' 및 시스템이 제대로 돌아가지 않을 수도 있습니다. 경우에 따라서는 블루 스크린이 뜰 수 있으니, '360 안전 보디가드'를 제거하십시오"라는 경고문이 뜨게 하였는데, 법원은 이러한 피고 행위는 사용자로 하여금 불안한 심리를 갖게 하였고, 원고의 소프트웨어 제품의 신용에 대해 좋지 않은 영향을 미친다고 보았다. 그러므로 법원은 상술한 피고의 행위는 소프트웨어 동종업계 경쟁자의 정상적인 경쟁 질서에 혼란을 초래하고, 동종업계 경쟁자의 정당한 경영 권익에 손해를 입혔다고 보아 부정경쟁행위에 해당한다고 판단하였다.

(4) 타인의 소프트웨어를 무단으로 변경하는 행위[52]

중국 온라인 메신저 소프트웨어 중에 QQ라는 소프트웨어가 있는데, 이는 한국의 네이트온과 카카오톡을 합친 것만큼 전국민의 인기를 얻은 소프트웨어이다.

이 사건은 위 QQ 메신저 소프트웨어와 관련된 사건이다. QQ 메신저는 사용자가 '숨김 로그인'을 선택하면 그 사용자의 로그인 사실을 메신저 내 다른 사용자들에게 알리지 않도록 하는 기능을 제공하고 있고, 'IP 숨기기'를 선택하면 다른 사용자들이 해당 사용자의 IP 주소 및 지리적 위치를 다른 사용자가 알지 못하도록 하는 기능을 제공하고 있다.

그런데 피고는 위의 '숨김 로그인' 및 'IP 숨기기' 기능을 무력화하도록 하는 소프트웨어를 개발하였다. 사용자가 위 무력화 소프트웨어를 설치하면, 해당 소프트웨어는 QQ 메신저에서 사용하는, 윈도즈(Windows) 운영체제가 제공하는 시스템 파일과 같은 이름의 파일을 만들어낸다. 사용자가 QQ 메신저 소프트웨어를 작동시킬 때 QQ 메신저는 원래 윈도즈 운영체제가 제공하는 시스템 파일이 아닌 피고 소

52_ 湖北省武汉市中级人民法院 (2011)武知终字第6号 民事判决书.

프트웨어가 만들어 둔 동일한 이름의 시스템 파일을 잘못 불러오게 되고, 결국 QQ 메신저 소프트웨어의 일부가 변경된다. 그 결과 피고의 무력화 소프트웨어를 설치한 사용자는 다른 사용자가 '숨김 로그인' 및 'IP 숨기기'를 선택하여도, 그 사용자들의 로그인 사실과 IP 주소 및 지리적 위치를 알 수 있게 되었다.

중국 후베이성 우한시 중급인민법원은 이에 대하여, 피고가 원고 QQ 메신저 소프트웨어에 의존하여 작동되는 프로그램을 만들어 제공하면서 QQ 메신저 소프트웨어의 기능을 변경시킨 행위는, QQ 메신저 프로그램의 광대한 사용자 범위와 높은 시장 점유율에 편승한 신의성실의 원칙에 위배되는 행위라고 보았다. 또한 이로 인하여 일부 사용자들은 QQ 메신저 프로그램 사용을 중단하였을 것이므로 원고에게 손해를 가하였다고 보았다. 이와 같은 이유로 법원은 반부정당경쟁법 제2조를 적용하여 피고들이 원고 소프트웨어를 무단으로 변경한 행위를 부정경쟁행위에 해당한다고 보았다.[53]

(5) 타인의 소프트웨어 설치를 방해하고 타인의 소프트웨어 명성을 깎아내려 반사이익을 얻은 행위[54]

이 사건 역시 QQ 소프트웨어와 관련된 사안이다. 사용자는 무료 QQ 소프트웨어를 설치한 뒤, 소프트웨어 사용자 화면에 보이는 각종 버튼과 아이콘을 이용하여 사용자가 필요에 따라 추가적인 보조 프로그램들을 선택하여 사용할 수 있다.

그런데 피고 360회사는 이러한 QQ 소프트웨어를 겨냥하여 '코코보디가드(扣扣保镖)'라는 소프트웨어를 개발하고, 관련 인터넷 사이트에 코코보디가드가 QQ 사용자의 안전을 전면적으로 보호한다고 선전하며 그 소프트웨어의 다운로드를 제공하였다.

사용자가 코코보디가드 소프트웨어를 설치하면, 위 소프트웨어는 자동적으로 사용자 컴퓨터에 대해 검사를 실시하고, 사용자에게 빨간색 글자체로 QQ에 중대한 안전 문제가 있다고 경고하며 녹색 글자체로 '원스톱 수리(一键修复)'라는 배너를 제공한다. 사용자가 '원스톱 수리'를 클릭하면 컴퓨터 화면에는 "총 31개의 QQ 보조

53_ 이 사건은 타인의 프로그램을 무단으로 변경한 것이므로, 컴퓨터 소프트웨어 보호조례 제8조 제1호 제3항에서 정하는 수정권을 침해한 저작권 침해행위로도 인정되었다. 1심법원은 피고들에게 저작권 침해를 이유로 ① 손해배상금 30만 위안의 지급, ② 저작권 침해에 대한 공개 사과를 명하였고, 부정경쟁행위를 이유로 손해배상금 20만 위안의 지급을 명하였다.

54_ 最高人民法院 (2013)民三终字第5号 民事判决书.

프로그램이 있습니다. 그중 11개의 보조 프로그램이 사용 금지되었습니다"라는 알림이 표시된 뒤, '기업 QQ(企业 QQ)', 'QQ 책갈피(QQ 书签)' 등 11개의 보조프로그램을 사용하지 못하게 하였다. 그리고 사용자가 '원스톱 수리' 기능을 선택하고 나면 QQ의 안전을 보호하는 명령 체계는 QQ 소프트웨어 자체의 안전 연결 인터페이스에서 코코보디가드 인터페이스로 교체된다. 또한 대화창 윗부분에 "당신이 평소에 사용에 필요하지 않은 보조 프로그램의 사용을 금지하여, 당신의 QQ의 사용이 편리해집니다"라는 문구를 표시하고, 아래 부분에는 '원스톱 최적화(一键优化)' 메뉴를 표시하였다. 사용자가 '원스톱 최적화' 기능을 가동시키면 자동 또는 수동 모드로 QQ 소프트웨어의 관련 보조 프로그램 사용을 금지하게 하며, 사용 금지된 QQ 소프트웨어 기능과 버튼은 사용할 수 없게 된다.

또한 피고는 사용자 컴퓨터에서 코코보디가드가 작동되면 "360 안전보디가드(360安全卫士)를 설치하지 않으면, 컴퓨터는 위험해집니다", "QQ 안전센터 업그레이드", "QQ의 내 문서에 대한 스캔 저지" 등의 문구가 '위험항목'으로 분류되어 표시되게 하였다. 또한 사용자가 QQ 소프트웨어 내의 "트로이 목마 삭제" 기능을 클릭하면, 사용자 컴퓨터에 이미 360 안전보디가드가 설치되어 있지 않은 경우, "만일 당신이 360 안전보디가드를 설치하지 않는다면, 트로이 목마 삭제 기능을 사용할 수 없습니다"라는 알림이 뜨고, 360 안전보디가드를 설치하는 기능키를 제공하였다.

이와 같이 피고는 코코보디가드가 QQ 사용자의 안전을 전면적으로 보호하고, QQ 채팅 프로그램이 컴퓨터 하드 드라이버의 개인 문서를 강제 스캔하는 등의 기능을 자동적으로 저지한다고 선전하고, 코코보디가드를 무료로 제공하는 상황이었으므로, 많은 사용자는 당해 소프트웨어를 다운로드 받고 이를 작동시켰다. 피고의 웹사이트 내용에 따르면 코코보디가드가 출시된 지 72시간 만에 코코보디가드 소프트웨어 다운로드 수가 천만을 돌파했으며, 1초당 평균 40개가 다운로드된 후 설치되어, 인터넷 소프트웨어 다운로드의 새 기록을 세웠다고 한다.

피고의 위와 같은 행위에 대하여 1심법원은 반부정당경쟁법 제2조 위반의 부정경쟁행위에 해당하고 동시에 제14조를 위반한 상업 비방행위에 해당한다고 보았다. 2심법원인 최고인민법원 역시 그 판단을 지지하였다.

참고로, 이 사건에서 피고는 ① 원고의 영업방식은 소비자의 이익을 침해하는 것이므로 보호될 필요가 없고 오히려 피고의 영업방식이 소비자의 이익을 보호하는 것이었다는 주장과 함께, ② 피고의 행위는 자유 시장에서 창의적인 경쟁 행위에 해당하는 것으로 이를 제한해서는 안 된다고 주장하였는데, 그에 대한 최고인민법원의 판단은 참고해 볼 만하다.

피고가 원고의 영업방식이 소비자의 이익을 침해하는 것이고 오히려 피고의 영업방식이 소비자의 이익을 보호하는 것이었다고 주장한 이유는, 원고의 소프트웨어가 지나치게 다양한 기능을 포함하고 있었으므로 그 기능 중 소비자들이 잘 쓰지 않는 기능을 정리해주는 피고 소프트웨어는 소비자의 이익이라고 보았기 때문이다. 또한 원고의 소프트웨어는 배너 팝업 등이 수반되어 소비자들이 사용할 때 이를 감내해야 하는 불편함이 있었는데 피고 소프트웨어서 그와 같은 배너 팝업을 없애주었으므로 소비자들에게 이익이라고 본 것이다.

소비자의 입장에서는 일견 타당성이 없는 것은 아니나, 최고인민법원은 그와 같은 주장을 받아들이지 않았다. 최고인민법원은 "소비자가 특정 제품 및 서비스를 받을 수 있는지 여부는 시장 수요 및 경쟁 상황에 따른 조정에 따라 이루어져야 할 것이고, 만약 특정 인터넷 제품의 고객 체험이 만족스럽지 않을 경우 타 상품을 방문하여 사용하는 방식으로 진행하는 일종의 '투표 방식'에 의해 개선되어야 할 것이다"라고 판단하였다. 즉, QQ소프트웨어가 지나치게 많은 기능을 제공하는 서비스 방식이 소비자에게 침해성을 띤다는 피고의 주장은 객관성이 없고, 설사 침해성이 있다고 하더라도 그 개선 방식은 소비자의 의견이 점차 반영되어 나가는 방식이어야 한다는 것이다. 또한 최고인민법원은 "원고의 소프트웨어를 무단으로 수정하여 광고 및 배너 팝업을 저지한 것은 합법적인 사용자 이익 수호의 범주를 벗어난다"고 보았다. 위와 같이 QQ소프트웨어의 '소비자 이익 침해성'을 이유로 피고가 주장한 본인 행위의 정당성은 성립할 수 없다고 보았다.

또한 피고의 행위가 자유 시장에서의 창의적인 경쟁 행위에 해당한다는 주장에 관하여, 최고인민법원은 타인의 제품 또는 서비스를 간섭해서는 안 된다는 원칙을 다시 한 번 확인하였다. "피고는 본인의 행위가 인터넷 자유와 창조 정신을 구현한 행위라고 주장하면서, 1심법원이 업계의 발전 규칙을 무시한 채 반부정당경쟁법의 일반 조항을 과도히 엄격하게 적용해 경쟁 및 창조를 제한한다고 주장하였다. 그러나 본 법원은 인터넷의 발전은 자유 경쟁 및 과학 기술의 창조에 기초해야 하지만, 이것이 인터넷 영역이 자신의 뜻대로 움직이는 법외 영역은 아니라고 판단한다. 경쟁의 자유와 창조의 자유는 반드시 타인의 합법적 권익을 해치지 않는 범위 내에서 이루어져야 하고, 인터넷 서비스의 건강한 발전은 질서잡힌 시장 환경과 명확한 시장 경쟁 규칙이 보장된 범위 내에서 가능하다 …(중략)… 단순히 기술 발전을 이유로 타인의 기술 제품 혹은 서비스에 간섭하는 것을 허용할 경우, 기술 발전과 창조라는 허울을 두른 '정글의 법칙'이 득세하는 결과를 초래할 수 있다. …(중략)… 본 사안에서 피고는 기술 창조라는 명목으로 코코보디가드를 개발해 피고의 QQ 소프트웨어에 지대한 간섭을 하였다. 이에 본 법원은 그 행위가 인터넷 자유와 창조 정신에 입각한 것이라고 판단하기 힘들어 그 상소 이유를 지지하지 아니한다."

2. 타인의 상호 등을 자신의 홈페이지 관련 검색어로 등록하는 행위[55]

원고 화까이(华盖) 회사와 피고 잉마이(映脉) 회사는 모두 인터넷 홈페이지를 통하여 사진, 그림 등의 시각 자료를 제공하는 영업을 하는 회사이다. 피고는 원고 회사의 이름과 관련된 검색어, 즉 화까이 창의(华盖创意), 화까이(华盖), 화까이 홈페이지(华盖网), 화까이 그림 자료실(华盖图片库) 등을 사용자가 바이두 검색창에 입력하면 그 검색 결과 화면에 피고 웹사이트가 앞쪽에 표시되고, 사용자가 이를 클릭하여 접속하면 피고가 바이두에 일정한 수수료를 지불하는 방식의 계약을 맺었다.

베이징시 제1중급인민법원은 이에 대하여, 피고가 위와 같은 행위를 한 결과 인터넷 사용자들이 바이두 검색 결과로부터 원고 회사와 피고가 특별한 관계에 있다고 오인하거나 또는 피고의 제품 및 서비스를 원고의 것으로 혼동하게 되어, 결국 원고의 사업 기회를 빼앗고 시장 경쟁 질서에 혼란을 주었으므로, 위와 같은 행위는 반부정당경쟁법 제2조 위반에 해당한다고 보았다.

톈진시 고급인민법원도 이와 유사한 사건에서 부정경쟁행위를 인정한 바 있다. 이 사건에서는 피고 여행사가 경쟁자인 원고 여행사 기업명칭 및 약칭을 키워드로 하여 구글과 바이두에 위와 동일한 방식으로 검색어 광고를 하였다. 톈진시 고급인민법원은 피고 행위를 반부정당경쟁법 위반에 해당한다고 보았다. 다만, 이 사안에서 법원은 피고 행위는 타인의 기업명칭 성명 등을 침해한 행위에 해당한다고 보아 반부정당경쟁법 제5조 제3호를 적용하였다.[56]

3. 타인이 제공하는 검색 결과에 자신의 광고를 끼워 넣는 행위[57]

이 사건에서 피고들은 소프트웨어 제작 업체, 인터넷망 제공 업체 등이다. 피고

55_ 北京市第一中级人民法院 (2011)一中民终字第1137号 民事判决书.

56_ 天津市高级人民法院 (2012)津高民三终字第3号 民事判决书.

57_ 山东省高级人民法院 (2010)鲁民三终字第5-2号 民事判决书.

들은 일정 지역의 인터넷 사용자가 원고 바이두사의 홈페이지에서 검색어를 입력한 뒤 검색 버튼을 누르면, 검색어와 관련된 광고가 팝업창으로 몇 초 간 나오게 하고 그동안 검색 결과가 뜨지 않게 하였다. 피고들은 인터넷 사용자가 관련된 프로그램을 다운받거나 설치하지 않아도, 인터넷망 제공 업체라는 지위를 이용하여 강제로 이와 같은 현상이 일어나게 하였다.

산둥성 고급인민법원은 이와 같은 피고들의 행위는 바이두사의 검색 서비스를 통하여 관련 정보를 얻는 인터넷 사용자들로 하여금 광고창을 클릭하게 유도함으로써, 바이두사가 인터넷 사용자에게 제공하는 서비스에 상당한 영향을 주므로 원고의 경제적 손실로 이어진다고 보았다. 또한 인터넷 사용자는 바이두사가 광고 팝업창을 뜨게 한 것이라고 생각하여 바이두사가 제공하는 서비스에 대하여 낮게 평가하고 불만을 가지게 되며, 바이두사의 상업적 신용과 명예에 상당히 불리한 영향을 미치게 된다고 보았다. 따라서 피고들의 행위는 시장거래 중 신의성실과 공평거래의 원칙을 따르고 공인된 상업도덕을 준수해야 하는 반부정당경쟁법 제2조 규정을 위반한 부정경쟁행위에 해당한다고 보았다.

4. 타인이 제공하는 서비스 정보를 베껴 쓰는 행위

타인이 유료로 제공하는 정보를 베껴다가 자신의 이름으로 다시 유료로 제공하는 서비스를 하는 행위는 부정경쟁행위에 해당한다. 아래에서 이에 해당하는 두 가지 사안을 소개한다.

(1) 웹사이트에 게재된 정보를 베껴 쓰는 행위[58]

원고 베이징 안타이 회사(北京安泰科信息开发有限公司)는 유료 정보 서비스 업체이다. 원고는 자신의 회사 직원으로 하여금 자료를 모아 편집하고 문장을 작성하여 자신의 홈페이지에 기재하여 고객에 제공하였다. 그런데 같은 업종에 종사하는 피고 이터왕화(亿特网华) 회사가 그 홈페이지 내용을 베껴서 원고보다 낮은 가격에 유료로 그 정보를 제공하였다.

베이징시 차오양구 인민법원은 이와 같은 행위는 원고가 편집한 정보를 부당하게 이용한 것이고, 고객이 유료 정보를 선택하는 데에 영향을 미치는 것으로 부정경

58_ 北京市朝阳区人民法院 (2004)朝民初字第15462号 民事判决书; 北京第二中级人民法院 (2005) 二中民终第00045号 民事判决书.

쟁행위를 구성한다고 보았다.

(2) 타인이 제공하는 서비스 정보의 연락처를 변경하여 재배포하는 행위[59]

원고 베이징 궈신(北京国信) 회사는 정부 및 기업의 입찰정보를 인터넷 웹사이트를 통해 제공하는 업무를 하는 회사이다. 원고는 발주 기업 및 공공기관으로부터 관련 정보를 얻은 다음 이를 가공하고 웹사이트에 입찰 관련 정보를 공고하는 방법으로 영업을 하고 있다. 그런데 피고 베이징 진신(北京金鑫) 회사는 원고의 공고 내용에서 연락처를 변경한 뒤 자신의 웹페이지에 다시 공고하는 방법으로 영업을 하고, 그 웹페이지에 가입하는 회원들로부터 회원비를 받아 이득을 얻었다.

베이징시 하이디엔구 법원은 이에 대하여, 피고의 행위는 공평한 경쟁의 원칙을 위반하였고 원고의 합법적인 이익을 침해하였으므로 부정경쟁행위에 해당한다고 보았다.

5. 다른 기업의 정보를 무단으로 사용하는 행위[60]

타인이 서비스로 제공하는 정보 외에도, 타인의 공개된 정보를 이용하여 자신의 것인 양 사용하는 행위는 부정경쟁행위에 해당한다.

이 사안에서, 피고 회사는 원고 회사의 세무 등기증, 조직 코드 증명서, 제품 검사 결과 보고서 등을 이용하여 자신의 회사를 광고하였다. 두 회사는 아무런 관련이 없는 회사이고, 두 회사의 제품도 아무런 관련이 없다. 이에 대하여 베이징시 제1중급법원은 피고 회사의 행위가 관련 공중이 양 회사에 일정 관련이 있다고 오인하게 하였고 이는 원고 회사의 시장 점유율을 잠식하는 결과를 빚었으므로, 시장경쟁질서에 혼란을 조성하는 부정경쟁행위에 해당한다고 인정하였다.

6. 기술적 보호 장치를 훼손하여 타인의 정보를 사용한 행위[61]

원고 회사와 피고 회사 모두 전자책 기계와 전자책 파일을 제공하는 회사이다. 피고 회사는 자신이 제공하는 전자책 데이터베이스 분량을 늘리기 위해서, 직접 도

59_ 北京市海淀区人民法院 (2009)海民初第21800号 民事判决书.

60_ 北京市第一中级人民法院 (2006)一中民初字第1727号 民事判决书.

61_ 北京市第一中级人民法院 (2009)一中民终字第4658号, 12663号 民事判决书.

서를 스캔하고 이를 전자책으로 변경하는 작업을 하지 않고 원고 회사의 전자책 파일의 기술적 보호 장치를 훼손한 다음, 자신의 전자책에서 읽을 수 있도록 그 형식을 변경하였다.

베이징시 제1중급인민법원은 이와 같은 행위가 타인의 노동 성과를 부당하게 이용하는 것이고, 공평, 신의성실의 원칙을 위배하였으며 공인된 상도덕을 위반하여, 원고 회사의 합법적 권익에 손해를 입히고 경제 질서에 혼란을 가하였으므로 부정경쟁행위에 해당한다고 보았다.

7. 몇 대에 걸쳐 전승되어 내려오는 예술가 집안의 호칭을 모방한 행위[62]

원고는 진흙 조소 공예가이다. 19세기 말 텐진 지역에서 활동하던 제1대 명장 장밍산은 '니런장(泥人张)'이라고 불렸고, 이 호칭은 장밍산뿐 아니라 원로를 비롯한 전수자들을 부르는 대중들의 명칭이 되었다. 원고 가족이 만든 진흙 조소 작품뿐만 아니라 원고를 비롯한 전수자들이 공동으로 설립한 공작실, 예술 공사 등이 펼치는 예술 활동의 전반에 '니런장' 이름이 사용되어 오고 있다. 원고 및 그 가족들은 진흙 조소 공예의 장인으로서 '니런장'이라는 이름을 전국에 떨치고 있다.

피고 역시 진흙 도자기 공예가로, 스스로 '베이징 니런장'이라고 하며 작품을 만들어 전시 · 판매 활동을 하고 언론과 인터뷰를 하는 등의 활동을 펴고 있었다. 그런데 피고의 '베이징 니런장' 호칭이 원고의 '니런장' 호칭과 오인 혼동을 일으키자, 원고가 반부정당경쟁법 위반을 문제 삼은 사안이다.

이에 대하여 피고는 자신이 청대에서 시작된 진흙 도자기 공예 장인의 전승자로서, 자신의 선조들 때부터 '베이징 니런장'이라고 대중들에게 불려왔으므로, 현재 자신이 '베이징 니런장'이라고 불리울 정당한 이유가 있다고 주장하였으나, 그 주장은 받아들여지지 않았다.

이 사건 재판에서 1심법원은 반부정당경쟁법 제2조 일반조항을 적용하였고, 2심법원은 제2조와 함께 제5조 제2항 주지상품의 명칭 모방행위 금지 조항을 적용하였다. 그런데 최고인민법원은 1심법원과 마찬가지로 제2조만 적용하였고, 제5조 제2항은 의도적으로 적용하지 않았다.

62_ 1심: 北京市第二中级人民法院 (2006)二中民初字第1017号 民事判决书, 2심: 北京市高级人民法院 (2007)高民终字第540号 民事判决书, 재심: 最高人民法院 (2010)民提字第113号 民事判决书.

최고인민법원은 제5조 제2항을 적용하지 않은 이유로 두 가지를 들었는데, 첫 번째 이유는 '니런장'이 상품 자체의 명칭으로서 상품에 표시되는 방법으로 사용되지 않았으므로, 제5조 제2항을 적용하는 전제를 만족시키지 못한 것이다. 두 번째 이유는 '니런장' 호칭의 사회적인 지명도가 매우 높아 원고가 제품상에 '니런장'이라는 문자를 표시하는 방법 외에도 소비자를 포함한 관련 공중으로 하여금 해당 제품을 '니런장'의 전수자나 권리자가 제작했다고 식별할 수 있게 하는 모든 방법으로 사용할 권리를 보호받아야 하므로, 제5조 제2항의 주지상품의 특유명칭으로만 보호하기에는 필요한 보호의 범위와 정도가 매우 크고 넓다는 것이었다.

금지 명령 대상이 되는 행위가 일견 반부정당경쟁법에 열거된 행위 유형에 해당하는 것으로 보이는 경우에도, 최고인민법원은 보호되는 권리의 내용과 폭을 살펴서 일반조항을 적용하여 보호하기도 한다는 점을 확인할 수 있는 사안이다.

8. 타인 작품의 성공에 편승하는 행위[63]

이 사건 원고는 호남성의 왕웨원(王跃文)라는 소설 작가이고, 피고는 하북성의 왕웨원(王跃文)이라는 소설 작가이다. 원고는 「국화(国画)」라는 소설을 쓴 작가로, 상당한 인기를 끌어 전국적으로 높은 지명도를 가지게 되었다. 그 후에 피고는 「국풍(国风)」이라는 소설을 출판하였는데, 그 책에는 "왕웨원의 최신 장편소설", "「국화(国画)」 이후 「국풍(国风)」을 읽어라" 등의 선전 문구가 쓰여 있었다. 후난성 장사시 중급인민법원은 피고의 행위를 부정경쟁행위로 인정하였다.

9. 타인의 광고를 모방한 행위[64]

원고 칭다오 하이롱(青岛 海龙) 회사, 피고 베이징 위셩탕(北京 御生堂) 회사는 모두 건강식품을 제조하여 판매하는 회사이다. 피고 회사는 원고 회사의 광고를 그대로 가져다가 아주 약간 변형하여 그대로 사용하였고, 어떤 경우에는 원고 회사의 광고에서 상품의 이름, 가격, 판매처만 변경한 채 그대로 사용하기도 하였다.

베이징시 하이디엔구 인민법원은, 위와 같은 행위는 동일한 종류의 상품을 선전함에 있어서 성능 등에 기인하여 필연적으로 광고가 유사할 수밖에 없는 합리적

63_ 湖南省长沙市中级人民法院 (2004)长中民初字第221号 民事判决书.
64_ 北京市海淀区人民法院 (2004)海民初字第578号 民事判决书.

인 범위를 넘은 것이라고 보았고, 피고의 광고 모방 행위는 소비자와 소매상들에게 원고 회사 제품과 피고 회사 제품 사이의 관계를 오인 혼동하도록 하기에 족하므로, 결국 피고 행위는 부정경쟁행위에 해당한다고 보았다.

10. 타인의 브랜드를 광고에 노출시키는 행위[65]

이 사안은 섬서성 동팡위안 투자발전 유한회사(陕西东方源投资发展有限公司, 이하 동팡위안회사)가 허가를 받지 않고 자신이 투자한 부동산의 광고에 'PRADA' 문자와 도안상표, 기업 핵심명칭을 사용하고, 화상 신문사(华商报社)는 자사의 신문에 이 광고를 게재한 사안이다.

문제의 광고는 부동산 상가 임대를 위한 광고였는데, 광고에는 PRADA 상표가 드러나는 고급 여성 핸드백 사진이 사용되었고, 광고 문언에는 '세계 최고급 명품 브랜드 입점', '국제 명품 생활을 선도한다', ' PRADA 이탈리아 유행 명품, 1913년 창립' 등의 내용이 적혀 있었다.

샨시성 시안시 중급인민법원은 비록 동팡위안 회사가 광고에 사건 상표를 사용하였으나, 이는 상품의 출처표시로 사용하는 상표적 사용에 해당하지 않기 때문에 소비자나 상품의 출처에 대해 오인 혼동을 초래하지 않고, 더욱이 광고 중의 부동산 상가는 아직 영업을 시작하지 않았으므로 상표를 사용한 상품 자체가 없는 것이어서, 사건의 상표 전용권 침해에는 해당하지 않는다고 보았다.

다만 위와 같은 광고 행위가 부정경쟁행위에 해당하는지에 대하여, 피고들이 지명도가 극히 높은 'PRADA' 상표를 이용하여 자신의 상가 등 부동산을 광고하여 공중의 시선을 끌고, 상가 등의 품위를 높이며, 자신의 상가가 고급 상품과 밀접한 관계가 있는 것처럼 하여 시장 경쟁에서 더욱 많은 거래 기회를 얻었으므로, 신의성실과 공평 경쟁 원칙을 위반한다고 보아 부정경쟁행위로 판단하였다.

11. 타인의 유명한 건물 이름을 따라서 자신의 건물 이름을 지은 행위[66]

원고는 부동산 개발업자로 쟝수성에서 첫 번째, 중국에서 네 번째, 세계에서 일곱 번째로 높은 '즈펑(紫风) 빌딩'을 지은 뒤, 일부는 1급 사무실 건물로, 일부는 5성

65_ 陕西省西安市中级人民法院 (2013)西民四初字第00227号 民事判决书.

66_ 江苏省南京市中级人民法院 (2012)宁知民终字第24号 民事判决书.

급 '뤼디저우지 호텔'로, 나머지 일부는 '즈펑 쇼핑 광장'이라는 고급 쇼핑몰로 사용하고 있다. 위 '즈펑 빌딩'은 날이 갈수록 지명도가 높아져서 난징시의 랜드 마크가 되었다.

한편 피고는 위 '즈펑 빌딩' 바로 인근에 '즈펑 빌딩'과 매우 유사한 색깔의 유리 및 벽돌을 사용하여 빌딩을 짓고, '즈펑 뤄저우 국제 사무실'이라고 간판을 단 뒤 유흥업소를 운영하였다.

이에 대하여 원고는 상표권,[67] 건축물 저작권, 허위 광고 부정경쟁행위,[68] 기업명칭 침해 부정경쟁행위,[69] 주지상품의 명칭 · 포장 · 장식 침해 부정경쟁행위[70] 등을 주장하였으나 모두 인정되지 않았다.

다만 법원은 원고가 '즈펑 빌딩'을 매개로 하여 매우 높은 상업적 명성을 쌓았고, 그 명성을 보호할 필요가 있다고 보았다. 그런데 피고는 원고의 상업적 명성에 편승하기 위하여 '즈펑'이라는 글자를 자신의 빌딩 이름과 기업명칭에 사용하였으므로, 이는 반부정당경쟁법 위반에 해당한다고 보았다.

쟝수성 난징시 중급인민법원은 "피고의 행위가 반부정당경쟁법 제2장에 열거된 부정경쟁행위에 해당되지는 않지만, 이 사건에서 피고의 피소 행위를 종합적으로 살펴보면 피고가 고의적으로 원고의 상업적 명성에 편승하려 했다는 점을 알 수 있고, 기업명칭과 간판에 '즈펑' 글자를 사용하는 것은 신의성실의 원칙에 위반하며 부당하다. 제일 중요한 점은 해당 행위가 이미 법적으로 보호되고 있는 원고의 합법적인 이익에 손해를 끼쳤다는 것이다. 따라서 인민법원은 반부정당경쟁법의 일반조항을 적용하여 시장공평경쟁을 유지해야 한다. 만약 그렇지 않다면 피고의 행위가 원고의 합법적 권익에 끼치는 손해를 제지할 수 없다"고 하며 반부정당경쟁법 제2조 위반의 부정경쟁행위에 해당한다고 판단하였다.

67_ 원고는 '즈펑' 상표 및 서비스표를 가지고 있었지만, 지정 상품 및 서비스는 분양 주택 건설, 실내 인테리어, 건설, 전기 설비 설치 및 수리, 벽걸이 방직물품, 공업물품 외부 디자인, 화장용품 도자기 등으로 피고의 서비스 내용과는 거리가 있었다.

68_ 반부정당경쟁법 제9조.

69_ 반부정당경쟁법 제5조 제3호.

70_ 반부정당경쟁법 제5조 제2호.

Ⅲ. 주지성 없는 상품 형태의 모방행위가 부정경쟁행위에 해당하는지 여부

앞서 제3장에서 살펴본 바와 같이, 중국의 반부정당경쟁법은 상품의 형태가 상품의 출처 표시로서 주지성을 가지는 경우 제5조 제2항 소정의 주지상품의 명칭 · 포장 · 장식에 해당한다고 보아 보호하고 있다. 그런데 선행자가 시간 · 노력 및 창의력을 투자하여 상품을 개발하여 시장에 출시하였는데, 미처 주지성을 획득하기도 전에 경쟁자들이 이를 모방하여 소위 'Me Too' 상품을 쏟아내어 선행자가 시장 선점 효과를 전혀 누릴 수 없게 되는 상황이 발생한다. 이처럼 상품의 형태가 주지성을 획득하기 이전에 모방 상품이 판매되는 경우 반부정당경쟁법 제5조 제2호의 보호대상에 해당하지 못하게 된다는 문제점이 있다.

그러나 실무적으로는 주지성 있는 상품 형태가 아닌 일반적인 상품의 형태와 구조는 디자인권으로 보호되거나 또는 입체 상표로 보호되는 것으로 보고 있고, 등록되지 않은 일반적인 상품의 형태에 대해서는 별도의 구제 방법이 없는 것으로 일반적으로 보고 있다. 학계에도 등록되지 않은 상품의 형태 보호에 대해서는 별다른 논의가 없다.

다만, 상하이시 제1중급인민법원이 2009년도에 내린 판결례 중에는 주지상품에 해당하지 않는 상품의 명칭 · 포장 · 장식을 악의적으로 모방한 행위에 대해 반부정당경쟁법 제2조를 적용하여 부정경쟁행위를 인정한 사안이 있다.[71] 위 판결례의 논리에 따르면 모방행위가 악의적이어서 이를 방치하는 것이 공평성에 현저히 어긋나는 경우, 주지성이 입증되지 않은 상품에 대해서도 부정경쟁행위로 보호할 수 있다는 것이다. 그러나 이에 대해서는 반부정당경쟁법 제5조 제2호 규정의 효력을 사실상 부정하는 것이므로, 적절한 판결례라고 볼 수 없다는 비판이 있다.[72]

실무자는 이상과 같이 현행 반부정당경쟁법으로는 주지성을 획득하지 못한 상품의 형태를 보호하는 것은 어려움이 있다는 점을 주의하며, 향후 관련 제도의 변화에 주목할 필요가 있다.

참고로, 한국의 부정경쟁방지법은 2007년 개정을 통하여 제2조 제1호 자목으로 타인이 제작한 상품의 형태를 모방한 상품을 양도 · 대여 또는 이를 위한 전시를 하

71_ 上海市第一中级人民法院 (2009)沪一中民五(知)初字第20号 民事判决书.

72_ 钱光文, 丁文联, 知名商品的司法认定, 人民司法, 2011年7月, p.15.

거나 수입 · 수출하는 행위를 부정경쟁행위로 규정하는 규정을 새로 도입하였다. 이때 '상품의 형태'란 형상 · 모양 · 색상 · 광택 또는 이를 결합한 것을 말하며, 시제품 또는 상품소개서상의 형태를 포함하는 것이라고 법문에 규정되어 있다. 또한 '모방'이란 타인의 상품의 형태에 의거하여 이와 실질적으로 동일한 형태의 상품을 만들어 내는 것, 즉 완전 모방 또는 무의미한 변경이 이루어진 완전 모방에 준하는 것을 의미한다.[73] 위 규정은 '모방'만을 요건으로 할 뿐, 상품 형태가 식별 표지일 것을 요구하거나, 상품 형태가 주지일 것을 요건으로 하지 않는다. 다만 그 상품의 형태가 새로 출시된 지 3년이 지났거나, 타인이 제작한 상품과 동종의 상품(동종의 상품이 없는 경우에는 그 상품과 기능 및 효용이 동일하거나 유사한 상품을 말한다)이 통상적으로 가지는 형태인 경우에는 보호하지 않는다. 이 규정의 취지는, 모방 상품 때문에 선행자가 시장 선점 효과를 전혀 누릴 수 없게 되는 상황을 방지하여 3년이라는 비교적 짧은 기간 동안 모방 상품의 출현을 방지해 주는 것이다. 이와 같은 규정은 중국 반부정당경쟁법에는 없는 것이므로 실무자들의 주의가 필요하다.

Ⅳ. 상표 희석화 문제

타인의 상표와 유사한 상표를 사용하여 관련 공중의 오인 · 혼동을 일으키는 행위가 아니라, 유사한 상표를 본래 상표 사용과 매우 다른 태양으로 사용하여 상표 자체의 식별력을 손상시키거나 명성을 떨어트리는 행위를 '상표 희석화(商标淡化)' 행위라고 한다.

상표의 식별력을 손상시키는 행위란 특정 상품과 관련하여 사용되는 것으로 널리 알려진 표지를 그 특정 상품과 다른 상품에 사용함으로써 신용 및 고객흡인력을 실추 또는 희석화시키는 등 자타 상품 식별기능을 훼손하는 것, 즉 상품이나 서비스를 식별하게 하고 그 출처를 표시하는 저명 상표의 힘(식별력, 단일성, 독특함, 명성 등)이나 기능이 감소하게 하는 것을 의미한다. 그리고 명성을 손상하게 하는 행위란 어떤 좋은 이미지나 가치를 가진 주지의 표지를 부정적인 이미지를 가진 상품이나 서비스에 사용함으로써 그 표지의 좋은 이미지나 가치를 훼손하는 행위를 말한다.[74]

73_ 대법원 2008.10.27. 자 2006마342 결정.

74_ 서울지방법원 2003.8.7. 선고 2003카합1488 판결, 대법원 2004.5.14. 선고 2002다13782 판결.

그렇다면, 오인 · 혼동을 유발시키는 행위가 아니라 상표 희석화 행위가 있는 경우 중국 현행법을 통해 상표권자가 구제받을 수 있을까? 이에 대한 중국 학계의 논의는 아직 정리되지 않은 것으로 보인다.

우선, 중국에 상표 희석화 행위에 관한 입법이 있는 것인지 여부에 대해서부터 상반된 의견이 있다. 한 가지 견해는 중국의 상표법 관련 규정으로 희석화 행위를 제재할 수 있다고 보고 있다. 중국「상표법」제13조 제3항은 등록된 저명상표를 동일 또는 유사하지 않은 상품에 대해 사용하는 경우도 상표권 침해로 규율하고 있는바, 이 규정 및 그 관련 법규를 적용하여 상표 희석화 행위를 규율할 수 있다는 것이다.[75] 그러나 이와 반대로 중국은 상표 희석화에 대한 입법이 존재하지 않는다고 보는 견해도 있다. 이 견해는 상표법 제13조 제3항도 동일 · 유사한 상표를 사용하여 오인 · 혼동 가능성이 있어야 적용할 수 있는 것이고 상표의 희석화 사안에도 적용될 수 있는 규정이 아니라고 본다.[76]

현재 중국의 법제로 상표 희석화를 규율할 수 없다고 보는 견해 사이에서도, 향후 상표 희석화의 입법과 관련하여 다양한 입장이 존재하고 있다. 상표 희석화 방지는 상표 혼동 방지와 전혀 다른 경로로 상표를 보호하는 것이므로, 상표 희석화 방지에 대한 별도의 입법이 조속히 필요하다고 보는 의견이 있는가 하면,[77] 맹목적으로 상표 희석화 이론을 도입할 경우 이는 주로 국외의 저명상표의 보호에 치우칠 뿐 중국 내 권리인을 보호하는 효과가 작고 현재 중국 내 사정과도 부합하지 않으므로 상표 희석화 도입에 반대하는 의견도 있다.[78] 한편 상당한 지명도가 있는 상표의 경우, 혼동 초래 요소를 별도의 요건으로 보지 않도록 현재 상표법의 해석을 달리하여 상표 희석화에 대한 보호를 제공하면 된다는 의견도 있다.[79]

이상과 같이 중국의 상표 희석화 제재 제도는 아직 논의 단계에 있는 것으로 보이므로, 향후 어떻게 변화하고 실무에 반영될 것인지는 좀 더 지켜 보아야 할 것으

75_ 吴东汉 主编, 知识产权法, 中国政法大学出版社, 2004, p.248: 중국 상표법 및 실시조례, 「상표법 사법해석」과 「저명상표의 인정과 보호 규정」은 혼동을 야기하는 것 외의 기타 권리 침해행위에 대한 규정이 있는바, 이와 같은 기타 권리 침해행위가 반희석화를 나타내고 있다는 견해이다.

76_ 邱玲, 「浅议驰名商标淡化问题」, 南京政治学院学报2005年S1期 중의 관점.

77_ 邓宏光, 「我国商标反淡化的现实与理想」, 电子知识产权, 2007年 第5期, p.36.

78_ 王思敏, 「商标淡化的法律移植问题探析—从我国「商标法」第三次修订切入」, 法律适用, 2013年 第8期, p.41.

79_ 杜颖, 「商标淡化理论及其应用」, 法学研究 2007年 第06期, p.44.

로 보인다.

참고로 한국 부정경쟁방지법 제2조 제1호 다목은 국내에 널리 인식된 타인의 성명, 상호, 상표 등과 동일 또는 유사한 것을 사용하거나 이러한 것을 사용한 상품을 판매 · 반포 또는 수입 · 수출하여 타인의 표지의 식별력이나 명성을 손상하는 행위를 부정경쟁행위로 규정하여 상호 또는 상표 등의 희석화 행위를 규율하고 있다.[80]

V. 상표권자의 동의 없는 대리인의 상표 사용행위가 부정경쟁행위에 해당하는지 여부

실무상 정당한 상표권자의 대리인 또는 대표인이 자신의 의무를 저버리고 상표를 가로채 버리는 경우가 종종 발생한다. 특히 해외에서 어느 정도 지명도 있는 상표가 아직 널리 알려져 있지 않은 국가로 진입하는 과정에서 이러한 일이 많이 발생한다.

중국은 2001년 상표법 개정시 위와 같은 사례를 막기 위한 규정을 추가하였다. 중국 상표법은 대리인이나 대표자가 수권을 받지 않고 자기의 이름으로 피대리인 또는 피대표자의 상표에 대하여 등록을 진행하고, 피대리인 또는 피대표자가 이의를 신청한 경우에는, 등록을 불허하고 사용을 금지한다고 규정하고 있다.[81]

위 대리인과 대표자는 피대리인 또는 피대표자의 상표 사무를 담당하는 사람뿐만 아니라, 피대리인 또는 피대표자의 기타 사무(예를 들어 생산, 가공, 판매, 관리 활동)를 하는 사람도 포함한다. 대리인과 대표인은 자신이 대리 또는 대표하는 사람의 최대 이익을 위하여 사무를 보아야 하고, 이익이 충돌되어서는 안 된다는 원칙이 상표법에 구현된 것이 위 조항이다.[82]

나아가 2013년 상표법이 개정되면서 악의의 선점행위를 더욱 강하게 방지하기

80_ 한국 「부정경쟁방지 및 영업비밀보호에 관한 법률」 제2조
다. 가목 또는 나목의 혼동하게 하는 행위 외에 비상업적 사용 등 대통령령으로 정하는 정당한 사유 없이 국내에 널리 인식된 타인의 성명, 상호, 상표, 상품의 용기 · 포장, 그 밖에 타인의 상품 또는 영업임을 표시한 표지와 동일하거나 유사한 것을 사용하거나 이러한 것을 사용한 상품을 판매 · 반포 또는 수입 · 수출하여 타인의 표지의 식별력이나 명성을 손상하는 행위

81_ 중국 「상표법」 제15조 제1항.

82_ 中华人民共和国商标法 注释本, 法律出版社, 2013, p.20.

위하여 제15조 제2항이 새로 추가되었다. 2013년 상표법 제15조 제2항은 동일 상품 혹은 유사 상품에 대하여 출원한 상표가 다른 사람이 기존에 사용하고 있던 미등록 상표와 같거나 유사하고, 출원인이 타인과 전항에서 규정한 이외의 계약, 업무관계 혹은 기타 관계가 있으면서 타인 상표의 존재를 명백히 알고 있을 경우, 해당 타인이 이의를 제기하면 등록을 허가하지 않는다고 규정하고 있다.

위 제15조 제2항은 두 가지 조건을 전제로 하고 있다. (1) 동일 또는 유사한 상품일 것. 만일 신청인이 등록 신청한 상표와 타인이 먼저 사용하고 있는 상표의 지정 상품이 동일 또는 유사하지 않은 경우, 이 규정은 적용되지 않는다. (2) 신청인이 그 타인과 구체적인 계약, 업무 왕래 관계 또는 기타 관계가 있고 타인의 상표가 존재한다는 점을 알 수 있었을 것. 이 조건의 핵심은 신청인이 타인이 해당 상표를 사용한다는 것을 계약, 업무 왕래 등의 방법을 통하여 명확하게 알고 있었어야 한다는 것이다.[83]

참고로 한국은 1990년 상표법에 상표와 관련한 권리를 갖는 자의 대리인 또는 대표자가 자신의 이름으로 상표를 출원하는 경우 이를 거절사유로 규정하였고, 2001년 부정경쟁방지법에 대리인 또는 대표자가 그 상표를 무단으로 사용하는 행위를 부정경쟁의 한 행위로 규정하였다. 그리고 2014년 개정 상표법 제7조 제1항 제18호에 "동업 · 고용 등 계약관계나 업무상 거래관계 또는 그 밖의 관계를 통하여 타인이 사용하거나 사용을 준비 중인 상표임을 알면서 그 상표와 동일 · 유사한 상표를 동일 · 유사한 상품에 등록출원한 상표"는 등록받을 수 없다고 새로 규정이 추가되어, 부당 선점 행위에 대한 규제 범위는 중국 상표법과 유사하다.

83_ 상동.

제8장

영업비밀 침해행위

제10조

① 경영자는 아래의 수단을 사용하여 영업비밀을 침해해서는 아니 된다.

1. 절취 · 유혹 · 협박 또는 기타 부정한 수단으로 권리자의 영업비밀을 취득하는 행위
2. 전항의 수단을 사용하여 취득한 권리자의 영업비밀을 공개 · 사용 또는 타인에게 사용을 허락하는 행위
3. 계약을 위반하거나 또는 권리자의 영업비밀 유지 관련 요구에 위반하여, 그가 알고 있는 영업비밀을 공개 · 사용 또는 타인에게 사용을 허락하는 행위

② 제3자가 전항에 열거한 위법 행위를 명백히 알거나 또는 중대한 과실로 인하여 모르고, 타인의 영업비밀을 취득 · 사용 · 공개하는 행위는 영업비밀을 침해하는 것으로 간주한다.

③ 이 조 규정의 영업비밀이란 공중에 알려져 있지 아니하고, 권리자에게 경제적 이익을 주며 실용성을 구비하고, 권리자가 비밀 유지 조치를 취한 경영 정보와 기술 정보를 말한다.

Ⅰ. 영업비밀의 의의

영업비밀이란 공중에 알려져 있지 아니하고, 권리자에게 경제적 이익을 주며, 실용성을 구비하고 권리자가 비밀 유지 조치를 취한 경영정보와 기술정보를 말한다.

다른 나라와 마찬가지로 중국은 영업비밀을 지식재산권의 특수한 성질을 가지는 권리로서 지식재산권의 일종으로 본다. 영업비밀이 지식재산권의 특징을 가진다고 보는 법률적 근거로는 일반적으로 다음과 같은 세 가지가 있다. 첫째, 영업비밀은 권리자가 자신의 지적 노력, 물리적 노력, 시간 등을 투입하여 창작한 새로운 정보로, 다른 사람이 같은 과정을 시행하더라도 동일한 정보를 만들어 낼 수 없는, 자신만의 재산권적인 속성을 가진다. 둘째, 기술비밀, 경영비밀은 모두 경영활동 중 권리자에 의해서 생산되고, 권리자에게 경제적 이익을 주거나 또는 권리자를 경쟁에서 유리한 위치에 놓이게 한다. 심지어 경영자의 핵심 영업가치를 가지는 것이므로 재산권적인 성질을 분명히 가진다. 셋째, 지식재산권은 재산권의 일종으로 영업비밀과 지식재산권은 재산권으로서의 동일한 속성 이외에도 영업비밀은 지식재산권과 마찬가지로 그 객체가 무형이라는 특징을 가진다.[1]

영업비밀에 대한 권리는 배타적 효력의 상대성, 권리소실의 절대성, 권리 상태의 동태성을 가진다는 특징이 있다.

첫째, 영업비밀은 그 권리를 주장하는 자 스스로 그 비밀을 보호하는 방식을 통해 존재하는 권리로, 권리자는 배타적 독점권을 가지지 않는다. 동일한 영업비밀이 다른 주체에 의해 창작될 수 있고, 보호될 수 있다. 따라서 서로 다른 주체들이 동일한 정보에 대해 구별되는 영업비밀 권리를 가질 수 있다. 즉, 다른 주체가 자신의 독립적인 노동, 경제적 지불을 통해 합법적으로 정보를 획득하고 그 보유자가 적당한 보호조치를 실시했다면, 다른 주체도 동일한 정보에 대한 영업비밀 권리를 보유할 수 있는 것이다. 따라서 다른 주체 간의 영업비밀 권리 사이에서는 서로 대항효력을 가지지 않고, 각자 자신의 권리를 향유한다. 그러므로 영업비밀침해소송에서 특수한 요건인 '역(逆)엔지니어링', '독자 연구' 등이 비침해 항변 사유가 되는 것이다.

둘째, 영업비밀은 일단 공개되고 나면 다시 영업비밀이 될 수 없고, 영업비밀 권리는 소실되게 된다. 영업비밀로 주장되는 정보의 비밀상태는 그 정보가 영업비

1_ 孔祥俊 主编, 商业秘密司法保护实务, 中国法律出版社, 2012, p.110.

밀로 인정되기 위한 필요조건이다. 영업비밀이 소송 진행중 또는 소송 전에 이미 노출되어 비밀이 아니게 되면, 당사자가 침해자에게 권리침해중지를 요청하는 것은 의미가 없다.

셋째, 일반적인 법적 권리는 일정한 범위 내에서 법적 효력을 나타낸다. 그러나 영업비밀은 권리자 자신이 스스로 생산, 보호하는 동태적 관리과정으로 불안정한 위험요소가 존재한다. 일단 관리를 잘못하거나, 부당한 수단을 통해서라도 영업비밀이 공개되고 나면, 권리자의 영업비밀 권리는 없어지게 된다.[2]

II. 영업비밀의 요건

한국의 경우 부정경쟁방지법과 영업비밀보호법이 하나의 법률(「부정경쟁방지 및 영업비밀 보호에 관한 법률」)로 입법되어 있는 것과 마찬가지로, 중국도 반부정당경쟁법이 영업비밀보호를 함께 규율하고 있다. 반부정당경쟁법은 일정 요건을 만족시키는 정보를 영업비밀로 정하여 타인의 불법적인 침해로부터 보호하고 있는데, 영업비밀의 요건은 ① 공중에 알려져 있지 아니할 것, ② 경제적 이익 및 실용성이 있을 것, ③ 권리자가 비밀 유지 조치를 취하였을 것이다.

이는 한국의 부정경쟁방지법과 크게 다르지 않다. 한국의 부정경쟁방지법도 영업비밀의 요건으로 ① 공공연히 알려져 있지 아니하고, ② 독립된 경제적 가치를 가지는 것으로, ③ 상당한 노력에 의하여 비밀로 유지되었을 것을 요구하고 있다. 아래에서 각 요건에 대해 하나씩 살펴보도록 한다.

1. 공중에 알려져 있지 아니할 것(비밀성)

공중에 알려져 있지 아니하다는 것은, 정보가 그 해당 영역의 관련 사람들에게 보편적으로 알려져 있지 않고, 용이하게 획득할 수 있는 것이 아닐 것을 의미한다.[3]

'해당 영역의 관련 사람들'이란, 일반적인 의미의 사회 대다수의 공중을 의미하는 것이 아니고, 비경쟁자, 예를 들어 신문기자, 과학연구원, 공무원 등을 포함하는 것도 아니며, 통상적으로 같은 부류의 업무에 종사하는 사람들을 의미한다. 즉, 영

2_ 孔祥俊 主编, 商业秘密司法保护实务, 中国法律出版社, 2012, p.111, 112.

3_ 반부정당경쟁법 사법해석 제9조.

업비밀 권리자의 경쟁자 및 동종 업계 · 영역에 종사하는 사람을 의미하는 것이라고 본다.[4]

그리고 '보편적으로 알려져 있지 않다'는 것은, 해당 기술 또는 경영 영역의 사람의 보편적인 지식이 아닐 것을 의미한다. 권리자가 일정한 비밀 보호 장치하에 한정된 사람들에게만 알려준 정도는 보편적으로 알려져 있는 것에 해당하지 않는다.

다음으로 '용이하게 획득'한다는 의미는, 예를 들어 해당 기술 또는 경영 영역의 사람이 창조적인 노력, 정보 형성을 위한 노동을 투여하거나 가격 대가를 치루지 않고 획득할 수 있는 정도를 말한다.[5] '보편적으로 알려져 있다'는 것은 이미 많은 사람들이 그 정보를 알고 있다는 객관적인 사실을 의미하고, '용이하게 획득할 수 있다'는 조건은 현재는 알지 못하지만 쉽게 알 수 있는 가능성이 객관적으로 존재한다는 것을 의미한다.[6]

이와 같은 비밀성 요건은 한국의 법원의 태도와도 크게 다르지 않다. 한국 대법원은 '공연히 알려져 있지 아니할 것'의 의미에 대해서, "공연히 알려져 있지 아니하다고 함은 그 정보가 간행물 등의 매체에 실리는 등 불특정 다수인에게 알려져 있지 않기 때문에 보유자를 통하지 아니하고는 그 정보를 통상 입수할 수 없는 것을 말한다"라고 설명하고 있다.[7]

중국 최고인민법원은 비밀성에 대한 위와 같은 해석을 기본으로 하여 비밀성이 인정되기 어려운 예를 아래와 같이 제시하고 있다.[8]

① 해당 정보가 해당 기술 또는 경제영역의 사람들에게 일반 상식 또는 업계 관례에 해당하는 경우

② 해당 정보가 상품의 크기, 구조, 재료, 부품의 간단한 조합 등의 내용에 지나지 않아 시장에 진입한 후 관련 공중이 상품의 관찰로 쉽게 획득할 수 있는 것인 경우

③ 해당 정보가 이미 공개 출판물 또는 기타 매체에 공개 노출되어 있는 경우

④ 해당 정보가 이미 공개된 보고회, 전람회 등의 방식을 통하여 공개된 경우

⑤ 해당 정보를 기타 공개된 통로를 통해 획득할 수 있는 경우

⑥ 해당 정보를 일정 대가를 지불하지 않고서도 용이하게 획득할 수 있는 경우

4_ 孔祥俊 主编, 商业秘密司法保护实务, 中国法律出版社, 2012, p.126.

5_ 孔祥俊 主编, 最高人民法院知识产权司法解释理解与活用, 中国法制出版社, 2012, p.257.

6_ 孔祥俊 主编, 商业秘密司法保护实务, 中国法律出版社, 2012, pp.127-130.

7_ 대법원 2004.9.23. 선고 2002다60610 판결.

8_ 반부정당경쟁법 사법해석 제9조.

2. 경제적 이익 및 실용성

중국의 학계에는 경제적 이익 및 실용성이 서로 다른 요건인지 여부에 대한 논의가 있으나, 실무적으로는 양자를 포괄하여 하나의 '가치성(경제성)' 요건으로 보고 있다.[9] 중국 최고인민법원도 관련 정보가 ① 현실 또는 잠재적 상업가치를 가지고 있거나 ② 권리자에게 경쟁에서의 우세를 가져올 수 있는 경우, 경제적 이익 및 실용성을 구비한 것으로 인정하고 있다.[10] 참고로 이는 한국 대법원의 입장과 유사한데, 한국 대법원은 '독립된 경제적 가치를 가진다'는 의미에 관하여, "정보 보유자가 정보의 사용을 통해 경쟁자에 대하여 경쟁상의 이익을 얻을 수 있거나 또는 정보의 취득이나 개발을 위해 상당한 비용이나 노력이 필요하다는 것을 말한다"고 설명하고 있다.[11]

경쟁 우위를 지키는 데 도움이 되는 방식에는 두 가지가 있다. 하나는, 그 정보가 권리자에게 직접적으로 유익하여 경쟁 우위를 점하도록 하는 데 도움이 되는 경우이다. 이와 같은 정보는 당연히 경제성이 인정된다.

또 다른 하나는, 권리자 스스로에게는 직접적으로 유익한 점이 없지만, 경쟁자에게는 여전히 가치가 있는 정보의 경우이다. 예를 들어 연구 개발 과정에서 실험에 실패한 기록의 경우, 이 정보는 권리자에게 더 이상 가치가 없을 수도 있지만, 경쟁자가 이를 획득하는 경우 연구 개발 비용의 축소와 기간의 단축에 큰 도움이 될 것이 분명하므로 경쟁자에게는 가치가 있다. 이 경우 위 실험의 실패한 기록을 보호하는 것은 결국 권리자의 경쟁 우위를 지키는 데 도움이 된다. 따라서 이와 같이 경쟁자에게 가치가 있어서, 비밀을 보호하는 경우 권리자가 경쟁 우위를 점하는 데 도움이 되는 정보 역시 영업비밀의 경제성이 인정된다.[12]

한국도 마찬가지여서 "소극적인 정보, 즉 장기간에 많은 비용이 소요된 연구 및 실험결과를 통하여 어떤 공정이 유용하지 않다는 정보 역시 실패를 반복하지 않고, 그 실험을 생략하여 연구개발비를 절약하는 등으로 사업활동의 효율을 높일 수 있으므로 영업비밀에 해당한다"라는 판결례가 있다.[13]

9_ 孔祥俊 主编, 最高人民法院知识产权司法解释理解与活用, 中国法制出版社, 2012, p.257.

10_ 반부정당경쟁법 사법해석 제10조.

11_ 대법원 2011.7.14. 선고 2009다12528 판결.

12_ 孔祥俊 主编, 最高人民法院知识产权司法解释理解与活用, 中国法制出版社, 2012, p.287.

13_ 서울중앙지방법원 2002.10.1. 선고 2000가합54005 판결.

3. 비밀유지조치

비밀유지조치란 권리자가 정보의 누출을 방지하기 위해 채택한 합리적인 보호조치를 의미한다.[14] 일정 수준 이상의 비밀보호조치가 일률적으로 요구되는 것이 아니라 합리적인 정보의 보호조치가 필요한 것이고, 그 합리성의 정도는 상업적 가치 등의 구체적 정황에 합당해야 하는 것이며, 그 결과 정보의 누출을 방지하기에 족한 정도여야 한다.[15]

각급 법원에서 비밀유지조치 존부를 좀 더 쉽게 판단할 수 있도록 하기 위하여, 최고인민법원은 사법해석에서 일반적인 비밀유지조치의 예를 아래와 같이 나열하고 있다. 아래 어느 하나의 항의 조치를 취하여 일반적인 상황에서 정보의 누출을 방지하는 데 충분하였다면, 비밀유지조치가 취해진 것으로 본다.[16]

① 비밀정보를 지득하는 범위를 제한하고, 필수적으로 알아야 할 관련인에게만 내용을 공지하는 경우

② 비밀정보 저장매체에 대해 잠금장치 등의 조치를 하는 경우

③ 비밀정보의 매체상에 비밀표지를 표시하는 경우

④ 비밀정보에 비밀번호 또는 코드 등을 적용한 경우

⑤ 비밀보호약정을 체결한 경우

⑥ 비밀 기구, 공방, 차량 등 장소에 내방자를 제한하거나 또는 비밀 보호 요구를 하는 경우

⑦ 비밀정보를 보호하기 위하여 기타 합리적 조치를 취한 경우

그러나 실무적으로 각 기업마다 비밀유지조치는 매우 다양하므로 위의 어느 예에 해당하지 않은 조치를 취하고 있는 경우도 있고, 또는 위 어느 하나의 예시에 일응 해당하는 것으로 보이나 합리적인 보호조치인지 여부가 불분명할 수도 있다. 이와 같은 경우 최고인민법원은 각급 인민법원으로 하여금 저장 정보의 특징, 권리자의 비밀보호 의도, 비밀유지 장치의 식별 가능 정도, 다른 사람이 정당한 방식을 통해 정보를 취득할 수 있는 난이도 등을 고려하여 구체적 정황에 합당한 합리적 보호

14_ 반부정당경쟁법 사법해석 제11조 제1항.

15_ 孔祥俊 主编, 最高人民法院知识产权司法解释理解与活用, 中国法制出版社, 2012, p.287.

16_ 반부정당경쟁법 사법해석 제11조 제3항.

조치인지 여부를 판단하게 하고 있다.[17]

구체적으로 살피면, 우선 권리자가 영업비밀을 보호해야 한다는 주관적 인식을 가지고 있어야 한다. 즉 권리자는 주관적으로 자신의 정보가 영업비밀이라는 인식이 있어야 하고, 비밀유지조치를 통해 권리자의 주관적 의도가 드러나야 한다. 최고인민법원은 반부정당경쟁법 제10조에 부합하는 비밀유지조치로 인정되기 위해서는 "권리자의 비밀 보호에 대한 주관적인 의도가 드러나야 한다"고 설시하고 있다.[18]

동시에 객관적으로 권리자가 실시한 보호조치가 식별성을 가져야 한다. 보호조치의 식별성이란, 영업비밀을 주장하는 권리자가 영업비밀의 내용범위를 명확히 확정하고 그 범위를 객관적인 매개체를 통하여 나타나게 하여, 보호 의무를 가지는 사람이 보호의 대상이 되는 정보가 무엇이고, 권리자가 그 정보를 영업비밀로 분류하여 보호하고 있다는 점을 식별하게 하기에 충분한 것을 의미한다.[19] 최고인민법원은 반부정당경쟁법 제10조에 부합하는 비밀유지조치로 인정되기 위해서는 "영업비밀 보호의 대상이 되는 정보의 범위를 명확히 하여 의무자가 권리자의 비밀유지 의도와 비밀을 유지해야 할 객체에 대해 알 수 있도록 해야 한다"고 설시하고 있다.[20]

마지막으로, 원고가 실시한 비밀유지조치는 정보 유출을 방지하는 효력이 있어야 한다. 최고인민법원은 반부정당경쟁법 제10조에 부합하는 비밀유지조치로 인정되기 위해서는 "정상적인 상황에서 관련 정보가 유출되는 것을 충분히 방지 해야 한다"고 설시하고 있다.[21] 비밀유지조치가 유효하고 적당하다는 것은 어떠한 경우에도 비밀이 절대 누설될 수 없는 정도로 완벽한 조치여야 한다는 것은 아니고, 권리자의 허락을 받지 않고서는 해당 영업비밀 정보를 얻는 것이 일정 정도 어려운 정도의 조치이면 된다. 즉, 침해자가 권리자의 허락이 없는 경우에는 부당한 수단을 동원하거나 약정을 위반하지 않고서는 해당 영업비밀을 얻지 못할 정도의 조치가 취해졌으면 유효하고 적절한 조치라고 볼 수 있다.

적당한 조치가 취해졌는지 여부는 매우 엄격하게 볼 수도 있고 반대로 매우 느슨하게 볼 수도 있는데, 결국은 권리자와 침해자의 관계 및 구체적인 정황을 바탕으로 공평과 신의성실의 원칙에 비추어 판단하게 된다. 이와 관련하여 소개하는 아래

17_ 반부정당경쟁법 사법해석 제11조 제2항.

18_ 最高人民法院 (2011)民申字第122号 民事判决书.

19_ 孔祥俊 主编, 商业秘密司法保护实务, 中国法律出版社, 2012, p.145.

20_ 最高人民法院 (2011)民申字第122号 民事判决书.

21_ 最高人民法院 (2011)民申字第122号 民事判决书.

사안은, 고급 관리직 임원이 영업비밀을 빼돌려 전직 이후 회사의 영업비밀을 사용하는 행위를 하였다면, 비밀유지조치가 취해졌는지 여부를 엄격하게 판단할 것이 아니라고 법원이 판단한 사안이다. 고급 관리직 임원은 회사의 영업비밀을 명확히 인지하고 있고 스스로 비밀유지조치를 하였어야 할 의무가 있는 자이므로, 영업비밀 권리자가 영업비밀에 대해 비밀유지조치를 하지 않았다는 취지의 비침해 항변을 제기하는 것은 신의성실의 원칙에 위배된다고 보았기 때문이다.

사 례 합리적인 비밀유지조치임을 인정한 사안[22]

쟝인 눠사이푸 유리 섬유 강화 플라스틱 유한회사(江阴挪赛夫玻璃钢有限公司, 이하 원고)**와 쟝인 나이보터 선박 설비 유한회사**(江阴耐波特船舶设备有限公司, 이하 피고 1), **쟝인 완궈 유리 섬유 강화 플라스틱 유한회사**(江阴万国玻璃钢有限公司, 이하 피고 2), **화한서우**(华汉守, 이하 피고 3)**의 영업비밀침해 분쟁 사안**

이 사안에서 권리자가 계쟁 기술의 비밀유지를 위해 적절하고 합리적인 조치를 취하였는지에 대하여 2심법원은 다음과 같이 판결을 내렸다.

"「반부정당경쟁법 사법해석」 제11조 제2항은 다음과 같이 규정하고 있다. '인민법원은 계쟁 정보 저장 장치의 특성, 권리자가 비밀유지를 원하는 의사, 비밀유지조치의 식별 가능 정도, 타인이 정당한 방식으로 비밀유지의 난이도를 알아낸 행위 등의 요소에 근거하여 권리자가 적절한 비밀유지조치를 취했는지 알 수 있다.'

본 법원은 원고가 계쟁 관련 기술의 비밀유지에 적절하고 합리적인 조치를 취하였는가를 인정할 때, 아래와 같은 요소를 고려하였다. ① 원고가 1심 변론에서 제공한 원고 회사의 직원이자 증인인 판○○, 장○○, 쉬○○, 왕○○, 진○○의 증언을 통해 원고는 계쟁 기술의 비밀유지를 위해 적절하고 합리적인 조치를 취했다는 점을 증명하였다. ② 원고의 합자경영계약, 회사규칙에는 기술비밀 유출시 부담해야 하는 위약 책임 관련 규정이 정해져 있는데, 이 또한 원고가 영업비밀을 유지하고자 하는 의사가 있었음을 밝히고 있다. ③ 본 사건의 계쟁 기술은 복잡하고 수많은 기술 절차 및 공예 공정을 걸쳐야 하며, 타인은 허락을 받지 않은 채 스스로 관련 기술 정보를 취득하는 데는 상당한 난이도가 따른다. 피고 3이 원고의 기술 비밀을 다른 피고 1, 2에게 제공한 행위 그 자체를 보았을 때 일반적인 수단으로 원고의 계쟁 기술 정보를 취득하는 데 난이도가 있다는 점을 분명하게 보여주고 있다.

22_ 江苏省高级人民法院 (2006)苏民三终字第0078号 民事判决书.

④ 피고 3은 원고 회사의 사장 업무를 담당하였던 자로, 원고 회사 내 어떠한 정보가 영업비밀에 속하는지 알았을 것이고 회사의 이익을 보호하기 위하여 반드시 적시에 적당한 비밀유지조치를 취해야 하는 필요성 또한 알고 있었을 것이다. 중국 회사법은 명확히 회사 이사, 고위 경영진의 회사에 대한 충실의무 및 임의로 영업비밀을 유출시키는 행위를 금지하는 것에 대하여 규정하고 있다. 피고 3이 원고 회사에 사장으로 재직하고 있던 기간 동안 원고가 비밀유지조치를 취하지 않았다는 이유로 항변을 한 행위는 명백히 신의성실의 원칙을 위반하는 것이고, 고위 경영진이 회사에 대한 충실의무를 위반한 것이며, 원고에 대해 공평성이 현저히 떨어지는 주장이다.

위 내용을 근거하여 보았을 때, 본 사안에서 원고의 비밀유지조치의 합리성에 대한 심사에 지나치게 엄격한 기준을 적용해서는 안 되며 반드시 비밀유지 저장장치의 특징 및 당사자의 구체적인 법률적 지위에 근거하여 합리적인 심사 기준을 확립해야 할 것이다. 그러므로 현존하는 증거에 근거하여 보았을 때, 원고는 계쟁 기술의 비밀유지에 적절하고 합리적인 조치를 취하였다고 인정된다."

한편 정보가 생성되고 난 뒤 어느 정도 시간이 지나고 나서 보호조치를 취한 경우, 합리적인 보호조치가 있었다고 인정할 것인지 문제가 될 수 있다. 이에 대해서는, 정보가 생성된 후 얼마나 긴 시간 이후에 보호조치를 취하였는지, 보호조치 이전에 이미 그 정보가 공개되었다는 점을 침해자가 입증하였는지 여부 등을 고려하여 판단한다. 실무적으로는 대체로 정보가 형성된 시간과 비밀유지조치의 사후 보완 시간 사이의 시간이 길지 않고 사후 보호 조치가 취해지기 전 해당 정보가 이미 누설되었거나 또는 비밀유출이 될 가능성이 비교적 크다는 점을 피고가 입증하지 못하였을 경우, 비밀유지조치가 있었다고 보는 것이 일반적이다.[23]

4. 영업비밀 유지계약

실무에서 가장 자주 쟁점이 되는 비밀유지조치는 영업비밀 유지계약이다.[24] 일반적으로 내부 직원에 대해서는 노동 계약 중 영업비밀 보호조항을 포함시키고, 대외적으로는 거래 계약 체결 시 영업비밀 보호약정을 함께 체결함으로써, 관련 당사자에게 영업비밀 유지의무를 부과한다.[25]

23_ 林文, 反不正当竞争法律制度与实务技能, 法律出版社, 2014, p.452.
24_ 林文, 反不正当竞争法律制度与实务技能, 法律出版社, 2014, p.449.

그러나 영업비밀 유지계약이 모두 반부정당경쟁법 사법해석 제11조 제3항 제5호의 '비밀유지약정'에 해당한다고 볼 수 있는 것은 아니다. 비밀유지약정 중에는 유지할 비밀의 범위가 회사 근무 중 지득한 제반 정보 정도로 일반적으로 규정되어 있거나 심지어는 범위가 아예 정해져 있지 않은 경우도 있다. 이와 같이 지나치게 포괄적이고 일반적인 영업비밀 보호약정을 체결한 것만으로 비밀유지조치를 구비하였다고 인정받을 수 있을까?

중국 실무는 영업비밀 유지약정이 있다고 하더라도 구체적인 비밀보호의 대상이 한정되어 있지 않은 경우, 비밀유지조치에 해당한다고 보지 않는 것이 일반적이다. 이는 한국 법원이 포괄적이고 일반적인 영업비밀 유지약정만으로는 비밀관리성을 쉽게 인정하지 않는 것과 유사하다.

예를 들면, 베이징시 제1중급인민법원은 노동계약서에서 "직원은 기업의 비밀보호규칙을 준수해야 한다"고 규정하고 있고 또한 기업이 실제로 비밀보호규칙을 제정하였다는 점은 입증되었던 사안에서, 그 기업이 위 규칙을 공시하였고 직원들이 이를 널리 알고 있었다는 점이 증명되지 못하였으므로 비밀유지조치가 되었다고 볼 수 없다고 판단하였다. 그리고 나아가 가사 영업비밀 규칙을 직원들이 알고 있었다는 점을 입증할 수 있다고 하더라도 비밀로 보호될 대상을 구체적으로 한정하고 있지 않는 한, 원고가 비밀유지조치를 취했다거나 피고 직원이 비밀보호 의도를 널리 알고 있었다고 볼 수 없다고 판단하였다.[26] 베이징시 차오양구(朝阳区) 기층인민법원 역시 이직 종업원과 종전 회사 간에 체결되었던 노동 계약과 노동 계약 해제 통지서에 영업비밀 유지약정이 포함되어 있었던 사안에서, 그 약정의 보호 대상이 되는 영업비밀의 범위가 막연하고 모호하므로, 이를 두고 비밀유지조치로서의 효력을 인정할 수 없다고 판단한 바 있다.[27]

따라서 비밀유지조치를 취하였다고 인정되기 위해서는 영업비밀의 범위, 영업비밀 유지의무, 비밀 유지 기한, 손해배상 등을 명확히 정한 영업비밀 유지계약을 체결해야 한다. 아래에서는 위와 같은 조치를 적절히 취하여 영업비밀 유지약정이 비밀유지조치로 인정된 사안을 살펴본다.[28]

25_ 孔祥俊 主编, 商业秘密司法保护实务, 中国法律出版社, 2012, p.144.

26_ 北京市第一中级人民法院 (2006)一中民终字第3735号 民事判决书.

27_ 北京市朝阳区人民法院 (2011)朝民初字第07246号 民事判决书.

28_ 甘肃省高级人民法院 (2013)甘民三终字第5号 民事判决书, 2013년 중국 법원 50대 대표 지식재산권 판례.

사례 영업비밀 유지약정을 비밀유지조치로 인정한 사안[29]

란저우 정펑 석유화학공업 기술장비 유한책임회사(兰州正丰石油化工技术装备有限责任公司, 이하 원고)**와 우시 펀투 필터재료 유한회사**(无锡奋图过滤材料有限公司, 이하 피고 1), **왕징량**(王京良, 이하 피고 2)**외 1의 영업비밀침해 분쟁 사안**

[사실관계] 석유화학기계설비 등을 개발, 제조하는 원고 회사는 소외 폴 회사와 계약을 체결하여 매쉬형 튜브를 생산하기 시작하였고, 특별 기술 그룹을 결성하여 그 기술을 점차 발전시킨 결과 '매쉬형 튜브' 제품을 주생산품으로 하게 되었으며, 폴 회사를 특수 고객으로 한 상대적으로 고정된 고객 집단을 발전시키게 되었다.

한편, 원고 회사의 공정기술부 경영관리 책임자, 품질검사 부문 경영관리 책임자 직위를 역임한 피고 2는 원고 회사를 떠나 피고 1에 입사하였으며, 피고 1에서 같은 제품인 매쉬형 튜브 생산 지도 업무에 종사하게 되었다. 그리고 그 이후 피고 1은 원고 회사의 고객이었던 소외 폴 회사와 계약을 체결하였다.

[법원의 판단] 원고는 해당 기술정보와 고객자료에 대하여 엄격한 비밀유지조치를 취하였다. 2005년 원고 회사의 직원이 서명하여 확인한 증거 제(2005)012호 「비밀보호규정」에는 규정 적용대상 임직원, 비밀유지범위, 비밀유지의무의 기한 및 비밀유지의무 위반책임 등이 규정되어 있다. 위 「비밀보호규정」 제2조의 1항은 (이 사건에서 문제된 제품인) 나선 메쉬형 튜브 용접기의 세트 생산 장비와 제조 기술을 명확히 비밀유지범위에 포함시키고 있다. (중략)

또한 원고 회사의 내부 교습 교재 「메쉬형 튜브 생산품질 통제와 안전」에는 생산 작업장에 회사 외의 사람이 허락 없이 마음대로 들어가서 참관할 수 없다고 규정되어 있다.

2008년 원고는 당시 직원들과 체결한 노동 계약서 및 계약 부속 문건 「영업비밀보호와 경업제한 규정」을 통하여서도, 해당 직원으로서 원고 회사에서의 업무 기간 및 퇴직 후 지켜야 하는 영업비밀 보호의무에 대하여 명확히 약정하였고, 기밀 유지 기한, 영업비밀범위와 손해배상에 대하여도 명확히 하였다. 또한 「영업비밀보호와 경업제한규정」 제4.1.1절 ①-⑥은 (이 사건에서 문제된 제품인) 나선 메쉬형 튜브 용접기와 얇은 벽용 나선 용접관 세트 생산 장비와 제조 공정의 중점적인 보호에 대하여 특별히 강조하고 있다.

「비밀보호규정」에 정한 보호범위와 「영업비밀보호와 경업제한 규정」에 정한 영업비밀범위에는 모두 '가격표, 예약구매계약, 시장과 고객정보, 구매 및 아웃 소싱 가공경로 정보

29_ 상동.

등'이 포함되는 것으로 나타난다.
이로부터 원고가 자신의 기술정보와 고객자료에 대해 최선을 다하여 비밀유지조치를 취하였음을 알 수 있다.

뒤에서 상세히 살펴보겠지만, 반부정당경쟁법 제10조가 정하고 있는 영업비밀 침해 유형 중에는 영업비밀 유지의무를 가지는 자가 그 의무에 위반하여 타인의 영업비밀을 누설, 사용 등을 하는 행위(비밀유지의무 위반행위)가 있다. 이때, 영업비밀 유지의무가 있는지 여부와 관련하여 명시적으로 영업비밀 약정이 없더라도 사안에 따라 묵시적 의무를 인정하는 경우도 있다. 그렇다면, 더 나아가 묵시적 약정이 비밀유지조치의 하나인 '비밀보호약정'으로 인정될 수 있을까?

이와 관련하여 소개하는 아래 사안에서 최고인민법원은 신의성실의 원칙에서 파생된 계약법상의 부수의무인 영업비밀 유지의무는 권리자가 스스로 비밀유지조치를 취하는 적극적인 행위와 서로 다른 개념이므로, 계약법에 의하여 영업비밀 유지의무가 인정된다고 하더라도 이를 두고 권리자가 비밀유지조치를 취한 것이라고 볼 수 없다고 판시하였다. 보호하고자 하는 영업비밀정보의 범위를 특정하고 영업비밀 보호의사를 대외적으로 표명하는 비밀유지조치의 하나로서의 '비밀보호약정'과, 영업비밀 유지의무가 있는 자임을 인정하는 의무 발생의 근거는 서로 구별된다는 점을 명확히 한 것이다.

사 례 계약법에 근거하여 영업비밀 유지의무가 발생한다고 하더라도 그 자체가 비밀유지조치에 해당하지는 않는다고 본 사안[30]

[법원의 판단] "계약법(合同法) 규정에 근거하여 계약 당사자는 계약이 체결 및 이행되는 과정이나, 혹은 계약이 중지된 후에도 익히 알고 있는 영업비밀에 대해 비밀유지를 해야 하고, 이를 누설하거나 또는 부당하게 사용해서는 안 된다는 부속의무를 부담한다.[31] 그러나 계약의 부속의무와 영업비밀의 권리자가 기밀성 정보에 대해 비밀유지조치를 취한다는 것은 별도의 개념이기 때문에, 피고가 계약법상 부수적으로 부담하는 비밀유지의무가 있다는 이유만으로 원고가 계쟁 정보에 대해 비밀유지조치를 취했다고 판단할 수는 없다.
영업비밀은 권리자의 비밀유지조치를 통해 존재하는 무형 재산을 보호하는 것인데, 이는

30_ 最高人民法院 (2012)民监字第253号 裁定书.
31_ 중국「계약법」제60조, 제72조.

쉽게 확산되고 전이되며, 또한 공개되는 순간 영구적으로 상실되는 등의 특징이 있다. 비밀유지조치는 영업비밀의 기밀성을 유지하고 보호하는 수단이다. 영업비밀로 보호되기 위해서는, 권리자는 반드시 당해 정보를 기밀로 하여 보호하려는 주관적 의도를 가지고 있어야 하고, 객관적인 비밀유지조치를 취해야 한다. 영업비밀은 스스로 비밀을 유지하는 방식을 통해 발생되는 권리이기 때문이기에, 권리자 자신 또한 비밀유지조치를 취하지 않았다면 당해 정보를 보호해야 할 필요가 없다.

신의성실 원칙에서 파생된 계약의 부수의무는 계약의 성질 및 목적과 거래 습성의 이행에 따라 주채무에 부속되는 종속 의무로서, 영업비밀 구성요건인 '비밀관리'라는 적극적인 행위와 차이가 있다. 신의성실 원칙에서 파생된 계약의 부수의무는 영업비밀 권리자가 정보에 대해 비밀유지조치를 취하고자 하는 주관적 의도 및 객관적 조치를 구체적으로 드러내지 않는다."

최고인민법원은 위와 같이 판시하며 원고가 보호를 청구한 정보에 대해 객관적이고 합리적인 비밀유지조치가 취해졌다는 점을 입증할 증거가 제출되지 못하였다고 보아, 계쟁 정보가 영업비밀에 해당하지 않는다고 판단하였다.

5. 경업금지약정

회사와 근로자 간의 영업비밀 유지약정의 경우, 경업금지약정과의 관계가 문제된다. 참고로 한국 실무는, 기업들은 기술 또는 영업 핵심인력이 경쟁업체로 이직하여 영업비밀이 유출될 것을 우려하여 종업원들로부터 비밀유지약정과 함께 퇴직 후 일정 기간 동안의 동종 업계 취업을 금지하는 약정서를 받고 있다. 그리고 종업원이 이직 또는 퇴사하여 경쟁업체에서 근무하거나 그러할 낌새가 보이는 경우 위 약정서의 효력을 근거로 전직금지가처분 신청을 하는 방식으로 대응하고 있다.[32] 이와 같이 경업금지약정서를 근거로 한 가처분 신청은 영업비밀 유출을 방지하는 예방적 효과가 있으므로, 경업금지약정은 영업비밀을 보호하기 위한 방법으로 상당히 널리 사용되고 있다.

중국에서도 회사가 종업원과 경업금지계약을 체결하는 경우가 많다. 아래에서는 경업금지약정을 비밀유지조치로 볼 수 있는지 여부, 경업금지약정의 효력 인정

32_ 전직금지 약정이 없는 경우 부정경쟁방지법 제10조 제1항에 근거하여 영업비밀침해의 예방조치로 전직금지 청구를 할 수도 있다. 다만 경업금지 약정에 기한 금지청구의 경우보다 엄격하게 인정되는 경향이 있다.

요건이 무엇인지, 그리고 경업금지약정이 어떠한 형태로 체결되어야 하는지에 관하여 살펴보도록 한다.

(1) 경업금지약정을 비밀유지조치로 볼 수 있는지 여부

경업금지조항 자체를 영업비밀 유지조항으로 볼 수 있는가? 단순한 경업금지조항 자체는 영업비밀 유지조항, 즉 비밀유지조치라고 볼 수 없다.[33] 이와 관련하여 소개하는 아래 사안은 사측이 경업금지조항을 비밀유지조치라고 주장한 사안으로, 최고인민법원은 문제의 경업금지조항에는 고용 기업의 비밀 유지에 대한 주관적인 의도와 영업비밀로 보호해야 할 정보의 범위가 명시되어 있지 않으므로 반부정당경쟁법상의 비밀유지조치에 해당하지 않는다고 판단하였다. 즉, 비밀을 유지해야 한다는 내용과 보호할 영업비밀의 범위가 명시되어 있지 않다면, 단순 경업금지조항을 비밀유지조치라고 해석할 수는 없다는 것이다.[34]

사례 일반적인 경업금지약정을 비밀유지조치로 인정하지 않은 사안[35]

상하이 푸르 실업 유한회사(上海富日实业有限公司, 이하 원고)**와 황즈위**(黄子瑜, 이하 피고 1), **상하이 사페이야 방직품 유한회사**(上海萨菲亚纺织品有限公司, 이하 피고 2)**의 영업비밀침해 분쟁 사안**

[사실관계] 1996년 피고 1과 소외인은 공동으로 출자해 원고 회사를 설립하였다. 원고의 경영 범위는 의류, 방직물 제품의 제조 · 가공과 판매를 포함한다. 피고 1은 40%의 지분을 가지고 있고, 회사에서 감사, 부총경리(副总经理) 등의 직책을 맡아 경영 · 관리에 참여해 왔다. 2002년 4월, 피고 1은 소외인과 공동으로 투자해 피고 2 회사를 설립하였다. 피고 2의 경영 범위는 원고와 마찬가지로 의류, 방직물 제품의 제작과 판매를 포함한다. 2002년 4월 30일 원고는 주주총회를 통해 피고 1의 사직에 동의하였다.
2000년 초, 원고는 소외 일본 '선린주식회사(森林株式会社)'와 지속적인 거래를 시작하였는데, 피고 2 회사 설립 이후 위 선린주식회사는 피고 1에 대한 신임을 바탕으로 피고 2 회사와 업무 관계를 형성하였다.

33_ 林文, 反不正当竞争法律制度与实务技能, 法律出版社, 2014, p.454.

34_ 最高人民法院 (2011)民申字第122号 民事判决书, 2011년 중국 법원 지식재산권 사법보호 50선 대표 판례.

35_ 상동.

원고와 피고 1은 근로계약서를 체결하였는데, 근로계약서 제11조 제1항에는 "을(피고 1)은 갑(원고)과 이 계약을 해제한 이후, 5년간 계약 해제 이전부터 갑과 이미 왕래가 있던 고객(회사 혹은 개인)과 어떤 형식으로도 업무 관계를 맺을 수 없다. 이를 위반할 경우, 갑은 을에 대해 손해배상청구를 할 수 있다"라고 규정되어 있다. 여기에서 말하는 '회사 클라이언트'는 근로 계약 해제 전까지 회사와 이미 왕래가 있던 고객으로 명확하게 한정되어 있다. 이 계약서는 1998년 11월 7일 만료 이후 (당시에는 원고가 보호를 주장하는 고객과는 거래 관계를 맺지 않은 상태였다) 갱신되지 않았다.

[법원의 판단]　원고와 피고 1이 체결한 근로계약서의 경업금지조항 제11조 제1항을 원고가 영업비밀에 대해 취한 보호조치라고 볼 수 있는가 여부에 대하여 최고인민법원은 부정적으로 판단하였다. 최고인민법원의 구체적인 판시 내용은 아래와 같다.

"원고의 재심청구 1번 이유는, 근로계약서 제11조 제1항이 피고 1이 원고의 영업비밀을 사용해 방직 제품 무역 업무에 종사할 수 없다는 요구를 약정한 것이고 단순 경업금지조항이 아니라는 주장이다. 여기에서의 쟁점은, 경업금지 약정[36]이 비록 문언상으로 영업비밀을 지켜야 한다고 명시하고 있지는 않으나, 영업비밀을 사용해 경쟁 업무에 종사할 수 없도록 할 목적을 내포하고 있으므로, 결국 「반부정당경쟁법」 제10조의 비밀유지조치에 해당하는 것으로 볼 수 있는지 여부이다.

「반부정당경쟁법」 제10조 제3항에 따르면, 권리자가 비밀유지조치를 취하는 것은 영업비밀 성립의 법정 요건 중 하나이다. 그리고 「부정경쟁행위 민사 사건 심리에 대한 법률 적용에 관한 몇 가지 문제에 대한 해석」 제11조에 따르면, 권리자가 정보의 누출을 방지하기 위해 채택한, 비밀의 상업 가치 등 구체적인 정황에 합당한 합리적인 보호조치는 반부정당경쟁법 제10조 제3항의 비밀유지조치로 인정한다. 그리고 위 사법해석의 같은 조항은 정보저장장치의 특징, 권리자의 비밀 보호 의도, 비밀 유지 장치의 식별 가능한 정도, 다른 사

36_ 경업금지는 특정 사람의 경쟁 업무 종사를 제한하는 것이며, 이는 법정 경업금지와 약정 경업금지로 나뉜다. 법정 경업금지는 주로 회사법의 회사 이사, 고위 관리직에 대해 설정한 경업금지로써 재직시 경업을 금지하는 것이다. 약정 경업금지는, 보통 계약법과 노동계약법에 의거해 거래 상대방이나 근로자가 합의를 통해 약정한 경업금지로써, 이직 경업금지와 재직 경업금지를 포함한다.

2008년 1월 1일부터 시행된 「노동계약법」은 약정 경업금지에 대해 처음으로 명확한 규정을 도입하였다. 이 법 제23조는 "고용기업과 노동자는 노동계약서에 고용 기업의 영업비밀을 유지하고 지식재산과 관련된 비밀을 유지하는 사항에 대해 약정할 수 있다. 비밀 유지 의무를 지고 있는 노동자에 대해서 고용기업은 해당 노동자와 노동계약서 혹은 비밀유지 계약서를 통해 경업금지조항을 약정할 수 있다. 또 노동계약 해지 후 경업금지 기한 동안 노동자에게 매달 경제적 보상을 할 것을 약정할 수 있다"고 규정하고 있다.

람이 정당한 방식을 통해서 획득할 수 있는 난이도 등의 요소에 따라 권리자가 비밀유지조치를 취하였는지 여부를 인정한다고 규정하고 있다.
그러므로 「반부정당경쟁법」 제10조에 부합하는 비밀유지조치는 권리자의 비밀 보호에 대한 주관적인 의도가 드러나야 한다. 또 영업비밀 보호의 대상이 되는 정보의 범위를 명확히 하여 의무자가 권리자의 비밀 유지 의도와 비밀을 유지해야 할 객체에 대해 알 수 있도록 해야 하며, 정상적인 상황에서 관련 정보가 유출되는 것을 충분히 방지해야 한다.
이 사건에서 원고가 제공한 근로계약서 제11조 제1항에는 원고가 영업 비밀로 보호하는 정보의 범위와 피고 1이 부담해야 할 비밀유지의무가 명확히 정해져 있지 않다. 다만 피고 1에 대해 일정 기간 동안 원고의 원래 고객과 업무상 관계를 맺는 것을 제한하였을 뿐이다. 따라서 이는 「반부정당경쟁법」 제10조상의 비밀유지조치에 해당하지 않는다.
경업금지 합의는 특정인이 경쟁 업무에 종사하는 것을 제한하는 것이고, 비밀유지 합의는 영업비밀 유지를 요구하는 것으로 둘은 본질적으로 동일하지 않다. 다만 고용 기업은 비밀유지의무를 지고 있는 근로자와 경업금지를 약정할 수 있고, 경업금지약정은 영업비밀을 보호하는 일종의 수단으로서의 기능을 한다. 즉, 비밀유지의무를 지고 있는 근로자가 경쟁 업무에 종사하는 것을 제한함으로써 어느 정도 근로자가 영업비밀을 유출하거나 사용하는 것을 방지한다. 그러나 관련 정보가 영업비밀로서 보호받기 위해서는 반드시 반부정당경쟁법에 따른 영업비밀 요건을 구비해야 한다. 이는 비밀유지조치를 취하는 것을 포함하는데, 단순한 경업금지약정으로는 실현될 수 없다. 단순한 경업금지약정은 그 주요 목적이 영업비밀 보호에 있을지라도, 고용 기업의 비밀유지에 대한 주관적인 의도가 드러나지 않고 영업비밀로 보호받아야 하는 정보의 범위에 대해 약정하지 않았기 때문에 「반부정당경쟁법」 제10조에 규정된 비밀유지조치를 구성할 수 없다.
이 사건 노동계약서 제11조 제1항은 원고가 당해 회사의 영업비밀을 보호하기 위해 취한 비밀유지조치에 속하지 않으므로 원고의 재심청구 이유는 성립될 수 없다."

---

(2) 경업금지약정의 효력 요건

경업금지계약이 영업비밀 유지조치로 인정될 수는 없다고 하더라도, 앞서 설명한 바와 같이 경업금지계약은 직원의 전직 또는 창업으로 인한 영업비밀 유출을 방지하기에 매우 효과적인 방법이다. 그러나 직원의 입장에서 경업금지계약은 직업선택의 자유를 제한하는 것이고, 경우에 따라서는 생계마저 위협할 수 있는 부담이다. 따라서 실무상 사측이 경업금지약정의 이행을 청구하는 경우, 직원 측은 해당 약정의 효력을 다투는 것이 일반적인 수순이다.

중국 「노동계약법」 제23, 24조는 경업금지약정의 효력을 인정하는 조건을 다음과 같이 규정하고 있다. "노동계약 또는 별도의 비밀유지계약으로 근로자가 노동계약 종료 후 경업금지기간 동안 동종 업체에 취직하는 것을 금지하는 약정을 할 수 있다. 동종업체에 취직하는 것뿐만 아니라 같은 종류의 제품을 생산하거나 또는 경쟁관계에 있는 동종업계 기업에 취직하거나, 스스로 동종제품을 생산하는 기업을 창업하는 것 역시 경업금지 제한범위에 포함될 수 있다. 다만 경업금지기간 동안에는 경제적 보상을 해야 하고, 경업금지 범위와 기간은 약정으로 정하되 2년을 넘지 못한다. 그리고 경제 보상은 월급에 포함하여 지급할 수 없고, 노동계약이 종료된 이후에 월마다 지급해야 한다"고 규정하고 있다.[37]

위 규정에 근거하여 중국 법원 실무는 다음과 같은 요소를 심사하여 경업금지약정의 효력 여부를 판단한다.

우선, 경업금지약정의 효력을 심사하는 전제조건으로 영업비밀의 존재 여부를 심사한다. 즉, 영업비밀이 존재하지 않는데 경업금지 제한조항을 두는 것은 허용되지 않는다. 또한 영업비밀에 접촉할 수 없는 직원에 대한 경업금지약정의 효력은 인정되지 않는다. 즉, 경업금지 제한의 대상은 기업의 전체 직원이 될 수 없고, 기업의 고위급경영자, 관리자, 기술자 그리고 관련 책임자 등 기업의 영업비밀에 접촉할 수 있는 사람들이어야 한다.[38]

다음으로, 경업금지의 기한, 범위 및 대상이 합리적인지 여부를 심사한다. 경업금지의 기한 제한 조항은 경업금지약정의 필수적인 조항이다. 그 기한의 약정은 기

37_ 중국 「노동계약법」

제23조(비밀유지의무와 경업제한) ① 고용자와 노동자는 노동계약서에 고용자의 영업비밀과 지식재산권 관련 비밀사항의 유지 약정을 둘 수 있다.

② 비밀유지의무를 지는 노동자에 대하여, 고용자는 노동계약 또는 별도의 비밀유지약정에 노동자의 경업제한조항을 둘 수 있고, 노동계약의 해지 또는 만료 이후 경업기간 제한 기간 동안 월별로 노동자에게 경제적 보상을 하는 조항을 둘 수 있다.

③ 경업제한을 위반한 노동자는 약정에 따라 고용자에게 위약금을 지급할 의무가 있다.

제24조(경업제한의 범위와 기한) ① 경업제한 적용을 받는 자는 고용자의 고위관리자, 고위기술자 그리고 비밀보호의무를 지는 자로 제한된다. 경업제한의 범위, 지역, 기간은 고용자와 노동자의 약정으로 정하고 경업금지의 약정은 법률, 법규의 규정을 위반할 수 없다.

② 노동계약의 해지 또는 만료 이후, 전항의 적용을 받는 자가 종전 회사가 생산 또는 경영하는 동종 상품 혹은 해당 회사가 종사하는 동종 서비스와 경쟁관계에 있는 기타 회사에서 근무하거나 또는 스스로 동종 상품의 생산, 경영 혹은 동종 서비스에 종사하는 창업을 하는 경업을 제한 받는 기간은 2년을 초과할 수 없다.

38_ 孔祥俊 主编, 商业秘密司法保护实务, 中国法律出版社, 2012, p.242.

업의 영업비밀의 성질과 존재기간에 상응하는 합리적인 기한 내에서 이루어져야 하고, 전직하려는 직원의 생활이 곤란해질 정도에 이르면 안 된다고 본다. 경업금지약정 중 경업금지의 범위는 해당 기업과의 경쟁관계가 성립하는 관련 영역으로 제한되어야 한다. 따라서 경쟁관계에 없는 기업으로 전직하는 것까지 제한하는 경업금지약정은 그 부분에 있어서 무효이다.[39]

또한, 경업금지에 대한 합리적인 보상이 규정되었는지 여부를 심사한다.[40] 경업금지에 대한 보상금은 반드시 지급되어야 한다. 기업이 경업금지를 통해 직원의 노동권을 제한하고, 직업적 자유에 제한을 가하므로, 이러한 제한으로 인하여 직원에게 발생하는 손실에 대한 보상이 반드시 이루어져야 하는 것이다.

이상과 같이 ① 영업비밀이 존재하고 영업비밀과 접촉할 수 있었던 임직원일 것, ② 기한 및 범위가 합리적일 것, ③ 합리적인 보상이 규정될 것이라는 요건을 모두 만족해야 경업금지약정의 효력이 인정될 수 있다. 이와 관련하여 소개하는 아래 사안은, 경업금지 제한기간을 5년으로 지나치게 길게 규정하고, 경업금지에 따른 경제적 보상을 규정하지 않은 경업금지약정을 무효로 본 사안이다.

사 례 경업금지약정의 효력 요건을 만족시키지 못하여 그 약정을 무효로 본 사안[41]

등완유룽 플라스틱 제품 유한회사(东莞昱龙塑胶制品有限公司, 이하 원고)와 펑딩저(冯定泽, 이하 피고) 간의 영업비밀 분쟁 사안

[사실관계] 원고는 1993년 5월 15일 설립된 대만 자본 회사이다. 공상 행정 관리부문의 승인을 거친 이 회사의 경영 범위는 포말 플라스틱 슬레이트, 플라스틱 막대기, 플라스틱 액자, 플라스틱 알갱이의 생산과 판매이다.

피고는 1999년 7월 1일 원고 회사에 입사하였고, 2000년 9월 28일 원고와 피고는 「비밀보장약정(保密合同)」을 체결하였다. 위 약정서에는 원고 회사에서 원료 배합 업무를 담당하는 피고가 원고 고유의 일정한 경제적 가치와 실용성이 있는 기술정보나 경영정보에 접촉할 가능성이 있으므로, 위 기술정보나 경영정보가 누설, 판매 또는 비합법적으로 사용되지

39_ 孔祥俊 主编, 最高人民法院知识产权司法解释理解与活用, 中国法制出版社, 2012, pp.247-248.

40_ 孔祥俊 主编, 商业秘密司法保护实务, 中国法律出版社, 2012, p.235. 한국 대법원도 전직 또는 경업기간이 지나치게 길고 그럼에도 그에 상응하는 보수가 지급되지 않은 등, 해당 종업원의 직업 선택의 자유를 지나치게 제한하는 경쟁업체 이직 금지에 관한 규정을 무효로 보고 있다.

41_ 广东省高级人民法院 (2009)粤高法民三终字第360号 民事裁判数.

않도록 하기 위해 이 약정을 체결한다고 기재되어 있다. 또한 약정서의 본문에는 피고가 노동 계약 기간 이내 혹은 계약 기간이 종결된 후, 아래와 같은 비밀보장의무를 다해야 한다고 규정되어 있다. "피고가 원고로부터 지득한 위 정보들을 이용하여 외부에 자문이나 도움, 혹은 기타 유상이나 무상의 서비스를 제공해서는 안 된다. 위 정보들을 누설, 판매 혹은 타인에게 전수해서는 안 된다. 외부에 원고의 위 정보들을 폭로해서는 안 된다." 또한 위 약정서에는 "피고가 노동 계약 기간 이내 및 종결 후 5년 이내에, 원고의 업무와 관련된 플라스틱 제품 업종에 종사해서는 안 된다"라고 기재되어 있다(그리고 원고의 업무는 나무 액자, 가구 장식 줄, 가장자리 마감, 고급 건축, 각종 압축 플라스틱 상품 및 기타 플라스틱 제품의 생산 및 판매를 포함한다고 덧붙였다).

[법원의 판단] 경업 제한의 의무자는 고용 업체에서 이직 후에 약정한 기간 이내에 권리자의 경영 업무와 같거나 유사한 업종에 종사하는 경쟁 행위를 하지 않아야 하고, 또한 권리자의 경영 업무와 경쟁적인 관계를 형성하는 기업에서 직무를 맡지 않아야 하기 때문에, 권리자로부터 그에 대응하는 경제적 보상을 얻을 수 있다. 다시 말하면, 고용자와 근로자 쌍방이 노동계약서나 비밀유지약정서에서 경업 제한 약정을 하는 경우 노동계약이 해지 혹은 만료된 후 경업 제한 기간동안 고용자가 근로자에게 경제적 보상금을 지불할 것을 약정해야 한다.

이 안건의 사실관계를 보았을 때, 원고와 피고는 비밀유지약정서에서 피고가 경업제한의무를 이행해야 한다고만 약정하였고, 경제 보상을 받을 수 있다는 어떠한 조항도 약정하지 않았다. 이 약정은 실질적으로, 원고는 근로자가 이직 후에 원고와 경쟁관계를 형성하는 업무에 종사하지 않게 하는 권리만 누릴 수 있고, 근로자에게 보상금을 지불해야 할 의무는 지지 않는다는 것이다. 즉 자유롭게 직업을 선택할 수 있는 근로자의 권리도 제한하고, 그에 대해 보상도 하지 않겠다는 것이다. 따라서 이 약정은 쌍방 당사자 간의 권리와 의무를 불공평하게 약정한 것으로 근로자의 이익을 침해한다.

이러한 종류의 약정의 효력을 인정하는 것은 고용자가 이와 같은 방법을 통해 마음대로 근로자의 이익을 침해하는 것을 인정하는 것으로, 이 약정은 명백하게 기본적인 상업 윤리 도덕과 노동력 시장 질서에 위배되는 것이다. 그러므로 이 약정은 마땅히 무효로 판단되어야 한다.

---

(3) 경업금지약정과 경제적 보상

경업금지 보상금이 지급되더라도 만약 보상금 액수가 너무 적은 경우 경업금지 약정은 무효가 될 수 있다.[42] 경업금지약정의 보상금 지불 기준에 대해서는 명확한 규정이 없었으나, 2013년 최고인민법원이 사법해석을 발표하여 그 기준을 규정하였다. 최고인민법원의「노동쟁의 관련 안건에 적용하는 법률 문제에 관한 해석(4)(最高人民法院关于审理劳动争议案件适用法律若干问题的解释(四))」제6조는 "당사자가 노동계약 혹은 비밀유지계약 중 경업 제한에 관한 약정을 하고 노동계약의 해지, 종결 후의 경제적 보상에 관한 내용을 약정하지 아니한 경우, 노동자는 자신이 경업제한 의무를 다하였을 때 해당 업체에 노동자의 노동계약 해지 및 종결 전 12개월 평균 임금의 30%의 경제적 보상을 월별로 지급할 것을 요구할 수 있으며, 인민법원은 이를 지지한다. 전 항에서 규정한 평균 임금의 30%가 노동계약 이행지의 최저 임금 기준에 못 미칠 경우, 노동계약 이행지의 최저임금에 해당하는 액수를 지급한다"고 규정하고 있다.

한편, 경업금지의무 이행과 보상금 지불의무 이행의 선후 관계가 문제될 수 있다. 종전 실무는 경업금지약정에 당사자들이 명확하게 약정한 경우를 제외하고는 기업의 보상금 지불 의무는 선이행 의무에 해당한다고 보았다. 즉, 기업이 우선 경업금지 보상금을 지불할 의무를 가지고, 그 의무가 먼저 이행되어야 전직 직원의 경업금지의무 부담을 요구할 수 있다고 보는 것이다.[43] 이는 하급심 인민법원의 판결에서도 드러나고,[44] 노동관련 행정부서에서 발표하는 규장을 통해서도 확인되고 있다.[45]

그러나 최고인민법원이 2013년 1월에 발표한「노동쟁의 관련 안건에 적용하는 법률 문제에 관한 해석(4)」제7조는 "당사자가 노동계약서 또는 비밀유지약정서에 경업제한과 경제적 보상 약정을 둔 경우, 당사자가 노동계약을 해제할 때 별도의 약정이 없는 한 고용자는 노동자에게 경업제한의무 이행을 요구할 수 있고, 노동자는 경업제한 의무 이행 후 고용자에게 경제적 보상금의 지급을 요구할 수 있다"라고 규정하고 있어서, 최고인민법원은 노동자의 경업제한의무 이행을 선이행 의무로 보는 것으로 이해된다. 위와 같은 새로운 사법해석이 실무에서 어떻게 적용이 될지는 좀 더 두고 볼 필요가 있다.

42_ 孔祥俊 主编, 商业秘密司法保护实务, 中国法律出版社, 2012, p.245.

43_ 孔祥俊 主编, 商业秘密司法保护实务, 中国法律出版社, 2012, p.246; 唐青林、黄卫红 主编, 商业秘密百案评析与企业保密体系建设指南, 中国法制出版社, 2014.

44_ 江苏省高级人民法院 (2008)苏民三终字第003号 民事判决书.

45_「天津市劳动和社会保障局关于保守商业秘密协议、支付违约金和就业补助金等有关劳动合同问题的通知」第二条.

(4) 요건을 위반한 경업금지약정의 효력

앞서 설명한 대로, 경업금지약정의 효력 요건은 ① 영업비밀이 존재하고 영업비밀과 접촉할 수 있었던 임직원일 것, ② 기한 및 범위가 합리적일 것, ③ 합리적인 보상이 규정될 것의 세 가지이다. 이 중에서 첫 번째, 세 번째 요건을 만족하지 못하는 경우, 즉 ① 경업금지약정기업이 영업비밀의 존재를 증명하지 못하거나 또는, 경업이 금지된 주체에 해당하는 노동자가 기업의 영업비밀에 접촉하지 않는 지위에 있는 자이거나, ③ 경업금지약정에 보상금 약정을 포함시키지 않은 경우에는 전체 경업금지약정이 무효라고 본다.[46]

이와 관련하여, 인민법원은 고용자와 노동자 간에 체결된 비밀유지계약에 "을(乙)은 갑(甲)에 재직하여 갑으로부터 보수를 지급받고, 재직 기간 내 그리고 이직한 후 갑의 기술 비밀과 기타 상업 비밀을 누설하지 않을 것"을 약정한 사안에서, 위의 약정의 내용만으로는 경업제한 기한 내 매달 지급할 경제적 보상금에 대한 내용이 약정되어 있다고 볼 수 없다고 보았고, 따라서 위 약정은 무효로, 위 약정에 따른 경업금지의무는 퇴직 직원에게 구속력을 갖는다고 볼 수 없다고 판단하였다.[47]

다만 두 번째 요건을 만족하지 못하는 경우, 즉 경업금지의 범위와 기한이 불합리한 정도인 경우, 약정 전체를 무효로 볼지 또는 해당 불합리한 부분만을 무효로 보고 나머지는 유효로 볼지 문제된다. 이와 관련하여, 중국 노동계약법 제27조는 "노동계약의 일부분이 무효인 경우 기타 부분은 효력을 상실하지 않고 유효하다"고 규정하고 있는바, 인민법원은 위와 같은 규정에 근거하여 불합리한 요소를 제거하고, 합리적 제한의 범위 내에서의 효력을 인정한다는 입장이다.[48] 예를 들어, 경업제한약정의 경업제한기간이 3년으로 법에서 정한 기간인 2년보다 긴 경우, 그 경업제한약정 자체를 무효로 보지 않고 초과한 범위 내에서만 그 경업금지약정을 무효로 본다.[49]

46_ 孔祥俊 主编, 商业秘密司法保护实务, 中国法律出版社, 2012, p.235.

47_ 重庆市渝中区人民法院 (2010)渝中知民初字第99号 民事判决书; 이 판결례에서, 법원이 종업원에게 경업 제한 의무가 없다고 본 이유 중에 하나는, 경제적 보상금이 지급된 사실도 없다는 점이다. 새로운 2013년도 최고인민법원의 노동쟁의 관련 안건에 적용하는 법률 문제에 관한 해석(4) 제7조에 의할 때도 이 부분 판단이 마찬가지로 유지될 수 있는지는 의문이다. 이에 대해서는 이미 상술하였다.

48_ 孔祥俊 主编, 商业秘密司法保护实务, 中国法律出版社, 2012, p.251.

49_ 河南省郑州市中级人民法院 (2013)郑民二终字第85号 民事判决书 (경업제한기간을 3년으로 약정한 사안에서 2년을 초과하는 부분만을 무효로 본 사안).

(5) 경업금지약정의 형태

노동계약법 제23조 제2항은 고용자는 노동계약서 또는 별도의 비밀유지약정서에 근로자의 약정 경업제한 조항을 둘 수 있다고 정하고 있다. 위 법문언에 의하면 고용자와 근로자가 그 내용을 읽고 합의한 약정서에 경업금지조항을 둘 수 있다는 점을 알 수 있다.

그런데 원고와 피고 사이에 일대일로 체결한 경업금지약정은 없고, 다만 회사 구성원들 전체를 적용범위로 하는 비밀보호규정을 만들거나 또는 취업규칙의 일종인 '공원수첩(工员手册)'에 경업금지 관련 조항을 두는 경우에는, 해당 경업금지조항의 효력이 문제될 수 있다. 저장성 항저우시 중급인민법원은 구성원들이 해당 공원수첩을 숙지하였다는 점을 입증하지 못하는 경우 그 공원수첩의 경업제한 조항의 효력을 주장할 수 없다고 보았다.[50] 그리고 베이징시 하이디엔구 인민법원은 가사 구성원들이 공원수첩에 서명을 하고 그 내용을 알고 있었다고 하더라도 경업금지조항은 경업금지의 범위, 기한 및 보상금에 대한 내용을 포함해야 한다고 설시하면서, 해당 사안에서는 원·피고가 서명한 공원수첩에는 그와 같은 내용이 없으므로 경업금지약정의 실질적인 요건을 결여하여 공원수첩에 기재된 경업금지조항의 효력을 인정할 수 없다고 판단한 바 있다.[51]

아래에 소개하는 사안은 이직한 직원인 피고가 서명한 적 없는 공원수첩에 경업금지 제한조항이 포함되어 있었고, 피고가 이직할 때 제출한 이직 신청서에 회사가 경업금지의무를 확인하는 내용을 추가하였으며, 피고에게 경업금지 보상금을 매달 3,000위안씩 지급한 사안에서, 과연 피고의 경업금지의무가 인정될 수 있는지 문제된 사안이다.

사례 직원이 서명한 적 없는 취업규칙을 근거로 경업금지의무를 주장할 수 없다고 본 사안[52]

[사실관계] 피고는 졸업 후 무용 교육직에 종사하여 왔다. 2011년 7월 원고 회사는 피고와 노동계약서와 비밀유지약정서를 작성하여 합의하였다. 2012년 2월 피고는 원고 회사에 이직 신청을 하였고, 같은 달 23일에 이직 승인 신청서를 제출했다. 같은 날 원고 회사는 이직 승인 신청에 동의하고 피고가 제출한 위 신청서에 "이직을 한 당일부터 경업금지조항이

50_ 浙江省杭州市中级人民法院 (2012)浙杭民终字第2913号 民事判决书.

51_ 北京市海淀区人民法院 (2006)海民初字第14254号 民事判决书.

52_ 浙江省杭州市中级人民法院 (2012)浙杭民终字第2913号 民事判决书.

시행되며, 본 회사는 매달 경제적 보상금을 지불한다…"라는 내용을 첨가했다. 이직 승인 신청서 좌측 하단에 서명하는 곳에는 피고의 서명이 있다. 피고는 이직 이후, 같은 해 5, 6월부터 소외 리쯔 무용 학교에서 무용 교육직에 종사하기 시작했다. 2012년 3월 원고 회사는 공상 은행을 통해 피고의 계좌로 "2012년 3월 경업금지 보상금"이라고 기재하여 3,000 위안을 입금하였다. 그 후, 피고는 이 계좌를 취소하였다. 2012년 3월 및 5월 원고 회사는 두 번에 걸쳐 항저우시 치엔탕 공증사무소에 "2012년 4월부터 6월까지 피고의 경업금지 보상금"을 공탁하였고, 절강 법제 신문사(浙江法治报社)에 공탁물을 찾아갈 것을 공고했다. 원고는 항저우시 빈장구 노동 쟁의 중재 위원회(杭州市滨江区劳动争议仲裁委员会)에 경업 제한 의무 이행과 위약금 지불 중재청구를 제기하였는데, 2012년 5월 위 중재위원회는 그 중재청구에 대해 불수리 처분을 하였다. 원고 회사는 이에 불복해, 2012년 5월 법원에 소를 제기하여 피고에게 경업 제한 의무 이행과 위약금 10만 위안의 지불을 명할 것을 청구하였다.

[법원의 판단] 원심은 원고와 피고가 체결한 노동계약서와 비밀유지약정서에는 모두 경업제한조항이 없다고 판단했다. 또한 원심은 경업제한조항이 기재되어 있다는 '공원 수첩'이, 피고가 직접 확인하고 읽었으며 그 내용을 준수하겠다고 확인서에 기재한 그 '공원 수첩'에 해당한다고 증명하기에는 원고 회사의 증거가 부족하다고 판단했다. 그리고 원심은 피고가 이직한 후에, 원고 회사가 이직 승인 신청서에 "이직을 한 당일부터 경업금지조항이 시행된다"라고 기재하고, 경업금지 보상금의 명목으로 피고에게 입금한 행위는 모두 원고 회사의 일방적 행위라고 판단했다. 따라서 원심은 원고 회사가 피고와 경업제한약정을 했다고 보기에는 증거가 부족하다고 보아, 원고 회사의 청구를 기각했다.

원고 회사는 이에 불복해 항저우시 중급인민법원에 소송을 제기하였는데, 사실관계와 관련하여 아래와 같이 주장하였다. "원심은 사실관계에 착오가 있다. '공원 수첩'은 회사의 규칙으로서 경업 제한의 시간, 지역, 범위, 보상금액과 지불 시간까지 명확하게 규정해 놓았으므로, 본 규칙 제도는 본 안건 심사의 근거가 되어야 마땅하다. 이직 승인 신청서는 쌍방이 경업제한조항에 재차 동의한다는 사실을 충분히 증명한다. 위 신청서는 쌍방의 서명을 거쳐 확인하였기 때문에 쌍방 모두에게 구속력이 발생한다."

이에 대하여 2심법원은 아래와 같이 판단하였다.

"본 안건에서 원고와 피고가 체결한 노동계약서와 비밀유지약정서에는 모두 경업제한조항이 없다. 피고가 이직한 후에, 원고가 이직 승인신청서에 '이직을 한 당일부터 경업금지조항이 시행된다'라고 기재하고, 경업금지 보상금 명목으로 피고에게 입금한 사실은 원고의 일방적 행위이다. 그리고 피고가 원고 회사에 근무하면서 종사한 업무는 고급 관리임원이나 고급 기술자, 혹은 기타 비밀 유지의 의무가 있는 임원의 임무가 아니었다. 또한 원고가 제출한 경업제한조항이 포함된 '공원 수첩'이, 피고가 직접 확인하고, 읽고, 그 내용을 준수하기로 확인서에서 서명한 문서라는 사실을 증명할 수 없다. 그러므로 본 법원은 피고가 경업제한의무를 이행하고, 원고에게 위약금 10만 위안을 지불해야 한다는 원고의 청구를 지지할 수 없다. 본 법원은 상소를 기각하고 원심을 유지한다."

위와 같은 점을 고려하면, 회사는 구체적인 범위, 시기 및 경제적 보상 관련 조항을 포함한 경업금지약정 조항을 별도의 비밀유지약정서 또는 노동계약서에 규정해 두는 것이 바람직하다. 만일 '공원 수첩'을 근거로 경업금지를 주장하기 위해서는 해당 '공원 수첩'의 내용에 대해 문제의 당사자가 동의하였다는 점을 입증해야 함을 유의할 필요가 있다. '공원 수첩'의 내용은 계속하여 변화하는데, 상대방 근로자가 어느 한번의 시점에 '공원 수첩'의 내용에 동의를 했다고 해도 그 대상이 되는 공원 수첩의 내용이 무엇인지 밝히기 매우 어렵다. 이와 같은 경우를 대비하기 위해서는, 다소 번거롭더라도 '공원 수첩'의 내용을 변경할 때 버전 번호를 달아서 관리하고, 각 버전의 공원 수첩에 대해 그 내용을 숙독하여 이해하였다는 점에 대해 근로자들의 확인 서명을 받아 두는 등의 조치를 취할 필요가 있다.

Ⅲ. 영업비밀 인정 사례

반부정당경쟁법 제10조 제3항은 "이 조 규정의 영업비밀이란 공중에 알려져 있지 아니하고, 권리자에게 경제적 이익을 주며 실용성을 구비하고, 권리자가 비밀유지조치를 취한 경영 정보와 기술 정보를 말한다"고 규정하여, 영업비밀에는 경영 정보와 기술 정보가 있다는 점을 밝히고 있다.

위 '경영 정보'와 '기술 정보'의 의미에 대해 반부정당경쟁법에는 구체적인 규정이 없다. 다만, 국가 공상국이 발표한 「영업비밀 침해행위 금지에 관한 약간의 규정(关于禁止侵犯商业秘密行为的若干规定)」 제2조 제5항은 "'기술 정보와 경영 정보'란 설계, 절차, 제품의 배합, 제작 기술, 제작 방법, 관리 비결, 고객 명단, 원재료의 출처 정보, 판매 전략, 원가계산서 또는 입찰서의 최저 가격 및 그 내용 등의 정보를 포함한다"고 규정하고 있으므로 참고할 만하다.

또한 '경영 정보'와 관련하여, 베이징시 고급인민법원은 "경영 정보 영업비밀이란, 마땅히 권리인이 장기에 걸쳐 경영활동을 통하여 쌓아온 정보로, 비교적 체계적이고 관련된 데이터로 뒷받침되거나 또는 일정한 양식의 정보 조합인 것이고, 비록 경영 데이터에 불과하더라도 그 데이터가 다른 경영 행위를 위한 기초가 되거나 그 경영 방법으로 나아가는 통로가 되는 경우를 말한다"라고 판시한 바 있다.[53]

1. 고객 정보 및 기타 경영 정보

국가 공상국의 영업비밀 침해금지 규정에 따르면 경영 정보로는 관리 비결, 고객 명단, 원재료의 출처 정보, 판매 전략, 원가계산서 또는 입찰서의 최저 가격 등이 있다.[54] 기술 정보는 주로 해당 기업 제품의 제조에 관한 것임에 반해, 경영 정보는 기업과 관련된 정보 전반을 의미하므로 기술 정보보다 훨씬 범위가 넓다. 위 국가 공상국 규정에 나열된 예에 국한되지 않고, 경영 전략, 재무상태, 마케팅 경로, 시장 조사 보고서, 회사 발전 계획 등이 모두 경영 정보에 해당한다.[55]

실무적으로 가장 많이 문제되는 경영 정보는 고객 또는 거래처 정보와 같은 경영 정보이다. 고객 명단과 같은 정보는 영업에 직접적인 영향을 미치는 기업의 중요 정보이다. 그러나 고객 명단이라는 것이 단순한 잠재 고객의 리스트 정도에 지나지 않는 경우도 있기 때문에 어느 정도까지 영업비밀로 인정할지 논란이 있다.

비밀성　최고인민법원은 단순히 고객의 명칭만 나열된 명단은 영업비밀로 인정하지 않는다. 일반적으로 고객의 명칭에 더하여 구체적인 정보가 부가되어 있을 것을 요구한다. 반부정당경쟁법 사법해석은 영업비밀로 인정되는 고객 명단이란 고객의 명칭, 주소, 연락 방식 그리고 거래 관행, 의향, 내용 등으로 이루어진 것으로 공지된 정보와 구별되는 특수한 고객 정보라고 규정하고 있다. 이는 광범위한 대중고객의 고객 명부부터 장기적 · 안정적으로 거래해 온 관계의 특정 고객 명부까지 모두 포함하는 의미이다.[56] 고객 명단상 고객수의 많고 적음은 고객 명단이 비밀성을 가지는지 여부를 판단하는 근거로 사용되지 않는다. 고객의 수가 적거나 단 하나의 고객에 대한 정보라도 그 정보가 구체적이고 깊이가 있다면 영업비밀로 인정될

53_ 北京市高级人民法院 (2009)高民中字第5380号 民事判决书.

54_「영업비밀침해행위 금지에 관한 약간의 규정」제2조 제5항.

55_ 王宏, 侵害商业秘密罪若干问题研究, 郑州大学2010年硕士学位论文; 林文, 反不正当竞争法律制度与实务技能, 法律出版社, 2014, p.456 재인용.

56_ 반부정당경쟁법 사법해석 제13조.

수 있다.[57]

고객 명단의 영업비밀성은 다른 영업비밀과 마찬가지로 상대적인 비밀이고, 원고가 고객 명단의 유일한 권리자임을 의미하는 것이 아니며, 고객 명단의 고객 모두가 원고의 고객일 것도 요구하지 않는다. 그중 일부 고객이 경쟁 상대방의 고객일 수도 있다.[58] 소송 과정에서 고객 명단을 공중이 알고 있지 않다는 점은 원고가 적극적으로 증명하기 매우 어렵기 때문에, 통상 공중이 쉽게 알기 어려운 정도의 구체적이고 깊이 있는 정보에 해당하는 것이 인정되면, 피고가 반대로 해당 정보가 공지의 것이라는 점을 항변하고 이를 입증하여 비밀성을 부정하는 방식으로 공방이 진행된다.[59]

경제적 이익 및 실용성 고객 명단이 경제적 이익 또는 실용성이 있다는 점은 크게 다투기 어렵다. 고객명단은 경쟁 우위 및 시장 교역의 기회 확대에 직접적인 관련이 있는 정보이기 때문이다. 그리고 이미 안정된 관계를 맺고 있는 고객들의 정보라면 영업비밀로 인정되기 더욱 용이할 것이다. 다만, 아직 거래가 발생한 바 없는 잠재적 고객에 대한 정보 역시 경제적 이익 또는 실용성이 있어 영업비밀로 인정될 수 있는지 여부가 문제될 수 있다. 이에 대해서, 상하이시 고급인민법원을 비롯한 여러 지역의 고급인민법원들은 권리자가 시장 조사 등의 노력을 통해 만들어낸 잠재적 고객 정보는 원고에게 일정한 경쟁 우위를 가져다 줄 수 있는 것이므로, 다른 요건을 만족하는 경우 영업비밀로 인정될 수 있다는 판결을 내린 바 있다.[60]

비밀유지조치 많은 경우 고객 정보에 대한 비밀유지조치는 노동계약서에 비밀유지약정을 넣거나, 기업 내 규정에 비밀유지의무 규정을 넣는 방식으로 이루어진다. 법원은 기업 내부규칙 또는 비밀유지약정이 관련 직원으로 하여금 관련 정보를 비밀로 보호해야 한다는 것을 알게 하기에 충분하고, 타인이 쉽게 그 정보에 접근할 수 없다면 기업이 해당 정보에 대하여 비밀유지조치를 취하였다고 인정하고 있다.[61]

한편 권리자로부터 고객 명단을 빼돌린 직원과, 그 직원을 받아들인 새로운 회사가 공동 피고가 되는 경우가 많다. 이때 새로운 회사가 해당 고객 명단을 사용하

57_ 孔祥俊 主编, 商业秘密司法保护实务, 中国法律出版社, 2012, p.213.

58_ 위의 책, p.221.

59_ 상동.

60_ 上海市第一中级人民法院 (2008)沪一中民五(知)终字第3号 民事判决书; 江苏省高级人民法院 (2002)苏民三终字第34号 民事判决书.

61_ 孔祥俊 主编, 商业秘密司法保护实务, 中国法律出版社, 2012, p.222.

였는지 여부를 판단함에 있어, 피고 회사가 영업비밀에 속하는 고객 명단상의 모든 고객과 업무 관계를 맺거나 또는 거래를 달성해야 하는 것은 아니다. 피고 회사가 그중 한 명의 고객이라도 업무 연관이 있으면 되고, 업무 관계의 기초적 거래가 달성된 경우라면 영업비밀에 속하는 피고 회사가 원고의 고객 명단을 사용한 것으로 인정한다.[62]

아래 사안은 두 가지 대조적인 고객 정보에 관한 사안이다. 첫 번째는 장기간에 걸쳐 안정적으로 거래해 온 관계의 하나의 특정 고객 정보가 문제된 사안이고, 두 번째는 수만 명의 대중 고객 정보가 집적된 고객 정보 데이터베이스가 문제된 사안이다.

사례 장기 거래 특정 고객 정보가 영업비밀인지 문제된 사안[63]

란저우 정평 석유화학공업 기술장비 유한책임회사(兰州正丰石油化工技术装备有限责任公司, 이하 원고)**와 우시 펀투 필터재료 유한회사**(无锡奋图过滤材料有限公司, 이하 피고) **외 2의 영업비밀침해 분쟁 사안**

[법원의 판단] 원고가 장기적인 경영활동을 통하여 소외 폴 회사를 특수 고객으로 하는 고객 집단을 형성한 것은 보호되어야 하는바, 해당 고객 자료는 일반 동일업종 경쟁자가 통상적으로 세밀하게 이해할 수 없는 원고의 특정한 경영 정보로 … 기밀성을 가지고 있다.
다음으로, … 위 고객 자료에는 원고 회사의 마케팅 수단 또는 고객의 소비 정황 정보가 포함되어 있고, 원고는 이를 위해 시간, 자금 그리고 노동력을 투여했다. 위 … 정보는 모두 원고가 생산을 안정시키고, 시장을 개척하고, 기업경쟁력을 강화하는 데 중요한 근거로서 두 정보는 모두 가치성과 실용성을 갖추었다.
마지막으로, 원고는 해당 기술 정보와 고객 자료에 대하여 엄격한 비밀유지조치를 취하였다. … 2008년 원고가 당시 직원들과 체결한 노동계약서 및 계약 부속 문건 '영업비밀보호와 경업제한제도'에는 직원으로서 원고 회사에서의 업무기간 및 퇴직 후 지켜야 하는 영업비밀 보호의무에 대하여 명확히 정하고 있고, 기밀 기한, 영업비밀범위와 경제적 보상에 대하여도 명확히 하고 있다. '비밀보호제도'에 명시된 보호범위와 '영업비밀보호와 경업제한제도'에 나타난 영업비밀범위는 '가격표, 예약구매계약, 시장과 고객 정보, 구매 및 아웃

62_ 상동, p.227.

63_ 甘肃省高级人民法院 (2013)甘民三终字第5号 民事判决书, 2013년 중국 법원 50대 대표 지식재산권 판례.

소싱 가공경로 정보 등'을 포함한다.
이로부터 원고가 자신의 … 고객 자료에 대해 최선을 다하여 비밀보호조치를 취하였음을 알 수 있다. 이에 원고의 고객 자료는 기밀성을 갖추었으므로 원고의 영업비밀을 구성한다.

사 례 **대중 고객의 사용자 가입 정보 데이터 베이스가 영업비밀인지 문제된 사안64**

취저우 완롄 인터넷 기술 유한회사(衢州万联网络技术有限公司, **이하 원고**)**와 저우후이민**(周慧民, **이하 피고**) **외 4의 영업비밀침해 분쟁 사안**

[사실관계] 원고는 2001년 5월 28일에 설립되었고, 대표자는 소외인 츄치이다. 원고의 경영 범위는 인터넷 홈페이지 제작 · 컴퓨터 소프트웨어 개발 · 정보 서비스 등이고, 'BOX 인터넷 게임 커뮤니티' 사이트(이하 '이 사건 홈페이지')를 운영하고 있다.
피고 1은 2001년 6월 1일에 원고 회사에 입사하여 홈페이지 제작과 소프트웨어 프로그램 개발 업무를 하였고, 다른 피고들도 원고 회사에 입사하여 근무하면서 동시에 원고의 주식을 일정 비율씩 받았다.
피고들이 받은 원고 회사의 주식 등에 관하여 다툼이 있은 뒤, 피고들은 2004년 5월 말에서 6월 초 사이에 원고를 떠나 새 회사를 세운 뒤 새 인터넷 홈페이지 box2004.com을 등록하였다(이하 '침해 홈페이지'). 피고들은 'Box01 업무팀 설립에 대한 공동성명'을 발표하였는데, 그 내용은 다음과 같다. 원고의 업무팀 핵심 멤버였던 위 다섯 명 피고들은 원고의 허가 없이 모두 사직하기로 하였고, 새로운 업무팀인 Box01을 설립하여 새 회사를 등록하였으며, 새 도메인 box2004.com을 개시하였고, 해당 도메인은 새 회사가 소유한다는 것이다. 그리고 새 회사는 원고의 BOX-BBS 원시 프로그램과 데이터 베이스 자료를 회수할 것이고, 그에 따른 법률 책임은 피고들이 공동으로 진다는 내용이다.
이후, 피고 1은 이 사건 홈페이지에서 사용자 데이터 베이스를 다운로드 하였고, 해당 홈페이지의 소프트웨어 프로그램에 사용된 설계 및 개발자료를 이용하여 침해 홈페이지를 개설하였으며, 이 사건 홈페이지의 소프트웨어 프로그램의 환경설정 파일을 수정하여 해당 홈페이지가 정상적으로 운행될 수 없게 하였다.
[법원의 판단] 피고가 다운로드 받아간 이 사건 홈페이지 사용자 가입정보 데이터 베이스가 영업비밀인지 여부에 관하여 2심법원은 아래와 같이 판단하였다.

64_ 上海市高级人民法院 (2011)沪高民三(知)终字第100号 民事判决书.

"반부정당경쟁법의 관련 규정에 따르면, 영업비밀이란 대중들이 알지 못하게 하고, 권리자에게 경제적 이익을 가져오며, 실용성을 가지고, 권리자가 비밀유지조치를 취한 기술 정보나 경영 정보를 말한다.
이 사건에서 원고가 주장하는 영업비밀은 이 사건과 관련된 홈페이지의 데이터 베이스에 들어 있는 사용자 정보인데, 이는 고객 명단 데이터 중 가입 아이디와 비밀번호, 가입 시간 등의 정보를 포함한다. 우선적으로 위 사용자 정보는 이 사건 홈페이지의 장기적 경영을 통해 형성된 경영 정보이다. 원고는 인터넷 게임 애호가들이 이 사건 홈페이지에 가입하고 서로 교류하게 하기 위해서 창의적 노동이라는 일정량의 대가를 지불하였다. 비록 각 사용자의 가입 아이디와 비밀번호, 가입 시간 등의 정보들은 비교적 쉽게 획득할 수 있지만, 이 사건 홈페이지의 데이터 베이스 중에서 50만 개가 넘는 가입 아이디와 비밀번호, 가입 시간 등의 정보들로 형성된 종합적인 사용자 정보는 관련 영역의 종사자들이 쉽게 알 수 있거나 획득할 수 없다.
다음으로, 위 사용자 정보는 이 사건과 관련된 홈페이지가 게임 홈페이지로서 비교적 큰 사용자 집단과 방문자 수를 가지고 있다는 것을 증명한다. 홈페이지 방문자 수는 홈페이지 광고 수입 등 경제적 이익과 밀접한 관련을 가지기 때문에, 해당 사용자 정보는 원고에게 경제적 이익을 가져올 수 있으며 실용성을 가진다.
마지막으로, 원고는 이 사건 홈페이지 데이터 베이스에 비밀번호를 설정하였는데, 이 비밀번호는 핵심 기술자였던 피고 1과 원고의 법정 대표인 소외 츄치만이 알고 있었다. 또 원고와 피고 1 간에 체결한 노동계약서에도 비밀보호규정이 있었기 때문에 원고가 위 사용자 정보에 대해 비밀보호조치를 취했다는 사실을 알 수 있다.
결론적으로, 법원은 이 사건과 관련된 홈페이지의 데이터 베이스에 저장된 사용자 정보는 영업비밀에 해당되고 법의 보호를 받는다고 판단한다. 2심법원은 상소를 기각하고, 원심을 유지한다."

한편 단기적 · 임시적 고객의 명단은 영업비밀로 인정되기 어렵다. 이와 관련하여 아래에서 소개하는 사안에서, 상하이시 제1중급인민법원은 단기적이고 우연적인 고객의 정보를 보호하는 것은 오히려 부당한 독점권을 부여하는 것이라고 판시하며, 영업비밀로 보호될 수 없다고 보았다.

사 례 단기 고객 리스트가 영업비밀정보인지 문제된 사안[65]

상하이 쟈화 다성 회계사무소 청산부(上海嘉华大成会记事务所清算组, 이하 원고)와 상하이 중저우 회계사무소 청산부(上海中洲会记事务所清算组, 이하 피고) 외 1의 영업비밀 분쟁 사안

[법원의 판단] 경영자가 경영활동을 할 때 고객은 일반적으로 두 종류로 나뉜다. 첫 번째는 단기적 고객, 즉 임시 고객이다. 이 고객과의 거래는 우연성을 띤다. 다른 종류는 장기적 고객, 즉 고정 고객이다. 이 고객과의 거래는 필연성을 띠며 쌍방 간의 신임관계를 바탕으로 한다.

영업비밀로 보호할 수 있는 대상은 일반적으로 후자에 속하는 고객들의 정보이다. 경영자와 수요자 간의 신임관계는 경영자가 상당히 오랜 시간 동안 경영 지혜, 책략을 발휘하고 노력을 한 결과, 즉 경영자가 피와 땀을 쏟아부은 결과로서 경영자 특유의 지식노동 성과의 구현물이기 때문이다. 법을 통해 보호하려는 재산이란 이와 같은 무형 재산을 뜻한다. 그러나 전자는 이와 같은 전제 조건을 만족하지 않으므로 만약 전자에 속하는 고객의 리스트를 영업비밀로 보아 보호한다면, 이는 경영자에게 부당한 독점권을 부여하고, 다른 경영자와의 공평한 경쟁을 제한하며, 동시에 고객이 거래대상을 선택할 수 있는 권리를 박탈하게 된다. 이는 고객의 정상적인 변동을 방해하는 결과를 초래하고, 더 나아가 공평한 경쟁을 격려·보호하는 반부정당경쟁법의 입법목적에 위반된다.

고객 명단뿐 아니라 고객들과 상담한 기록, 고객들에게 제공하는 가격표, 고객과의 표준 계약서, 입찰서 등 고객과의 거래를 보다 효율적으로 진행할 수 있도록 하는 정보 역시 공중에 일반적으로 알려져 있지 않고 비밀유지조치가 취해져 있다면 영업비밀로 인정될 수 있다. 이와 관련하여 소개하는 아래 사안은 원고가 고객들과 컴퓨터 메신저 소프트웨어를 통해 상담한 기록, 원고의 입찰서 등을 영업비밀로 인정할 수 있는지가 문제된 사안이다. 이에 대해 광동성 고급인민법원은 위와 같은 자료들도 영업비밀의 법정 요건을 만족하기만 한다면 영업비밀로 인정할 수 있다고 판단하였다.

65_ 上海市第一中级人民法院 (1999)沪一中知初字第60号 民事判决书.

사 례 고객들과의 업무 상담 기록 등을 영업비밀로 인정한 사안[66]

원고의 광고 인터랙티브 미디어 설비 가격표와 해외 고객을 위한 원고의 영문판 가격표, 원고의 가공 표준 계약서, 원고가 고객들과 컴퓨터 메신저 소프트웨어를 통해 상담한 기록, 원고의 입찰서 등이 원고의 영업비밀에 속하는지 살펴볼 필요가 있다. 위 정보들 또한 원고가 장기에 걸쳐 인력과 지원을 투자하여 얻어낸 결과물이다. 위 결과물은 원고의 영업 범위를 상대적으로 안정되게 하고, 원고가 보다 편리하게 고객들과 거래를 진행할 수 있게 하여 더 큰 경제적 이익을 가져다준다. 또한 위 정보는 오직 원고와 원고 내부의 관련 작업 직원들만 알 수 있고 대중에게 알려져 있지 않으며, 원고가 제정한 관련 회사 규칙 제도에 의해 비밀보장조치가 취해진 정보들이다. 그러므로 위 경영 정보들 또한 영업비밀에 속하며 법적 보호를 받아 마땅하다.

고객 명단 영업비밀 침해가 문제되는 경우, 피고는 문제의 고객 명단은 공지의 자료를 이용하여 스스로 작성한 것이라는 공지의 항변을 하는 경우가 많다. 이와 관련하여 소개하는 아래 사안은 피고가 인터넷이나 광고 등을 통하여 스스로 고객 명단을 작성한 것이지 원고의 영업비밀을 침해한 것이 아니라고 주장하며, 피고가 법원에 고객 명단에 포함되어 있는 일부 고객의 자료를 인터넷에서 검색할 수 있는 방법 및 일부 고객의 광고 자료를 제출한 사안이다. 이에 대해서 광동성 중급인민법원은 고객 명칭을 알고 그 자료를 인터넷에서 검색하는 것은 쉬울 수는 있지만, 고객의 존부 및 명칭을 모르는 상태에서 인터넷 검색을 통하여 고객의 명칭과 정보를 얻는 것은 매우 어렵다고 하며 공지의 항변을 배척하였다.

사 례 고객 명단 정보가 공지된 것이라는 피고 주장을 배척한 사안[67]

중산시 샤오란진 신평 전기회사(中山市小榄镇新丰电器厂, 이하 원고)**와 허카이화**(何开华, 이하 피고) **외 2의 영업비밀 분쟁 사안**

[사실관계] 호주, 영국, 그리스 회사 등의 고객 명단이 영업비밀로 문제되었는데, 이 사안의 심리 과정에서 피고는 인터넷상의 자료와 등불 전람회 등을 통하여 문제가 된 호주, 영국, 그리스 회사 등의 고객을 알게 되었다고 항변하였다. 그리고 2심법원에서 피고는 인터

66_ 广东省高级人民法院民事判决书 (2009)粤高法民三终第27号.

67_ 广东省中山市中级人民法院 (2003)中中法民三初第8号 民事判决书.

넷에서 그리스 VOLTAMPERE S. A., 영국 SCOLMORE INTERNATIONAL LTD., 호주 MASSON FOR LIGHT 등 등(燈) 장식류 기업 고객 자료를 검색할 수 있는 방법과 일부 고객의 광고 선전자료를 제공했다. 그러나 피고들이 말한 검색방법으로는 고객들의 자료를 직·간접적으로 취득할 수 없었고, 여러 웹사이트에서 등(燈) 장식류 제품과 관련된 기업의 명칭으로 조회하였을 때만 비로소 앞에서 말한 그리스, 영국, 호주 등 고객을 포함한 등(燈) 장식관련 제품을 경영하는 타 기업들의 정보를 검색해 낼 수 있었다.

[법원의 판단] 2심법원은 다음과 같이 판결을 내렸다.

"앞에서 말한 영국, 호주, 그리스 등(燈) 장식류 기업 고객의 자료는 비록 인터넷을 통해 검색이 가능하지만, 수많은 인터넷 홈페이지에서 특정한 그리스, 영국, 호주 고객들의 자료를 한 번에 검색해내는 것은 쉽지 않은 일이다. 또한 피고가 제공한 그리스, 영국, 호주 등 고객의 광고선전자료 및 잡지만으로는 그 자료 및 잡지가 광범위하게 배포되었다는 점이 증명될 수 없기 때문에, 고객들 중 소수 기업의 광고 선전자료 및 잡지가 존재한다고 해서 이 사건에서 문제되는 그리스, 영국, 호주 고객들의 관련 정보가 공지라고 할 수 없다.

그러므로 인터넷에 해당 회사 자료가 공개되었고, 광고 선전 자료, 잡지를 통해 홍보된 사실이 있다고 하더라도, 위 그리스, 영국, 호주 고객들의 관련 정보가 공지라고 인정하기 어렵다."

2. 기술 정보

기술 정보는 통상 제조기술, 생산방법, 상품 원료의 배분, 공예 작업 등의 순서, 검측 방법 및 수단 등을 포함한다. 그리고 기술 정보의 경우에도 고객 정보와 마찬가지로 세 가지 영업비밀의 요건, 즉 ① 공중에게 알려지지 않은 것일 것, ② 권리자에게 경제적 이익을 주며 실용성을 구비할 것, ③ 권리자가 해당 정보에 대해 비밀유지조치를 취하였을 것을 만족하여야 한다.

이와 관련하여 소개하는 아래의 사안은 최고인민법원이 2010년 중국 지식재산권 관련 10대 판결 중 하나로 선정한 판결로, 기술 정보에 대하여 위 요건들을 만족하는지 검토하여 영업비밀임을 인정하는 판시 부분을 참고로 살펴볼 만하다.

사례 콜라 농축액 재료의 성분, 배합 방법 및 제조 공정을 영업비밀로 인정한 사안[68]

중국 톈푸 콜라 그룹회사(충칭)[中国天府可乐集团公司(重庆), 이하 원고]와 충칭 펩시 톈푸 음료 유한회사(重庆百事天府饮料有限公司, 이하 피고 1), 펩시(중국)투자유한회사[百事(中国)投资有限公司, 이하 피고 2]의 기술비밀침해 분쟁 사안

영업비밀은 세 가지 성립 요건이 있다. 1) 정보가 공중에게 알려지지 아니하여야 한다. 즉 해당 정보가 소속 영역의 관련 사람들에게 보편적으로 알려져 있지 않고 용이하게 획득할 수 있는 것이 아닌 경우이다. 2) 권리자에게 경제적 이익을 주며, 실용성을 구비해야 한다. 3) 권리자가 해당 정보에 대해 비밀유지조치를 취해야 한다.

양 당사자들은 톈푸 콜라 농축액 을(乙) 재료의 성분, 배합 방법 및 제조 공정이 쟁점 기술 내용이라는 점에 대해서 다툼이 없다. 해당 기술은 톈푸 콜라의 배합 방법 중 핵심부분으로, '기술 정보' 중에서 '상품 배합 방법 및 제조 공정' 부분에 속한다.

원고와 피고 1 모두 음료를 생산하는 기업으로, 음료의 배합 방법은 음료 생산에 결정적인 영향을 끼친다. 톈푸 콜라의 배합 방법 중 핵심 부분과 제조 공정 또한 제품의 품질, 평판 및 시장성에 매우 중요한 영향력을 가지고 있다는 것도 의심할 여지가 없다. 그러므로 톈푸 콜라의 농축액 을(乙) 재료의 성분, 배합 방법 및 제조 공정은 현실 또는 잠재적 상업가치를 가지고 있다고 보아야 하고 권리자에게 경쟁에서의 우세를 가져올 수 있으므로 '권리자에게 경제적 이익을 주며, 실용성을 구비'해야 한다는 조건에 부합한다.

비밀유지를 위해 원고의 전신인 충칭 음료 공장과 소외 쓰촨성 중국 의약 연구소가 계쟁기술과 관련된 연구 개발 계약을 체결할 당시, 계약서상 비밀유지약정을 추가하여 비밀유지계약을 체결하였다. 원고는 비밀 보안팀을 개설하고 관련 내용이 기재된 문서상 잘 보이는 곳에 '극비'라고 표시하였고, 관련 자료는 원고의 서류보관실에서 보관하였다. 각기 다른 부분에 대해 전담자가 각자 책임을 지고, 관계자 외에는 열람할 수 없게 하였다. 피고 1은 해당 기술을 사용하는 과정에서도 이를 영업비밀로 취급해 왔다. 그러므로 반부정당경쟁법 사법해석 제11조 제3항에 따라, 권리자가 정보 누출을 방지하기 위해 비밀유지약정을 체결하고, 비밀보안제도를 만드는 등, 영업비밀의 상업 가치 등의 구체적인 정황에 합당한 합리적인 보호조치를 취했다고 판단해야 한다. …(중략)…

소송에서 양측 모두 쟁점 기술을 공개된 루트에서 직접 획득할 수 있다는 사실에 대한 주

68_ 重庆市第五中级人民法院 (2009)渝五中法民初字第299号 民事判决书, 2010년 중국 법원 지식재산권 사법보호 10대 판례.

장 제기나 증명은 하지 않았다. 이는 '정보가 공중에게 알려지지 아니한 경우, 즉 해당 정보가 소속 영역의 관련 사람들에게 보편적으로 알려져 있지 않고 용이하게 획득할 수 있는 것이 아닌 경우'라는 조건에 부합한다.
위와 같은 분석에 근거할 때, 이 사건과 관련된 기술은 영업비밀의 성립 요건에 부합한다고 판단되어야 하며, 이는 영업비밀 중 기술비밀에 속한다.

3. 영업비밀 귀속문제

앞서 살펴본 콜라 성분의 원료 및 배합 방법에 관한 영업비밀 사안의 배경에는 더욱 복잡한 사연이 있다. 합자회사 설립과정에서 법률관계에 대한 분명한 계약 없이 영업비밀이 제공되었고 합자회사에서 이를 사용해 오고 있었는데, 합자관계가 종료된 상황에서, 그 영업비밀의 귀속을 두고 분쟁이 일어난 사연이다.

그 내용을 좀 더 살펴보면 다음과 같다. 중국의 중국 톈푸 콜라 그룹회사(이하 원고)와 자본력을 가진 음료회사인 외국의 펩시(중국)투자유한회사(이하 피고 2)가 중국에서 음료를 생산 · 판매하기 위하여 합자기업 충칭 펩시 톈푸 음료 유한회사(이하 피고 1)을 설립하였다. 합자기업 피고 1은 원고의 콜라 배합 방법과 제조 공정을 사용하여 약 십여 년간 음료를 생산해 왔다. 십여 년이 지난 후 원고는 위 합자기업 피고 1의 주식을 모두 피고 2에게 양도하고 나온 뒤 위 합자기업 피고 1과 피고 2에 대해서 자신의 영업비밀의 사용 중단을 요청하였다.

피고 1의 주요 영업이 음료의 생산 · 판매였으므로, 만일 원고의 주장이 받아들여진다면 피고 1의 영업에 미치는 영향이 매우 클 수 있는 상황이었다. 이에 대해서 피고 2와 피고 1은, 원고가 피고 1을 설립할 때 콜라 성분의 원료 및 배합 방법에 관한 영업비밀을 투자하였으므로 합자기업이 그 영업비밀을 사용하여 계속 음료를 생산 · 판매할 권리가 있다고 주장하였다.

그러나 법원은 원고의 주장을 받아들여, 원고의 영업비밀이 합자회사에 자본으로 투자되었다고 인정할 수 없다고 보았고, 원고의 영업비밀은 그 합작기간 동안 사용해도 좋다는 허락이 있었던 것뿐이므로, 그 이후에 합자회사가 원고의 영업비밀을 사용하는 것은 영업비밀 침해행위를 구성한다고 판단하였다.

이 사건은 중국에서 많은 관심을 끌어 2010년도 지적재산권 10대 사건으로 꼽히기도 하였다. 또한 분쟁의 주체가 된 피고 2가 다른 회사도 아닌 국제적 거대기업인 펩시 회사였음에도 이러한 일을 겪었다는 점에서, 합자회사 설립과정에서 영업비밀에 대한 권리정리의 중요성을 다시 한 번 일깨워주는 사건이라고 할 수 있다. 영업비밀의 귀속에 대한 법원의 판단 내용을 자세히 살펴보면 아래와 같다.

사례 합자회사 설립과정에서 제공된 영업비밀 사용권의 귀속 문제[69]

중국 탄푸 콜라 그룹회사(충칭)[中国天府可乐集团公司(重庆), 이하 **원고**]**와 충칭 펩시 탄푸 음료 유한회사**(重庆百事天府饮料有限公司, 이하 **피고 1**), **펩시**(중국)**투자유한회사**[百事(中国)投资有限公司, 이하 **피고 2**]**의 기술비밀 침해 분쟁 사안**

[법원의 판단] 피고 1과 피고 2는 사건과 관련된 영업비밀(저자 주: 콜라 음료 재료의 성분, 배합비, 제조공정)이 등록자본으로서 피고 1에게 투자되었다고 주장하였으나, 원고가 이를 부인하였으므로, 피고 1과 피고 2는 자신의 주장에 대한 입증책임의 의무를 진다.
'합자경영계약'에 따르면, 원고의 투자액은 전체 토지와 공장 건물, 생산 설비, 부속 설비의 가격을 환산한 713만8천 미달러 상당이다. 쌍방의 출자를 확인한 '자본금 납입 증명서' 기재에 의하면, 원고가 피고 1에 투자한 자본은 토지사용권 환산가격 682,759 미달러, 주택 및 건축물의 환산가격 2,260,710 미달러, 기계설비 환산가격 4,194,531 미달러, 합계 713만8천 미달러이다. 위와 같은 계약서와 자본금 납입 증명에 기재된 사항에는 원고가 이 사건과 관련된 영업비밀을 투자 자본으로 피고 1에 투자했다는 사실이 표시되어 있지 않다.
피고 1이 설립된 주요 목적 중 하나는 탄푸 콜라 음료를 생산하는 것이다. 합자기간 동안, 원고는 합자회사가 본 사건과 관련된 영업비밀을 사용해 탄푸 콜라를 생산한다는 사실을 알고 있었고, 원고가 합자회사에 파견시킨 관리자 역시 합자회사의 경영에 참여해 왔던 점을 미뤄 보아 원고가 합자기간 동안 합자회사가 영업비밀을 사용해 탄푸 콜라를 생산하는 데 동의했다는 사실을 알 수 있다.
그러나 합자 계약서와 자본금 납입 증명서가 이번 사건과 관련한 영업비밀이 등록자본으로서 합자기업에 투자되었다는 사실을 확인할 수 없다는 점을 비롯해, 음료 생산에 있어서 그 중요성이 배합 방법과 제조 공정의 중요성에 미치지 못하는 상표가 별도의 계약을 통해 유상으로 양도된 점, 그리고 쌍방의 합자사실을 종합적으로 살펴보면, 원고가 합자기간 동안 합자회사가 이번 사건과 관련된 영업비밀을 사용한다는 사실을 알고 있고 동의했다는 사실만으로는 원고가 해당 영업비밀을 등록자본으로 피고 1에 투자했다는 점을 증명하기

69_ 重庆市第五中级人民法院 (2009)渝五中法民初字第299号 民事裁判书, 2010년 중국 법원 지식재산권 사법보호 10대 판례.

어렵다.

피고 1이 제출한, 원고가 피고 2에게 보낸 서한에는 아래와 같이 기재되어 있다. "1994년 귀사와 협력할 당시, 본사는 보유하고 있는 유형 및 무형자산을 합자기업에 투입했으나 그 결과…"라는 내용과 함께 '탄푸' 상표와 탄푸 시리즈 상품을 원고에게 반환할 것을 요구했다. 그러나 위 서한 중 무형자산에 대한 명확한 범위 확정이 없었다. 서한에서 실제 투입과 등록자본으로서의 투자가 다르다고 언급한 것, 합자계약을 체결할 당시에는 소외 쓰촨성 중약연구소와 원고가 해당 영업비밀에 대한 처리 결정을 내리지 못했던 점을 고려했을 때, 합자계약서와 자본금 납입 증명서는 투자 범위를 확정하는 문제에 있어서 공식적인 문서의 지위를 가지고 있다. 그러므로 원고가 피고 2에게 보낸 위의 서한만으로는 피고 1과 피고 2의 주장을 입증하기에는 어려움이 있다. 그 외에도 피고 1과 피고 2는 원고가 이미 해당 영업비밀을 등록자본으로 투자했다는 사실이 명확하게 기재된 증거를 제시하지 못하였다. 두 회사가 제시한 증거를 종합해 분석한 결과 본 사건과 관계된 영업비밀이 등록자본으로 피고 1에 투입됐다는 사실을 증명하기 어렵다. 그러므로 원고가 현재까지 해당 영업비밀의 권리자라고 보는 것이 타당하다.

원고가 영업비밀의 권리자이고, 그 사용권을 합작기간 동안 사용해도 좋다는 허락이 있었던 점만이 인정되므로, 지금 영업비밀의 권리자인 원고가 자신의 영업비밀을 피고 1이 계속 사용하는 것을 분명히 거부하고 있는 이상, 본안 판결이 내려진 이후의 원고의 이 사건 영업비밀 사용행위는 반부정당경쟁법 위반행위를 구성한다.

Ⅳ. 영업비밀 침해행위

중국 반부정당경쟁법은 제10조 제1항과 2항에서 총 4개의 유형으로 침해행위를 규정하고 있다. 한편, 한국 부정경쟁방지법은 제2조 제3호에서 영업비밀 침해행위를 여섯 가지 유형으로 나누어 정해두고 있는데, 그 내용을 살펴보면 크게 4가지로 분류된다.[70]

70_ 한국 「부정경쟁방지 및 영업비밀보호에 관한 법률」 제2조

3. "영업비밀 침해행위"란 다음 각 목의 어느 하나에 해당하는 행위를 말한다.

가. 절취(竊取), 기망(欺罔), 협박, 그 밖의 부정한 수단으로 영업비밀을 취득하는 행위(이하 "부정취득행위"라 한다) 또는 그 취득한 영업비밀을 사용하거나 공개(비밀을 유지하면서 특정인에게 알리는 것을 포함한다. 이하 같다)하는 행위.

나. 영업비밀에 대하여 부정취득행위가 개입된 사실을 알거나 중대한 과실로 알지 못하고 그 영

한국 부정경쟁방지법의 영업비밀 침해유형과 중국 반부정당경쟁법의 영업비밀 침해유형을 대비하여 정리하면 아래와 같다.

행위 유형	한국 부정경쟁방지법	중국 반부정당경쟁법
영업비밀의 부정취득 및 사용행위	제2조 제3호 가목	제10조 제1항 제1, 2호
비밀유지의무를 위반한 부정공개행위	라목	제3호
부정취득자 또는 부정공개자로부터의 악의 취득 행위	나, 마목	제2항
부정취득자, 부정공개자로부터 영업비밀을 악의 없이 취득한 뒤 악의 또는 중과실로 사용한 행위	다, 바목	

아래에서 침해행위를 각 유형별로 살펴보기로 한다.

1. 부정취득 및 사용행위

반부정당경쟁법 제10조 제1항 제1호는 절취, 유혹, 협박 또는 기타 부정한 수단으로 권리자의 영업비밀을 취득하는 행위를 금지하고 있다. 그리고 반부정당경쟁법 제10조 제1항 제2호는 전항의 수단을 사용하여 취득한 권리자의 영업비밀을 공개, 사용 또는 타인에게 사용을 허락하는 행위를 금지하고 있다.[71]

업비밀을 취득하는 행위 또는 그 취득한 영업비밀을 사용하거나 공개하는 행위.

다. 영업비밀을 취득한 후에 그 영업비밀에 대하여 부정취득행위가 개입된 사실을 알거나 중대한 과실로 알지 못하고 그 영업비밀을 사용하거나 공개하는 행위.

라. 계약관계 등에 따라 영업비밀을 비밀로서 유지하여야 할 의무가 있는 자가 부정한 이익을 얻거나 그 영업비밀의 보유자에게 손해를 입힐 목적으로 그 영업비밀을 사용하거나 공개하는 행위.

마. 영업비밀이 라목에 따라 공개된 사실 또는 그러한 공개행위가 개입된 사실을 알거나 중대한 과실로 알지 못하고 그 영업비밀을 취득하는 행위 또는 그 취득한 영업비밀을 사용하거나 공개하는 행위.

바. 영업비밀을 취득한 후에 그 영업비밀이 라목에 따라 공개된 사실 또는 그러한 공개행위가 개입된 사실을 알거나 중대한 과실로 알지 못하고 그 영업비밀을 사용하거나 공개하는 행위.

71_ 사견이나, 중국 반부정당경쟁법이 불법적인 취득행위와 사용행위를 별도의 호로 나누어 규율

제10조 제1항 제1호 및 제2호에 규정된 부정취득 및 사용행위의 주체는 권한 없는 외부인이나 또는 해당 정보에 접근 권한이 없는 내부자이다. 제1호는 부정취득의 행위 태양으로 절취행위, 유혹행위, 협박행위를 제시하고 있다.

절취행위는 불법적인 수단으로 영업비밀을 취득하는 것이다. 영업비밀의 절취는 일반적으로 물건의 절취와는 다른 개념이다. 영업비밀의 절취행위는 영업비밀의 권리자가 알지 못하는 상황에서, 침해자가 복사, 촬영, 도청 등의 비밀 방식으로 권리자의 영업비밀을 취득하는 행위를 의미하고, 침해자의 기억력에 의존하여 외워가는 것도 영업비밀을 절취하는 행위에 해당한다.[72]

유혹행위는 영업비밀을 불법적으로 취득하기 위한 목적으로 금전, 높은 임금, 우수한 작업 환경, 성교 등을 대가로 제공하거나 제공하겠다고 하는 것이다. 타인의 영업비밀을 취득하고자 하는 목적이 있다는 점에서 정상적인 이익 제시와는 다르다.[73]

협박행위는 생명, 신체, 재산 등에 위해를 가한다고 겁을 주며, 영업비밀의 대가로 위와 같은 위해를 면해 주겠다고 하여 협박 대상으로 하여금 영업비밀을 건네주도록 하는 것이다.[74]

반부정당경쟁법 제10조 제1항 제2호의 공개 · 사용 행위는, 침해자가 위와 같이 취득한 영업비밀을 자신의 사업을 위하여 스스로 사용하거나, 또는 제3자에게 대가를 받거나 받지 않고 제공하거나 또는 자문 컨설팅 등의 용역 형식으로 알려주는 행위이다.

영업비밀을 사용했다는 것은 어떤 식으로든 영업비밀을 이용하여 영업비밀 권리자에게 손해를 끼치고 행위자가 부당한 이득을 얻는 것을 의미한다. 여기에는 영업비밀을 그대로 이용하는 것뿐만 아니라 개선하여 사용하는 것도 포함된다.[75] 영업비밀을 공개한다는 것은 특정인에게만 알려주는 것뿐만 아니라 인터넷 등을 통해서 일반 공중에게 유포시키는 것을 모두 포함한다. 그리고 제3자에게 사용을 허가한다는 것은, 사용허가 계약을 체결하고 대가를 받는 방식뿐만 아니라 자신의 친지, 친

하고 있는 이유는, 영업비밀을 취득하기만 하고 사용을 하지 않은 경우 영업비밀 권리자에게 중대한 경제적 손실이 있지 않지만, 사용 또는 공개를 하는 경우 영업비밀성이 사라지거나 경쟁우위에 타격을 입는 등 상당한 손실이 있을 수 있다는 점에서, 두 가지 태양의 행위가 권리자에게 미치는 영향의 차이가 크다는 점에 착안한 것으로 보인다.

72_ 孔祥俊 主编, 商业秘密司法保护实务, 中国法律出版社, 2012, p.157.

73_ 상동.

74_ 林文, 反不正当竞争法律制度与实务技能, 法律出版社, 2014, p.458.

75_ 孔祥俊 主编, 商业秘密司法保护实务, 中国法律出版社, 2012, p.160.

구들에게 무료로 사용하도록 하는 것도 포함된다.[76]

2. 부정공개행위(비밀유지의무 위반행위)

해외 진출 한국 기업을 대상으로 한 특허청 조사에 따르면, 영업비밀이 유출된 경로로 '재직 중인 또는 퇴직한 임직원의 경쟁업체 취업'이 가장 빈번하였고, 다음으로는 '임직원 또는 협력업체 종사자 등 관계자 매수', '도급사와의 거래'가 뒤를 이었다.[77] 위 세 가지 유출 경로 모두 외부의 침입의 의한 것이 아니라, 고용 계약 또는 거래 계약을 맺고 신뢰관계에 기반하여 영업비밀을 취득한 사람들이 이를 유출시킨 것이라는 특징이 있다.

이와 관련된 반부정당경쟁법 조항은 제10조 제1항 제3호이다. 위 규정은 정당하게 취득한 영업비밀을 비밀유지약정 또는 권리자의 비밀유지요구에 위반하여, 그가 알고 있는 영업비밀을 공개, 사용 또는 타인에게 사용을 허락하는 행위를 금지하고 있다. 비밀유지의무가 있는 내부 또는 외부 인력이 영업비밀을 스스로 사용하거나 제3자에게 알려주어 사용하도록 하는 행위, 또는 지득한 영업비밀을 개량하고 발전시킨 뒤 스스로 사용하거나 제3자에게 사용하도록 하는 행위가 이에 해당한다.

반부정당경쟁법 제10조 제1항 제3호에 해당하는 행위 유형들은 다음과 같다. (1) 법정 · 묵시적 비밀유지의무를 위반하는 경우, (2) 업무관계자가 비밀유지약정 또는 권리자의 비밀유지요구를 위반하는 경우, (3) 권리자의 현직 또는 전직 직원이 비밀유지약정 또는 권리자의 비밀유지요구를 위반하는 경우. 아래에서 각 유형별로 살펴본다.

(1) 법정 · 묵시적 비밀유지의무를 위반하는 경우

법정 비밀유지의무는 변호사, 회계사 등 관련 법에서 정한 비밀유지의무가 있는 경우에 인정된다. 산업 관례 또는 관습에 의한 묵시적 비밀보호의무란, 어떤 산업 분야에서 장기적인 경제활동으로 인해 거래 방법과 여러 가지 상황에 대한 대책이 형성된 것으로 일정한 거래영역에서 보편적으로 받아들여지는 관례에 근거하여 인정되는 것이다. 만약 당사자가 관례에 의한 방법으로 어떤 행위를 실시하는 경우, 명확한 비밀유지약정이 체결되지 않았다고 하더라도 묵시적 비밀보호의무를 부담

76_ 林文, 反不正当竞争法律制度与实务技能, 法律出版社, 2014, p.459.

77_ 특허청, 우리기업의 영업비밀 피해 실태 조사 보고서(2013), 111면.

하는 것으로 추정하여 법률책임을 부담시키는 것이다.[78]

예를 들면, 제조공장이 장기적인 위탁판매를 유지하고 있는 판매상에게 발송한 재료 설명서에 영업비밀재료를 포함하고 있다고 도장을 찍었거나 또는 비밀보호를 명기한 경우, 명시적인 비밀유지약정이 없더라도 판매상은 묵시적 비밀보호를 지는 것으로 판단한다. 임대 업무 중 임대인이 영업비밀을 가지는 설비가 포함된 것을 임대하고 그 설비의 수리는 반드시 임대인이 진행함을 약정한 경우, 임차인은 자기 마음대로 또는 타인을 통하여 설비를 해체하지 않을 의무를 부담한다. 도급가공업무 중, 도급자가 가공업자에게 영업비밀을 포함하는 전용설비 또는 부품의 제작을 주문하면서, 가공업자에게 제공한 기술자료·도면의 전부 반환과 도면 복제 금지를 요구하였다면, 수급인은 해당 기술 자료를 타인에게 누설하거나 자신의 이익을 위해 사용하지 않을 의무를 부담한다고 본다. 인민법원은 산업 관례상 묵시적 의무를 판단할 때, 우선 산업 관례가 당사자들 사이에 공지된 것인지, 그 관례가 유효한지 여부, 실용성을 구비하는지 여부를 판단해야 한다. 이런 조건을 모두 구비하는 경우 비로소 당사자들이 영업비밀 보호와 관련된 산업적 관례로 이해한 것으로 파악한다. 동시에 종합적으로 비밀보호의 관습, 비밀보호 환경 등의 요소를 종합적으로 고려하여 묵시적 비밀보호 침해 여부를 판단한다.[79]

(2) 업무관계자가 비밀유지의무를 위반하는 경우

업무관계자의 비밀유지의무 위반행위 유형을 살펴본다. 예를 들면 설계 업체 또는 컨설팅 업체가 고객 기업의 기술적 또는 영업적 정보를 지득한 뒤 서비스를 제공하는 업체가 유사 동종업체들에게 서비스를 제공하는 경우이다. 예를 들면 고무 생산 라인 설계 업체가 A 고객을 위해 설계 서비스를 제공한 뒤(서비스 제공을 위하여 A 고객의 영업비밀들을 지득하게 됨은 당연하다), 다시 같은 고무 생산 회사인 B 고객을 위하여 유사한 서비스를 제공하는 경우이다. 이때 B 고객에게 제공한 생산 라인 설계 등의 서비스 결과물이 A고객에게 제공한 것과 매우 유사한 경우(사실 이와 같은 경우가 실무상 종종 발생한다), A 고객은 설계 또는 컨설팅 업체가 A 고객의 영업비밀을 부정하게 사용하였다고 주장하고, 반대로 서비스 제공 업체는 자신의 지식재산권을 활용한 것에 불과하다고 주장하는 경우가 발생한다.

중국 계약법 제341조는 "위탁 개발 계약의 기밀 기술 성과의 사용권, 양도권과

78_ 孔祥俊 主编, 商业秘密司法保护实务, 中国法律出版社, 2012, p.160.

79_ 이상 方龙华, 商业秘密保护中的默示保密义务, 人民司法, 1997年第6期, pp.32-34.

이익의 분배방법은 당사자 간의 약속에 의해 정해진다. 약속하지 않았거나 약속이 명확하지 않으면 계약의 관련 조항이나 거래습관에 따른다. 그래도 확정할 수 없다면 당사자 모두에게 사용·양도할 권리가 있다"고 규정하여 위탁 개발에 의해 생산된 기술 성과에 대한 권리는 당사자 간의 약정에 따른다고 정하고 있다. 따라서 A 고객의 입장에서 위와 같은 설계 업체의 행위를 방지하고자 한다면, 설계 등 서비스 업체와의 계약 체결 당시 A 고객의 영업비밀정보의 보호의무뿐만 아니라, 설계 결과물의 귀속, 보호 및 활용에 관하여 세심하게 약정을 체결할 필요가 있다. 특히 중국어로 약정을 체결하는 경우 실무에서 유통되는 중국어 표준 계약서에 만연히 의존할 것이 아니라 설계 도면 등 결과물의 귀속 및 보호에 관한 조항에 유의할 필요가 있다.

(3) 전·현직 직원이 비밀유지의무를 위반하는 경우

실무적으로 직원들과의 영업비밀 유지약정은 통상 경업금지약정과 함께 체결되는 경우가 많으므로, 현직 또는 전직 직원이 비밀보호의무를 위반하는 경우 경업금지약정 위반의 문제로 귀결되는 경우가 많다. 직원의 비밀보호의무 위반행위 및 경업금지약정의 효력에 대해서는 앞서 제8장 II. 영업비밀의 요건 부분에서 자세히 살펴보았으므로, 여기에서 다시 설명하지 않는다.

아래에 소개하는 사안은 피고 직원이 원고 회사와 비밀유지약정을 체결하지 않았고, 고위 임원이거나 핵심 기술자에 해당하지도 않았는데, 해당 직원이 재직 중에 동종 업종의 창업 준비를 하고 이직 후 창업한 회사에서 일을 하면서 종전 회사의 상업 기회를 빼앗아 영업을 한 사안이다. 이 사안에서 원고 회사는 신의성실 원칙 및 공인된 상도덕을 위반한 부정경쟁행위를 주장하였다. 영업비밀 침해 사안은 아니나, 일반 직원의 이직 및 창업에 대한 최고인민법원의 태도를 확인할 수 있으므로 이 부분 설시 내용을 살펴본다.

사례 직원이 이직하여 동종 업무의 회사를 창업한 행위를 자유로운 경쟁행위로 보아 영업비밀 침해를 인정하지 않은 사안[80]

산동성 식품 수출입회사(山东省食品进出口公司, 이하 원고) 외 2와 칭다오 성커다청 무역 유

80_ 最高人民法院 (2009)民申字第1065号 民事裁定书, 2010년 중국 법원 지식재산권 사법보호 50대 대표 판례.

한회사(青岛圣克达诚贸易有限公司, 이하 피고 1), **마다칭**(马达庆, 이하 피고 2)**의 부정경쟁 분쟁 사안**

직원이 근무 기간 내에 회사를 설립하여 퇴직 후 전 직장과 경쟁을 하는 행위가 신의성실 원칙과 공인된 상업도덕을 위반하는지 여부에 관하여 살펴보면, 피고 2가 원고 회사에서 근무할 당시 퇴직 후의 생활을 준비하기 위해 회사를 설립하려는 계획을 세운 행위는 일반적인 통념에 부합하며, 이직 후에 피고 1 회사의 명의로 원고와 경쟁을 한 행위도 크게 비난할 바가 못 된다. 전 직장과 상업 기회를 경쟁한다고 하여 주관적 악의가 있다고 추정해서는 안 되고, 이 사건에서는 피고 1의 행위가 신의성실 원칙과 공인된 상업도덕에도 위반되지 않는다는 증거가 있고 증명이 된다. 2심법원은 법적으로 혹은 약속된 경업제한 및 영업비밀침해 등의 특정한 민사 권익이 없는 상황에서, 직원은 기업과 자유경쟁할 권리가 있다고 판단하였다. 표면적으로 보았을 때 이에 대한 설명이 완전해 보이지 않으나, 여기에서 말하는 '직원은 기업과 자유경쟁할 권리가 있다'는 뜻은 당연히 합법적인 경쟁을 말하며, 신의성실 원칙과 공인된 상인도덕을 위반하는 위법적인 경쟁을 포함하지 아니한다.
노동자의 개인 능력과 경쟁에서 우세한 관계 및 권익 귀속의 문제 여부와 관련하여 살펴보면, 학습 능력이 있는 노동자는 기업에서 일하는 과정에서 자신이 종사하는 일과 관련된 지식, 경험 및 기술을 통달하고 축적하게 된다. 회사의 영업비밀에 속하는 것 외에, 이러한 지식, 경험 및 기술은 노동자로서의 인격을 구성하며, 이는 생존 능력과 노동 능력의 기초가 된다. 노동자는 퇴직 후 자신의 뜻대로 지식, 경험 및 기술을 사용할 자유가 있으며, 이를 이용하여 고객의 신임을 얻어 경쟁에서 우세한 위치를 차지하는 행위는, 전 직장의 영업비밀을 침해하는 상황이 아닌 이상, 신의성실 원칙 및 공인된 상업도덕에 위배되지 아니한다.

그러나 핵심 기술자가 기술비밀을 가지고 경쟁사로 이직하는 경우라면, 영업비밀침해로 보는 것이 당연하다. 아래 소개하는 사안은 핵심 기술자가 핵심 기술을 가지고 경쟁사로 이직하여 기술비밀을 부정 공개한 사안이다.

사 례 핵심 기술자가 경쟁사로 이직하여 영업비밀을 부정공개하였다고 인정한 사안[81]

장한 석유 드릴비트 유한회사(江汉石油钻头股份有限公司, 이하 원고)**와 톈진 리린 드릴비트**

81_ 湖北省高级人民法院 (2009)鄂民三终字第30号 民事调解书.

유한회사(天津立林钻头有限公司, 이하 피고 1), **싱파펀**(幸发芬, 이하 피고 2)**의 영업비밀침해 분쟁 사안**

[사실관계] 원고는 1990년대에 소외 미국 텍사스주 휴스 공구회사(이하 '휴스 회사')로부터 기어 드릴비트 제조기술을 유상으로 들여왔다. 휴스 회사와 체결한 '기어 드릴비트 기술 양도 허가 협의'에 따르면, 원고는 비밀보호가 요구되는 기술자료를 제3자에게 유출할 수 없다. 원고는 기술 수준과 상업 가치가 높은 트리플비트 설계 제조 기술을 영업비밀의 보호범위 안에 포함시켰고, 이후 회사의 특허 및 기술보호 규정을 세웠으며, 12개의 비밀유지 관련 문서들을 작성하였다. 원고의 사원 수칙 또한 "사원은 회사의 기밀을 보호해야 한다"고 명확히 규정하였다.

피고 2는 1983년 8월에 원고의 전신 쟝한 석유관리국 드릴비트 공장(江汉石油管理局钻头厂)에서 일하기 시작했다. 피고 2는 작업 현장 기술자, 제품 개발 연구소 주임, 인사팀 교육부 책임자 등의 직위를 지냈고, 기술 관련 중요 업무들을 도맡았다. 또한 휴스 회사에 파견되어 기어 드릴비트 설계 제작 기술을 습득하기도 하였다. 이처럼 피고 2는 원고의 주요 기술인력 중 한 명이었다.

2001년 8월 초순 경 피고 2와 그녀의 남편은 피고 1 회사(당시 피고 1 회사는 설립 준비 단계)에 지원해 피고 1 회사와 8년의 근로계약을 체결하였다. 그리고 피고 2는 원고 회사에서 사직하였고, 관련 절차를 밟았다. 피고 2는 피고 1 회사의 기술부 부장으로서 기어 드릴비트 제품의 설계를 주도했고, 원고의 기술비밀을 불법적으로 사용하여 피고 1의 기술 표준과 실험 규정을 작성하였으며, 해당 문서들은 모두 피고 1 회사가 기어 드릴비트 제품을 생산하는 데 사용되었다. 피고 1 회사의 기어 및 기어 드릴비트 도면상의 기술정보는 모두 원고의 기술정보와 비슷한 것으로 감정되었다.

피고 1 회사가 설립되기 전, 피고 1 회사와 관련 기업들은 모두 드릴비트 업종에 종사하지 않았고, 해당 회사에는 기어 드릴비트에 대한 전문 기술인력이 없었다.

2003년부터 2004년 사이에 피고 1 회사는 다양한 규격과 모델의 트리콘비트를 설계 및 생산하였고, 시장에 출시하였다. 원고는 피고 1 제품의 모델과 성능이 원고의 제품과 비슷하다는 사실을 발견하였고, 2005년 3월 21일 후베이성 쟝한 공안국에 고발하였다.

[법원의 판단] 1심법원은 본 사건과 관련한 트리콘비트 기술정보가 원고의 영업비밀에 속한다고 판단하였다.

"피고 2는 부정한 방법을 통해 획득한 원고의 트리콘비트 베어링 설계 도면을 이용하여 피고 1의 비트 베어링을 설계하였고, 원고의 해당 정보에 대한 비밀보호요구를 위반하였다.

또한 원고 회사에 재직할 때 획득한 기술비밀을 불법 사용하여 피고 1 기업 기술 표준을 작성하고, 피고 1이 트리콘 비트 제품을 제조하고 판매하였다. 피고 2의 위 행위는 모두 원고의 영업비밀을 침해하였다.

피고 1은 원고가 국내에서 선도적인 트리콘비트 설계 및 제조 기술을 가지고 있다는 점과, 해당 기술이 원고를 시장 경쟁에서 우세한 위치에 오르게 했다는 점을 알고 있었다. 또한 피고 2가 원고의 다년간 기술비밀 관련 직무를 맡았고, 고급 엔지니어이며, 원고의 관련 기술비밀을 획득했다는 사실을 알고 있었다. 피고 1은 부당한 이익을 얻기 위해 피고 2를 고용하였고, 원고의 영업비밀을 불법 사용하여 트리콘비트 제품을 제조 및 판매하였는바, 이로써 원고의 영업비밀을 침해하였다."

이 사건은 2심에서 조정화해(调解)로 종료되었다. 조정 내용은 피고가 침해상품의 생산을 중지하고, 남은 상품을 6개월 내에 판매하며, 원고에게 1,700만 위안(한화 약 30억 원)을 배상한다는 것이었다.

3. 부정취득자, 부정공개자로부터의 악의 취득행위 및 사후적 관여행위

반부정당경쟁법 제10조 제2항은 제3자가 전항에 열거한 위법행위를 명백히 알거나 또는 중대한 과실로 인하여 알지 못하고 부정하게 취득한 영업비밀 또는 부정하게 공개한 영업비밀을 취득, 사용, 공개하는 행위는 영업비밀을 침해하는 것으로 간주하고 있다.

제3자란 제10조 제1항의 행위자를 제외한 나머지 모든 사람을 말한다.[82] 제3자가 타인이 영업비밀을 침해하여 획득한 것을 알았거나 또는 중과실로 알지 못하고 그 영업비밀을 획득, 사용하는 행위는 영업비밀 침해행위에 해당한다. 반면 제3자가 선의로 자신이 획득한 정보가 불법적으로 획득한 것인지를 알거나 알 수 없는 상황에서 이를 사용하는 경우는 영업비밀을 침해하는 위법행위가 아니다.[83]

그렇다면, 제3자가 영업비밀을 취득할 때는 선의였는데, 그 후에 타인의 영업비밀을 침해한 것이라는 점을 알거나 중과실로 알지 못하고 그 영업비밀을 계속 사용하거나 공개하는 경우, 영업비밀 침해에 해당하는지 문제가 될 수 있다.

중국 반부정당경쟁법 제10조 제2항은 위와 같은 소위 '사후적 관여행위'의 경위

82_ 张耕, 知识产权民事诉讼研究, 法律出版社, 2004, pp.550-551; 林文, 反不正当竞争法律制度与实务技能, 法律出版社, 2014, p.462.

83_ 孔祥俊 主编, 商业秘密司法保护实务, 中国法律出版社, 2012, p.161.

에도 영업비밀 침해행위에 해당하는 것으로 해석된다. 예를 들어 권리자가 사후에 제3자에게 관련 사실을 고지하거나 또는 제3자가 기타 채널을 통해 무권리자였다는 것을 알게 된 경우, 권리자는 제3자에게 사용중지를 청구할 수 있고, 그 제3자는 그 영업비밀 사용을 중지해야 한다. 그리고 권리자는 미래에 발생할 손실을 예방하기 위해 제3자에게 사용금지를 청구할 수 있다.[84]

이와 관련하여 선전경제특구에는 영업비밀 선의취득제도에 대해 자세하게 규정한 지방성 법규를 두고 있다. 「선전경제특구 기업 기술비밀 보호조례(深圳经济特区企业技术秘密保护条例)」인데 제36조는 "불법적 양도 또는 위약 누설된 기술비밀이지만, 기술비밀 출처를 모르고 기술비밀을 양수 또는 기술비밀 전부를 알게 된 경우 그 배상책임은 그 기술비밀을 불법적으로 양도 또는 위약으로 누설한 사람이 부담한다. 기술비밀 양수인 또는 기술비밀을 전부 알고 있는 사람은 기술비밀이 불법 양도 또는 위약으로 누설한 것임을 알게 된 이후 즉시 사용을 중지하고, 합리적 조치와 유효한 비밀보호조치를 실시하여야 한다. 기술비밀 양수인 또는 기술비밀 전부를 알고 있는 사람이 받은 손실과 비밀보호 실시조치 비용은 불법적 양도인 또는 위법, 위약으로 이를 누설한 사람에게 구상 청구한다. 구상 청구할 수 없는 경우, 기술비밀을 합법적으로 보유한 기업과 기술비밀 양수인 또는 기술비밀을 전부 알고 있는 사람이 합리적으로 분담한다. 합법적으로 기술비밀을 보유한 기업은 기술비밀 양수인 또는 기술비밀 전부를 알고 있는 사람이 계속 그 기술비밀을 사용할 수 있도록 하는 서면동의를 할 수 있다"고 규정하고 있다.

'사후적 관여행위'를 인정하는 실익은 매우 크다. 실무에서 많이 발생하는 예를 들면 다음과 같다. 기업체의 종업원으로서 영업비밀을 비밀로 유지해야 할 의무가 있는 자가 승진의 목적 등으로 동종업계 다른 회사로 전직하면서, 새 회사의 요청이 없었는데도 보유하고 있던 전 회사의 영업비밀을 스스로 가지고 왔고 또 스스로 그 영업비밀을 새 회사의 업무를 수행하는 데 사용하거나 공개하는 경우이다. 이러한 경우 전 회사는 '사후적 관여행위' 조항을 적용하여 새 회사에 대해 책임을 물을 수 있다. 즉, 새 회사가 영업비밀의 취득 당시에는 선의, 무중과실이었다 하더라도, 이후에 영업비밀의 권리자가 경고장을 보내거나 소를 제기하여 침해 사실을 알리는 경우, 그 이후의 사용은 영업비밀 침해행위에 해당하게 된다. 따라서 경고장을 수신한 이후에도 새 회사가 영업비밀을 사용한다면, 이직한 직원뿐만 아니라 새 회사에

84_ 唐茂仁, 论商业秘密善意取得制度在我国的适用, 法律适用, 2013, p.63; 孔样俊 主编, 商业秘密司法保护实务, 中国法律出版社, 2012, p.161.

게도 함께 책임을 물을 수 있게 되어, 권리 행사가 더욱 용이할 수 있다.

참고로 한국 부정경쟁방지법은 제2조 제3호 다, 바목에 부정취득자, 부정공개자로부터 영업비밀을 선의로 취득한 이후에 그 영업비밀에 대하여 부정취득행위 또는 부정공개행위가 개입된 사실을 알거나 중대한 과실로 알지 못하고 그 영업비밀을 사용하거나 공개하는 행위를 별도의 영업비밀 침해행위로 정하여 규율하고 있다.

Ⅴ. 영업비밀 비침해 항변

영업비밀 침해는 절취, 협박, 유혹 또는 보호의무 위반 등의 불법적인 수단을 통하여 일어나는 것이므로, 침해 피의자는 적법한 통로로 영업비밀을 획득하였다는 점의 입증에 성공하면 영업비밀 침해의 혐의에서 벗어날 수 있다.

아래에서는 피고가 할 수 있는 항변 중 자체 개발의 항변, 리버스 엔지니어링 항변, 개인 신뢰의 항변에 대해서 살펴보도록 한다. 그 외에도 합법적으로 영업비밀을 양수하였다거나, 합법적인 사용권을 취득하였다는 항변도 있을 수 있으나, 이는 지식재산권 사용의 일반적인 정당한 권리 취득방법이고, 영업비밀 사건의 특수한 항변사유가 아니므로 별도로 설명하지 않는다.

1. 자체 개발의 항변

영업비밀에 대한 권리는 영업비밀의 내용 자체에 대해 배타적 권리를 사용할 수 있는 권리가 아니라, 영업비밀의 보호 상태로부터 발생하는 권리일 뿐이다. 따라서 여러 명이 각자 합법적으로 취득한 정보를 각자 영업비밀로 보호하고 있으면 동일한 정보에 대해서 각각 권리를 가지게 된다.

최고인민법원은 반부정당경쟁법 사법해석에서 "자체 연구 개발을 하여 영업비밀을 획득한 경우, 반부정당경쟁법 제10조 제1, 2호의 영업비밀 침해행위에 해당하지 않는다"고 규정하여 이와 같은 원칙을 확인하고 있다.[85] 또한 「광동성 기술비밀 보호조례(广东省技术秘密保护条例)」 제6조는 "동일하지 않은 회사 또는 개인이 독립적으로 연구 개발하여 동일한 기술 비밀이 도출된 경우, 그 기술 비밀의 권익은 각 회

85_ 반부정당경쟁법 사법해석 제12조.

사 또는 개인이 갖는다"고 규정하고 있고, 「선전경제특구 기업 기술비밀 보호조례」 제6조는 "독립적으로 개발하여 도출한 동일한 기술 비밀은, 그 개발의 시간 선후 관계와 무관하게, 각 독립 개발한 자가 모두 자유롭게 사용, 이전 또는 공개할 수 있다"고 규정하여 동일한 원칙을 확인하고 있다.

따라서 원고의 영업비밀침해 주장에 대하여, 피고는 자신의 자본, 인력, 기술, 시간 등을 소요하여 자체적으로 개발하였다는 항변을 하여 침해 혐의를 피할 수 있다.[86] 이와 같은 항변을 증명하기 위하여 피고는 자신의 독자적인 연구 · 생산 능력, 직원들의 자질, 직원의 구체적인 직무 능력, 연구 개발 단계에서 도출된 각종 데이터, 연구비 사용 자료, 연구 개발 과정에서 작성된 보고서 등을 증거로 제출할 필요가 있다.[87]

2. 리버스 엔지니어링 항변

권리자가 그 영업비밀 내용 자체에 대한 독점 배타적인 권리를 주장할 수 있는 것은 아니고, 타인이 부당한 수단으로 또는 계약을 위반하여 영업비밀을 침해하지 않으면 되는 것이므로, 타인이 리버스 엔지니어링 방식을 통하여 영업비밀 내용과 동일한 정보를 획득하는 것은 영업비밀 침해행위로 보지 않는다. 리버스 엔지니어링이란 공개된 통로로 획득한 상품을 기술수단을 이용하여 해체, 측량, 분석 등을 하여 그 상품에 관련된 정보를 획득하는 것을 말한다.[88]

리버스 엔지니어링의 항변이 인정되기 위해서는 다음과 같은 요건을 갖추어야 한다. 첫째, 피고는 공개된 채널을 통해 제품을 획득하였어야 한다. 원고가 자신의 제품을 시장에서 판매한 것을 피고가 획득한 경우와 원 · 피고 이외의 기타 동일한 제품을 생산하는 경영자의 제품이 시장에 공개적으로 판매된 것을 피고가 획득한 경우를 들 수 있다. 둘째, 피고가 기술적 수단을 사용하여 획득한 제품을 분해 · 측량 · 분석하는 등의 방법으로 자신의 노동을 통해 영업비밀을 획득하였음이 증명되어야 한다. 즉, 피고는 스스로 노동대가 또는 가격지불을 하였고, 어떠한 노력 없이 타인의 것을 획득한 것이 아니어야 한다. 셋째, 리버스 엔지니어링 항변은 정당한 행위를 전제로 한다. 즉, 피고가 이미 부당한 수단으로 영업비밀을 알게 되었다면

86_ 孔祥俊 主编, 商业秘密司法保护实务, 中国法律出版社, 2012, p.167.

87_ 唐青林, 黄卫红 主编, 商业秘密百案评析与企业保密体系建设指南, 中国法制出版社, 2014, p.273.

88_ 반부정당경쟁법 사법해석 제12조.

리버스 엔지니어링을 주장할 수 없다. 영업비밀에 관한 사법해석에도 당사자가 부당한 수단으로 타인의 영업비밀을 알게 된 이후, 비밀 획득행위의 합법성을 주장하기 위하여 다시 리버스 엔지니어링을 하는 것은 인정되지 않는다고 규정하고 있다.[89] 넷째, 원고의 전직 직원, 판매자 등 정당한 방법을 통해 원고의 영업비밀을 접촉한 적이 있는 직원이 리버스 엔지니어링 항변을 하는 경우, 그 항변 자체가 금지되지는 않지만, 이 경우 법원은 보다 엄격하게 심사하게 된다.[90]

여기서 특히 유의할 점은 첫 번째 요건, 즉 리버스 엔지니어링의 대상이 된 제품을 공개된 통로로 획득하여야 한다는 점이다. 여기서 '공개된 통로로 획득한 상품'이란, 매매 등 정당하고 신의성실의 원칙에 위배되지 않은 방식으로 적법하게 취득한 상품을 의미하는 것으로 해석된다. 그런데 판매자가 때로는 상품을 판매하면서 리버스 엔지니어링 금지조항을 포함시켜 매매계약을 체결하는 경우가 있는데, 이와 같은 금지약정이 부가된 매매계약을 통해서 취득한 상품이 과연 '공개된 통로로 획득한 상품'에 해당하는지 여부가 문제될 수 있다.

이와 같은 문제의 실익은, 상품의 구매자가 적법하게 제품을 구매한 다음 그 제품을 리버스 엔지니어링 하여 정보를 정당하게 얻어낸 경우, 그 상품의 판매자가 계약 위반을 주장할 수 있을지, 또는 위 판매자가 위 제품에 포함된 영업비밀 침해를 주장하며 제기한 영업비밀 침해소송에서 그 구매자가 리버스 엔지니어링 항변을 할 수 있을 것인지에 있다.

이와 관련하여, 중국 학계는 일반적으로 매매 등 양도 계약에서 리버스 엔지니어링을 금지하는 조항을 무효로 보고 있다. 무효로 보는 이유는 여러 가지인데, 주요한 이유는 리버스 엔지니어링 금지조항이 개인의 이익과 공공의 이익 간의 균형을 깨뜨린다는 것이다. 리버스 엔지니어링은 영업비밀의 권리자의 합법적 권익을 침해하지 않는 반면, 상당한 공공이익을 창출해 내는데, 이를 금지하는 것은 지나치게 권리자의 권익만을 보호하고 공공의 이익을 해한다는 것이다. 영업비밀 권리자는 이미 영업비밀 개발비용 등을 고려한 가격의 범위 내에서 상품을 판매하였고, 영업비밀 보호제도가 영업비밀의 비밀상태를 보호하는 것이지 그 내용을 보호하는 것이 아니므로, 위 상품 내에 포함된 영업비밀 내용에 대한 권리는 이미 상실되었다고 볼 것이다. 따라서, 그 내용을 적법한 경로로 분석하여 추출한다고 하여, 영업비밀 권리자에게 어떠한 침해가 있었다고 볼 수는 없다. 반면, 리버스 엔지니어링은 제품

89_ 반부정당경쟁법 사법해석 제12조.

90_ 孔祥俊 主编, 商业秘密司法保护实务, 中国法律出版社, 2012, pp.168-169.

간의 경쟁을 촉진하고 빠른 혁신을 낳으므로 상당한 공공이익을 창출해 낸다고 볼 수 있다. 따라서 리버스 엔지니어링을 금지하는 조항은 중국 계약법 제52조에서 정하고 있는 사회 공익에 반하는 계약에 해당하여 무효라는 것이다.[91]

따라서 상품의 판매자는 리버스 엔지니어링 금지 조항을 들어, 구매자의 리버스 엔지니어링이 위 금지 조항의 위반에 해당한다고 주장할 수 없고, 구매자의 리버스 엔지니어링 항변을 배척하는 사유가 될 수도 없다.

3. 개인 신뢰의 항변

고객 명단 영업비밀의 침해 주장에 대해서는 개인의 신뢰라는 특별한 항변 사유가 있다. 이 항변 사유는 직원 개인의 기능과 밀접한 직무 또는 산업에서 주로 허용된다. 반부정당경쟁법 사법해석이 규정한, 개인신뢰로 인해 영업비밀이 침해되지 않는 경우는 변호사, 의사 등 특수한 직업의 경우로 개인의 능력, 도덕적 신뢰를 거래의 바탕으로 하는 경우이다.[92] 그러나 변호사, 의사 등의 특수 직업 이외에도, 외국 상인이 업무 직원 개인의 신뢰에 기초하여 시장 거래를 진행하였다거나, 전직한 직원이 자신의 전직으로 인하여 원래 회사와 고객 간에 더 이상 거래가 발생하지 않았을 것임을 증명하는 경우에도 개인의 신뢰 항변을 할 수 있다.[93]

개인의 신뢰 항변이 인정되기 위해서는, 직원이 원래 직장을 사직하기 전에, 고객이 직원 개인에 대한 신뢰 때문에 원래 직장과 거래를 했고, 직원이 전직한 이후 해당 고객이 스스로 선택하여 직원 또는 새로운 회사와 시장거래를 했음을 증명하여야 한다.[94]

91_ 郭杰, 合同约定"禁止反向工程"条款的效力分析, 知识产权法研究(Intellectual Property Right Law Research), 2011年02期, pp.71-72; 杜开林, "反向工程禁止条款"的效力与商业秘密保护, 中国发明与专利(Invention & Patent), 2005年05期, p.44.

92_ 반부정당경쟁법 사법해석 13조 제2항.

93_ 孔祥俊 主编, 商业秘密司法保护实务, 中国法律出版社, 2012, p.231.

94_ 상동.

제9장

부정경쟁행위에 대한 구제방법

반부정당경쟁법 위반 행위자는 민사책임, 형사책임 및 행정책임을 진다. 아래에서는 부정경쟁행위로 인하여 피해를 입은 권리자가 취할 수 있는 민사적, 형사적, 행정적 구제방법에 대해 하나씩 살펴보도록 한다.

Ⅰ. 민사적 구제방법

중국 「민법통칙」 제106조 제2항은 타인의 재산권을 침해하는 경우 민사책임을 진다고 규정하고 있고, 좀 더 구체적으로 제118조는 "공민, 법인의 저작권, 특허권(专利权), 상표전용권, 발견권(发现权), 발명권 그리고 기타 과학 성과에 관한 권리가 도용, 왜곡, 모방 등 침해되는 경우에는 침해정지, 영향제거, 손해배상 등을 요구할 권리가 있다"고 규정하고 있어, 지식재산권을 침해하는 행위를 하는 경우 민사상 침권책임(侵权责任)을 진다는 점을 확인하고 있다. 그리고 「반부정당경쟁법」 제20조는 부정경쟁행위를 하는 경우 손해배상과 합리적인 비용을 배상하도록 명시하고 있다.

여기서 유의할 점은, 때때로 '불법행위 책임'으로 번역되기도 하는 중국의 침권책임(侵权责任)의 내용과 한국 민법의 불법행위책임의 내용에 차이가 있다는 점이다. 한국 민법의 경우 불법행위의 효과로 손해배상청구권이 발생하는 것으로 보고 있고, 금전배상을 원칙으로 한다.[1] 그러나 중국의 민법은 이와 사뭇 달라서, 「민법통칙」 제134조에는 다양한 책임 방식을 규정하고 있고, 「침권책임법」 제15조도 손해배상 외에도 침해정지(停止侵害), 방해배제(排除妨碍), 위험제거(消除危险), 재산반환(返还财产), 원상회복, 도의적 사과, 영향제거, 명예회복을 민사책임 방식으로 규정하고 있다.[2] 그리고 「침권책임법」 제21조는 침권행위가 타인의 인신, 재산의 안전을 위협하는 경우, 피침해자는 침해자에 대하여 침해정지, 방해배제, 위험제거 등 침권책임을 질 것을 청구할 수 있다고 규정하고 있다.

비록 중국 반부정당경쟁법은 제20조에서 손해배상책임을 규정하고 있을 뿐이나, 반부정당경쟁법 위반행위가 침권행위의 일종임은 분명하므로, 위와 같은 민법통칙 및 침권책임법 규정에 근거하여 침해정지등을 청구할 수 있다고 보는 것에는 견해의 대립이 없고 실무의 일관된 태도이다.

아래에서는 부정경쟁행위를 이유로 청구할 수 있는 민사 구제 방법들을 살펴본 뒤, 이어서 민사 소송 진행 시의 유의점에 대해 알아보도록 한다.

1. 손해배상청구

중국의 일반적인 침권책임 성립요건은 한국의 손해배상책임 성립요건과 다르지 않고, 부정경쟁행위의 손해배상책임 성립요건 역시 다르지 않다.[3]

첫째, 위법한 행위가 있어야 한다. 즉, 반부정당경쟁법 제2장에 구체적으로 열거된 부정경쟁행위이거나 또는 제2조의 일반조항에 위배되는 부정경쟁행위가 있어야 한다.

둘째, 주관적인 귀책사유가 있어야 한다. 반부정당경쟁법에 관한 실무 사안에

1_ 한국 「민법」

제750조 고의 또는 과실로 인한 위법행위로 타인에게 손해를 가한 자는 그 손해를 배상할 책임이 있다.

제764조 타인의 명예를 훼손한 자에 대하여는 법원은 피해자의 청구에 의하여 손해배상에 갈음하거나 손해배상과 함께 명예회복에 적당한 처분을 명할 수 있다.

2_ 중국 「민법통칙」 제134조는 민사책임의 부담방식으로 ① 침해 정지, ② 방해 제거, ③ 위험제거, ④ 재산반환, ⑤ 수리, 재제작, 교체, ⑥ 손실배상, ⑦ 원상회복, ⑧ 위약금 지급, ⑨ 영향제거 · 명예회복, ⑩ 공식사과를 규정하고 있다.

또한 중국 「침권책임법」 제15조는 불법행위책임을 부담하는 방식으로 ① 침해정지, ② 방해제거, ③ 위험제거, ④ 재산반환, ⑤ 원상회복, ⑥ 손실배상, ⑦ 공식사과, ⑧ 영향제거 · 명예회복을 들고 있다.

3_ 中华人民共和国反不正当竞争法 注释本, 法律出版社, 2007, p.20.

서는 부정경쟁행위를 저지른 자가 불법적인 이익을 얻으려는 목적이 있었다고 볼 수 있는지 여부를 따져, 그러한 목적이 있었다고 볼 수 있다면 고의 · 과실이 있다고 인정하는 경우가 많다.

셋째, 피침해자가 손해를 입어야 한다. 그 손해는 실질적인 경제적 손해에 한정되는 것은 아니고 피침해자의 상업적 평가가 낮아지거나, 피침해자의 경쟁 우위에 위해가 가해질 위험 등을 포함한다.

넷째, 손해와 위법한 행위 간에 상당인과관계가 있어야 한다.

손해배상액의 범위에 관하여「반부정당경쟁법」제20조 제1항은 경영자가 본 법규정을 위반하여 다른 경영자에게 손해를 끼친 경우 손해를 배상할 책임이 있고, 손해배상액은 실손해액과, 침해받은 경영자가 자신의 합법적 권익을 침해한 부정경쟁행위를 조사하기 위하여 지급한 합리적 비용을 포함한다고 규정하고 있다.

손해배상액 산정과 관련하여, 반부정당경쟁법에는 침해받은 경영자의 손해를 계산하기 어려운 경우 침해자가 침해기간 동안 침해행위로 인하여 취득한 이익을 손해액으로 한다고 규정하는 한편, 구체적인 방법에 대해서는 상표권 침해 손해배상액 산정 방법을 참고하도록 하고 있다.[4]

중국 상표법 제63조는 손해배상액 확정 방법으로 다음 4가지 방법을 제시하고 있다. ① 침해로 인하여 권리자가 입은 손실을 기준으로 하는 방법, ② 침해자가 침해로 인해 취득한 이익을 기준으로 계산하는 방법, ③ 다음으로 통상사용료 상당액의 배수를 기준으로 하는 방법, ④ 법원이 전체적인 변론 취지와 증거에 따라 배상금액을 300만 위안 이하의 범위 내에서 확정하는 방법이 있다.

(1) 권리자가 침해로 입은 손실

침해행위로 인하여 권리자가 입은 손해는 침해행위로 인하여 초래된 권리자의 상품 판매 감소량에 해당 등록상표 상품의 단위상품당 이익을 곱하여 계산한다.[5] 한편 침해행위가 있었음에도 불구하고 시장의 여러 가지 상황으로 인하여 권리자의 상품 판매가 감소하지 않거나 오히려 증가하는 경우도 있을 수 있다. 그렇다고 하여

4_ 반부정당경쟁법 사법해석 제17조 ① 반부정당경쟁법 제10조 규정의 영업비밀 침해행위의 손해배상액을 확정함에 있어서, 전리법의 손해배상액 확정 방법을 참고할 수 있다. 반부정당경쟁법 제5조, 제9조, 제14조 규정의 부정경쟁행위의 손해배상액을 확정함에 있어서 등록상표 전용권 침해의 손해배상액 확정 방법을 참고할 수 있다.

5_ 상표법 사법해석 제15조.

권리자에게 손해가 없는 것은 아니다. 이와 같은 경우, 중국 최고인민법원은 권리자의 상품 판매 감소량 대신 침해상품의 판매량에 등록상표 상품의 단위당 이윤을 곱하여 손해배상액을 산정할 수 있도록 규정하고 있다.[6]

이와 유사하게 한국의 부정경쟁방지법도 침해자가 양도한 물건의 수량에 침해가 없었다면 피침해자가 판매할 수 있었던 물건의 단위수량당 이익액의 곱을 손해액으로 추정하는 규정을 두고 있다. 단, 침해가 없었다면 피침해자가 생산할 수 있었던 물건의 수량에서 실제 판매한 수량을 뺀 수량에 단위 수량당 이익액을 곱한 금액을 한도로 한다.

그러나 중국 반부정당경쟁법 또는 한국 부정경쟁방지법이 규정하고 있는 권리자가 침해로 입은 손실을 추정하는 이 방식은 단점이 있는데, 침해행위와 인과관계가 있는 상품 판매 감소량을 추산하고 입증하는 것은 매우 어렵다는 것이다. 따라서 한국 실무례에서도 청구인의 손실액을 기준으로 손해배상액을 산정하는 사례는 비교적 적다.

(2) 침해행위로 얻은 이익

실제 손실을 확정하기 어려울 경우 침해자가 침해행위로 얻은 이익에 따라 확정한다.[7] 침해로 취득한 이익액은 침해상품의 판매량에 당해 침해상품의 단위이익을 곱하여 계산하고, 침해상품의 단위이익을 확정할 수 없는 경우 등록상표 상품의 단위이익으로 계산한다.[8] 이 방법은 비교적 객관적으로 계산하는 것이 용이하므로 실무적으로 비교적 많이 사용되는 방법이다.

침해상품의 단위이익, 즉 침해상품 한 개의 평균 이익은 침해자의 자료를 가지고 증명해야 하는데, 실무적으로 침해자가 고의로 증거를 은닉하거나 비밀 장부 등을 마련하여 증거를 찾을 수가 없거나, 또는 허위로 진술하는 등 매우 비협조적인 경우가 많다. 따라서 권리자가 그 평균 이익을 입증하기 매우 어렵거나 또는 지나치게 이윤이 낮게 산정되게 되는 경우가 많이 발생한다. 최고인민법원은 상표법 사법해석 제14조에 침해상품의 단위이익의 증명이 어려운 경우 등록상표 상품, 즉 권리

6_ 孔祥俊 主编, 最高人民法院知识产权司法解释理解与活用, 中国法制出版社, 2012, p.107.

7_ 중국「상표법」제63조 제1항 전단.

8_ 상표법 사법해석 제14조(침해이익의 확정) 상표법 제56조(저자 주: 현행법 제63조) 제1항에서 규정한 침해행위로 인해 취득한 이익은 침해상품의 판매량에 당해 상품의 단위 이익을 곱하여 계산한다. 당해 상품의 단위이익을 확정할 수 없는 경우 등록상표 상품의 단위이익으로 계산한다.

자의 정품 상품의 단위이익을 가지고 침해행위로 얻은 이익을 계산할 수 있다고 하고 있다.[9]

한편 '단위이익'을 계산할 때 그 기준이 총매출 이익인지 영업이익인지 혹은 순이익인지에 대해서는 법에 정해져 있지 않다. 다만 최고인민법원은 「특허분쟁안건 법률 적용에 관한 몇 가지 법률 문제에 대한 규정(最高人民法院关于审理专利纠纷案件适用法律问题的若干规定)」에서 '침해행위로 인해 취득한 이익'을 판매된 침해상품의 총 개수에 상품의 '합리적 이익'을 곱하여 산정한다고 규정하면서 이때 '합리적 이익'은 일반적으로 침해자의 영업이익율로 계산하도록 규정한 점을 참고할 만하다.[10] 실무적으로도 위 '단위이익'의 기준은 일반적으로 영업이익으로 보고 있으나, 다만 상황에 따라 순이익 또는 총매출 이익을 기준으로 하여 적절한 배상액으로 조절할 수 있다고 보고 있다.[11]

(3) 상표허가권의 사용료의 배수

권리자의 손해나 침해자가 얻은 이익을 산정하기 어려운 경우 해당 상표허가권의 사용료를 참조하여 합리적으로 산정한다.

한국 상표법도 상표 사용에 대해 통상 받을 수 있는 금액에 상당한 금액으로 손해배상을 청구할 수 있다고 규정하고 있다 .

(4) 법원의 재량

만일 침해자의 침해이익액이나 권리자의 손실액을 합리적으로 확정할 수 없는 경우 인민법원이 직권으로 또는 청구에 의해 손해배상금액을 확정하게 되는데, 이때 침해행위의 성격, 기간, 침해 결과, 상표의 상업 신용도, 상표 사용료 등을 종합적으로 고려하여 300만 위안 이하의 범위에서 결정한다.[12]

이러한 배상액을 추정배상 또는 법정배상이라고 하는데, 권리자의 손해액 입증부담이 많이 줄어들기 때문에 권리자가 선호하여 실무상 가장 많이 사용되는 방식이다.[13] 그러나 법정배상액은 그 금액이 상대적으로 적고, 판결문 중에 배상액 산정

9_ 王莲峰, 商标法学, 北京大学出版社, 第2版, p.142.

10_ 최고인민법원 「특허분쟁안건 법률 적용에 관한 몇 가지 법률 문제에 대한 규정(最高人民法院关于审理专利纠纷案件适用法律问题的若干规定)」 제20조 제3항.

11_ 林文, 反不正当竞争法律制度与实务技能, 法律出版社, 2014, p.177.

12_ 상표법 사법해석 제16조(법원이 인정하는 상당한 손해액).

13_ 林文, 反不正当竞争法律制度与实务技能, 法律出版社, 2014, pp.187-197.

의 과정을 상세히 설명하지 않는 경우가 많아, 권리 침해 주장이 인용되었음에도 불구하고 원고가 상소하는 가장 큰 이유가 되고 있다.

중국 상표법에 정한 손해배상액 확정 방법은 한국 부정경쟁방지법의 추정 규정과 전체적으로 유사하지만 약간 다른 점이 있으므로 유의할 필요가 있다.[14] 우선 한국 부정경쟁방지법상의 손해액 추정 규정은 침해로 인하여 권리자가 입은 손실을 기준으로 손해액을 산정하는 방법이 포함되어 있지 않다. 둘째, 중국 상표법은 통상사용료 상당액의 배수를 기준으로 하는 방법을 규정하고 있는데, 통상사용료에 배수를 곱할 수 있다는 점에서 한국 부정경쟁방지법과 다르다. 셋째, 한국 부정경쟁방지법은 법원이 재량으로 인정하는 배상금액에 상한이 정해져 있지 않다.[15]

한편 부정경쟁행위로 다른 경영자가 손해를 입은 것이 아니라, 소비자가 손해를 입은 경우는 어떨까? 특히 허위의 선전에 속아서 소비자가 물건을 구매하는 등 손해를 입었다면, 소비자는 그 허위 선전 행위를 한 경영자에게 손해배상책임을 물을 수 있을까? 반부정당경쟁법에는 이에 관한 규정이 없다. 다만, 중국 광고법은 이에 관한 규정을 두고 있다. 「광고법」 제56조는 허위광고를 하여 소비자를 기만하거

14_ 한국 부정경쟁방지법에 정해진 손해액 추정 규정을 살펴보면 다음과 같다. ① 침해자가 양도한 물건의 수량에 침해가 없었다면 피침해자가 판매할 수 있었던 물건의 단위수량당 이익액의 곱. 단, 침해가 없었다면 피침해자가 생산할 수 있었던 물건의 수량에서 실제 판매한 수량을 뺀 수량에 단위 수량당 이익액을 곱한 금액을 한도로 한다. 또는 ② 침해자가 침해로 얻은 이득액이 있으면 그 이익액을 손해액으로 추정한다. 그리고 ③ 부정경쟁행위 대상이 된 상품 등에 사용된 상표의 사용 실시료 상당액을 손해액으로 추정할 수 있다. ④ 만일 사실 입증이 매우 어려운 경우 법원이 직권으로 손해액을 인정하도록 하고 있다(법 제14조의2).

15_ 중국 「상표법」 제63조(손해배상책임) ① 상표전용권을 침해한 배상금액은 권리자가 침해로 인해 입은 손실로 확정한다. 실제 손실을 확정하기 어려운 경우 침해자가 침해로 인해 취득한 이익으로 확정한다. 권리자의 손실 또는 권리자의 이익을 확정하기 어려운 경우 상표 사용료의 배수에 따라 합리적으로 확정한다. 상표전용권을 악의로 침해하고 상황이 엄중한 경우 상기의 방법에 따라 1배 이상 3배 이하의 범위 내에서 합리적으로 확정한다. 배상액은 권리자가 침해행위를 제지하기 위해 지급한 합리적인 지출을 포함해야 한다.

② 인민법원은 배상액을 확정할 때 권리자가 이미 입증책임을 다했고 관련 장부, 자료를 주로 침해자가 장악하고 있는 상황에서는 침해자에게 침해행위와 관련된 장부 · 자료의 제공을 명할 수 있다. 침해자가 장부 · 자료를 제공하지 아니하거나 허위 장부 · 자료를 제공하는 경우 인민법원은 권리자의 주장과 권리자가 제공한 자료에 따라 배상금액을 확정한다. 권리자가 침해로 입은 손실, 침해자가 침해로 인해 취득한 이익, 등록상표 허가 비용을 확정하기 어려운 경우 인민법원은 상황에 따라 300만 위안 이하의 범위 내에서 배상금액을 확정한다.

상표법 문언 규정을 보면 위 손해배상액 확정 방법이 순서가 있는 것으로 보이지만 「상표법 사법해석」 제13조에 따르면, 상표법에 정한 손해배상액 계산 방법은 권리자가 선택하여 정할 수 있다.

나 오인하게 하고, 상품을 구매하거나 서비스를 받은 소비자의 합법적인 권익에 손해를 가한 경우, 그 광고주는 민사책임을 지고, 광고업자 그리고 그 광고를 방송 등의 방식으로 유포한 자는 연대책임을 진다고 규정하고 있다. 만일 광고업자가 그 광고주의 실명, 주소를 제공하지 못하는 경우 전부 책임을 지게 된다. 또한 광고 대변인[16]이 그 허위광고를 통하여 소비자에게 상품이나 서비스를 추천하여 소비자의 합법적 권익에 손해를 입히는 경우, 연대책임을 진다.[17]

반부정당경쟁법 위반 행위가 피침해자에게 정신적 손해를 야기하는 경우, 그에 대한 위자료도 청구할 수 있다. 최고인민법원은 "자연인인 원고가 침해행위로 정신적 손해를 입은 경우, 법에 정해진 합리적인 정신적 손해 위자료를 청구할 수 있다"는 입장이다.[18] 다만 반부정당경쟁법 위반이 문제되는 사안의 원고가 자연인인 경우보다 법인이나 기타 단체인 경우가 훨씬 많고, 법인이나 기타 단체의 위자료는 인정되지 않으므로, 실무적으로 위자료는 거의 문제되지 않는다.

마지막으로 부정경쟁행위를 이유로 한 손해배상액에는 침해 조사, 침해 제재 등을 위하여 소비된 '합리적 비용'이 포함된다.[19] 여기서 합리적인지 여부를 판단하는 기준을 정하고 있는 법규정이 없으므로, 일부 법원에서는 내부 기준을 세워 처리하고 있다. 참고로 상하이시 고급인민법원의 내부기준을 살펴보면, 상하이시 인민법원이 발표한 「지식재산권 분쟁에 활용하는 법적 배상 방법으로 확정하는 배상 액

16_ 광고 대변인(广告代言人)이란 광고에서 자신의 명의 또는 모습을 제시하며 상품, 서비스 등에 대해 추천하거나 그 품질을 담보하는 자연인, 법인 또는 기타 조직을 의미한다. 전속 홍보 모델과 유사한 개념이다. 예를 들어 샘소나이트사는 한류 스타를 대변인으로 많이 쓰고 있는데, 2014년에는 김수현이 2015년에는 이민호가 대변인으로 활동하였다.

17_ 중국 「광고법」 제56조 ① 본 법의 규정을 위반한 허위 광고를 하여 소비자를 기망, 오인하게 한 경우, 상품을 구매했거나 서비스를 받을 합법적 권익에 손해를 야기한 경우, 광고주는 법에 따라 민사책임을 부담해야 한다. 광고 경영자, 광고 배포자가 광고주의 실명, 주소, 연락 가능한 연락처를 제공하지 못하는 경우, 소비자는 광고 경영자와 광고 배포자에게 우선 배상할 것을 요구할 수 있다.

② 소비자의 생명, 건강과 관련한 상품 혹은 서비스의 허위 광고가 소비자에게 손해를 야기한 경우, 당해 광고 경영자와 광고 배포자, 광고 대변인은 광고주와 함께 연대책임을 부담한다.

③ 전항 규정 외의 상품 혹은 서비스에 대한 허위 광고가 소비자에게 손해를 야기한 경우, 해당 광고 경영자, 광고 배포자, 광고 대변인이 광고의 허위사실을 명확히 알고 있었거나 당연히 알고 있는 상태에서도 해당 광고의 설계, 제작, 대리, 배포 혹은 추천, 증명한 경우 광고주와 함께 연대책임을 부담한다.

18_ 最高人民法院「关于全面加强知识产权审判工作为建设创新型国家提供司法保障的意见」[2007年1月11日印发 法发(2007)1号].

19_ 반부정당경쟁법 제20조.

수에 관한 몇 가지 문제에 대한 의견(시행)」[关于知识产权侵权纠纷中适用法定赔偿方法确定赔偿数额的若干问题的意见(试行)] 제3조 규정에 따른 합리적 비용에는 (1) 공증비, 인증비, (2) 사법기관의 규정에 부합하는 변호사비, (3) 조사, 증거 취득 비용, (4) 번역비, (5) 기타 침해 제재, 영향 제거를 위하여 지급된 합리적 비용이 포함된다. 상하이시 고급인민법원 외에도, 저장성 고급인민법원, 충칭시 고급인민법원 등 여러 법원이 위와 같은 내부 기준을 세워두고 있는데, 일정 범위 내의 변호사비, 소송에 필요한 비용, 증거 취득에 필요한 비용 및 영향 제거를 위한 광고비 등을 포함시키고 있다는 점에서 대체로 일치한다.[20]

변호사 비용은 상하이시 고급인민법원과 같이 관련 기관의 규정이 정하는 변호사 표준 비용을 기준으로 하기도 하고, 또는 청구액과 인용액의 비율을 참고하여 실제 지출한 변호사비용에 해당 비율을 적용하여 산정하기도 한다.[21]

2. 침해정지 등 청구

앞서 설명한 바와 같이 침권책임법 제15조는 손해배상 외에도 침해정지(停止侵害), 방해배제(排除妨碍), 위험제거(消除危险), 재산반환(返还财产), 원상회복, 도의적 사과, 영향제거, 명예회복을 민사책임 방식으로 규정하고 있다.[22]

부정경쟁행위가 재산적 손해와 관련되는 경우에는 손해배상 청구와 함께 주로 침해정지, 방해배제, 위험제거를 청구한다. 그리고 부정경쟁행위가 인신적 손해와도 관련되는 경우라면 주로 침해금지, 영향제거, 도의적 사과를 청구한다. 하나의 부정경쟁행위가 재산적 손해와 인신적 손해 모두와 관련되었다면, 위 책임방식들을 함께 청구할 수 있다.

또한 침권책임법에 정한 일반적인 단행 명령 외에도, 중국 최고인민법원은 사

20_ 참고로, 중국은 변호사 대리 외에 일반인이 소송대리를 하는 것을 인정하고 있다(公民代理). 지식재산권 관련 사건에서는 이 제도를 이용하여 지식재산권 관련 종사자들(특허대리인, 상표대리인, 지식재산권대리회사의 직원)이 소송을 대리하는 경우가 있다. 그런데 일반인이 소송대리를 하는 경우 수임료 수수행위를 금지하고 있으므로, 위와 같은 지식재산권 관련 종사자들에게 지급한 소송 수임료는 '합리적 비용'에 포함되지 못한다는 점을 염두에 둘 필요가 있다(林文, 反不正当竞争法律制度与实务技能, 法律出版社, 2014, p.220).

21_ 林文, 反不正当竞争法律制度与实务技能, 法律出版社, 2014, p.222.

22_ 중국「침권책임법」제15조는 불법행위책임을 부담하는 방식으로 ① 침해정지, ② 방해제거, ③ 위험제거, ④ 재산반환, ⑤ 원상회복, ⑥ 손실배상, ⑦ 공식사과, ⑧ 영향제거·명예회복을 들고 있다.

법해석을 통하여 사안에 맞게 필요한 단행적인 명령방식을 규정하고 있다. 그중에 가장 많이 사용되는 것으로는 '규범적 사용'을 명하거나, '구별 표지 부가'를 명하거나, 도메인명의 부당 선점을 당한 진정한 권리자에게 해당 도메인의 등록 사용을 명하는 것 등이 있다.

(1) 침해정지 명령

침해정지 명령은 가장 널리 사용되는 민사적 침해 구제방법 중 하나이다. 침해정지의 내용에는 침해행위의 정지뿐만 아니라 침해상품 제조에 필요한 도구 및 재료의 폐기까지 포함시킬 수 있어서, 효과적인 권리구제수단이 된다.[23]

중국 인민법원은 부정경쟁행위가 인정되는 경우에는 대부분 침해정지 청구를 받아들여주고 있다.[24] 2009년부터 2013년까지의 기간 동안 최고인민법원이 선정한 주요 반부정당경쟁법 분쟁 사안[25]을 살펴보면, 부정경쟁행위에 해당한다는 원고의 주장이 받아들여진 사안 중에서 이미 침해행위가 완료된 사안 1건을 제외한 나머지 모든 사안에서 침해정지 명령이 받아들여진 바 있다.

그러나 언제나 침해정지 청구가 받아들여지는 것은 아니다. 최고인민법원의 정책적인 방향은, 당사자 간의 이익 균형이 심각하게 맞지 않는 경우 또는 사회 공공이익에 반하는 경우 또는 실질상 집행이 불가능한 경우에는 법원이 침해정지 청구를 받아들이지 않고, 합리적으로 배상하게 할 수 있다는 것이다.

비록 특허법 침해 사안이긴 하나 발전소에 사용되는 기술의 작동 방법에 관한 특허를 침해한 사안에서, 해당 침해방법의 사용을 금지하는 경우 발전소의 전기 공급에 지장을 주어 공공의 이익에 손해를 끼치게 된다는 점을 고려하여 최고인민법원은 피고에 대해 침해정지 명령을 내리지 않고 원고에게 사용료를 지급하게 하는 판결을 내렸다.[26]

23_ 最高人民法院民事审判第三庭庭长蒋志培:「在第二次全国法院知识产权审判工作会议上的总结讲话」[2008年2月20日 法民三(2008)5号], 林文, 反不正当竞争法律制度与实务技能, 法律出版社, 2014, p.146.

24_ 林文, 反不正当竞争法律制度与实务技能, 2014, 法律出版社, p.130.

25_ 2009년부터 2013년까지 기간 동안의 지적재산권 분쟁안 중 최고인민법원이 선정한 한 해의 50대 판례, 10대 대표판례 그리고 10대 혁신판례 중 반부정당경쟁법 위반 분쟁 사안.

26_ 最高人民法院 (2008)民三终字第8号 民事判决书.

(2) 방해배제 명령 및 위험제거 명령

상표법 사법해석에서, 최고인민법원은 상표침해가 인정되는 경우 '침해정지, 방해배제, 위험제거, 손해배상, 영향제거' 명령을 내릴 수 있다고 규정함으로써 침해정지와 별도로 방해배제와 위험제거 명령을 내릴 수 있다는 점을 명확히 하고 있다.[27] 만일 침해제품을 생산하기 위한 설비 등을 폐기해야 하는 경우 위험제거 명령을, 이미 생산한 침해제품을 폐기해야 하는 경우 방해배제 명령을 내린다.

그러나 또 다른 한편으로는, 위 침해정지 명령 부분에서 이미 설명한 바와 같이 인민법원은 침해정지 명령으로 침해제품 생산을 위한 설비, 재료, 이미 생산한 침해제품 등의 폐기를 명할 수도 있다고 보는 견해도 있다.[28]

실무적으로 침해정지와 방해배제 및 위험제거의 영역은 아직 명확히 구별되었다고 보기 어렵다. 그러나 침해와 관련된 생산 도구 또는 이미 생산된 제품을 폐기하는 것을 침해정지로 보든 또는 방해배제나 위험제거로 보든 어느 쪽으로든 청구할 수 있다는 결론에는 영향이 없다.

(3) 영향제거 명령

「민법통칙」 제134조 제9호 및 「침권책임법」 제15조에는 영향제거와 명예회복이 병렬적으로 나열되어 있다. 즉, 영향제거는 명예회복과 함께 인격적인 손해를 입었을 때 청구할 수 있는 명령으로, 재산상의 손해만 입은 경우에는 청구해도 받아들여지지 않는다.

영향제거는 제3자가 원고에 대해 가지고 있는 오해, 또는 제3자가 원고와 피고의 법률관계에 대해 가지고 있는 오해를 불식시키기 위해 객관적 사실을 공개적으로 밝히게 하는 것이다. 공개 방식은 크게 구두로 하는 방식, 신문 등의 서면을 이용하는 방식 또는 라디오나 텔레비전을 이용하는 방식이 있을 수 있다. 원칙은 침해를 일으킨 범위 및 방식과 동등한 범위 내에서 동등한 방식으로 그 침해 사실을 알리고 권리자가 입은 영향을 제거하는 것이다.[29]

2009년부터 2013년까지의 기간 동안 최고인민법원의 주요 반부정당경쟁법 위반 분쟁 사안[30]을 살펴보면, 다음과 같은 사안에서 영향제거 명령을 내렸다.

27_ 상표법 사법해석 제21조.

28_ 吕娜: "知识产权侵权诉讼中侵权物品的处置", 载〈人民司法〉2009年第9期.

29_ 林文, 反不正当竞争法律制度与实务技能, 法律出版社, 2014, p.154.

30_ 2009년부터 2013년까지 기간 동안의 지적재산권 분쟁안 중 최고인민법원이 선정한 한 해의

① 인터넷 사용자가 피고 프로그램이 설치되어 있는 컴퓨터에서 원고 바이두사 검색 사이트에 접속하면, 검색 결과 페이지에 경고 표지가 표시되어 인터넷 사용자로 하여금 피고의 안전 브라우저 설치 버튼을 클릭하도록 유도하거나, 원고 검색 사이트에 타인이 제공하는 검색창에 표시되는 관련 검색어를 변형하여 고객을 유인하는 행위를 한 사안[31]: 간행물에 성명을 기재하여 대중의 오해를 불식시키게 하였다.

② 피고가 원고 야오밍의 동의를 거치지 않고 '야오밍 일대(姚明一代)'라는 이름의 브랜드를 출시한 뒤 신발, 스케이트 보드 등 운동용품을 생산・판매하면서, 야오밍의 초상 및 야오밍의 이름을 사용하여 팸플릿, 광고판 등에 선전한 사건[32]: 「중국공상보(中国工商报)」, 「중국체육보(中国体育报)」, 「해방군보(解放军报)」, 「초천도시보(楚天都市报)」에 성명을 기재하여 대중의 오해를 불식시키게 하였다.

③ 백신 프로그램 회사인 피고 회사가 원고의 QQ 소프트웨어가 사용자들의 컴퓨터 디스크를 무단으로 스캔하여 프라이버시를 침해한다고 자신이 운영하는 홈페이지를 통하여 선전하면서, 이를 감시할 수 있도록 하는 '프라이버시 보호기' 소프트웨어를 배포하여 사용자들이 다운로드 받아 설치하도록 하고, 위 '프라이버시 보호기' 소프트웨어를 설치하면 초기화면에 QQ 메신저가 고객의 프라이버시를 침해한다는 설명이 표시되게 한 사건[33]: 피고 홈페이지 첫 화면 및 「법제일보(法制日报)」에 성명을 기재하여 대중의 오해를 불식시키게 하였다.

④ 소프트웨어 제작 업체, 인터넷망 제공업체인 피고들이 일정 지역의 인터넷 사용자가 원고 바이두사의 홈페이지에서 검색어를 입력한 뒤 검색 버튼을 누르면, 검색어와 관련된 광고가 팝업창으로 몇 초 간 나오게 하고 그동안 검색 결과가 뜨지 않게 한 사안[34]: 피고들의 인터넷 홈페이지 첫 화면에 성명을 15일간 기재하여 대중의 오해를 불식시키게 하였다.

⑤ 피고들이 중국 대륙 내에서 윤활유 상품을 판매하면서 상품의 포장라벨, 포장상자, 벽면 광고 등에 원고의 '嘉实多' 상표를 무단으로 사용하여 "미국 캐스톨(美国嘉实多) 국제 석유그룹(홍콩) 유한회사 제품", "U.S.A. JIASHIDUO INT'L PETROLEUM GROUP(H.K.) LIMITED"를 표시한 사건[35]: 「신민완보(新民晚报)」에 성명을 게재하

50대 판례, 10대 대표판례 그리고 10대 혁신판례 중 반부정당경쟁법 위반 분쟁 사안.

31_ 北京市高级人民法院 (2013)高民终字第2352号 民事判决书.

32_ 湖北省高级人民法院 (2012)鄂民三终字第137号 民事判决书.

33_ 北京市第二中级人民法院 (2011)二中民终字第12237号 民事判决书.

34_ 山东省高级人民法院 (2010)鲁民三终字第5-2号 民事判决书.

35_ 上海市第二中级人民法院 (2008)沪二中民五(知)初字第91号 民事判决书.

여 대중의 오해를 불식시키게 하였다.

⑥ 유명 부동산 투자 기업인 '스지 진위안 투자그룹(世纪金源投资集团)' 명칭 중 핵심 명칭인 '스지 진위안(世纪金源)'을 무단으로 사용하여 부동산 개발을 한 사안[36]: 피고 회사 홈페이지 첫 화면에 판결문 내용을 포함한 성명을 게재하여 대중의 오해를 불식시키게 하였다.

만일 침해자가 영향제거 판결에 따르지 않을 경우, 법원은 법원 판결의 요지를 신문 등에 공고하고 그 비용은 침해자에게 부담하게 하는 대체집행을 할 수 있다.[37]

(4) 도의적 사과 명령

도의적 사과는 자신의 잘못을 인정하고 사과를 표시하는 것이다. 최고인민법원은 도의적 사과는 주로 인신이익과 상업 신용에 손해를 입히는 경우 지게 되는 책임방식이므로, 재산적 이익에 대한 권리를 가지고 도의적 사과를 청구할 수 없다는 입장이다.[38] 이와 같은 이유에서 특허 침해, 영업비밀 침해, 상표권 침해 및 반부정당경쟁법 제5조 제2항의 주지상품 특유의 명칭 · 포장 · 장식 침해의 경우 최고인민법원은 도의적 사과를 인정하지 않고 있다.[39] 따라서 반부정당경쟁법 위반 사안 중에서는 상업 비방, 허위 광고, 타인의 기업명칭 또는 성명권 침해 등의 부정경쟁행위에 관한 사안에서 도의적 사과 명령을 청구할 수 있다.

① 피고 여행사가 경쟁자인 원고 여행사 기업명칭 및 약칭을 키워드로 하여 구글과 바이두에 위와 동일한 방식으로 검색어 광고를 한 사건[40]: 회사의 웹사이트에 15일간 사과의 성명을 게재하게 하였다.

② 유명 부동산 투자 기업인 '스지 진위안 투자그룹(世纪金源投资集团)' 명칭 중 핵심 명칭인 '스지 진위안(世纪金源)'을 무단으로 사용하여 부동산 개발을 한 사안[41]: 피고 회사 홈페이지 첫 화면에 원고들에 대한 사과를 게재하게 하였다.

③ 중국 남부에서 유명한 '주거냥'이라는 백주의 명칭 · 포장 · 장식을 그대로 따라한 사안[42]: 1심법원은 「포산일보(佛山日报)」, 「양성완보(羊城晚报)」, 「난방도시보

36_ 河南省高级人民法院 (2009)民三终字第12号 民事判决书.

37_ 最高人民法院「关于审理名誉权案件若干问题的解答」第11条.

38_ 最高人民法院 (2005)民三提子第1号 民事判决书.

39_ 最高人民法院 (2005)民三提子第1号 民事判决书, 最高人民法院 (2008)民提子第52号 民事判决书.

40_ 天津市高级人民法院 (2012)津高民三终字第3号 民事判决书.

41_ 河南省高级人民法院 (2009)民三终字第12号 民事判决书.

(南方都市报)」에 원고에 대한 사과를 게재하라는 판결을 내렸으나, 2심법원은 피고의 부정경쟁행위를 인정하면서도 사과 판결 부분을 취소하였다.

(5) 규범적 사용 명령

타인과 혼란을 일으키는 기업명칭을 사용한 것이 부정경쟁행위에 해당하는 경우, 인민법원은 문제의 기업명칭 사용을 금지하거나 일정한 범위 내에서만 사용하도록 하는 명령을 내릴 수 있다. 최고인민법원은 사법해석을 통하여 "피소된 기업명칭이 등록상표권을 침해하거나 또는 부정경쟁행위에 해당하는 경우, 인민법원은 원고의 청구 및 사안의 구체적인 정황에 따라 피고에게 사용을 정지하게 하거나, 또는 규범적으로 사용하도록 명할 수 있다"고 규정하고 있다.[43] 이때 '규범적으로 사용하도록 한다'는 것은 두드러지지 않게 사용하는 등 사용 방법을 제한하거나, 사용 대상 제품을 한정하는 등 사용 범위를 제한하여 시장의 오인 혼란을 피할 수 있도록 하는 것을 의미한다. 그러나 피침해 상표 또는 상품 명칭 등이 매우 유명한 것이어서 시장의 오인 혼란을 피할 수 없는 경우라면 문제의 기업명칭 사용을 정지시킬 수밖에 없음은 물론이다.[44]

법원은 구체적 사안에 따라 사용 정지 또는 규범적 사용을 명해야 하는 것이지, 일률적으로 사용 정지를 명해서는 안 된다. 최고인민법원은 기업명칭으로 타인의 상표권 등을 침해하는 행위를 제재하는 방안을 크게 나누어 ① 기업명칭의 사용범위를 제한하고 규범적으로 사용하게 하는 방법, ② 기업명칭의 사용을 정지시키는 방법, ③ 기업명칭의 변경을 명하는 방법으로 구별하고 있다. 그리고 침해 정황에 따라 적절한 방법을 사용해야 한다고 판시하였다. 그렇다면 어떠한 경우 각 제재 방안을 명하는지에 대해 좀 더 자세히 살펴보도록 한다.[45]

첫째, 기업명칭의 사용범위를 제한하거나 규범적으로 사용하게 하는 방법이다. 최고인민법원은 기업명칭의 등록 및 사용에는 위법성이 없지만 기업명칭 중의 핵심명칭을 두드러지게 사용하여 등록상표 전용권을 침해한 경우라면, 피고에게 핵심명칭을 규범적으로 사용하고, 두드러지게 사용하는 행위는 중단하라고 판결해야 한

42_ 广东省高级人民法院 (2007)粤高法民三终字第318号 民事判决书.

43_ 최고인민법원「상표, 기업명칭과 선사용 권리 충돌에 관한 민사 분쟁 안에 관한 몇 가지 문제의 규정」제4조.

44_ 최고인민법원「현재 경제 상황에서의 지식재산권 심판에 관한 몇 가지 문제에 대한 의견」(2009.4.21).

45_ 이하 最高人民法院 (2010)民提字第15号 民事判决书.

다는 입장이다. 즉, 피고에게 특정한 역사적 요소로 인하여 적법한 사용 권한이 있거나 또는 시간적으로 먼저 기업명칭을 등록하였다는 등의 사정이 있어 기업명칭을 합리적으로 사용할 권한이 있고, 다만 피고가 기업명칭을 규범적이지 않게 사용하는 경우 기업명칭의 규범적 사용을 명하는 것이다. 이와 관련된 사안은 후술하도록 한다.

둘째, 기업명칭의 사용을 중단시키는 방법이다. 피고가 명확히 원고의 합법적인 권익을 침해하는 상황으로, 기업명칭을 규범적으로 사용하게 하는 것으로는 문제를 해결하지 못하고, 또한 기업명칭 변경을 명할 필요가 없는 경우, 기업명칭의 사용을 정지시킨다. 최고인민법원은 만약 피고가 타인의 지명도 있는 선등록상표를 자신의 핵심명칭으로 부당하게 등록한다면, 이를 두드러지게 사용하는지 여부와 관계 없이 시장 내 혼동을 야기하는 것을 피하기 어려우므로, 원고의 청구에 따라 기업명칭의 사용의 정지를 명하는 판결을 내릴 수 있다고 판시하였다.

재심 신청인 광동 싱췬 식품음료 유한회사(广东星群食品饮料有限公司)와 피신청인 광저우 싱췬(약품) 주식유한회사(广州星群(药品)股份有限公司), 광저우 싱췬(약품) 주식유한회사 보양영양품 공장(广州星群(药品)股份有限公司滋补营养品厂)의 부정경쟁행위 분쟁 사안에 관하여 살펴보면,[46] 최고인민법원은 기업명칭에 대한 사용을 정지시키지 않으면 시장 내 혼동을 방지할 수 없는 경우, 사용정지를 명할 수 있다고 설시하였다. 또한 다른 사건인 원고 주식회사 니콘(중국어 발음은 '니캉')(株式会社尼康)과 피고 저장 니캉 전동차업 유한회사(浙江尼康电动车业有限公司) 등의 등록상표권 침해 및 부정경쟁행위 분쟁 사안에서,[47] 인민법원은 등록상표권과 기업명칭권이 충돌하는 사안을 심리할 때, 만약 기업 핵심명칭이 관련 공중에게 제품 또는 서비스의 제공자에 대해 혼동 혹은 오인을 초래하는 경우, 당해 핵심명칭에 대한 사용 정지를 명해야 한다고 보았다.

셋째, 기업명칭을 변경하게 하는 방법이다. 이 판결 방식은 주로 피고가 기업명칭을 규범적으로 사용하지 아니하고, 주관적 악의가 뚜렷한 상황에서 원고의 합법적 권익을 침해하는 경우 적용된다. 예를 들어 원고 신랑 시누얼 그룹 주식유한회사(新郎希努尔集团股份有限公司)와 피고 원저우 신랑 신발업 유한회사(温州新郎鞋业有限公司) 등의 등록상표권 침해 및 부정경쟁행위 분쟁 사안[48]에 관하여 살펴보면, 법원

46_ 最高人民法院 (2008)民申字第982号 民事裁定书.

47_ 陕西省西安市中级人民法院 (2009)西民四初字第302号 民事判决书, 2010년 중국 법원 지식재산권 사법보호 50선 대표 판례.

은 피고가 기업명칭을 후등록하면서 시장 선택 및 매장 장식도 고의적으로 원고와 유사하게 하였으므로 주관적으로 뚜렷한 악의가 있다고 보았다. 이에 법원은 기업명칭에 대한 변경을 명하였다. 그 외에도 타인의 유명한 건물인 '즈펑(紫风) 빌딩'의 이름을 모방하여 침해자가 기업명칭과 건물의 이름을 지은 사건에서,[49] 인민법원은 판결 효력 발생 후 30일 내 '즈펑(紫风)' 기업명칭등기를 변경할 것을 명하였다. 또한 타인의 기업명칭 '산동기중기'의 약칭 '산기(山起)'를 무단으로 기업명칭으로 사용한 사안에서,[50] 인민법원은 그 기업명칭등기의 변경을 명한바 있다.

아래 사안은, 최고인민법원이 위에서 설명한 기업명칭 사용의 정지, 규범적 사용 및 기업명칭 변경 명령을 어떠한 기준에서 내려야 하는지에 대하여 상세하게 설시한 사안이다. 그리고 이와 같은 기준을 적용하여 최고인민법원은 아래 사안에서 기업명칭 사용 정지를 명한 원심을 변경하여 기업명칭을 규범적으로 사용하라는 판결을 내렸다. 비록 등록상표권 침해에 관한 사안이기는 하나 최고인민법원이 어떤 경우에 규범적 사용을 명하는지 이해하는 데 참고할 만하다.

사 례 **기업명칭의 사용 정지 명령을 내린 원심 판결을 파기하고 규범적 사용 명령을 내린 사안**[51]

리후이팅(李惠廷, 이하 원고)**과 왕쟝 (다롄)요식업 유한회사**[王将(大连)餐饮有限公司, 이하 피고]의 등록상표권 분쟁 사안

[사실관계] 원고가 법정대표로 있는 하얼빈 왕쟝 식품 유한회사(哈尔滨王将食品有限公司, 이하 '하얼빈 왕쟝회사')는 1999년 9월 9일에 설립되었고, 위 하얼빈 왕쟝회사와 그 분점은 '왕쟝(王将)'이라는 문구를 간판으로 사용하고 있다. 원고는 2003년 12월 제3192768호 '왕쟝' 상표를 지정 서비스 항목 제43종 식당, 패스트푸드점으로 하여 등록하고 보유하고 있다. 피고는 2001년 11월 28일과 2003년 6월 17일 숭산(嵩山)분점과 다안(大安)에 원고의 하얼빈 왕쟝회사 분점을 설립한 바 있다.
그 후 2005년 1월 6월 일본 왕쟝 주식회사가 피고 회사를 설립하였고, 2005년 11월 18일 왕

48_ 山东省高级人民法院 (2008)鲁民三终字第90号 民事判决书.
49_ 江苏省南京市中级人民法院 (2012)宁知民终字第24号 民事判决书.
50_ 最高人民法院 (2008)民申字第758号 民事裁定书.
51_ 最高人民法院 (2010)民提字第15号 民事判决书, 2010년 중국 법원 지식재산권 사법보호 50선 대표 판례.

걍만두(다롄)요식 유한공사로 개명하였다. 2005년 11월 15일 하얼빈시 제2 공증처는 피고 회사의 본점과 분점에 걸린 피고의 간판, 식당 내 젓가락 세트 등의 식기구 포장, 메뉴판, 차 도구에 '왕걍' 문구를 서비스 표지로 사용하고, 메뉴판, 차 도구, 영수증에 '왕걍' 문구를 서비스 표지로 사용한 사실을 공증하였다. 1심 기간 동안 피고는 3개의 분점을 신설하였다.

[법원의 판단] 1심법원은 피고에게 판결이 효력이 발생한 후 15일 내에 원고의 '왕걍' 등록상표의 지정 서비스 항목 범위 내에서 '왕걍' 문구를 포함한 기업명칭 사용을 정지하라는 판결을 내렸다.

이에 대하여 피고는 불복하여 상소하였으나, 2심법원은 1심법원의 결론을 유지하였다.

이에 피고는 재심을 신청하였고, 최고인민법원은 다음과 같이 판결하여 기업명칭 사용 정지에 대한 1심 및 2심법원 판결을 취소하였다.

"등록상표와 기업명칭은 모두 상응하는 법률절차에 따라 표지로서의 권리를 획득하였고, 서로 다른 표지에 속하며, 상응하는 법률의 보호를 받는다. 인민법원은 등록상표와 기업명칭 간의 분쟁에 대해 상황들을 구분하고 신의성실의 원칙, 공평경쟁 유지, 선권리 보호 등의 원칙에 따라 법적으로 처리해야 한다. 만약 등록되어 사용된 기업명칭 자체가 부당한 성질을 가진다면, 예를 들어 부정당하게 타인의 비교적 높은 명성을 가진 선등록상표를 기업명칭으로 등록하고 이를 규범적으로 사용하는 행위가 시장 혼란을 일으키는 경우라면, 이는 부정경쟁행위로 처리한다. 만약 비규범적으로 기업명칭을 사용하여, 즉 동일하거나 유사한 상품에 타인의 등록상표 전용권과 동일하거나 유사한 기업의 핵심 명칭을 두드러지게 사용하여 관련 대중들에게 오인을 일으키기에 충분하고 타인의 등록상표권에 손해를 입혔을 경우, 이는 상표권 침해행위로 처리한다.

이와 비슷하게 인민법원은 「등록상표, 기업명칭과 선권리와 충돌하는 민사사건 심리에서의 몇 가지 문제들에 대한 최고인민법원의 규정」 제4조에 따라 원고의 청구취지와 구체적인 사건 상황을 참고하여 피고가 민사책임을 져야 하는 것으로 확정해야 한다. 만약 부정당하게 타인의 비교적 유명한 선등록상표를 핵심 명칭으로 사용하여 기업명칭으로 등록하였다면, 등록 및 사용된 기업명칭 자체가 불법이고, 나아가 두드러지게 사용되었는지 여부와 관계없이 시장혼란을 일으킬 확률이 높은 경우, 당사자의 요청에 따라 사용 정지나 해당 기업명칭 변경을 판결해야 한다. 그러나 만약 기업명칭이 등록 및 사용된 것이 불법이 아니고 기업명칭 중의 핵심 명칭을 두드러지게 사용하여 등록상표 전용권을 침해한 경우, 피고가 기업명칭을 적법하게 사용하고, 두드러지게 사용하는 행위를 정지하라고 판결해야 한다. 이는 다시 말해 피고의 권리 침해행위를 제지하는 것인데, 이러한 상황에서 사용 정지나 기업명칭 변경을 판결하는 것은 적절하지 않다. 기업명칭을 규범적으로 사용하는 것과 기업명칭의 사용 정지 혹은 변경은 서로 다른 종류의 책임 부담 방식이다. 기업명칭의 핵심 명칭을 돋보이게 사용하여 상표권을 침해했다고 하여 일률적으로 사용 정지 혹은 변경을 판결할 수는 없다.

이 사건에서 원고의 '왕쟝' 상표가 먼저 등록되었지만, 해당 상표는 헤이룽쟝성 하얼빈시에서만 실제 사용되었고 피고가 기업명칭을 등록할 때에는 유명하지 않았다. 또한 피고 회사는 일본 왕쟝주식회사가 투자하여 설립되었기 때문에, 피고가 왕쟝을 상호로 사용하여 기업명칭을 등록할 수 있다고 보는 것은 어느 정도 합리적이다. 만약 피고 회사가 경영 활동에서 피고의 기업명칭을 규범적으로 사용했다면, 이는 관련 대중의 혼란이나 오인을 일으키지 않는다. 따라서 피고가 등록하고 사용한 기업명칭 자체는 불법이 아니다. 원심 판결은 원고의 '왕쟝' 상표가 선등록되었다는 사실에 의거하여 피고의 기업명칭과 원고의 등록상표가 충돌하며 등록상표 전용권을 침해하였다고 판단하였고, 이에 따라 피고가 원고의 '왕쟝' 상표의 지정 서비스 항목 범위 내에서 '왕쟝' 문구를 포함한 기업명칭의 사용을 정지하라고 판결하였다. 그러나 위 판결은 사실 근거와 법적 근거가 없다."

기업명칭 변경 판결이 내려지는 경우, 이를 어떻게 강제집행할 것인지에 대해서는 구체적인 방법과 절차가 통일되어 있지 않은 것으로 보인다. 일부 법원은 법원규칙을 통해 이러한 민사책임의 강제집행방식에 대해 규정하고 있고, 일부 지방성법규 또한 이에 상응하는 규정을 마련해 두고 있다. 예를 들어 2005년 9월 1일부터 시행한 「상하이시 기업명칭등기 관리규정(上海市企业名称登记管理规定)」 제14조와 제16조는 "인민법원이 기업이 등록한 기업명칭에 대한 사용중지를 명하는 판결을 하여 등기기관에 '집행 협조 통지서'를 보낸 경우, 등기기관은 당해 기업에 3개월 내에 기업명칭 변경신청을 하라는 통지를 해야 한다", "기업이 본 규정의 제14조에 따라 기업명칭 변경신청을 하지 않은 경우, 등기기관은 당해 기업에게 5천 위안 이상 5만 위안 이하의 벌금에 처한다"고 규정하고 있다. 위 규정은 사용 정지에 관한 것이나, 변경 명령의 경우에도 같은 규정이 적용된다. 즉, 판결의 효력이 적용되는 당사자가 직접 관련 기관에 기업명칭 변경신청을 하도록 하는 방법을 채택하고, 이를 이행하지 않는 경우 금전으로 간접 강제하는 방식을 채택하고 있는 것이다. 그러나 이와 달리, 광저우성 포산시 중급인민법원은 부정경쟁 분쟁 사안에서 기업명칭 변경을 명하면서 "순더정예공사는 판결효력이 발생하는 즉시 '정예' 핵심명칭의 사용을 정지하고, 순더시 공상국에 기업명칭 변경신청을 하라. 기간이 지나도록 변경하지 않는 경우 법원이 강제로 변경한다"라고 판결한 바도 있는 등 지역에 따라 실무가

조금씩 차이가 있는 것으로 보인다.[52]

한편, 광저우성 포산시 중급인민법원의 위 판결을 비롯하여 기업명칭 변경을 명하는 판결 중에는 신청을 이행해야 하는 기간이 특정되어 있지 않은 경우들이 있는데, 그렇다면 통상의 관념에 비추어 적절한 기간이 어느 정도인지가 문제될 것이다. 실무상 기업명칭 변경신청 이행기간을 어느 정도로 할지에 대해서는 아직 일치되지 않고 있다. 원고 닝보 어우린 주방용품 유한회사(宁波欧琳厨具有限公司)와 피고 상하이 어우린 전자기기 유한회사(上海欧琳电器有限公司), 상하이 어우린 주방용품 유한회사(欧琳厨具有限公司)의 상표권 침해 및 부정경쟁행위 분쟁 사안[53]에 관하여 살펴보면, 인민법원은 두 피고에 대해 판결의 효력이 발생하는 날로부터 30일 내에 기업명칭을 변경하고, 변경 후의 기업명칭 중 '어우린(欧琳)' 글자를 포함하지 않을 것을 명하였다. 한편 원고 랴오닝성 선양시 지우성청 경제무역 유한회사(辽宁省沈阳市久圣城经贸有限公司, 이하 원고)와 충칭 라오야얼 건축자재 유한회사(重庆劳亚尔建筑材料有限公司, 이하 피고)의 상표권 침해 및 부정경쟁행위 분쟁 사안[54]에 관하여 살펴보면, 인민법원은 피고는 즉시 '라오야얼(劳亚尔)' 글자를 포함한 기업명칭에 대한 사용을 정지하고, 판결의 효력이 발생하는 날로부터 10일 내에 관련 공상행정기관에서 기업명칭 변경 절차를 밟아 변경 후의 기업명칭에 '라오야얼' 글자를 포함하지 않을 것을 판결한 바 있다. 또한 위에서 살핀 원고 리후이팅과 피고 왕쟝(다롄)요식업 유한회사의 등록상표권 분쟁 사안에서 1심 및 2심법원은 기업명칭의 변경에 15일의 기한을 주었다.

(6) 구별 표지 부가 명령

주지상품 특유명칭과 동일하거나 유사한 명칭 · 포장 · 장식을 사용하였지만, 주지상품이 주지성을 가지는 지역 범위 밖이고, 더구나 그 사용이 악의에 의한 것이 아닌 경우 최고인민법원은 이와 같은 행위를 부정경쟁행위로 보지 않는다는 점은 앞서 제3장에서 설명한 바와 같다. 다만, 후사용자의 경영 활동이 선사용자가 영업을 하는 지역의 범위 내에 진입하여 그 상품 출처에 혼동이 생기게 되는 경우, 선사용자는 후사용자에게 상품의 출처를 구별할 수 있도록 하는 표지를 부가하도록 하는 명령을 내려줄 것을 인민법원에 청구할 수 있다.[55]

52_ 广东省佛山市中级人民法院 (2001)佛中法知初字第84号 民事判决书.

53_ 上海市中级人民法院 (2005)泸一中民五(知)第262号 民事判决书.

54_ 重庆市高级人民法院 (2009)渝高法民终字第135号 民事判决书.

(7) 도메인 등록 · 사용 허용

최고인민법원은 인터넷 도메인 사법해석 제8조에서 "침해 도메인 등록, 사용 등 행위가 권리침해를 구성하거나 또는 부정경쟁행위에 해당한다고 인정되는 경우 원고는 침해정지, 도메인 등록 취소를 구하거나 또는 원고의 해당 도메인을 등록 · 사용을 허가하는 명령을 구할 수 있다"고 규정하고 있다. 따라서 원고는 침해 도메인명의 등록 취소를 구할 수도 있고, 또는 해당 도메인을 자신의 이름으로 등록하도록 하는 명령을 구할 수도 있다.

(8) 침해정지 등 청구의 주관적 요건

중국 반부정당경쟁법 또는 관련 법규에 명확히 규정되어 있지 않으나, 중국 침권책임법에 정한 각종 비금전적 구제방법들 즉 침해정지, 방해배제, 위험의 제거 등을 청구하기 위해서는 고의 · 과실을 요건으로 하지 않고, 나아가 경우에 따라서는 손해를 고려할 필요가 없는 경우도 있다고 보는 것이 일반적이다.[56] 그리고 이와 같은 원칙은 지식재산권 침해 책임에 대해서도 마찬가지로 적용된다.[57]

참고로 한국 부정경쟁방지법은 제4조에서 금지청구권을, 제5조에서 손해배상청구권을 규정하고 있는데, 침해자의 고의 · 과실을 요건으로 하는 제5조와 달리 제4조는 침해자의 주관적 귀책사유를 요건으로 두고 있지 않다.[58] 따라서 한국 부정경쟁방지법 제4조를 근거로 금지청구를 하는 경우, 부정경쟁행위자의 '부정한 목적'이나 '고의 · 과실' 등의 주관적 요건이 필요하지 않다.[59] 이처럼 근거는 다르지만, 침해정지 등을 청구할 때 주관적 귀책사유를 필요로 하지 않는다는 점에서는 한국과 중국에 결론의 차이가 없는 것으로 보인다.

55_ 반부정당경쟁법 사법해석 제1조 제2항.

56_ 魏振瀛 主编, 民法(第4版), 北京大学出版社 高等教育出版社, 2010, pp.675-676.

57_ 徐卓斌, "知识产权请求权与损害赔偿请求权的区分", 载「人民法院报」2013.2.20.

58_ 한국「부정경쟁방지 및 영업비밀보호에 관한 법률」제4조 ① 부정경쟁행위나 제3조의2 제1항 또는 제2항을 위반하는 행위로 자신의 영업상의 이익이 침해되거나 침해될 우려가 있는 자는 부정경쟁행위나 제3조의2 제1항 또는 제2항을 위반하는 행위를 하거나 하려는 자에 대하여 법원에 그 행위의 금지 또는 예방을 청구할 수 있다.

59_ 서울동부지법 2007.5.18. 선고 2006가합15289 판결.

3. 가처분의 제기 가능 여부

중국 상표법, 전리법(专利法)은 제소 전 침해행위금지 조치를 할 수 있다는 규정을 두고 있다.[60] 따라서 권리자는 위 규정에 근거하여 상표침해행위 또는 특허침해행위에 대한 본소를 제기하기 전에 한국의 침해정지가처분 신청에 해당하는 제소 전 임시조치 신청을 할 수 있다.

다만 상표법, 전리법과 달리 반부정당경쟁법에는 제소 전 침해행위금지 조치에 대한 규정이 없으므로, 종전 최고인민법원은 부정경쟁행위라는 이유로 제소전 침해행위금지 조치를 신청하는 것을 받아들일 수 없다는 입장이었다.[61]

그러나 2012년 민사소송법이 개정된 이후 상황이 변화하고 있다. 개정 민사소송법에는 한국의 가처분 제도와 유사한 것으로 해석되는 제소 전 및 소송 중 '행위보전(行为保全)제도'에 관한 일반조항이 도입되었다.[62] '행위보전'이란 법원이 일방 당사자에게 일정한 행위를 할 것을 명하거나 일정한 행위를 하지 말 것을 명하는 것을 말하는데, 침해행위를 하지 말 것을 명하는 것도 위 행위보전의 일종에 해당한다.[63]

60_ 중국 「상표법」 제65조, 중국 「전리법」 제66조.

61_ 最高人民法院副院长曹建明:「加大知识产权司法保护力度 依法规范市场竞争秩序 — 在全国法院知识产权审判工作座谈会上的讲话」(2004年11月11日): 林文, 反不正当竞争法律制度与实务技能, 法律出版社, 2014, p.97 재인용

62_ 중국 「민사소송법」 제100조(소송 중 보전) ① 인민법원은 당사자 일방의 행위 또는 기타 원인으로 인하여 판결의 집행이 어려워지거나 또는 당사자에게 기타 손해가 발생할 수 있는 경우, 반대 당사자의 신청이 있는 경우 그 재산에 관하여 보전처분을 하거나, 일정 행위를 하게 하거나 또는 일정 행위를 금지하게 하는 명령을 내릴 수 있다. 당사자의 신청이 없는 경우, 인민법원은 필요한 경우 보전처분을 내릴 수 있다.

② 인민법원이 보전처분을 내리는 경우, 신청인에게 담보를 제공할 것을 명할 수 있고, 신청인이 이에 응하지 않는 경우, 신청을 기각한다.

③ 인민법원은 신청 접수 후, 급한 사안에 해당하는 경우 48시간 이내에 결정을 내려야 한다. 결정이 내려지면 즉시 집행을 개시하여야 한다.

제101조(제소 전 보전) ① 이해관계인이 긴급한 상황으로 인해 즉시 보전신청을 하지 못하여 그의 합법적 권익에 치명적인 손해를 입을 수 있는 경우, 소송을 제기하거나 중재를 신청하기 전에 피보전재산의 소재지와 피신청인의 거주지, 또는 사건에 대해 관할권을 가지는 인민법원에 보전조치를 신청할 수 있다. 신청인은 담보를 제공하여야 하며 담보를 제공할 수 없는 경우에는 신청을 기각한다.

② 인민법원은 신청을 수리한 후, 48시간 이내에 결정을 내려야 한다. 결정이 내려지면 즉시 집행을 개시하여야 한다.

③ 인민법원이 보전조치를 취한 이후 30일 내에 신청인이 법에 의거하여 소송을 제기하지 않거나 중재를 신청하지 않는다면, 인민법원은 보전 결정을 취소한다.

이와 같은 법 개정에 따라, 최고인민법원은 이해관계인이 부정경쟁행위를 근거로 제소 전에 인민법원에 증거보전신청을 하거나 또는 제소 전에 행위보전신청을 하는 경우 인민법원은 이를 수리해야 한다고 각급 인민법원에 통지하였다.[64] 개정 민사소송법의 위 규정 도입으로 특별법에 규정이 없더라도 침해행위금지 등을 청구할 수 있는 법적 근거가 마련되었다고 할 것이다. 다만, 제소 전 조치가 취해지는 경우 30일 이내에 본안 소송을 제기해야 한다.

위와 같은 2012년 개정 민사소송법 규정이 처음으로 반부정경쟁행위에 대해 적용된 사안은 아래와 같다. 비록 아래 사안은 제소 전 신청이 아니라 소송 중 침해정지명령을 신청한 사안이나, 개정 민사소송법이 적용된 사안으로 참고할 만하다.

사 례 반부정경쟁행위에 행위보전조치가 취해진 사안[65]

광저우 의약그룹 유한공사(广州医药集团有限公司, 이하 신청인)와 광둥 쟈뛰바오 음료식품 유한공사(广东加多宝饮料食品有限公司, 이하 피신청인)의 소송 중 침해 금지명령 신청 사안

피신청인은 '왕라오지(王老吉)는 쟈뛰바오(加多宝)로 이름을 바꾸었다', '전국에서 판매량이 가장 많은 붉은색의 캔 차: 쟈뛰바오'라는 두 문구를 사용하였다. 광저우시 중급인민법원은 '쟈뛰바오'라는 이름의 냉차 음료는 쟈뛰바오공사가 최근 몇 년 동안 생산하고 시장에 출시한 제품이기 때문에 다른 명칭의 냉차 음료에서 개명한 것이 아니고, 반면 이 음료가 출시되기 전에 붉은색 캔에 담긴 '왕라오지'라는 냉차 음료가 이미 중국 전국에서 다년간 잘 팔렸었다고 인정하였다. 그리고 왕라오지 음료는 냉차 음료 시장에서도 단연 선두의 자리를 지키고 있었다. 관련 공중들에게는 "전국에서 판매량이 가장 많은 붉은색 캔의 냉차"라고 한다면 첫 번째로 '왕라오지' 냉차 음료를 연상할 것이다. 쟈뛰바오공사는 위 광고 문구를 사용하여 객관적으로 관련 공중들에게 오해를 하게끔 만들어 두 음료가 동일한 제품이거나 '왕라오지'가 '쟈뛰바오'로 개명한 것으로 생각하게끔 하였다.

법원은 현재 실시하고 있는 허위 선전 행위가 본 사안의 원고, 즉 왕라오지의 상표권자의 합법적인 권익에 회복할 수 없는 손해를 주는 것을 막기 위해 쟈뛰바오공사와 경영장소에 관련 광고판을 놓은 피신청인의 허위 선전 행위를 금지시킬 필요성이 있다고 하여, 아래와

63_ 손한기, 중국민사소송법의 원리와 해석, 홍문사, 243면.

64_ 最高人民法院「关于在知识产权审判中贯彻落实〈全国人民代表大会常务委员会关于修改「中华人民共和国民事诉讼法」的决定〉有关问题的通知」[法(2012)317号].

65_ 广州市中级人民法院 (2012)穗中法知民初第263号 民事裁定书.

같이 결정하였다: "광동 쟈뛰바오 음료식품유한공사 등 피신청인은 즉시 '왕라오지는 쟈뛰바오로 이름을 바꾸었다', '전국에서 판매량이 가장 많은 붉은색의 캔 차: 쟈뛰바오'라는 두 문구와 뜻이 같거나 비슷한 광고 문구로 광고 선전하는 행위를 중지한다." 광동 쟈뛰바오 음료식품 유한공사는 이에 불복하였으나 광저우시 중급인민법원에서는 이를 기각하고 원래의 결정을 유지하였다.

또한 2013년 상반기 상하이시 제1중급인민법원이 중국 최초로 영업비밀 침해행위의 금지를 명하는 가처분 명령을 내린 바 있으며, 이는 최고인민법원에 의하여 2013년 10대 지식재산권 혁신 판례(2013 10大知识产权创新案件)로 선정되었다. 자세한 내용은 제10장 영업비밀보호 권리구제 부분에서 살펴보도록 한다.[66]

이와 같은 법 개정 및 법원의 태도에 비추어 볼 때, 중국에서의 권리 보호 방안으로 앞으로 부정경쟁행위 또는 영업비밀 침해행위 금지 가처분 제도를 활용하는 방법도 고려할 필요가 있을 것으로 보인다. 다만 실무상 중국 법원은 각종 신청의 수리 단계에서 실체적 심사를 미리 진행하는 특징이 있으므로,[67] 신청 대상 법원의 성향을 미리 잘 살필 필요가 있다.

4. 민사소송 진행 시의 유의점

중국 사법제도는 4급 2심제로, 2심 판결이 최종 판결이 된다. 2심법원은 1심법원의 절차상 하자, 법률상 하자, 사실인정상의 하자가 있는지 모두 판단한다. 권리자는 기회가 두 번밖에 없다는 점을 반드시 염두에 두고 재판 전략을 수립할 필요가 있다. 다만, 최종 판결 이후 재심을 신청할 수 있는데, 재심을 사실상 받아들이지 않는 한국 법원과 비교하면 중국 사법 실무에서는 재심 제도가 조금 더 활발히 활용되고 있다.[68]

아래에서는 중국에서 부정경쟁행위 민사소송을 진행하는 경우 한국 실무자들

66_ 이 책 제10장 I .3. 참조.

67_ 그 결과 2012년 중국 전국법원을 대상으로 한 통계에 따르면 전리법 등 지식재산권법에 근거한 침해정지가처분 신청은 인용률이 83.33%(27건 수리), 제소 전 증거보전신청은 인용률이 96.73%(320건 수리), 제소 전 재산보전신청은 인용률이 94.67%(74건 수리)에 달하고 있다[中国法院知识产权司法保护状况(2012年)백서].

68_ 최고인민법원 발표한 中国法院知识产权司法保护状况(2012年)백서에 따르면, 2012년 최고인민법원이 접수한 지식재산권 관련 재심사건은 181건에 달한다.

이 유의할 점을 살펴보도록 한다.

(1) 외국인이 부정경쟁행위금지 등을 청구할 수 있는지 여부

중국은 영업비밀보호 등 지적재산권 보호에 관한 파리협약, 베른협약 및 TRIPS의 회원국이고, 한국 역시 마찬가지이므로, 위 협약에 기하여 협약국가 국민의 법익을 보호할 의무가 있다. 따라서서 중국 내에 회사, 공장 기타 영업소 또는 주소를 두지 않은 한국 기업이나 한국인도 중국 법원에 중국 내에서 일어나는 부정경쟁행위로부터의 보호를 요청할 수 있다.

「베이징시 고급인민법원의 섭외 지적재산권 민사사건 법률 적용에 관한 해답(北京市高级人民法院关于印发《关于涉外知识产权民事案件法律适用若干问题的解答》的通知)」은, 외국인이 부정경쟁행위로부터의 보호 요구를 하는 경우, 해당 외국인의 소재국이 중국과 양자 협약을 체결하였거나 공동으로 국제조약에 참가한 국가에 해당한다면, 중국법은 상호주의의 원칙하에 해당 외국인을 보호하고, 이때 적용되는 법률이 중국의 반부정당경쟁법이라고 규정하고 있다.

(2) 관 할

중국의 일반 민사소송 제1심은 기층법원이 수리할 수 있으나, 부정경쟁행위[69]에 관한 사건의 제1심은 일반적으로 중급인민법원의 관할로 한다. 다만 각 고급인민법원은 그 관할의 실제 상황에 따라서 최고인민법원의 비준을 받아 일부 기층인민법원이 부정경쟁 민사분쟁 사안 제1심 안건을 수리하도록 할 수 있다. 단, 베이징시, 상하이시, 광저우시의 경우 기층인민법원이 1심 관할을 가지고, 지식재산권 전문법원이 2심 관할을 가진다.[70]

민사소송법 규정에 의하여, 부정경쟁행위 사건은 피고 주소지 또는 침해행위지 인민법원의 관할로 한다. '침해행위지'의 의미와 관련하여 침해상품의 판매지가 과연 '침해행위지'에 해당하는지 여부가 실무적으로 문제가 많이 된다. 유통망이 날로 발전하는 현대 사회에서 침해상품의 판매지를 '침해행위지'로 인정하는 경우 그 관할이 매우 넓어지고 많은 경우 사실상 전국 범위가 되기 때문이다. 이에 대한 법원의 입장은 다음과 같다. ① 피고가 제조자인 경우 침해상품의 판매지 법원은 관할을

69_ 반부정당경쟁법 제5조, 제9조, 제10조, 제14조 규정 위반의 부정경쟁행위.

70_ 「최고인민법원 베이징, 상하이, 광저우 지식재산권법원의 안건 관할에 관한 규정」 제3조, 제6조.

갖지 않는다. ② 피고가 판매자인 경우 침해상품의 판매지 법원은 관할을 갖는다. ③ 제조자와 판매자를 공동 피고로 하는 경우 판매지 법원은 관할을 갖는다. 마지막으로, ④ 제조자를 단독 피고로 하지만, 판매자가 제조자의 지사에 해당하는 경우(分支机构), 제조자의 제조 · 판매행위를 침해행위로 하여 침해상품의 판매지 법원에 소를 제기할 수 있다.[71]

인터넷을 통한 부정경쟁행위 사건의 경우, 그 침해행위지는 침해행위가 벌어진 서버, 컴퓨터 단말기가 설치된 소재지이다. 만일 그 침해행위지와 피고 주소지를 확정하기 어려운 경우, 원고가 발견한 침해 내용이 담겨 있는 컴퓨터 단말기 등 설비가 있는 소재지를 침해행위지로 볼 수 있다.[72] 도메인 침해 분쟁 안건의 경우에도 마찬가지이다.[73]

(3) 소송 시효

반부정당경쟁법 민사분쟁의 소송시효는 피침해자가 침해 사실을 알았거나 알 수 있었을 때부터 2년이고, 침해행위가 있은 때로부터 20년이다.[74]

(4) 증거보전제도

종전 중국의 민사소송법은 제74조에 이미 증거보전제도를 두고 있었다. 그러나 제74조는 "증거가 멸실되거나 또는 이후 취득하기가 어려울 가능성이 있는 경우 소송참가인은 인민법원에 증거보전을 신청할 수 있고, 인민법원은 직권으로 보전조치를 취할 수 있다"라고 규정하여 그 신청권자를 '소송참가인'으로 한정하고 있으므로, 문언상으로 보면 소송 중 증거보전신청만 할 수 있는 것처럼 보일 여지가 있었다. 그러나 인민법원은 해석상으로 제소 전 증거보전을 인정하여 왔다. 이에 2012년 민사소송법이 개정될 때 제81조 제2항에 "긴급한 상황으로 인하여 증거가 멸실될 가능성이 있거나 이후에는 취득하기 어려운 사정이 있는 경우에는, 소의 제기 또는 중재신청 이전에도 이해관계인이 증거소재지, 피신청인 주소지 또는 그 사건에 대한 관할권을 가지는 인민법원에 증거보전을 신청할 수 있다"고 추가하여, 소제기 전에

71_ 「关于全国部分法院知识产权审判工作座谈会纪要」(最高人民法院1998年7月20日).

72_ 中国最高人民法院 「关于审理侵害信息网路传播权民事纠纷案件活用法律若干问题的规定」[法释 (2012) 20号] 第15条.

73_ 인터넷 도메인 사법해석 제2조.

74_ 중국 「민법통칙」 제135조, 제137조.

도 모두 증거보전신청을 할 수 있다는 점을 명확히 하였다.[75]

증거보전을 신청하려면 증거 멸실의 위험이 있거나 또는 이후에 취득하기 어려울 것이라는 조건을 만족해야 한다. 증거보전의 구체적인 방법은 한정되어 있지 않은데, 모방품을 만드는 주형, 침해상품을 압류하거나, 매출 및 이익 관련 자료를 압류하거나 또는 복사하는 등의 방법이 증거보전 처분방법에 속한다.[76]

만약 권리자가 소를 제기하면 침해자가 그 사실을 알고 증거를 멸실할 염려가 있는 경우에는, 미리 제소전 증거보전신청을 하여 증거를 확보하는 방안을 고려해야 한다. 다만 가처분의 경우와 마찬가지로 실무상 중국 법원은 각종 신청의 수리단계에서 실체적 심사를 미리 진행하는 특징이 있으므로,[77] 신청 대상 법원의 성향을 미리 잘 살필 필요가 있다.

(5) 공 증

전자 데이터, 이메일, 인터넷 홈페이지의 정보 등의 복제본을 증거로 제출하는 경우, 반드시 공증을 하거나 상대방 당사자의 확인을 거쳐야 원본과 동일한 증명력을 인정받는다. 앞에서 살펴본 야오밍 사례에서[78] 원고 야오밍 측은 피고가 계속해서 원고의 성명과 초상을 침해하는 브랜드를 사용하여 물건을 팔고 있다는 점을 주장하며, 이를 증명하기 위하여 '야오밍 일대(姚明一代)'라는 표지가 적혀 있는 피고의 인터넷 홈페이지를 출력하여 증거로 제출하였다. 그러나 이때 공증을 거치지 않았다. 그러자 피고는 해당 문서가 출력된 것으로 출처가 불분명하고, 공증이 없으므로, 진실성을 확인할 수 없다고 반박하였다. 그리고 법원은 이와 같은 피고의 주장을 받아들여, 해당 문서는 단순히 출력된 것에 불과하므로 증거의 형식 요건을 만족하지 않고, 피고가 증거를 인정하지 않고 있으므로 그 진실성을 인정할 수 없다고 판단하였다.

75_ 民事诉讼法(注释本), 法律出版社, p.63, 20년 기간에 대하여 제척기간으로 보아야 한다는 소수 견해도 있으나, 최장 소송시효로 보는 것이 일반적인 견해이다.

76_ 叶落思, 欧宏伟: "深圳市中级人民法院关于知识产权案件证据保全工作的调研报告": 林文, 反不正当竞争法律制度与实务技能, 法律出版社, 2014, p.102 재인용.

77_ 그 결과 중국 전국법원을 대상으로 한 통계에 따르면 지식재산권 사건과 관련하여, 전국 인민법원에 2012년 수리된 제소 전 증거보전 신청은 총 320건에 대해 인용률은 96.73%, 2011년에 수리된 총 186건에 인용률은 93.42%, 2010년 수리된 294건에 대해 인용률은 97.46%에 달하였다[「中国法院知识产权司法保护状况(2012년)」백서, 「中国法院知识产权司法保护状况(2011년)」백서, 「中国法院知识产权司法保护状况(2010년)」백서].

78_ 湖北省高级人民法院 (2012)鄂民三终字第137号 民事判决书, 이 책 제4장 4. 참고.

통상의 한국의 실무례에서는 인터넷 홈페이지의 출력물을 증거로 제출할 때 공증의 절차를 거치지 않고, 출력물을 증거로 제출하는 담당 변호사가 해당 출력물에 홈페이지 내용을 그대로 출력한 것이라는 점을 보증하는 취지의 인장을 찍거나 또는 이와 같은 절차도 아예 생략하는 경우가 많다. 따라서 중국의 이와 같은 증거 절차는 한국 실무자에게 다소 낯선 면이 있으므로 유의할 필요가 있다.

한편, 공증서를 제출한다고 하더라도, 그 공증 과정에 잘못이 있거나, 공증서에 명백하거나 중대한 하자가 있는 경우 법원은 그 효력을 인정하지 않는다. 이와 관련하여 소개하는 아래 사안은 공증서가 상표권 침해 사실 입증의 핵심적인 증거였는데, 몇 가지 중대한 하자가 있다고 보아 법원이 그 공증서의 증명력을 인정하지 않았고 그 결과 상표권 침해 사실 입증에 실패한 사안이다. 비록 상표권 침해에 관한 사안이나, 공증서의 요건을 상당히 엄격하게 보는 중국 법원의 태도를 확인할 수 있는 사안으로, 한국 실무자들이 유의할 필요가 있다.

사례 공증서의 하자로 침해 입증에 실패한 사례[79]

하얼빈 베어링 그룹 회사(哈尔滨轴承集团公司, 이하 상소인)**과 난징 인펑 무역회사**(南京银鹏商贸公司, 이하 피상소인)**의 상표권 침해 분쟁 사안**

1심법원은 이 사안에서 상소인이 피상소인의 상표권을 침해한 사실을 증명할 수 있는 결정적인 증거 '제3417호 공증서'에는 아래와 같은 문제가 존재하기 때문에 피상소인이 상소인의 상표권을 침해한 행위를 유효하게 증명할 수 없다고 판단하였다.

① 당해 공증서의 발급시기는 법정기간을 초과하였다. 「공증법」의 규정에 근거하여 보았을 때, 공증기관은 제공된 증명자료가 진실되고 합법적이며 충분함과 동시에, 공증 신청사항이 진실되고 합법적일 경우 심의를 거쳐 공증신청을 수리한 지 15일(근무일) 내 당사자에게 공증서를 발급해야 한다. 하지만 불가항력적인 상황이나 또는 보충 증명자료, 관련 정황의 진상을 조사해야 할 필요가 있을 시, 이에 소요되는 시간은 법정기간에 포함되지 않는다. 소외 쟝수성 난징시 난징 공증처가 신청인의 공증 신청을 수리한 시점은 2011년 1월 5일이고 공증서의 발급 시점은 2011년 3월 16일이었으므로, 이러한 정황으로 보았을 때, 이 사안은 「공증법」에서 규정하고 있는 15일(근무일)을 초과하였다는 점을 알 수 있다.

79_ 湖北省高级人民法院 (2012)鄂民三终字第137号 民事判决书, 2012년 중국 법원 지식재산권 사법보호 10대 판례.

② 당해 공증서에는 감별대상인 베어링 상품 3개를 구매한 때로부터 감별을 할 때까지 당해 상품을 보관한 장소가 기재되어 있지 않다. 공증처가 '정정설명'에 기재한 "구매한 베어링 상품 및 취득한 관련 영수증은 본 공증처가 밀봉 보관한다."는 진술로 미루어 보아 상소인의 대리인이 감별을 진행하려면, 우선 공증처가 상품 및 관련 영수증에 대한 밀봉을 해제한 후에야 상소인의 대리인이 감별할 수 있다. 상품이 밀봉된 상태로는 감별을 진행할 수 없을 뿐만 아니라, 상소인의 대리인이 촬영한 사진에서 베어링 제품은 모두 밀봉된 상태가 아니었다. 그러나 당해 공증서는 '선 밀봉 보관상태 해제, 후 감별 진행'에 대한 과정을 기재하지 않았다.

③ 당해 공증서에 기재된 감별된 날짜와 공증서에 덧붙인 '감별증명서'에 인장이 찍힌 날짜가 일치하지 않는다. 공증서의 본문에서는 상소인의 대리인이 감별을 진행한 날짜를 2011년 1월 20일로 기재하고 있지만 '감별증명서'에 인장이 찍힌 날짜는 2011년 1월 9일이다. 이에 대해 상소인의 대리인은 법정 심문에서 감별 날짜는 응당 공증서 본문의 날짜 2011년 1월 20일을 기준으로 해야 한다고 주장하였고, 또한 '감별증명서'에서의 인장 및 날짜는 사전에 미리 날인해 놓았을 가능성이 존재한다는 점을 인정하였다. 이후, 상소인은 '정정설명'을 법정에 제출하였다. 그런데 '정정설명'에 기재된 날짜는 2011년 1월 19일이므로 공증서에 기재된 날짜 2011년 1월 20일 또한 잘못 기재된 것임이 인정된다. 이에 대해 1심법원은 다음과 같이 판결을 내렸다. 공증서에 기재된 감별이 된 날짜와 '감별증명서'에 인장이 찍힌 날짜가 일치하지 않는 점에 대해 상소인의 법정 심문에서의 설명과 공증처에서 발급한 '정정설명'의 설명이 서로 모순되어 '정정설명'의 내용만으로는 상소인의 대리인이 감별한 구체적인 날짜를 증명할 수 없다. 또한 이 사안의 공증서에 첨부된 '감별증명서'에 인장이 찍힌 날짜는 2011년 1월 19일이 아니라 2011년 1월 9일이다. 상소인이 2011년 1월 9일을 2011년 1월 19일로 잘못 기재했다는 설명은 매우 억지스러워서 재판의 근거로 삼을 수 없다.

④ 당해 공증서에 첨부된 구매 영수증에 기재된 베어링 상품 품명과 '감별증명서'의 상품모델이 완전히 대응되지 않는다. '감별증명서' 중 표시되어 있는 상품모델은 각각 180308(한 세트), 1208ATN(한 세트)이다. 그러나 구매 영수증상에 기재된 품명은 각각 1208 베어링 1개와 6308 베어링 2개이고 상소인이 180308 모델의 베어링 상품을 구매한 내용이 기재되어 있지 않다. 상소인은 180308 모델에 대응되는 것이 6308-2RS 모델이라고 했지만 증명할 만한 증거는 제공하지 않았다. 상소인이 제공한 구매 영수증을 보면 2개의 6308이란 품명의 베어링 상품은 같은 상품일 것이다. 만약 모델이 다르다면 따로 기재해야 한다. 하지만 상소인이 구매한 베어링의 실물을 보면 영수증의 기재 내용과는 전혀 다르다는 것을 알

수 있다. '두 개의 6308 베어링' 중 한 개는 포장상자가 없었고 상품에 '6308' 모델의 베어링이라고 쓰여 있었다. 또 다른 한 개는 포장상자가 있었고 포장상자에 '180308'이라고 기재되어 있고, 상품에는 '6308-2RS' 모델의 베어링이라고 쓰여 있었다. 따라서 1심법원에서는 '감별증명서'의 내용이 정확하지 않고 감별 대상인 구체적인 상품에 대해 분명하고 확실하게 묘사하지 못했다고 판단하여 상소인이 실제로 베어링 상품을 구매했는지에 대한 여부를 확인할 수 없다고 하였다.

⑤ 당해 공증서는 이 사안과 관련된 베어링 상품 3개의 밀봉 보관 시간을 기재하고 있지 않다. 공증서의 기재에 따르면 상소인의 대리인이 감별한 후 공증원이 구매한 베어링과 이때 받은 영수증, 명함의 사진을 찍고 밀봉을 하였다. 하지만 사진을 찍은 시간과 밀봉을 한 시간을 기재하지 않았다. 문서의 내용상으로는 감별한 날과 같은 날이라고 보는 것이 마땅하지만, 실제로 밀봉 보관한 봉인 용지에는 2011년 3월 15일이 밀봉 보관한 시간이라고 기재되어 있으며, 이는 공증서에 기재된 감별 시점과 거의 1개월의 차이가 있다.

이러한 사정을 종합해 보면 상소인이 제출한 피상소인의 권리침해행위를 증명하는 공증서는 절차상 법률규정을 위반한 것이다. 내용상 완벽하지 않고 서로 모순되는 문제까지 있어서 유효한 공증문서라고 인정하지 않는다. 따라서 상소인이 주장하는 피상소인의 등록상표 전용권 침해 사실을 증명할 수 없다.

1심법원은 상소인의 모든 소송 청구를 기각하였고, 상소인은 이에 대해 불복하여 상소하였다.

2심법원은, 1심법원이 인정한 공증서의 하자 사실을 모두 그대로 인정하였다. 그리고 "법률은 공증서가 증명한 사실에 대해 입증 면제(免证)를 하는 법적 효력을 부여하기에, 공증기관과 공증서의 공신력의 유지와 보호를 위하여 공증법은 공증기관이 법정 절차 규범에 따르고 엄격하게 공증사항을 처리하여, 공증서를 제작하도록 요구해야 한다."라고 하며, 아래와 같이 이어서 판단하였다.

"지식재산권 소송에 있어 권리자는 통상 권리 침해상품을 구매함으로써 증거를 보전하고자 하는데, 보전한 증거를 공증하는 것이 권리침해행위의 성립을 입증하는 유일한 증거가 되는 경우가 많다. 따라서 공증기관은 공증서를 제작할 때에 응당 신중히 공증 사항을 처리해야 한다. 특히 공증하는 과정에서 구매영수증이나 온라인상의 주문서 등에 기재된 거래 내용과 구입한 실물이 일치하는지 여부와 밀봉 보관, 밀봉 보관 상태 해제, 개봉 후 식별 또는 표본 추출 후 검사, 재차 밀봉 보관 등의 과정이 공증서에 상세하고 명확하게 기재되어야만, 소송에서 각 당사자가 앞서 언급했던 내용이 불명확하거나 기재되지 않아 공증서를 재판의 증거로 삼을 수 있는지의 여부에 대해 쟁의가 생겨 권리 침해 사실의 인정에 어려움이 생기는 것을 막을 수 있다.
이 사안의 공증서에서 발생한 문제는 공증기관이 사안과 관련되어 공증하는 과정이나 공증문서를 제작할 때, 법정 절차에 따라 규범에 맞게 엄격하고 신중하게 하지 않았다는 사실을 설명한다. 이 사안에서 보전된 증거를 공증하는 것은 피의사실을 증명할 수 있는 유일한 증거이기에 공증서에 기재된 사실은 매우 중요한 사실에 속한다. 따라서 위에서 언급한 공증서에 존재하는 문제점은 심각한 문제라 할 수 있으며, 이를 실증할 수 있는 관련 증거들이 없는 상황에서 공증기관이 제출한 보충 설명은 관련 문제점을 보완하기에 부족하므로, 이를 재판의 증거로 삼지 않는다."

(6) 기타 증거 제출과 관련하여 참고할 사항

반부정당경쟁법과 관련된 민사 사안에서, 원고는 자신의 상품이 주지상품이라는 점을 인정받기 위하여, 그리고 피고는 자신의 상품 역시 주지라거나 또는 특정한 명칭 등을 사용할 정당한 권리가 있다는 점을 인정받기 위하여 앞다투어 유리한 증거를 제출하는데, 이와 같은 경우 원·피고가 제출하는 증거들은 대부분 보도기사·출판물 등의 자료이다.

양 당사자가 서로 자신의 주장을 뒷받침하기 위하여 각종 출판물 증거들을 제출하면, 법원은 그 증거의 경중을 따질 일응의 기준이 필요하다. 아래의 사안은 원·피고 쌍방이 자신의 권리를 주장하기 위해 제출한 다양한 종류의 출판물에 대하여 최고인민법원이 그 신뢰성의 높고 낮음을 가리는 데 사용한 일응의 기준을 설시한 내용이다.

사례 출판물의 진실성 확인의 고려 요소를 설시한 사안[80]

베이징 니런장 예술 개발 유한책임회사(北京泥人张艺术开发有限责任公司, 이하 원고) **외 2와 베이징 니런장 예술품 유한회사**(北京泥人张艺术品有限公司, 이하 피고) **외 3의 부정경쟁 분쟁 사안**

재심법원은 증거로 제출된 공개된 출판물을 판단할 때 기재된 내용의 진실성 확인을 위해 아래와 같이 고려하였다.

80_ 1심: 北京市第二中级人民法院 (2006)二中民初字第1017号 民事判决书, 2심: 北京市高级人民法院 (2007)高民终字第540号 民事判决书, 재심: 最高人民法院 (2010)民提字第113号 民事判决书, 2012 중국 법원 지식재산권 사법보호 10대 판례.

첫 번째, 보통 출판물 자체나 게재된 글의 목적이나 성질에 따라 내용의 진실성에 대한 요구치가 달라진다. 뉴스 보도류 글의 경우, 글 자체의 진실성과 객관성을 요구하나, 현실에선 여러 원인으로 인해 허위 보도도 존재한다. 인물 소개류의 글은 대개 소개되는 인물의 영향을 많이 받기 때문에, 글 자체를 사실인정의 근거로 삼기는 어렵다. 지방 언론의 잡지류의 도서는 해당 지역의 자연, 정치, 경제, 문화 및 사회의 역사나 현황을 전반적이고 체계적으로 기술하는 문헌 자료이다. 이러한 도서의 출판은 대개 진실성과 객관성이 높고 질적으로도 상당한 수준을 갖추고 있어 신뢰성을 보장하고 있다. 그리고 전문 분야 역사류 도서의 경우에도 과거 사실을 잘 다루고 있어, 기재된 내용의 신뢰성이 확보된 경우가 많다. 두 번째, 출처는 같으나 다른 출판물에서 각자 기재된 내용에 대해서, 관련 내용의 전후 내용이 일치하는지 확인해야 한다. 예를 들어, 여러 인터뷰에 응한 동일한 사람이 언급한 같은 사물에 대한 묘사의 앞뒤가 일치하는지 등을 확인해야 한다. 세 번째, 출판물에 기재된 관련 내용을 지지하거나 번복할 수 있는 기타 증거 자료가 있는지 확인해야 한다.
이 사건에서, 원고와 피고는 각자 자신들 가족의 '니런장' 혹은 '베이징 니런장'에 대한 기록이 담긴 출판물을 증거로 제출하였다. 그러나 피고가 제출한 증거는 원고가 제출한 증거에 비해 비교적 후에 형성된 것이고, 주로 언론 보도나 인물 소개류의 글 등을 포함하였으며, 기재된 내용 또한 소개되는 인물의 영향을 많이 받은 것으로 드러났다. 반대로 원고가 제출한 증거는 주로 지방 언론의 잡지류나 전문 분야 역사류 도서가 많아 기재된 사실에 대한 신뢰성이 피고가 제출한 증거보다 높다는 점을 알 수 있다. 그리고 피고가 원고의 증거를 번복할 수 있는 증거를 제시하지 않았으므로, 위와 같은 비교판단에 따라 재심 법원은 원고가 그 가족의 '니런장' 호칭에 대한 사용과 그로 인해 형성된 권리를 입증하기 위해 제시한 공개된 출판물에 기재된 관련 내용의 진실성을 인정한다.

위 사안에서 최고인민법원은 원고가 제출한 자료는 주로 잡지류나 전문 분야 도서류인 반면 피고가 제출한 자료는 언론 보도 기사나 인물 소개류에 해당하므로, 원고의 증거가 더욱 신뢰성이 있다고 보아 원고의 주장이 입증되었다고 판단하고 피고의 주장을 배척한 것이다.

한편 외국어로 작성된 증거 제출과 관련하여, 최고인민법원의 「민사소송 증거 관련 규정」 제11조는 인민법원에 제출하는 증거가 중국 밖에서 만들어진 것일 경우, 해당 증거 소재국의 공증기관의 증명을 받는 동시에 당해 국가 주재 중국 대(영)사관의 인증을 받은 뒤 제출해야 한다고 규정하고 있다. 그리고 제12조는 외국어로 된 서증이나 설명 자료를 제출하는 경우 중국어 번역본을 첨부하도록 규정하고 있다.

번역본은 통상 중국 법원이 인가하는 번역업체를 통해 작성하여 법원에 제출하는 경우가 많고, 만일 상대방 당사자가 번역에 이의를 하는 경우 양 당사자가 공동으로 번역기구를 선택하여 번역문을 작성하여 제공하도록 하고 있다. 만일 당사자들이 번역기구의 선택에 관한 협상에 이르지 못하는 경우 인민법원이 정한다.[81] 중국어 번역본을 첨부하지 않는 경우 증거의 효력과 관련하여, 광동성 고급인민법원 규칙에 따르면 외국어로 된 자료를 제출하면서 중국어 번역본을 첨부하지 않은 경우 인민법원은 번역본의 제출을 요구할 수 있고, 이에 응하지 않는 경우 인민법원은 그 외국어 자료를 증거로 사용하지 않을 수 있다고 정하고 있다.[82] 그리고 실무적으로 일부 발췌 번역을 자유롭게 하는 편인 한국과 달리, 중국 인민법원은 전문 번역을 요구하고 전문번역이 아닌 경우 번역본을 제출하지 않은 것처럼 증명력을 인정하지 않는 경우가 많다.

그 밖에도 민사소송을 진행하는 구체적인 실무는 한국과 상당한 차이점이 있을 수 있으므로, 이와 같은 점을 고객들에게 미리 숙지시키고 필요한 소송준비를 진행할 수 있는 소송대리인을 선임할 필요성이 크다.

(7) 전문가 참여 제도

중국은 제1심 절차에서 법관과 인민참심원이 합의정을 구성하여 심리를 진행할 수 있도록 하는 인민참심제를 두고 있다.[83] 지식재산권 민사안건에서 참심제를 활용하는 경우 일반적으로 2명의 법관과 1명의 전문참심원으로 합의정을 구성한다.[84]

지식재산권 사건의 경우 관련 전문가를 통한 기술 자문이 중요하므로 인민참심원의 자격요건은 더욱 엄격하다. 지식재산권 관련 사건에 참여하는 참심원은 사건과 관련된 영역의 전문가로 구성되고, 통상적으로 법관은 전문가 참심원 명단 중에서 한 명을 참심원으로 지정한다. 예를 들어 2011년 베이징시 하이디엔구 인민법원은 특허 전문 참심원 제도를 도입하였고, 과학연구기관과 고등과학기술기업의 5명의 전문가 참심위원 풀(pool)을 구성하였다. 이들은 고급 엔지니어링 또는 교수 이

81_ 최고인민법원 「중화인민공화국 민사소송법 적용에 관한 해석」 제527조 제2항.

82_ 广东省高级人民法院关于印发《关于涉外商事审判若干问题的指导意见》的通知 (七十).

83_ 중국에서 인민참심제는 ‘인민배심제(人民陪审制)’라고 표현된다. 그러나 이는 영미법계의 배심제와 다르고 인민배심원은 재판활동에서 법관과 동일한 권리와 의무를 가지므로 개념상 참심제에 가깝다. 이에 이 책에서는 ‘인민참심제’라고 표현한다.

84_ 중국 민사소송법 제39조 제1항.

상의 직책으로 컴퓨터, 생물의약, 무선통신, 정책 연구 등 각각의 분야에서 오랜 경험을 가진 사람들이다.[85]

전문적인 기술 문제의 경우 전문참심원은 심리 진행 과정 전반에 관여하는데, 증거보전과 현장검증에 참여하고, 법정심문에 참여한다. 특히 전문적인 문제에 대해 조사, 의견교환, 분석을 한다. 또한 참심원은 합의정의 요청에 따라 안건의 조정 · 화해에 참여하거나 이를 주관할 수 있다.[86]

최고인민법원은 참심원을 둘 수 없지만, 지식재산권 사안에서 전문가들의 역할의 중요성에 대해 역설하며 2010년 중국과학기술협회와 '과학기술자 자문전문가 특별 초청에 관한 결정(最高人民法院关于聘任首批特邀科学技术咨询专家的决定)'을 공동으로 발표하여 지식재산권 분쟁사건 심리에서 과학기술 자문전문가의 역할을 강조하고 있다. 이에 2010년 최고인민법원은 중국과학기술협회 11명의 전문가를 과학기술자문전문가로 특별 초청하여 과학기술단체와 전문가의 도움으로 지식재산권 사법보호를 강화시키는 일종의 전문가 풀 제도를 마련하였다.[87]

(8) 전문 법원 제도

2014년 8월 31일 제12회 전국인민대표대회상무위원회 제10차 회의에서 「베이징, 상하이, 광저우에 지식재산권법원 설립에 관한 결정(关于在北京、上海、广州设立知识产权法院的决定)」이 통과되었다.[88]

2014년 11월 6일 중국 최초의 지식재산권법원이 베이징시에 설립되었고, 12월 16일 광저우 지식재산권법원, 12월 28일 상하이시 지식재산권법원이 각각 설립되었다. 3개의 지식재산권법원 설립 이후 베이징, 상하이, 광저우시 지역의 중급인민법원은 지식재산권과 관련한 민사 · 행정 사건을 더 이상 수리하지 않고, 광동성 지역의 중급인민법원은 지식재산권과 관련한 사건을 일부 수리하지 않고 있다. 단, 설립 이전 각 법원이 수리한 지식재산권 관련 사건에 대한 심리는 수리한 법원이 계속하여 담당한다.

각 지식재산권법원은 공통적으로 ① 관련 지역 내의 특허, 식물신품종, 반도체

85_ 中华人民共和国知识产权局, http://www.sipo.gov.cn/mtjj/2011/201111/t20111104_627830.html.

86_ 刘蓓, 知识产权民事审判中专家陪审员制度的运行及完善, 中共成都市委党校学报, 2010年05期, p.63.

87_ 郭泰和, 徐康丽, 知识产权案件司法鉴定程序之探讨, 中国司法鉴定, 2011年第6期, p.76.

88_ 易继明, 设立什么样的知识产权法院, 科技与法律, 2014年5期, p.747.

회로설계, 기술비밀, 컴퓨터프로그램과 관련한 1심 지식재산권 민사 · 행정 사건을 수리하고 ② 관련 시, 현급 이상 인민정부의 저작권, 상표, 부정경쟁행위 등 행정행위 사안의 취소를 구하는 1심 행정사건, ③ 저명상표 인정과 관련한 지식재산권 1심 민사사건, ④ 반독점 관련 1심 민사사건, ⑤ 관련 시 기층인민법원이 판결한 저작권, 상표, 기술계약, 부정경쟁 등의 지식재산권 1심 민사 · 행정 판결 및 재정(裁定)[89]의 상소안, ⑥ 법에 근거한 기타 지식재산권 민사 · 행정 사건을 담당한다.[90]

각각의 지식재산권법원은 업무상 약간의 차이점을 가지는데, 베이징 지식재산권법원은 위에서 설명한 공통의 업무 이외에 국무원 부문(国务院部门)의 처분에 관한 행정안건도 처리하고,[91] 광저우시 지식재산권법원은 광저우시뿐만 아니라 선전시를 제외한 광동성(省) 전체의 특허, 식물신품종, 반도체 회로설계, 기술비밀, 컴퓨터프로그램 관련 1심 지식재산권 민사 · 행정 사건과, 저명상표 인정에 관한 지식재산권 1심 민사사건을 수리한다.[92] 상하이시 지식재산권법원은 상하이시 제3중급인민법원[93]과 동시에 설립되었고, 상하이시 지식재산권법원장은 상하이시 제3중급인민법원장을 겸직한다.[94]

베이징 지식재산권법원이 개소 이래 한 달 만에 221안건이 수리되었는데 그중 특허, 상표의 취소 · 무효 심판 취소소송이 138건이다.[95]

II. 형사적 구제방법

부정경쟁행위와 관련된 형법 조항으로는 형법 제213조 내지 제220조의 지식재

89_ 절차에 관한 판단으로 한국 민사소송절차의 결정과 유사하다.

90_ 最高人民法院关于北京, 上海, 广州知识产权法院案件管辖的规定.

91_ 中华人民共和国知识产权局, http://www.sipo.gov.cn/mtjj/2014/201411/t20141105_1027458.html.

92_ 中华人民共和国知识产权局, http://www.sipo.gov.cn/mtjj/2014/201412/t20141217_1047660.html.

93_ 상하이시 제3중급인민법원의 수리 안건은 주로 행정 소송 사건, 중대 민사 사건, 중대 환경자원 보호안건, 중대 식품 약품 안전 사건이다.

94_ 中华人民共和国知识产权局, http://www.sipo.gov.cn/mtjj/2014/201412/t20141231_1054112.html.

95_ 中华人民共和国知识产权局, http://www.sipo.gov.cn/mtjj/2014/201412/t20141210_1044175.html.

산권 침해죄, 그리고 제221조 내지 제231조의 시장질서 혼란죄 부분이다. 그중에서 특히 부정경쟁행위와 관련된 것은 제213조 내지 제215조의 등록상표에 관한 죄, 제221조의 상업 신용 훼손죄, 제222조의 허위광고죄이다.

1. 지적재산권 침해죄 구성요건의 특징

관련 형법 조항들은 한국 형법과 달리, 범죄의 구성요건을 만족시킬 뿐만 아니라 동시에 정황이 중한 경우 비로소 형사 처벌을 하도록 규정하고 있다. 그리고 정황이 특별히 중한 경우에는 가중하여 처벌하도록 하고 있다.

정황이 특별히 중한 경우 가중처벌을 하는 것은 한국 실무자들에게도 낯선 개념이 아니나, 법정 구성요건을 만족함과 동시에 그 정황이 중하다는 요건을 만족하여야 형사 범죄가 성립된다는 개념은 낯설 수 있다. 그러나 한국에서도 형사 범죄가 성립한다 하더라도 검사가 정상을 판단하여 불기소처분을 할 수 있도록 기소유예 제도를 두고 있다는 점을 고려하면 그 취지를 이해할 수 있다. 나아가 아래에서 설명하는 바와 같이 중국은 하위 규정을 통해 범죄가 어느 정도 중해야 국가의 형벌권이 발동되는지 그 범위를 미리 정해 두고 있는데, 이러한 점에서 오히려 일반 국민의 입장에서는 예측 가능성이 높다는 장점이 있을 수 있다.

범죄마다 '정황이 중하다'는 의미와 그 정도가 다른데, 그 구체적인 내용은 형법이 아니라 최고인민법원과 최고인민검찰원이 함께 발표하는 사법해석 또는 최고인민검찰원이 발표하는 기소기준 등 하위 규정에 정해져 있다. 반부정당경쟁법과 관련된 지식재산권 침해 범죄의 경우「최고인민법원, 최고인민검찰원의 지식재산권 형사안건 심사상 구체적 법률 적용에 관한 문제해석(2)(最高人民法院、最高人民检察院关于办理侵犯知识产权刑事案件具体应用法律若干问题的解释(2))」[이하 '지식재산권 침해죄 사법해석(2)']에 죄별로 범죄의 정황이 중하다는 의미의 구체적인 내용이 규정되어 있다. 예를 들면 상표를 위조한 상품을 판매한 죄의 경우, 그 판매액수가 얼마 이상이면 정황이 중한 경우로 본다는 내용이다. 위 지식재산권 침해죄 사법해석(2)가 규율하고 있지 않은 반부정당경쟁법 관련 범죄들, 예를 들어 영업신용 훼손죄는 그 범죄 정확이 중한 것인지 판단 기준을「공안기관 관할의 형사사건 입건 기소 표준에 관한 최고인민검찰원, 공안부의 규정(2) 통지(最高人民法院关于在经济犯罪审判中参照适用《最高人民检察院、公安部关于公安机关管辖的刑事案件立案追诉标准的规定(二)》的通知)」[이하 '최고인민검찰원 기소기준(2)']에서 정한 규정에 따른다.

아래에서 죄별로 구체적으로 살펴보겠으나, 정황이 중한지 여부는 대체적으로 범죄 행위로 얻은 이익, 또는 범죄 행위와 관련된 경제 활동의 규모를 기준으로 판단한다.

여기서 범죄 행위로 얻은 이익을 '위법소득(违法所得)'이라고 한다. 형법에 위법소득의 산정 기준에 대한 별도의 규정을 두고 있지 않다. 그러나 '위법소득'을 어떻게 인정해야 하는지에 관한 후베이성 고급인민법원의 질의에 대해, 최고인민법원은 "위조상품을 생산, 판매하여 획득한 이익의 액수"가 위법소득 액수에 해당한다고 입장을 밝힌 바 있다.[96]

여기에서 '획득한 이익'이라는 의미가 다소 불분명한데, 국가 공상국이 발표한 「공상행정 관리기관 행정처벌 안건에서의 위법소득 인정방법(工商行政管理机关行政处罚案件违法所得认定办法)」 제2조는 "당사자가 위법하게 상품을 생산, 판매하거나 서비스를 하여 획득한 모든 수입에서 당사자가 경영 활동에 직접 사용한 지출 내역을 뺀 것을 위법소득이라고 한다"고 규정하고 있는바, 참고할 만하다.

위법소득 외에도 범죄 정황의 경중을 판단할 수 있는 기준으로는 '불법경영액수(非法经营数额)'가 있다. 이는 범죄인이 지식재산권 범죄를 저지르는 과정에서, 제조, 저장, 운송, 판매한 침해상품의 가격 총액을 말한다. 구체적인 산정 방법을 살펴보면, 이미 판매한 침해상품의 가격은 실제 판매가격으로 계산하고, 제조, 저장, 운송하였으나 아직 판매하지 않은 상품의 가격은 표시된 가격 또는 이미 밝혀진 침해상품의 실제 평균 판매가격으로 계산한다. 침해상품에 표시가격이 없거나 또는 실제 판매 가격을 산정하기 어려운 경우, 침해상품의 시장 가격을 기준으로 계산한다. 아직 처벌을 받지 않은 지식재산권 침해 범죄가 여러 건 누적된 경우, 그 불법경영액수는 누적하여 산정한다. 이는 위법소득액수에 대해서도 마찬가지이다.[97]

2. 지적재산권 침해죄 형벌

중국 형벌에는 주형과 부가형이 있다. 주형으로는 관제(管制), 구역(拘役), 유기징역, 무기징역, 사형이 있고, 부가형으로는 벌금, 정치적 권리의 박탈, 재산몰수가 있다.[98]

96_ 最高人民法院关于依法惩处生产销售伪劣产品刑事案件如何认定 "违法所得数额"的批复[1995年7月5日 法复(1995)3号].

97_ 지적재산권 침해죄 사법해석(2)(2004.12.22. 실시) 제12조 제1항 및 제 2항.

관제란 한국의 보호관찰과 유사하고, 기간은 3월 이상 2년 이하이다. 구역은 한국의 구류와 비슷하고, 기간은 1월 이상 6월 이하이다. 1달에 1~2회 귀가할 수 있고, 노동에 참가하는 경우 보수를 지급받을 수 있다. 유기징역은 6월 이상 15년 이하이고, 수죄가 경합하는 경우 등에는 25년까지 처할 수 있다.[99] 이하에서 관제는 보호관찰로, 구역은 구류로 칭한다.

3. 등록상표 위조죄(형법 제213조)

중국 형법 제213조는 "등록상표 소유자의 허가를 거치지 않고 동일한 상품에 등록상표와 동일한 상표를 사용하고, 정황이 중한 경우 3년 이하의 유기징역 또는 구류에 처하고, 벌금을 단독 부과 또는 병과할 수 있다. 정황이 특별히 중한 경우 3년 이상 7년 이하의 유기징역에 처하고, 벌금을 병과한다"고 등록상표 위조죄의 죄와 형을 정하고 있다.

'정황이 중한 경우'와 '정황이 특별히 중한 경우'의 의미는 최고인민법원 및 최고인민검찰원이 발표한 사법해석에 따르면 다음과 같다. 우선 '정황이 중한 경우'란 ① 불법경영액수가 5만 위안 이상이거나 위법소득액수가 3만 위안 이상인 경우, 또는 ② 두 종류 이상의 등록상표를 사칭하였고, 동시에 불법경영액수가 3만 위안 이상이거나 위법소득액수가 2만 위안 이상인 경우, ③ 그리고 기타 침해 정황이 엄중한 경우를 의미한다.[100] 위 조건은 최고인민검찰원의 기소기준(2)의 내용과도 같다. 즉, 위 조건을 만족하는 경우 검찰은 이를 입건하여 기소하여야 한다.[101]

'불법경영액수' 및 '위법소득액수'의 의미는 위 II.1.에서 이미 살펴본 바와 같다.

'정황이 특별히 중한 경우'라 함은 ① 불법경영액수가 25만 위안 이상 또는 위법소득액수가 15만 위안 이상인 경우, ② 두 종류 이상의 등록상표를 위조하였고, 동시에 불법경영액수가 15만 위안 이상 또는 위법소득액수가 10만 위안 이상인 경우, ③ 기타 침해 정황이 특별히 중한 경우를 의미한다.[102]

98_ 중국「형법」제32조, 제33조, 제34조.

99_ 중국「형법」제38조, 제42조, 제43조, 제45조, 제50조, 제69조. 관제는 수죄가 경합하는 경우 3년까지 가능하고, 구역은 수죄가 경합하는 경우 1년까지 가능하다.

100_ 지적재산권 침해죄 사법해석(2)(2004.12.22. 실시) 제1조 제1항

101_ 최고인민검찰원 기소기준(2) 제69조.

102_ 지적재산권 침해죄 사법해석(2)(2004.12.22. 실시) 제1조 제2항.

4. 등록상표 위조상품 판매죄(형법 제214조)

중국 형법 제214조는 "등록상표 위조상품이라는 점을 알면서 이를 판매하고, 판매 액수가 비교적 큰 경우, 3년 이하의 유기징역 또는 구류에 처하고, 벌금을 단독 부과 또는 병과할 수 있다. 판매 금액이 매우 큰 경우 3년 이상 7년 이하의 유기징역에 처하고, 벌금을 병과한다"고 등록상표의 위조상품 판매죄를 규정하고 있다.

여기서 등록상표 위조상품이라는 점을 '알았다'는 의미와 관련하여, 다음의 어느 하나의 경우에 해당하면 '알았다'고 인정된다. ① 자신이 판매한 상품상의 등록상표가 변조되었거나, 바뀌었거나, 다른 상표를 덮어쓴 것이라는 점을 알았던 경우, ② 등록상표 위조상품 판매를 이유로 이미 행정처벌을 받거나 민사책임을 진 뒤, 다시 동일한 종류의 등록상표 위조상품을 판매한 경우, ③ 등록상표권 문서를 위조, 변조하거나 또는 해당 문서가 위조, 변조되었음을 알았던 경우.[103]

여기에서 '판매 금액'의 의미는 타인의 등록상표 위조상품을 판매하여 실제로 얻은 매출액과 마땅히 예상되는 매출액 전부를 의미한다.[104]

여기에서 '판매 금액이 비교적 큰 경우'라 함은 판매액이 5만 위안 이상이 되는 경우를 의미하고, '판매 금액이 매우 큰 경우'라 함은 판매액이 25만 위안 이상이 되는 경우를 의미한다.[105]

최고인민검찰원은 ① 판매 금액이 5만 위안 이상인 경우 또는 ② 아직 판매하지 않은 상품의 화폐가치가 15만 위안 이상인 경우 또는 ③ 판매 금액이 5만 위안이 안 되나, 이미 판매 상품의 금액과 아직 판매하지 않은 상품 금액의 화폐가치가 5만 위안 이상인 경우 검찰은 이를 기소하여야 한다고 정하고 있다.[106]

제213조에 정한 등록상표 위조를 하고 그 위조된 상품을 판매한 경우, 등록상표 위조죄로 처벌한다. 다만 등록상표 표지 위조를 하고, 타인이 위조한 상품을 판매하기도 한 경우라면 수죄를 병과한다.[107]

103_ 위 규정 제9조 제2항.

104_ 위 규정 제9조 제1항.

105_ 위 규정 제2조.

106_ 최고 인민검찰원 기소기준(2) 제70조.

107_ 지적재산권 침해죄 사법해석(2)(2004.12.22. 실시) 제13조.

5. 등록상표 표지 위조, 판매죄(형법 제215조)

형법 제215조는 "다른 사람의 등록상표 표지를 위조 또는 무단 제조하거나 그 위조 · 무단 제조된 등록상표 표지를 판매하고, 그 정황이 중한 경우 3년 이하의 유기징역, 구류 또는 보호관찰에 처하고, 벌금을 단독으로 부과하거나 병과할 수 있다. 정황이 매우 중한 경우 3년 이상 7년 이하의 유기징역에 처하고 벌금을 병과한다"고 규정하고 있다. 등록상표 위조상품을 만드는 것이 아니라, 그와 같은 위조상품에 부착하여 사용하도록 하기 위한 상표 표지 자체를 만들어서 판매하는 행위를 별도의 죄로 규율하고 있는 것이다.

이때 '정황이 중한 경우'란 ① 제조 또는 판매된 위조 · 무단 등록상표 표지 판매 수량이 2만 건 이상, 불법경영액수가 5만 위안 이상 혹은 위법 소득액수가 3만 위안 이상인 경우, ② 제조 또는 판매된 위조 · 무단 등록상표 표지가 두 종류 이상의 등록상표 표지이고 그 수량이 1만 건 이상, 불법경영액수가 3만 위안 이상 혹은 위법소득액수가 2만 위안 이상인 경우 ③ 기타 정황이 중한 사유가 있는 경우를 말한다.[108] 그리고 최고인민검찰원은 위와 같은 조건을 만족하는 경우 검찰은 이를 기소하여야 한다고 정하고 있다.[109]

또한 '정황이 매우 중한 경우'란 ① 제조 또는 판매된 위조 · 무단 등록상표 표지의 수량이 10만 건 이상, 불법경영액수가 25만 위안 이상 혹은 위법소득액수가 15만 위안 이상인 경우, ② 제조 또는 판매된 위조 · 무단 등록상표 표지가 두 종류 이상으로 그 표지의 수량이 5만 건 이상, 불법경영액수가 15만 위안 이상 혹은 위법소득액수가 10만 위안 이상인 경우, ③ 기타 정황이 특별히 중한 경우를 말한다.[110]

6. 상업 신용 훼손죄(형법 제221조)

형법 제221조는 "허위사실을 위조하고 유포하여 타인의 상업신용, 상품명성을 훼손하고, 타인에게 중대한 손실을 가하거나 기타 정황이 중한 경우, 2년 이하의 유기징역 또는 구류에 처하고, 벌금을 단독으로 부과하거나 병과한다"고 규정하고 있다.

이때 타인에게 중대한 손실을 가하거나 기타 정황이 중하다는 의미와 관련하

108_ 위 규정 제3조 제1항.

109_ 최고 인민검찰원 기소기준(2) 제71조.

110_ 지적재산권 침해죄 사법해석(2)(2004.12.22. 실시) 제3조 제2항.

여, 사법해석에서 그 의미를 별도로 정하고 있지 않지만, 최고인민법원은 ① 타인에게 직접 50만 위안 이상의 손실을 입힌 것으로 혐의를 받는 경우, 또는 ② 위의 액수에는 도달하지 않지만 (i) 인터넷 또는 기타 매체를 이용하여 타인의 상업 신용, 상품 명성에 공개적으로 손해를 미친 경우, (ii) 타인의 회사, 기업 등의 단위로 하여금 6개월 이상 영업을 중단하게 하거나 생산을 중단하게 한 경우 또는 파산하게 한 경우, ③ 기타 타인에게 중대한 손실을 가하거나 기타 정황이 중한 경우 검찰이 해당 사건을 기소하도록 정하고 있다.[111]

기타 정황이 중한 경우로는, 구체적으로 ① 가해자가 여러 차례에 걸쳐 허위사실을 조작하고 유포해 타인의 상업 신용을 훼손하고 시장 내 정상 경쟁 질서에 심각한 혼란을 야기하거나, 타인의 생산 및 경영 활동에 큰 저해 요소로 작용하는 경우(예, 상품 재고량 폭증, 판매 침체, 반품 증가, 상품 수령 거절, 대금 지불 거절 등) 또는 가해자의 허위사실 조작 및 유포 행위가 다툼과 구타를 유발하여 상해가 발생하는 경우, ② 상업 신용을 훼손하는 행위 수단이 현저히 악랄해 그 사회 파급 효과가 매우 나쁠 경우 등이 있다. 나쁜 파급 효과는 '정황이 중한 경우'를 판단하는 주된 기준이다. 왜냐하면 일반적으로 사회적 파급효과가 클수록 피해자가 받는 상업 신용 훼손 정도가 커지기 때문이다. 예를 들어, 가해자가 빠르고 광범위한 온라인 매체의 특성을 이용하여 대대적으로 상업 신용에 훼손을 가하는 행위, 혹은 여러 소비자들이 자주 소비하는 식품 내에 독극물 성분이 함유되었다는 등의 허위사실을 조작·유포하여 사업에 지대한 영향을 미치는 행위 모두 정황이 중한 경우에 포함될 수 있다.[112]

한편, 형법이 규정하고 있는 상업 신용 훼손죄와 반부정당경쟁법의 상업적 비방행위 사이에는 약간 차이가 있다는 점을 유의할 필요가 있다. (1) 우선 행위방식상에 차이가 있다. 상업 신용 훼손죄는 '허위사실 날조와 유포'를 구성요건으로 하고 있다. 즉 '날조' 행위와 '유포' 행위라는 두 가지 조건을 모두 만족시켜야 한다는 것이다. 이와 달리 반부정당경쟁법의 상업적 비방행위는 '날조' 또는 '유포' 둘 중 한 가지 행위만 하면 성립된다. (2) 다음으로 행위 주체상의 차이가 있다. 반부정당경쟁법의 상업적 비방행위는 일반적으로 '상호 경쟁관계에 있는 상업주체'로 그 범위가 비교적 명확하나, 상업 신용 훼손죄의 가해자는 해당 시장 사업에 종사하고 있는 상품 생산자와 경영자 외에도 일반 소비자 등 경쟁관계에 있지 않은 주체들(법인, 기타 경제조직 및 개인)까지 가해자가 될 수 있다. (3) 마지막으로 주관적 요건상의 차이가

111_ 최고 인민검찰원 기소기준(2) 제74조.

112_ 黄京平 主编, 扰乱市场秩序罪, 中国人民公安大学出版社, 2003, p.43.

있다. 형사범죄인 상업 신용 훼손죄는 '고의'가 주관적 구성요건이나, 반부정당경쟁법의 상업적 비방행위는 가해자의 과실만 있어도 성립한다.[113]

7. 허위 광고죄(형법 제222조)

형법 제222조는 "광고주, 광고경영자, 광고 유포자가 국가 규정에 위반하여 광고를 이용하여 상품 또는 서비스에 대해 허위로 선전하고, 그 범죄의 정황이 중한 경우 2년 이하의 유기징역 또는 구류에 처하고, 벌금을 단독으로 부과하거나 병과할 수 있다"고 규정하고 있다.

범죄의 정황이 중하다는 의미에 관하여 사법해석은 정하고 있지 않으나, 최고인민검찰원은 아래의 어느 하나에 해당하는 경우 검찰이 사건을 기소하여야 한다고 정하고 있다. ① 위법소득액수가 10만 위안 이상인 경우, ② 개별의 소비자에게 5만 위안 이상의 직접적 경제 손실을 입혔을 경우 또는 다수의 소비자에게 20만 위안 이상의 직접적 경제 손실을 입혔을 경우, ③ 예방, 돌발 사건 통제의 형식을 빌려 광고를 이용한 허위선전을 하여 다수의 사람을 속였고, 동시에 위법소득액수가 3만 위안 이상인 경우, ④ 위 액수 기준에는 도달하지 못했지만, 2년 내에 광고를 이용한 허위선전을 하여 두 번 이상의 행정처분을 받은 적이 있으나 또다시 광고를 이용해 허위선전을 했을 경우, ⑤ 신체적 불구를 초래하였을 경우, ⑥ 기타 정황이 엄중한 경우.[114]

Ⅲ. 행정적 구제방법

중국은 상표권, 저작권, 특허권 침해 및 부정경쟁행위에 대하여 해당 관리·감독 기관이 위법행위를 조사한 뒤 위법행위의 정지를 명하거나 과태료 및 기타 행정처벌을 내릴 수 있도록 하는 행정처벌제도를 두고 있다. 비교하자면 한국에서 술집에서 미성년자에게 술을 파는 경우 담당 공무원이 이를 조사해서 영업정지 등의 행정처분을 내리는 것과 비슷하다.

이와 같은 행정처벌제도는 「행정처벌법(行政处罚法)」을 기본법으로 하고 있고,

113_ 黄振中 主编, 扰乱市场秩序罪办案一本通, 中国长安出版社, 2007, p.26; 林文, 反不正当竞争法律制度与实务技能, 法律出版社, 2014, p.541 재인용.

114_ 최고 인민검찰원 기소기준 제75조.

반부정당경쟁법은 제21조 이하에 구체적인 행정책임 내용 규정을 두고 있다. 행정처벌법은 행정처벌로 경고, 과태료, 위법소득 또는 불법적인 재물의 몰수, 영업 또는 생산 정지 명령, 영업 취소, 행정구류 및 법률과 행정법규에서 정한 기타 행정처분을 들고 있다.[115] 그리고 반부정당경쟁법은 위법소득 몰수, 과태료, 영업 또는 생산 정지 명령을 행정처벌의 내용으로 정하고 있다. 따라서 반부정당경쟁법이 정한 관리·감독기관은 법에 의하여 주어진 권한과 절차에 따라 부정경쟁행위를 조사한 뒤, 위와 같은 규정에서 정한 몰수, 과태료, 영업정지 등의 처벌을 내릴 수 있다.

중국 사법현실의 특성상 민사소송을 통한 구제 방법은 비교적 시간과 비용이 많이 들고, 지식재산권법의 경우 침해물의 개수 또는 침해물 가액이 일정 이상이 되어야 형사 기소가 가능한데 그 기준을 만족시키는 것이 용이하지 않아 형사책임을 묻는 것이 쉽지 않다. 이에 권리자는 비록 손해배상책임은 묻지 못하더라도 행정처벌제도를 통하여 영업정지 등 침해 상태를 중지시키는 효과를 상대적으로 빠르고 효율적으로 얻어낼 수 있다. 다만 전문 판사가 아닌 행정 공무원들이 단속하는 것이므로, 침해 여부의 판단 자체가 복잡한 사안은 행정처벌제도로 권리구제를 받기에 어려움이 있다. 따라서 행정처벌제도는 비교적 단순한 사안의 권리자들, 특히 상표권과 같이 판단이 어렵지 않은 사안의 권리자들이 많이 찾는 구제방법이다.

이처럼 행정처벌제도는 한국 실무자들에게 낯선 개념이므로 주의 깊게 살펴볼 필요가 있다.

1. 행정구제의 특징 및 사법구제 절차와의 관계

(1) 민사구제와 행정구제

민사소송과 행정구제를 비교하면, 민사소송을 통하면 정지 명령뿐 아니라 손해배상을 받을 수 있고, 행정구제를 통해서는 정지 처분을 얻어낼 수 있을 뿐 손해배상은 받을 수 없다는 차이가 있다. 이러한 효과 차이만을 두고 볼 때 민사소송이 권리구제 측면에서 훨씬 좋은 것으로 보인다.

그러나 민사소송과 행정구제는 각각 장단점과 서로 다른 특징이 있다. 민사소송과 행정구제에 소요되는 시간을 비교하면, 행정구제는 민사소송에 비해 일반적으로 소요 기간이 훨씬 짧다. 다만, 행정구제에 성공하더라도 침해자가 이에 대해 불

115_ 중국「행정처벌법」제8조.

복하는 경우 행정기관에 이의신청을 하거나 행정소송을 제기할 수 있으므로, 때로는 행정구제에 걸린 시간에 이의신청 및 행정소송에 필요한 시간이 추가로 더 걸릴 수도 있다는 점을 유의할 필요가 있다.

비용의 측면에서 볼 때, 민사소송은 재판비용이 들지만, 행정구제는 별도로 절차비용이 들지 않는다는 점에서 차이가 있다. 민사소송의 경우 소송진행을 위한 변호사 대리 비용이 소요되고, 행정구제의 경우 통상 사안의 조사 및 행정기관과의 관계를 담당하는 전문 조사기관을 사용하므로 그 사용료가 소요된다.[116] 그 외의 기타 비용이 소요되는 것은 공통의 요소이다.[117]

마지막으로, 베이징, 상하이 등 대도시의 경우 재판의 질이 많이 높아졌고 재판 판결문도 매우 적극적으로 공개하는 편이다. 따라서 대도시 법원들의 재판 결론은 어느 정도 예측 가능성이 있고, 공정성을 신뢰할 수 있으므로, 지역 배타주의가 염려되는 중국 내 기업 또는 국가 배타주의가 염려되는 외국 기업으로서는 대도시의 법원에서 재판을 받는 것이 비교적 안전한 방법이다. 반면 행정구제의 경우 모방이 매우 명백한 상황이라는 등 사안이 비교적 단순하여야 행정기관의 담당자가 신청을 받아들일 가능성이 높고,[118] 권리를 주장하는 상표가 해당 기관의 지역에서 어느 정도 저명한 상표이거나, 신청인이 해당 기관과 좋은 관계를 유지하고 있는 경우 보다 적극적인 도움을 얻을 수 있다. 반대로 상대방 기업이 해당 지역에서 상당한 기여를 하는 기업이거나 행정기관과 좋은 관계를 가지고 있다면, 권리자가 절차 진행에 어려움을 겪는 경우도 있다.

이러한 점을 종합적으로 고려하여, 바로 민사소송을 제기하거나 또는 행정구제 신청을 활용하는 것이 필요하다. 우선 민사소송을 통하여 손해배상 명령을 받는다고 하더라도 실질적으로 집행의 가능성이 높지 않거나, 당장의 침해행위의 중지가 중요하다면 민사소송까지 갈 필요 없이 행정구제를 고려하는 것이 바람직할 수 있

116_ 로펌들은 자체적으로 전문 조사팀을 보유하거나, 또는 외부 전문 조사팀과 협업을 하고 있다. 자체 전문 조사팀을 보유하는 경우에도 그 조사팀은 대부분 해당 사무소의 소재 지역 및 그 인근의 사건만을 다루고, 나머지 지역은 해당 지역의 전문 조사팀과 협업을 하는 경우가 많다. 행정 구제 절차를 수행하기 위해서는 해당 지역의 담당 공무원과의 관계가 중요하기 때문이다. 따라서 로펌에 행정 구제 절차를 의뢰하려는 경우 로펌의 역량뿐만 아니라, 문제되는 지역의 능력 있는 전문 조사팀과의 협업 능력도 고려할 필요가 있다.

117_ 소송이나 행정 구제 절차에서 원활한 절차 진행을 위해서는 명문으로 정해지지 않은 비용이 소요되는 경우가 있다. 이는 한국 실무자들이 염두에 두어야 할 부분이다.

118_ Michael J. Moser(Editor), Doing Business in China, 2014 release, Juris, III-10.1.44

다. 반대로 상대방이 안정된 기업이거나 안정된 주소를 가진 자연인이고 상당한 자력도 있다면, 민사 소송을 고려하는 것이 더 나을 수도 있다.

물론 손해배상 자체를 받을 필요가 없다면 민사소송이 필요 없을 것이다. 또한 비록 손해배상을 받을 필요가 있다고 하더라도, 행정처벌 권한을 가지는 해당 관할의 행정기관이 손해배상의 내용을 포함한 조정을 적극적으로 주선하여 주는 태도를 가지고 있다면 행정구제 방안을 고려하는 것도 좋을 것이다. 해당 기관이 조정을 적극적으로 주선해 줄 가능성이 높은 경우로는, 우선 권리자가 해당 지역의 비교적 유명한 상표이거나 해당 지역 행정기관과 사이가 매우 좋아서 해당 행정기관이 평소보다 더욱 노력해 줄 수 있는 경우가 있다. 또 다른 하나는 해당 지역의 행정기관이 침해자와 피해자 사이의 조정을 적극적으로 주선하는 것을 일관된 정책으로 추진하고 있는 경우로서, 해결해야 할 목전의 사안에 대해서도 보다 적극적으로 조정 성립을 위해 노력할 가능성이 있는 경우이다.

(2) 형사구제와 행정구제

관리감독기관이 행정처벌 절차를 진행하던 중, 침해자의 침해 정황이 중하여 형사 범죄를 구성한다고 보는 경우에는, 사안을 공안국 등 형사사법기관으로 이송한다.[119]

2. 행정 관리 감독 기관

반부정당경쟁법 제3조 제2항은 "현급 이상 인민정부의 공상행정 관리부서가 부정경쟁행위에 대하여 감독 · 조사한다. 법률 또는 행정법규에 기타 부서가 감독 · 조사하도록 규정되어 있는 경우에는 그 규정에 따른다"라고 규정하고 있다.

국가 공상국은 시장에 대한 관리감독과 그 집행업무를 주관하는 국무원(国务院)의 직속 기구이고, 국가 공상국 소속 공정거래국(公平交易局) 내의 반부정당경쟁처(反不正当竞争处)가 부당한 경쟁행위 및 영업비밀 침해행위와 관련된 정책수립 · 제도개선 및 집행업무를 실시하고 있다. 지방 공상국은 공정거래처(公平交易处) 또는 공정거래과(公平交易科) 등 공정거래 또는 시장질서와 관련된 부서를 설치하여 부정경쟁행위를 관리 · 단속한다.

119_ 중국「행정처벌법」제22조.

나아가 반부정당경쟁법 제3조 제2항 후단의 '법률 또는 행정법규에 기타 부서가 감독 · 조사하도록 규정되어 있는 경우'라 함은 상품 품질, 금융, 증권, 위생, 교통운송, 통신관리, 문화 등 방면의 관련 규정에 광의의 부정경쟁행위를 규율하는 규정을 가지고 있고, 해당 부분의 부서가 이를 감독 · 조사하도록 되어 있는 경우를 의미한다.

예를 들어, 은행이 허위선전을 하여 예금 등을 유치하는 경우, 이는 반부정당경쟁법 제9조의 허위선전 부정경쟁행위에 해당할 뿐만 아니라, 「상업은행법(商业银行法)」 제74조 제3항의 '기타 부당한 수단을 사용한 행위'에도 해당하게 된다.[120] 이 경우 반부정당경쟁법에서 정한 바와 같이 현급 이상의 공상행정 관리부서가 감독 · 조사권을 가지는지, 또는 상업은행법에 따라 중국은행감독관리위원회(银行业监督管理委员会)가 감독 · 조사권을 가지는지가 문제된다. 이에 대하여 최고인민법원은 위와 같이 은행이 허위선전을 하여 예금을 유치하는 부정경쟁행위에 대해서는 은행감독부문이 감독 · 조사권을 가진다고 보았다.[121]

원산지 표시 위반 또는 품질표시 허위표시에 관한 사안은 상품 품질법 위반에도 해당되므로 공상국의 품질기술 감독 관련 부서 또는 품질감독검사 검역총국의 현급 이상 지방품질감독국이 단속 권한을 가지고 있다. 또한 상표권 침해행위는 상표법 위반에도 해당되므로 공상국의 상표권 감독 관련 부서가 단속 권한을 가지고 있다. 그리고 허위광고에 관한 사안은 광고법 위반에도 해당되므로, 공상국의 광고법 관련 부서가 단속 권한을 가지고 있다. 다만 동일한 권한을 가지는 부서의 이름이 각 지방 공상국마다 다를 수 있으므로, 해당 지역의 공상국 상황을 확인할 필요가 있다.[122]

3. 행정 관리 감독 기관의 관할[123]

부정경쟁행위 위법행위 발생지의 현급 이상의 공상행정 관리기관이 관할권을 가진다. 현급(县, 区) 또는 시급(市, 地, 州) 공상행정 관리기관은 자신의 관할에서 발

120_ 중국 상업은행법 제74조 제3항.

121_ 最高人民法院「关于银行业虚假宣传的不正当竞争行为的处罚权由银监部门还是工商部门行使问题的答复」(2009) 行他字 第17号.

122_ 베이징시 공상국의 경우 시장 감독 관리처(市场监督管理处) 외에도 상품 품질감독 관리처(商品质量监督管理处), 광고감독 관리처(广告监督管理处), 상표감독 관리처(商标监督管理处) 등을 두고 있다.

123_「工商行政管理机关行政处罚程序规定」 제5, 6조.

생한 사건에 대해 직권으로 관할권을 가진다. 성, 자치구, 직할시의 공상행정 관리기관은 자신의 관할에서 발생한 중대하거나 복잡한 사건에 대해 직권 관할을 가진다. 국가 공상국은 중국 전국에서 발생한 사건 중 중대하거나 복잡한 사건에 대해 직권 관할을 가진다.

라디오, 신문, 텔레비전, 인터넷 등의 매체로 널리 퍼진 위법한 광고행위에 대해서 행정처리를 하는 경우, 해당 광고를 반포한 자의 소재지의 공상행정 관리기관이 관할권을 가진다. 하나의 부정경쟁행위에 대해서 둘 이상의 공상행정 관리기구가 관할권을 가지는 경우, 먼저 입건한 기관이 관할권을 가진다. 공상행정 관리기구가 절차를 진행하다가 자신의 관할이 아니라는 점을 발견하는 경우, 관할권을 가지는 기구로 이송해야 한다.

4. 행정책임의 내용

부정경쟁행위의 행정책임은 각 행위별로 다르다.

우선 경영자가 반부정당경쟁법 제5조 제1항에 정한 타인의 등록상표 위조금지 규정을 위반하는 경우, 상표법 제52조 등에 의하여 처리한다.[124]

경영자가 반부정당경쟁법 제5조 제2항의 주지상품 특유의 명칭 · 포장 · 장식 침해에 해당하는 부정경쟁행위를 저지른 경우, 감독 · 조사부서는 위법행위 정지를 명하고 위법소득을 몰수해야 하며, 사정에 따라 위법소득의 1배 이상 3배 이하의 과태료에 처할 수 있다. 사정이 심각할 경우 영업허가증을 회수하여 영업허가를 취소한다.[125]

경영자가 반부정당경쟁법 제5조 제3항의 타인의 기업명칭 또는 성명을 침해하는 부정경쟁행위를 저지른 경우, 또는 제5조 제4항의 허위의 품질 표지를 하는 부정경쟁행위를 저지른 경우 중국의 「상품 품질법」 제53조 규정에 의하여 처리한다. 「상품 품질법」 제53조는 "감독 · 조사 부서는 위법행위의 정지를 명하고, 위법하게 생산 · 소비된 상품을 몰수하며, 위법하게 생산 · 소비된 상품 가액과 동일하거나 그 이하의 과태료를 병과한다. 위법소득이 있는 경우 위법소득의 몰수를 병과한다. 정황이 중한 경우 영업 자격을 취소할 수 있다"고 정하고 있다.[126]

124_ 반부정당경쟁법 제21조 제1항.

125_ 반부정당경쟁법 제21조 제2항.

126_ 반부정당경쟁법 제21조 제1항, 상품 품질법 제53조.

만약 경영자가 반부정당경쟁법 제9조의 허위선전 부정경쟁행위를 하는 경우, 감독 · 조사 부서는 위법행위의 정지를 명하고 영향을 제거해야 한다. 사정에 따라 1만 위안 이상 20만 위안 이하의 과태료에 처할 수 있다.[127] 광고 경영자가 명백히 알았거나 또는 중대한 과실로 인하여 모르는 상황하에서 허위광고를 대리 · 설계 · 제작 · 배포한 경우, 감독 · 조사부서는 위법행위의 정지를 명하고 해당 광고 경영자의 위법소득을 몰수하거나 과태료에 처할 수 있다.[128] 또한 광고주와 광고 경영자는 광고법에 따른 행정책임을 지게 될 수 있다.

광고법에 따르면 허위광고를 한 광고주에 대하여 감독 · 조사 기관은 그 허위광고의 행위의 금지를 명할 수 있다. 그리고 허위광고의 영향을 제거하기 위하여 그 허위광고와 동일한 비용을 들여서 동일한 범위로 정정광고를 하도록 명할 수 있다. 또한 광고비 액수 이상에서 5배 액수 이하에 해당하는 과태료에 처할 수 있다. 그리고 광고업자에 대해서는 광고 비용을 몰수하고, 그 광고비용 액수 이상 5배 액수 이하에 해당하는 과태료에 처하고, 정황이 중한 경우 광고업무를 정지시킬 수 있도록 하고 있다.[129]

한편 반부정당경쟁법 제14조 상업적 비방행위 부정경쟁행위에 대해서는 반부정당경쟁법에 행정책임 규정이 따로 정해져 있지 않다. 이에 상업적 비방행위 부정경쟁행위는 허위선전 부정경쟁행위의 일종으로 보아, 제9조와 동일하게 처리한다.

5. 처리 절차

(1) 절차의 개시

감독 · 조사권을 가지는 공상행정 관리부서가 직권으로 행정절차를 개시할 수도 있고, 손해를 입은 사람 또는 제3자의 고소 또는 고발로 행정절차가 개시될 수도 있다.[130]

(2) 시 효

위법행위가 발생한 지 2년 내, 위법행위가 연속적으로 있었던 경우 그 위법행위

127_ 반부정당경쟁법 제24조 제1항.

128_ 반부정당경쟁법 제24조 제2항.

129_ 중국 광고법 제55조(2015년 개정 전 제37조).

130_ 반부정당경쟁법 제3조, 제4조.

가 있었던 마지막 날로부터 2년 내에 행정처벌을 할 수 있다.[131]

(3) 조 사

행정 처리 과정에서 감독 · 조사부서의 권한에 대해서는 반부정당경쟁법 제16조 내지 제19조에 정해져 있다. 현급 이상 감독 · 조사부서는 부정경쟁행위에 대하여 감독 · 조사를 할 수 있고,[132] 감독 · 조사부서가 부정경쟁행위를 감독 · 조사할 경우, 아래의 직권을 행사할 권한이 있다.[133]

① 규정된 절차에 따라 피조사자, 이해관계인, 증인을 심문하고, 증거 또는 부정경쟁행위와 관련 있는 기타 자료의 제출을 요구할 권한

② 부정경쟁행위와 관련이 있는 계약서, 장부, 영수증, 서류, 기록, 업무서신 및 기타 자료를 조사하고 복사할 권한

③ 부정경쟁행위와 관련 있는 재물을 조사하고, 필요한 경우 피조사자에게 당해 상품의 출처와 수량을 설명하도록 하고, 판매를 잠시 중지시켜 조사에 대기하게 하거나, 당해 재물의 변경 · 은닉 · 훼손을 금지하는 명령을 내릴 권한

감독 · 조사부서가 부정경쟁행위를 감독 · 조사할 경우, 피조사자, 이해관계인 및 증인은 관련 자료 또는 상황을 사실대로 제출할 의무가 있다.[134]

조사 결과 영업 또는 생산 정지, 영업 취소 또는 비교적 다액의 과태료 등의 처분을 내리게 되는 경우, 그 처분 전에 당사자에게 청문의 기회가 있다는 점을 알려야 한다. 그리고 당사자가 청문의 기회를 요청하는 경우, 반드시 기일을 열어 당사자에게 변론과 증거 제시의 기회를 주어야 한다.[135]

(4) 처분 및 불복

감독 당국은 결정서를 발부하여 처분을 내린다.[136] 내려진 행정처벌에 불복하는 경우 그 처분결정을 받은 날로부터 15일 이내에 직상급 주관부서에 이의신청(复

131_ 중국 행정처벌법 제29조.
132_ 반부정당경쟁법 제16조.
133_ 반부정당경쟁법 제17조.
134_ 반부정당경쟁법 제19조.
135_ 중국 행정처벌법 제42조.
136_ 위 법 제39조.

议)을 한 뒤 이의결정에 불복할 경우 그 결정서를 받은 날로부터 15일 이내에 법원에 행정소송을 제기할 수 있다. 또는 이의신청을 거치지 않고 직접 법원에 소를 제기할 수 있다.[137] 다만 이의신청 또는 법원에 행정소송을 제기하였다고 하여 행정처벌의 집행이 중지되지는 않는다.[138]

행정소송은 취소 대상이 되는 결정을 내린 공상행정 관리국이 속하는 지역의 중급인민법원이 관할권을 가지고,[139] 베이징시, 상하이시, 광저우시의 경우 지식재산권법원이 관할권을 가진다.[140]

(5) 삼심합일제도

관련하여 살펴볼 제도로 삼심합일(三审合一)제도가 있다. 삼심합일제도는 지식재산권과 관련된 민사, 행정, 형사 안건심리를 지식재산권 전문부에서 통합 처리하도록 한 것으로, 1996년 상하이시 푸동 신구인민법원 지식재산권 전문부에서 처음 시작하였고, 이후 많은 지방법원들로 보급되고 있다. 삼심합일제도는 지식재산권 심리의 전문화를 실현시킬 수 있고, 동일 사안에 대한 동일한 기준을 적용할 수 있는 장점이 있다.

그러나 아직 중국 전체의 통일된 삼심합일제도는 없다. 지역별로 상당히 차이가 있는데, 예를 들면 후베이성 우한(武汉)의 삼심합일제도는 기층법원과 중급법원이 모두 삼심합일제를 시행하고 있으나, 광동성(广东省)은 기층법원만, 시안(西安)의 경우 중급법원에서만 삼심합일제를 시행하고 있다.[141] 2008년 〈국가지식재산권전략강요(国家知识产权战略纲要)〉에서 지식재산권 심리체계를 개선하기 위해 지식재산권 전문법원 설립 논의가 시작되었고, 최근 베이징, 상하이, 광동에 지식재산권 전문법원이 설립되어 삼심합일제를 시행하고 있다.[142] 이에 관한 상세한 내용은 이 장 Ⅰ.4.(8)에서 다루었다.

137_ 반부정당경쟁법 제29조, 중국 행정처벌법 제35조.

138_ 중국 행정처벌법 제45조, 단 법에 정한 경우는 예외로 한다는 단서조항을 두고 있다.

139_ 중국 행정소송법 제15조.

140_ 「최고인민법원 베이징, 상하이, 광저우 지식재산권법원의 안건 관할에 관한 규정」 제1조.

141_ 何铬, 知识产权案件审判模式改革研究, 知识产权, 2012年第10期, p.36.

142_ 张晓薇, 知识产权"三审合一"改革的审视与反思, 知识产权, 2013年第06期, p.70.

제10장

영업비밀침해에 대한 구제방법

부정경쟁행위와 영업비밀 침해행위에 대한 구제 내용은 모두 반부정당경쟁법을 근거로 하므로, 서로 중첩되는 내용이 많다. 따라서 여기 제10장 영업비밀 침해 구제 부분에서는 위 제9장 부정경쟁행위 구제 부분에서 이미 다루었던 내용은 생략하고, 추가되는 부분이나 서로 다른 부분에 대해서만 설명한다.

Ⅰ. 민사적 구제방법

당사자가 타인이 그 영업비밀을 침해하였다고 주장하는 경우, ① 자신이 보유한 영업비밀의 법정조건, ② 상대방이 보유하는 정보가 자신의 영업비밀과 동일 또는 실질상 동일하다는 점, 그리고 ③ 상대방이 부정당한 수단을 사용하였다는 점에 대하여 입증할 책임이 있다. 그중, 영업비밀의 법정조건의 증거는 영업비밀 저장매체, 구체적인 내용, 상업 가치 그리고 해당 영업비밀에 비밀유지조치를 취하였다는 것 등을 포함한다.[1]

1_ 반부정당경쟁법 사법해석 제14조.

1. 손해배상 청구

앞서 제9장 부정경쟁행위의 금지 부분에서 살펴본 바와 마찬가지로, 영업비밀 침해의 경우에도 반부정당경쟁법 제20조에 의하여 손해배상 청구를 할 수 있다. 아래에서는 손해배상 청구에서 가장 중요한 손해배상액 산정에 대해서 살펴본다.

(1) 손해배상액 산정

손해배상액 산정과 관련하여, 반부정당경쟁법 사법해석 제17조 제2항은 영업비밀의 상업가치에 따라 손해배상액을 결정하고, 영업비밀의 상업가치는 그 연구개발비용, 해당 영업비밀을 실시하여 얻는 수익, 일실이익, 경쟁 우위를 지킬 수 있는 시간 등의 요소를 고려하여 결정한다고 규정하고 있다. 그리고 같은 조 제1항은 구체적인 액수의 산정방법은 「전리법」의 손해배상액 산정방법을 참고하여 결정한다고 규정하고 있다.

중국 전리법에 정한 손해배상액 확정방법을 간략히 살펴보면, 「전리법」 제65조는 특허권 침해로 인한 배상금액 산정방법으로 ① 우선 침해로 실제 입은 손실액으로 확정하고, ② 실제 손실을 확정하기 어려운 경우 침해자가 침해로 인해 취득한 이익으로 확정하며, ③ 만일 손실액 또는 이익액을 확정하기 어려운 경우 특허 사용료의 배수에 따라 합리적으로 확정하거나, ④ 법원이 1만 위안 이상 100만 위안 이하 범위 내에서 확정한다고 규정하고 있다.[2]

위 조문 내용을 보면 권리자가 침해로 실제 입은 손실액으로 먼저 손해배상액 산정을 시도하고, 이러한 방법에 따른 손해배상액 산정이 어려운 경우 침해자가 침해로 인해 취득한 이익을 기준으로 손해배상액을 산정해야 하는 것처럼 규정되어 있어 우선 순위가 있는 것으로 보이나, 「최고인민법원의 특허분쟁 안건 심리에 관한 법률 적용 문제에 대한 약간의 규정」(이하 '전리법 사법해석') 제20조는 권리자의 청구

2_ 중국 「전리법」 제65조(배상액의 추정 등) ① 특허권을 침해한 배상금액은 특허권자가 침해로 인해 입은 실제 손실에 따라 확정한다. 실제 손실을 확정하기 어려운 경우 침해한 자의 침해행위로 취득한 이익으로 확정한다. 권리자의 손실 또는 침해자가 취득한 이익을 확정하기 어려운 경우 특허 사용료의 배수에 따라 합리적으로 확정한다. 배상액은 권리자가 침해행위를 제지하기 위해 지급한 합리적인 지출을 포함한다.
② 권리자의 손실, 침해한 자가 취득한 이익과 특허 사용료 등을 확정하기 어려운 경우 인민법원은 특허권의 유형, 침해행위의 성격과 상황 등 요인을 감안하여 1만 위안 이상, 100만 위안 이하 범위 내에서 배상액을 확정한다.

에 따라 침해로 입은 손실 또는 침해자가 취득한 이익으로 배상금액을 확정한다고 하여, 원고는 자신의 상황에 따라 선택하여 청구할 수 있다고 정하고 있다.[3] 아래에서 각 산정방법을 살펴본다.

첫 번째로 권리자가 침해로 입은 손실액으로 확정하는 방법과 관련하여, 위 전리법 사법해석 제20조는 (i) 침해로 인해 감소된 특허권자의 특허제품 판매량에 특허제품의 단위당 합리적인 이익을 곱하여 계산하고, 만일 (ii) 권리자의 판매량 감소를 확정하기 어려운 경우 침해제품의 시장 판매 총량에 해당 특허제품의 단위당 합리적인 이익을 곱한 금액을 피침해자가 입은 손해로 간주한다고 규정하고 있다.[4]

위 (i)의 방법을 사용하는 경우, 판매량은 시장의 상황이나 특허 외의 기타 경쟁력 요소에 따라 변동하는 것이므로, 특허침해와 감소된 판매량 사이의 인과관계를 입증하여 '침해로 인해 감소'된 판매량을 산정하는 것이 매우 어렵다는 점을 유의할 필요가 있다. 따라서 실무적으로 비교적 적게 쓰이는 방법이다. 반면 위 (ii)의 방법을 사용하는 경우, 침해제품의 판매량을 기준으로 산정하므로, 위와 같은 어려운 점은 발생하지 않는다. 다만, 침해제품의 판매 총수에 곱하는 '특허제품의 단위당 합리적 이익'이 무엇인지 문제될 수 있다.

두 번째로, 침해자가 침해로 취득한 이익액으로 확정하는 방법을 살펴보면, 침해제품의 시장 판매 총량에 당해 침해제품의 단위당 합리적인 이익을 곱하여 계산한다. 침해자의 침해로 인한 합리적 이익은 통상적으로 침해자의 영업이익으로 계산하고, 침해행위를 주된 영업으로 하는 자는 매출이익으로 계산할 수 있다.[5]

이 방법은 침해자의 매출량 및 이익 자료를 근거로 산출하는 것이므로 비교적 용이하게 손해배상액을 산정할 수 있다는 장점이 있다. 다만, 침해자의 자료에 의존

3_ 「전리법 사법해석」 제20조 ① 인민법원은 전리법 제57조 제1항의 규정에 의하여 침해자의 배상책임을 추궁하는 경우 권리자의 청구에 따라 권리자가 침해로 입은 손실 또는 침해자가 취득한 이익으로 배상금액을 확정한다.
② 권리자가 침해로 입은 손실은 특허권자의 특허제품이 침해로 인해 감소된 총 판매량에 매 특허제품의 합리적인 이윤을 곱하여 계산한다. 권리자의 판매량 감소를 확정하기 어려운 경우 침해 제품의 시장 판매 총량에 매 특허제품의 합리적인 이윤을 곱한 금액을 피침해자가 입은 손해로 간주한다.
③ 침해자가 침해로 취득한 이익은 당해 침해제품의 시장 판매 총량에 매 특허제품의 합리적인 이윤을 곱하여 계산한다. 침해자의 침해로 인한 이익은 통상적으로 침해자의 영업이익으로 계산하며 침해행위를 주된 영업으로 하는 자는 매출이익으로 계산할 수 있다.

4_ 위 규정 제20조 제1항.

5_ 위 규정 제20조 제3항.

하여 손해액을 확정해야 하므로, 침해자가 매출량 자료를 조작하거나 이익 관련 장부를 정직하지 않게 기입하는 경우 위험을 감수해야 한다는 문제가 있다. 이러한 문제를 극복하기 위해서는, 침해제품이 주로 수출용인 경우 세관자료 등 객관적인 제3자 자료를 추가적으로 확보하는 방법으로 침해기업의 상황에 맞는 실무적인 대응 방안이 필요하다.

원고 손해 또는 피고 이익 산정에 필요한 증거 확보에 최대한 노력을 하여도 특허제품 또는 침해제품의 합리적 이익을 계산하기 어려운 경우, 즉 원고의 이익률이 너무 높거나, 피고의 이익률이 너무 낮은 경우 실무적으로 업계의 평균 이익률을 기준으로 계산한다.[6]

다음으로, 피해자가 입은 손실 또는 침해자가 취득한 이익을 확정하기 어려운 상황에서 참조할 수 있는 특허실시료가 있는 경우, 인민법원은 특허권의 유형, 침해자의 침해 성격, 상황, 특허실시료의 금액, 당해 특허 실시의 성격, 범위, 시간 등의 요소를 감안하여 특허실시료, 영업비밀의 경우 영업비밀 실시료의 1배 내지 3배의 범위 내에서 합리적으로 배상금액을 확정한다.[7]

마지막으로, 만일 참조할 수 있는 특허실시료가 없거나 특허실시료가 명백히 불합리한 경우 인민법원은 특허의 유형, 침해자의 침해 성격과 상황 등에 근거하여 인민폐 1만 위안 이상, 100만 위안 이하의 범위 내에서 손해배상액을 합리적으로 정한다.[8] 이와 같은 법정배상방법은 실무에서 많이 활용된다. 법정배상방법을 채택한다고 해서 원고의 입증책임이 면제되는 것은 아니나 입증부담이 많이 줄어들기 때문에 원고가 선호하고, 판단 과정에서 침해로 발생한 손해 또는 이익 액수로 손해액을 산정할 만큼 충분한 증거가 제출되지 않는 경우가 많기 때문이다.

6_ 孔祥俊 主编, 商业秘密司法保护实务, 中国法律出版社, 2012, p.66.

7_ 「전리법 사법해석」 제21조　피침해자가 입은 손실 또는 침해자가 취득한 이익을 확정하기 어려운 상황에서 참조할 수 있는 특허실시료가 있을 경우 인민법원은 특허권의 유형, 침해자의 침해 성격, 상황, 특허실시료의 금액, 당해 특허 실시의 성격·범위·시간 등 요소를 감안하여 특허실시료의 1배 내지 3배의 범위 내에서 합리적으로 배상 금액을 확정한다. 참조할 수 있는 특허실시료가 없는 경우 또는 특허실시료가 명백히 불합리한 경우 인민법원은 특허의 유형, 침해자의 침해 성격과 상황 등에 근거하여 인민폐 5000위안 이상, 30만 위안 이하의 범위 내에서 배상금액을 확정하나 최고로 인민폐 50만 위안을 초과할 수 없다.

8_ 전리법 사법해석은 법원이 재량으로 정할 수 있는 손해배상액의 범위를 인민폐 5000위안 이상, 30만 위안 이하, 최고 인민폐 50만 위안까지로 규정하고 있지만, 2008년 개정된 전리법은 인민폐 1만 위안 이상 100만 위안 이하의 범위로 정하고 있으므로, 개정 전리법의 액수 범위를 따른다(중국 전리법 제65조 제2항).

한편 원고가 직접 법정배상방법을 적용해 달라고 청구할 수 있는지 여부에 대해서는 견해의 대립이 있다. 이와 관련하여, 공상권 판사의 실무서에 의하면 비교적 많은 법원들이 원고가 직접 청구하는 것을 받아들이는 입장이라고 한다. 이와 동시에, 원고가 배상 방식을 선택하지 않았거나 원고가 주장한 방식으로는 손해배상액을 산정할 수 없는 경우 법원이 직권으로 법정배상방법을 적용한다.[9]

법정배상액을 확정할 때에는 영업비밀의 종류, 영업비밀의 기술적 고도성 정도, 침해행위의 성질 및 지속 기간, 침해행위의 범위, 원고가 입을 수 있었던 손실 및 피고가 얻을 수 있었던 이익, 영업비밀의 합리적인 양도비용, 합리적인 사용료 등 구체적인 계산요소를 참작하여야 한다. 또한 당사자의 주관적 과실의 크고 작음을 고려하여 이에 상응하는 배상책임을 부여하여야 한다. 악의적으로 권리침해를 하였거나, 중복하여 침해하는 경우, 침해의 규모가 큰 경우에는 법정배상액을 높게 하고, 피고가 스스로 사과를 하거나, 적극적으로 구제조치를 실시할 경우 그 사정을 참작하도록 하고 있다.[10]

(2) 기여도

원고의 손실 또는 피고의 이익이 100% 영업비밀의 침해에서 기인한다고 보기에는 어려운 경우가 많다. 따라서 원고의 손실 또는 피고의 이익 전부를 손해배상액수로 하는 것은 공평의 원칙에 매우 심하게 반할 수 있다. 이와 관련하여 최고인민법원은 전리법 사법해석에서, "발명, 실용신안의 특허권을 침해한 제품이 다른 제품의 부품인 경우 인민법원은 당해 부품 자체의 가격 및 완성품 이익 실현을 위한 기여도 등 요소를 감안하여 합리적으로 배상금액을 확정한다. 그리고 디자인권을 사용한 제품인 포장물인 경우 그 포장물 자체의 가치 및 포장 제품 이익을 실현하기 위한 기여도 등 요소를 감안하여 합리적으로 배상금액을 확정한다"고 규정하고 있다[11]. 이와 마찬가지로, 영업비밀침해로 인하여 발생한 원고의 손실 또는 피고의 이

9_ 孔祥俊 主编, 商业秘密司法保护实务, 中国法律出版社, 2012, p.197.

10_ 위의 책, p.199.

11_ 전리법 사법해석 제16조(배상액 계산 시의 주의사항)

① 인민법원은 전리법 제65조 제1항의 규정에 근거하여 침해자가 침해로 얻은 이익을 확정할 경우 침해자가 특허 침해로 취득한 이익에 한해야 한다. 기타 권리로 파생된 이익은 합리적으로 공제해야 한다.

② 발명, 실용신안의 특허권을 침해한 제품이 다른 제품의 부품인 경우 인민법원은 당해 부품 자체의 가격 및 완성품 이익 실현을 위한 기여도 등 요소를 감안하여 합리적으로 배상 금액을

익도 사실 당사자의 능력, 마케팅 노력 정도, A/S, 상업 명성의 정도 등의 다양한 요인이 관련되어 있다. 따라서 중국 법원은 손해배상액을 산정함에 있어서 이와 같은 요소를 근거로 원고의 손실 또는 피고의 이익에서 해당 영업비밀이 차지하는 정도, 즉 기여도를 고려한다. 즉, 전체 상품 중에서 침해된 영업비밀과 관련된 부분 또는 부품이 차지하는 비중을 고려하고, 공지기술, 시장의 요소, 경영 정책적 요소, 광고 선전 요소 등 영업비밀침해와 무관한 부분은 공제하여 고려하는 것이다.[12]

이와 관련하여 아래에서 소개하는 사안은 손해배상 액수의 산정이 핵심 문제가 되었던 사안이다. 원고가 주장하는 손해배상액은 500만 위안이었으나, 1심법원은 법정 손해액 산정방식을 사용하여 35만 위안을 명하였다. 반면 2심법원은 침해자가 얻은 이익으로 손해배상액을 추정하는 방식을 사용하고, 침해자 이익에 대한 계쟁 영업비밀의 기여도를 함께 고려하여 1심법원이 인정한 손해배상액의 두 배가 넘는 75만 위안을 명하였다. 아래에서 2심법원의 구체적인 손해배상액 산정에 관한 판단 부분을 살펴보도록 한다.

사례 원심의 손해배상액 판결을 변경한 사안[13]

쟝수성 전기기계 연구소 유한회사(江苏省机电研究所有限公司, 이하 원고)와 쉬저우 톈디 중장비 기계 제조 유한회사(徐州天地重型机械制造有限公司, 이하 피고) 외 3의 영업비밀침해 분쟁 사안

2심법원은 1심법원과 다른 방식으로 배상액을 산정하였다. 우선, 침해 영업비밀과 관련하여 피고가 판매한 제품의 수량이 50대라는 점에 대해서 양 당사자간 이의가 없다고 정리하였다.

그리고 각 제품당 이익과 관련하여, 원고는 50대에 대해 피고 회사 전체 영업 이익률을 적용하여 손해배상액을 산정해야 한다고 주장하였고, 반대로 피고는 권리침해행위가 문제되는 상품은 피고가 판매하는 제품의 일부 부품 상품일 뿐인데 이는 피고 판매 상품 구성 성분 중 8% 이하밖에 차지하지 않으므로, 권리침해상품을 포함한 완제품(콘크리트 펌프기

확정해야 한다.

③ 외관 설계 특허권의 제품이 포장물인 경우 인민법원은 포장물 자체의 가치 및 포장 제품 이익을 실현하기 위한 기여도 등 요소를 감안하여 합리적으로 배상 금액을 확정해야 한다.

12_ 孔祥俊 主编, 商业秘密司法保护实务, 中国法律出版社, 2012, p.195.

13_ 江苏省高级人民法院 (2006)苏民三终字第0103号 民事判决书.

계)의 기준으로 배상금액을 산정해서는 안 되고 해당 구성 부품(S파이프와 호퍼)의 판매에 따른 이익액을 기준으로 배상하여야 한다고 주장하였다.

2심법원은, 침해제품의 생산 판매가 피고의 주된 영업이 아니므로 피고 회사의 전체 영업이익률을 본 사안에 적용하는 것은 적절하지 않다고 보아 원고의 주장을 받아들이지 않았다. 다른 한편 계쟁 영업비밀이 포함된 콘크리트 펌프의 S파이프와 호퍼는 콘크리트 펌프기계의 핵심 부품으로서 완제품과 불가분의 관계에 있고, 계쟁 영업비밀이 존재하였기 때문에 완제품인 콘크리트 펌프기계도 시장 경쟁에서 우세를 차지할 수 있게 되는 것이며, 피고가 판매한 상품은 콘크리트 펌프 완제품이지 해당 펌프와 분리된 S파이프 또는 호퍼가 아니라고 보았다. 2심법원은 결론적으로 본 사안에서 관련 이익을 정할 때, 영업비밀을 포함하고 있는 부품이 가져다 준 이익이 아닌 완제품이 피고에게 가져다 준 이익을 참고하여야 한다고 보았고, 이와 반대인 피고의 주장도 받아들이지 않았다.

2심법원은 이에 피고의 콘크리트 펌프와 유사한 제품인 소외인 제품의 해당 제품 이익률을 손해배상액 산정의 기준으로 하였다.

결론적으로 2심법원은 제품 수량 50개에 대한 매 제품의 이익을 1.53만 위안으로 보고, 핵심 부품 기술인 계쟁 영업비밀 기술에 의한 이익이 곧 전체 완제품에 의한 이익과 같다고 보아 손해배상액을 75만 위안으로 산정하였다.

(3) 합리적 비용

「반부정당경쟁법」 제20조가 규정하는 합리적 비용에는 변호사 대리비, 공증비, 조사 검증비, 자문비, 번역비, 교통비, 숙박비, 인쇄비 등이 포함된다. 인민법원이 합리적 비용을 별도로 산정하여 판결하는 경우도 있으나, 손해배상액과 합리적 비용을 합하여 일의적으로 배상액을 정하는 경우가 좀 더 많다. 합리적 비용에 관한 자세한 내용은 제9장 부정경쟁행위에 대한 손해배상 청구 부분에서 살펴본 내용과 같다.

2. 침해정지 등 청구

침권책임법 제15조는 손해배상 외에도 침해정지(停止侵害), 방해배제(排除妨碍), 위험제거(消除危险), 재산반환(返还财产), 원상회복, 도의적 사과, 영향제거, 명예회복을 민사책임 방식으로 규정하고 있다.[14]

14_ 중국 「침권책임법」 제15조는 불법행위책임을 부담하는 방식으로 ① 침해정지, ② 방해제거, ③ 위험제거, ④ 재산반환, ⑤ 원상회복, ⑥ 손실배상, ⑦ 공식사과, ⑧ 영향제거 · 명예회복을

영업비밀침해 사안에서 일어나는 손해는 재산상의 손해에 국한되고, 권리자의 인신적 손해가 있었다고 보기 어렵다. 따라서, 영업비밀침해 사안에서 영향제거, 명예회복 또는 도의적 사과 명령을 구하는 것은 받아들여지지 않는다.[15] 그리고 영업비밀침해는 무형적 지식재산권 권리의 침해이므로 재산반환, 원상회복을 청구하는 것도 받아들여지기 어렵다. 따라서 영업비밀침해 사안에서 주로 문제되는 책임은 침해정지, 방해배제, 위험제거이다. 아래에서 차례로 살펴보기로 한다.

(1) 침해정지 명령

부정경쟁행위의 경우 반부정당경쟁법 및 사법해석에 침해정지 명령에 대한 규정을 전혀 두고 있지 않지만, 영업비밀 침해행위의 경우 반부정당경쟁법 사법해석 제16조에서 "① 인민법원이 영업비밀 침해행위에 대하여 침해정지의 민사책임 판결을 내릴 때, 침해정지의 기간은 일반적으로 해당 영업비밀이 공중에 공지될 때까지 계속되는 것으로 한다. ② 전항 규정에 따라 침해정지 판결을 내리는 것이 만일 명백히 불합리한 경우, 해당 경쟁에서의 권리자의 우위를 법에 의해 보호할 수 있는 범위 내에서, 침해자에게 일정 기간 또는 범위 내에서 해당 영업비밀의 사용을 정지하는 판결을 내릴 수 있다"고 하여 인민법원이 영업비밀 침해행위에 대해 침해행위 정지명령을 내릴 수 있다는 점을 명시하고 있다.

침해정지는 원고의 영업비밀이 아직 확산되지 않았을 경우에 의미가 있다. 피고에게 그 정보의 사용, 공개, 타인에게 영업비밀 사용을 허가하는 행위의 정지를 요구하는 경우, 그 영업비밀이 불법적으로 공지의 영역으로 확산되는 것을 막아 원고가 그 산업 내에서 경쟁 우위를 지킬 수 있도록 하기 때문이다. 그러나 만약 영업비밀이 이미 공지의 영역에 들어간 경우, 피고에게 침해정지를 판결하는 것은 현실적으로 아무런 의미가 없고, 손해배상책임을 활용하여 원고의 손실을 배상하는 것이 고려되어야 한다.[16] 반부정당경쟁법 사법해석 제16조도 침해행위의 정지 기간은 영업비밀이 공지의 영역으로 확산될 때까지로 정하고 있고, 제17조는 이미 영업비밀이 공중에 널리 알려지게 된 경우 손해배상을 명하는 것으로 규정하고 있다.[17]

들고 있다.

15_ 张晓都, 知识产权侵权民事责任当中消除影响与赔礼道歉责任方式的确定, 载「中国专利与商标」第4期; 林文, 反不正当竞争法律制度与实务技能, 法律出版社, 2014, p.154 재인용.

16_ 孔祥俊 主编, 商业秘密司法保护实务, 国法律出版社, 2012, p.188.

17_ 「반부정당경쟁법 사법해석」 제17조 ② 권리 침해로 인하여 영업비밀이 공중에게 널리 알려지게 된 경우 해당 영업비밀의 상업 가치에 따라 손해배상액을 결정한다. 영업비밀의 상업가치

한편, 침해정지의 대상이 되는 범위는 명확해야 한다. 우선, 침해정지의 객체는 권리자의 영업비밀에 한정되어야 하고, 공지 영역의 정보로까지 확장되어서는 안 된다. 그리고 침해정지의 지역적 범위는 원고가 활동하는 지역 내로 제한되지 않는다. 만일 원고의 활동 지역 외에서 원고의 영업비밀을 자유롭게 사용할 수 있게 하면, 그 영업비밀이 공공의 영역에 쉽게 퍼져나갈 수 있게 되고 원고의 경쟁 우위에 계속 위협이 되기 때문이다.[18]

판결에서의 침해정지 기간은, 당사자 사이에 비밀유지기한을 약정한 경우 그 약정 기한이 침해정지 기한이 된다. 만약 당사자 사이에 비밀유지기한을 약정하지 않은 경우 상황에 따라 달라진다. 기술비밀인 경우에는 현재 사법실무에서 절대 다수의 판결은 침해정지의 기간을 해당 영업비밀이 공중에 공지될 때까지 계속되는 것으로 하고 있다. 위 사법해석 규정 문언상으로는 이와 같이 침해정지 판결을 내리는 것이 '명백히 불합리한 경우' 일정 기간 또는 범위 내에서 해당 영업비밀의 사용을 정지하는 판결을 내릴 수 있도록 규정되어 있으나, 그 '명백히 불합리함'을 입증하는 것은 매우 어렵기 때문이다.[19] 그러나 단순한 경영상 정보, 고객 명단, 재무 정보 등의 경우에는 일률적으로 불확실한 침해정지기한을 부여할 필요 없이, 영업비밀 자체의 경쟁 우수성 또는 노동대가에 근거하여 1년에서 3년 정도의 금지 기간을 부여한다.[20]

(2) 방해배제, 위험제거 명령

침해제품을 생산하기 위한 설비 등을 폐기하거나, 생산한 침해제품을 폐기하는 등의 명령이 이에 해당한다.

침해제품이나 생산설비 폐기 조치의 법률 성질에 대해서는 두 가지 견해가 있다. 첫 번째 견해는, 침해제품의 폐기 등은 민사 제재의 성질을 가지므로, 권리침해 소송과는 별도로 민사 제재 결정서를 받아 침해제품을 몰수, 폐기해야 한다는 견해이다.[21] 두 번째 견해는, 침해제품의 폐기 등은 강화된 민사책임의 성질을 가지므로

는 그 연구 개발 비용, 해당 영업비밀을 실시하여 얻는 수익, 일실이익, 경쟁우위를 지킬 수 있는 시간 등의 요소를 고려하여 결정한다.

18_ 孔祥俊 主编, 商业秘密司法保护实务, 中国法律出版社, 2012年5月, p.189.

19_ 위의 책, p.65.

20_ 위의 책, p.190. 실무상 확정된 금지 기간을 부여한 판결이 내려지는 경우는 많지 않다. 예를 들면 北京市高级人民法院 (2008)高民终字第1323号 民事判决书가 있다.

21_ 중국 민법통칙 제134조 제2항은 민사 제재 규정을 두고 있다. 민사 법원은 이 규정에 근거하

민사적 구제방식으로 보면 되는 것이지, 별도의 민사 제재 결정이 필요 없다는 견해이다. 대다수의 법원 실무는 생산설비 또는 침해제품 폐기 등 조치의 주요 기능은 피고의 재침해를 방지하여 원고의 민사권리를 보호하는 데 있는 것이고 피고에게 징벌적 제재를 하는 것은 부차적인 기능일 뿐이라는 이유로, 두 번째 견해를 취하고 있다. 즉, 중국 인민법원은 권리자가 제기한 영업비밀침해 민사소송 절차에서 침해제품 또는 권리침해 수단의 몰수 · 폐기가 필요한 경우 판결문에 침해제품 또는 생산설비의 폐기의 민사책임을 명한다.[22]

생산설비의 폐기와 관련하여, 법원은 영업비밀을 사용하여 침해제품만을 제작하기 위해 제작된 설비인지, 법원이 몰수 · 폐기를 강제집행하는 것이 가능한지, 몰수 · 폐기 조치가 사회적 공공이익에 반하지 않는지 등의 요소를 고려한 뒤 몰수 · 폐기 명령을 내린다.

참고로 한국 부정경쟁방지법 역시, 침해정지 외에도 영업비밀 침해자가 영업비밀을 활용하여 만든 제품, 사양서, 데이터 또는 영업비밀 부정사용 용도로만 사용되는 제조기계 등의 폐기를 청구할 수 있다고 규정하고 있다.[23]

3. 가처분 제기 가능 여부

영업비밀 사안의 경우, 일단 비밀이 공개되어 버리면 권리자의 손해가 막대하므로, 침해 이후의 구제도 중요하지만 침해 이전의 사전조치 또는 침해가 발생한 이후 즉각적인 조치가 특히 중요하다.

그러나 부정경쟁행위에 관한 권리구제 부분에서 설명한 바와 같이, 중국에서

여 과태료, 구류 기타 필요한 제재 조치를 취할 수 있다.

중국 「민법통칙」 제134조 ② 인민법원에서 민사사건을 심리할 때 상술한 규정을 적용하는 외에 훈계하거나 뉘우치도록 하며 불법활동을 진행한 재물 및 불법 소득을 추징할 수 있고, 법률의 규정에 따라 과태료를 부과하거나 구류할 수 있다.

22_ 孔祥俊 主编, 商业秘密司法保护实务, 中国法律出版社, 2012, pp.190, 191.

23_ 한국 「부정경쟁방지 및 영업비밀보호에 관한 법률」 제10조(영업비밀 침해행위에 대한 금지청구권 등) ① 영업비밀의 보유자는 영업비밀 침해행위를 하거나 하려는 자에 대하여 그 행위에 의하여 영업상의 이익이 침해되거나 침해될 우려가 있는 경우에는 법원에 그 행위의 금지 또는 예방을 청구할 수 있다.

② 영업비밀 보유자가 제1항에 따른 청구를 할 때에는 침해행위를 조성한 물건의 폐기, 침해행위에 제공된 설비의 제거, 그 밖에 침해행위의 금지 또는 예방을 위하여 필요한 조치를 함께 청구할 수 있다.

가처분은 별도의 법 조항이 없는 이상 좀처럼 인정되지 않는데 부정경쟁방지법에는 관련 규정이 없고, 또한 영업비밀침해소송의 성격상 가처분 제도를 활용할 수 없다는 것이 종전의 일반적인 실무 입장이었다.

영업비밀 침해소송의 성격상 가처분 제도를 활용할 수 없다는 의미는, 영업비밀 침해소송은 다른 지적재산권 침해소송에 비해 승소 가능성을 쉽게 예측하기 어려우므로 가처분을 내리기에 적절하지 않다는 것이다. 즉, 가처분 심사 과정에서 '승소의 가능성'이 문제될 때 특허, 상표, 저작물의 경우 해당 권리와 침해물품이 유사하거나 동일한지 여부를 비교적 간단하게 살피면 되나, 영업비밀 침해소송에서 '승소의 가능성'은 일반적으로 반드시 법정 심문, 기술 전문가 자문, 사법 감정 등 시간이 오래 소요되고 비교적 복잡한 절차를 통해 비로소 판단할 수 있는 것이어서 권리자의 승소 가능성을 판단하는 것이 어려우므로, 결국 가처분 판결의 '승소의 가능성' 선결 조건을 갖추지 않게 된다는 것이다.[24]

그런데 이와 같은 상황은 조금씩 변화하고 있다. 2012년 민사소송법이 개정되면서 한국의 가처분 제도와 유사한 '행위보전제도' 일반조항이 도입되었고, 2013년 상반기 상하이 제1중급인민법원이 중국 최초로 영업비밀 침해행위의 금지를 명하는 가처분 명령을 내린 것이다.

침해금지 가처분 명령을 받기 위해서, 신청인은 ① 실질적 승소 가능성이 있을 것, ② 명령이 내려지지 않는 경우 권리자가 만회할 수 없는 손실을 보게 될 것, ③ 신청인이 입게 되는 손해가 피신청인의 어떠한 손해보다 클 것, 그리고 ④ 가처분 명령이 공공이익에 위배되지 않을 것을 입증해야 한다.[25]

아래에서는 상하이 제1중급인민법원이 영업비밀 침해금지 가처분 명령을 내렸는데, 이 사건은 ① 신청 이전에 침해자가 비밀문서를 취득하였다는 점을 스스로 인정한 정황이 있었고, ② 영업비밀 문서가 이미 침해자의 수중에 있어서, 만일 침해자가 이를 누설하면 그 내용을 경쟁 상대가 알게 되거나 또는 공지의 영역에 퍼져 비밀성을 잃게 되고, 권리자는 만회할 수 없는 손실을 입을 위험이 있었고, ③ 영업비밀 침해금지로 인하여 침해자가 입게 되는 손해는 없고, ④ 영업비밀 침해금지 명령이 공공이익에 위배된다고 볼 수도 없으므로, 법원이 신청을 받아들여 침해금지 명령을 내렸다.

24_ 孔祥俊 主编, 商业秘密司法保护实务, 中国法律出版社, 2012, p.193.

25_ 上海市第一中级人民法院 (2013)沪一中民五(知)初字第119号 판결에 대한 상하이 제1중급인민법원의 평석, 唐震, 吕长利.

어떠한 행위를 하지 말 것을 명하는 가처분 명령의 효력을 강화하기 위하여, 상하이 제1중급인민법원은 이 사건 결정을 내린 뒤, 그 결정문을 송달하지 않고 피신청인을 법원으로 소환한 다음 법정에서 직접 결정의 내용을 알리고 그 결과를 고지하였다. 피신청인은 법정에서 법원의 재정을 준수하겠다는 서면을 작성하여 제출하였다고 한다.[26]

사례 영업금지 가처분 신청을 인용한 사례

미국 일라이릴리회사(美国礼来公司, **이하 신청인 1), 일라이릴리**(중국)**연구개발회사**[礼来(中国)研发公司, **이하 신청인 2]와 황멍웨이**(黄孟炜, **이하 피신청인)의 기술비밀 침해 분쟁 사안**

[사실관계] 피신청인은 2012년 5월에 신청인 1 회사에 입사하고 비밀유지계약을 체결하였다. 2013년 1월, 피신청인은 신청인 2의 서버(server)로부터 신청인들 소유의 문서 48건을 내려 받아 사적으로 피신청인 소유의 장치에 저장하였다. 신청인들은 위 48건 문서 중 21건이 핵심 영업비밀 문서라고 밝혔다.

이를 발견한 신청인들은 피신청인과 협상을 하였고, 피신청인은 33개의 회사에 속하는 비밀문서를 내려 받았음을 인정하고, 그 반환을 위한 일련의 의무를 이행하는 동의서에 서명하였다.

그 후, 신청인들은 여러 번 사람을 보내어 피신청인과 연락을 시도하였으나, 피신청인은 위 약정 사항을 이행하는 것을 거절하였다. 신청인들은 2013년 2월 27일에 피신청인에게 편지를 보내어 쌍방의 노동관계를 해지한다고 통보하였다.

2013년 7월, 신청인들은 피신청인에 대하여 기술비밀침해를 이유로 상하이시 제1중급인민법원에 기소하였고, 동시에 행위보전신청을 제기하였다. 신청인들은 법원에 대하여 피신청인이 신청인으로부터 절취한 21개의 영업비밀 문서를 공개, 사용 또는 타인에게 사용을 허락하는 것을 금지하는 명령을 구하였다. 이를 위하여, 신청인들은 법원에 해당 안건의 영업비밀문서 21개의 명칭 및 내용과 피신청인이 작성한 위 동의서(letter of commitment) 등의 증거자료를 제공하였고, 위에 열거한 신청에 대하여 담보금을 제공하였다.

[법원의 판단] 상하이시 제1중급인민법원은 신청인들이 제출한 증거가, 신청인들의 영업비밀 문서를 피신청인이 취득하여 파악하고 있다는 점을 일응 증명할 수 있다고 판단하였

26_ 上海市第一中级人民法院 (2013)沪一中民五(知)初字第119号 民事判决书 판결에 대한 상하이 제1중급인민법원의 평석, 唐震, 吕长利.

다. 나아가 피신청인이 신청인들 주장의 영업비밀을 공개 · 사용 또는 누설할 위험이 있어 신청인들에게 결코 다시 만회할 수 없는 손해를 초래할 수 있으므로 행위 보전의 조건에 부합한다고 판단하였다.

2013년 7월 31일, 당해 법원은 피신청인이 신청인들이 주장하는 영업비밀보호의 21개 문서를 공개 · 사용 또는 다른 사람이 사용하도록 허락하는 것을 금지하는 명령을 내렸다.

영업비밀침해 사안은 사후적인 구제보다는 적시에 대처하여 피해를 예방하거나 최소화하는 것이 권리 보호에 매우 중요하므로, 영업비밀침해 금지 가처분이 가능하게 되었다는 점은 영업비밀 권리자들에게 매우 반가운 소식이다.

다만, 영업비밀침해 사안에서 가처분을 내릴 수 없다는 종전 입장의 근거가 단순한 입법 미비가 아니라 가처분 결정의 전제조건이 되는 승소 가능성을 쉽게 예측할 수 없기 때문이라는 점, 그리고 소송 중 행위보전신청이 인정된 위 사안은 피신청인이 실질적으로 영업비밀 침해사실을 인정하였던 사안이어서 승소 가능성이 매우 높았던 사안이라는 점을 유의할 필요가 있다. 나아가 제소 전 또는 소송 중 보전신청에 대해 사건 수리 단계에서 상당한 심사를 하는 중국 법원의 실무를 고려할 때,[27] 수리 단계에서 승소 가능성이 상당하다는 점을 설득하지 못하면 결국 가처분 신청의 수리 자체가 어려울 가능성이 높다. 따라서 영업비밀 침해금지행위 보전처분을 신청하기 위해서는 해당 법원의 성향을 면밀히 살핀 다음 철저한 준비를 통하여 진행하는 것이 필요하다.

4. 민사소송 진행시의 유의점

(1) 소송의 주체

영업비밀 침해행위에 대하여, 영업비밀 독점 사용허락을 받은 사용권자는 소송을 제기할 수 있고, 인민법원은 법에 따라 이를 수리한다. 배타적 사용허락을 받은 사용권자와 권리자가 공동으로 제소하거나, 또는 권리자는 제소하지 않고 사용권자만 제소하는 경우, 인민법원은 법에 따라 이를 수리한다. 통상적 사용허락을 받은 사용권자와 권리자가 공동으로 제소하는 경우 또는 권리자로부터 서면으로 수권 받아 사용권자만 단독으로 제소하는 경우, 인민법원은 법에 따라 이를 수리한다.[28]

27_ 이에 대해서는 제9장 부정경쟁행위 구제편에서 다룬 바 있다.

28_ 반부정당경쟁법 사법해석 제15조.

한국 기업이 중국에서 특허권, 상표권을 보유하고 있는 경우, 그 특허권 또는 상표권 등의 권리를 행사할 수 있음은 물론이다. 그런데, 영업비밀의 경우 별도의 등록제도를 두고 있는 것도 아니고 문제의 영업비밀이 중국과 무관하게 오로지 한국 국내 또는 다른 국가에서 생성되어 보호되고 있었는데, 나중에 중국으로 유출되었을 때 한국 기업이 중국 법원에 영업비밀 보호 요청을 할 수 있는지 의문이 들 수 있다.

앞서 제9장 부정경쟁행위에 대한 구제부분에서 살펴본 바와 같이, 중국은 영업비밀보호 등 지식재산권 보호에 관한 파리협약, 베른 협약 및 TRIPS의 회원국이고, 한국 역시 마찬가지이므로, 중국은 위 협약에 기하여 협약국가 국민의 법익을 보호할 의무가 있다. 이에 중국에 회사, 공장 기타 영업소 또는 주소를 두지 않은 한국 기업이나 국민도 반부정당경쟁법에 근거하여 중국 법원에 중국 내에서 일어나는 부정당경쟁행위로부터의 보호를 요청하는 경우 중국 법원은 이를 받아들이고 있다.

(2) 관할 및 재판적

중국의 일반 민사소송 제1심은 기층법원이 수리할 수 있으나, 영업비밀에 관한 사건의 제1심은 일반적으로 중급인민법원의 관할로 한다. 다만 각 고급인민법원은 그 관할의 실제 상황에 따라서 최고인민법원의 비준을 받아 일부 기층인민법원이 부정경쟁행위 사건 제1심 안건을 수리하도록 할 수 있다.[29]

단, 베이징시, 상하이시, 광저우시 및 선전시를 제외한 광동성의 경우 기술영업비밀에 대해서 해당 지역의 지식재산권법원이 1심 관할권을 가지고,[30] 2심은 해당 지식재산권법원 소재지의 고급인민법원 지식재산권 심리재판정이 관할권을 가진다.[31] 기술영업비밀이 아닌 경우 베이징시, 상하이시, 광저우시의 경우 기층인민법원이 1심 관할권을 가지고, 지식재산권 전문법원이 2심 관할권을 가진다.[32]

영업비밀 침해행위 소송의 재판적은 피고 주소지 또는 권리 침해행위지이다.[33] 이때 '권리 침해행위지' 의미와 관련하여 침해상품의 판매지가 포함되는지 여부가

29_ 반부정당경쟁법 사법해석 제18조.

30_ 베이징, 상하이시는 해당 시의 지식재산권법원이, 광저우시 및 선정시를 제외한 광동성 지역은 광저우시의 지식재산권 법원이 1심 관할권을 가진다.

31_「최고인민법원 베이징, 상하이, 광저우 지식재산권법원의 안건 관할에 관한 규정(最高人民法院关于北京、上海、广州知识产权法院案件管辖的规定)」제1조, 제3조, 제7조.

32_ 위 규정 제3조, 제6조.

33_ 중국 민사소송법 제28조.

실무적으로 가장 문제된다. 부정경쟁행위 사안의 경우, 침해상품의 생산자와 판매자를 공동 피고로 하는 경우, 그 침해상품의 판매지를 권리 침해행위지로 보아, 그 판매지 법원에 소를 제기할 수 있다. 이에 대해서는 앞서 부정경쟁행위에 대한 권리 구제 부분에서 상세히 살핀 바 있다.

그렇다면, 영업비밀을 사용한 침해상품의 판매지도 침해 결과의 발생지의 하나로 보아 '권리 침해행위지'로 포섭시킬 수 있는지 여부가 문제된다. 이에 대하여 최고인민법원은 부정적인 입장이다. 최고인민법원은 영업비밀침해 분쟁 사건 중 침해제품의 판매지 법원이 관할권을 가지는지 여부가 문제된 사안에서, "반부정당경쟁법 제10조 규정은 영업비밀을 침해하여 제조한 침해제품의 판매행위를 영업비밀 침해행위로 열거하고 있지 않다 …(중략)… 따라서 광동성 포산시 중급인민법원은 甲, 乙이 영업비밀을 침해하여 제조한 상품을 판매하였다는 이유로 본안에 대한 관할권을 가지지 않는다. 일반적으로, 영업비밀의 사용행위의 실시지와 결과 발생지는 중첩된다. 즉, 영업비밀을 사용하는 행위는 통상 침해상품의 제조과정에서 일어나는데, 해당 침해상품의 제조를 완성할 때, 영업비밀 사용의 침해 결과가 동시에 발생하게 되는 것이다. 따라서 해당 제품의 판매지를 영업비밀침해의 결과 발생지라고 볼 수 없다"고 판단하였다.[34]

사례 영업비밀 침해상품을 판매한 지역의 법원은 관할권이 없다고 본 사안[35]

스웨이 기업 주식유한회사(四维企业股份有限公司, 이하 원고 1), **스웨이 실업**(선전)**유한회사**[四维实业(深圳)有限公司, 이하 원고 2]와 **에이버리 데니슨**(艾利丹尼森公司, 이하 피고 1), **에이버리**(광저우)**유한회사**[艾利(广州)有限公司, 이하 피고 2], **에이버리**(쿤산)**유한회사**[艾利(昆山)有限公司, 이하 피고 3], **에이버리**(중국)**유한회사**[艾利(中国)有限公司, 이하 피고 4], **난하이시 리수이 이리 인쇄공장**(南海市里水意利印刷厂, 이하 피고 5), **푸산시 환시진 동성 편쟝 인쇄공장 경영부**(佛山市环市镇东升汾江印刷厂经营部, 이하 피고 6)의 **영업비밀침해 분쟁 관할권 이의 사안**

[법원의 판단] 원고들은 피고 5, 6이 원고의 영업비밀을 침해하여 제조한 침해제품을 푸산시 지역에서 판매하고, 피고 1 등은 원고들의 영업비밀을 이용하여 침해제품을 제조 · 판매하였는데, 판매한 지역에 푸산시가 포함되어 있다는 이유로 푸산시 중급인민법원이 이

34_ 最高人民法院 (2007)民三终字第10号 民事裁定书.

35_ 상동.

사건의 관할권을 가지고 있다고 주장하였다. 이에 대해 최고인민법원은 아래와 같이 판시하였다.

"두 원고는 소장에서 피고 5와 피고 6이 원고의 영업비밀을 침해하여 제조한 침해제품을 판매하였다고 주장하나, 이러한 행위는 반부정당경쟁법 제10조의 규정에 열거된 영업비밀 침해행위 태양에 해당하지 않으므로, 결국 피고 5와 피고 6의 침해제품 판매행위는 반부정당경쟁법에서 규정한 영업비밀 침해행위에 해당하지 않는다. 따라서 광동성 푸산시 중급인민법원은 피고 5와 피고 6이 영업비밀을 침해하여 제조한 침해제품을 판매한 행위에 관한 소송의 관할권이 없다.

일반적으로 영업비밀을 사용하는 행위의 실행지와 결과 발생지는 겹친다. 즉, 영업비밀을 사용하는 과정은 대개 침해제품을 제조하는 과정으로, 침해제품의 제조가 완성되었을 시점에 영업비밀을 사용한 권리 침해 결과가 동시에 발생하므로, 당해 권리 침해 제품 판매지를 영업비밀을 이용한 권리 침해 결과 발생지로 여기는 것은 적당하지 아니하다. 두 원고가 피고 1 등이 침해제품을 푸산시에서 판매하였다고 주장하나 그와 같은 주장에 의하더라도, 푸산시는 피고 1 등의 영업비밀 사용행위로 인한 침해결과 발생지가 아니므로, 이를 광동성 푸산시 중급인민법원의 본 사안에 대한 관할권에 관한 근거로 볼 수 없다."

다른 한편으로, 침해행위의 예비행위 장소가 권리 침해지에 포함되는지 여부가 문제된 판례가 있다.[36] 영업비밀 보유자 회사에서 근무를 하며 영업비밀을 정당하게 취득한 피고들이 퇴직 후 새로운 회사를 차리고 위와 같이 취득한 영업비밀을 부정하게 공개 · 사용한 사안에서, 피고들이 영업비밀을 취득한 장소인 영업비밀 보유자 회사의 소재지 법원에 소를 제기할 수 있는지 여부가 문제되었던 것이다. 이 사안에서, 1심과 2심 법원은 영업비밀 보유자 회사 소재지의 법원이 관할권을 가진다고 보았으나, 최고인민법원은 영업비밀 보유자 회사에서 정당하게 영업비밀을 취득한 행위 자체는 영업비밀 침해행위라고 볼 수 없으므로, 영업비밀 보유자 회사 소재지 법원은 관할권을 가지지 않는다고 판단하고 원심 판결을 취소하였다.

사 례 합법적으로 영업비밀을 지득한 지역의 법원은 관할권이 없다고 본 사안[37]

후베이 졔다 환경공학 유한회사(湖北洁达环境工程有限公司, 이하 원고)**와 정저우 룬다 전력세**

36_ 最高人民法院 (2013)民提字第16号 民事裁定书, 2013년 중국 법원 지식재산권 사법보호 50선 대표 판례.

37_ 상동.

척 유한회사(郑州润达电力清洗有限公司, **이하 피고 1**), **진팅룽**(陈庭荣, **이하 피고 2**), **우샹린**(吴祥林, **이하 피고 3**) **영업비밀침해 분쟁의 관할권 이의 재심 사안**

원고 회사는 후베이성에 소재하였으나, 피고들의 주소지, 피고들이 새로 차린 회사는 모두 후베이성이 아니었다. 그리고 피고들이 계약을 체결하여 영업을 한 장소도 모두 후베이성이 아니었다. 그럼에도 불구하고 원고는 후베이성 시 중급인민법원에 1심 소송을 제기하였고, 2심은 후베이성 고급인민법원에서 담당하였다. 이에 그 관할이 적법한지 여부가 문제 되어, 최고인민법원이 재심을 진행하였다.
최고인민법원은 본 사안에서 문제된 "영업비밀 침해행위"는 결국 ① 피고 2, 3이 자신들이 알고 있는 영업비밀을 사용하거나 다른 사람이 사용하도록 허락한 것과, ② 피고 1이 피고 2, 3의 행위가 위법한 것임을 분명히 알고도 여전히 타인의 영업비밀을 사용한 것 두 가지이고, 피고 2, 3이 직원으로서 근무하며 정당하게 영업비밀을 습득한 것은 중국 반부정당경쟁법 제10조에 정한 영업비밀 침해행위 태양의 어느 것에도 해당하지 않는다고 보았다. 따라서 종업원으로서 정당하게 영업비밀을 지득한 행위를 침해행위로 인정하는 전제하에 권리 침해행위지를 관할로 정하는 규정에 따라 후베이성 법원이 관할권이 있다고 본 1심 및 2심 결정은 부당하다고 보아 이를 취소하였다.

(3) 입증책임

영업비밀이 침해되었다고 주장하는 원고는, 침해되었다고 주장하는 영업비밀이 법에 정한 영업비밀 요건을 만족한다는 점, 침해자가 사용하는 정보가 원고 주장의 영업비밀과 동일하다는 점, 그리고 침해자가 불법적인 수단으로 원고의 영업비밀을 취득 또는 누설하였다는 점을 입증할 책임이 있다.[38] 그러나 영업비밀 침해행위는 매우 비밀스럽게 일어나거나, 원고의 제어 영역 밖에서 일어나는 것이 보통이므로, 피고의 침해행위를 구체적으로 입증할 수 있는 증거를 제출하여 입증에 성공한다는 것은 매우 어려운 일이다.

이에 중국 법원 실무는 '실질적 유사성과 접촉의 원칙(또는 '동일 + 접촉 - 합법적 출처' 원칙)'이라는 인정 방식을 사용하고 있다. 즉, 원고가 (1) 침해된 영업비밀이 법이 규정한 영업비밀의 구성요건을 가진다는 점, (2) 피고가 취득, 사용, 공개한 정보가 원고의 영업비밀과 동일 또는 유사하다는 점, 그리고 (3) 피고가 원고의 영업비

38_ 반부정당경쟁법 사법해석 제14조.

밀과 접촉이 있었거나 있었을 수 있다는 점을 증명하면 침해행위가 있었다는 점에 대한 입증을 다한 것으로 보는 것이다. 물론 (4) 피고가 해당 정보를 합법적 출처로 획득하였다는 항변 성립을 저지해야 한다.[39] 국가 공상국 역시 같은 입장이다.[40]

나아가, 피고가 원고의 영업비밀과 접촉이 있었거나 있었을 수 있다는 점과 관련해서도, 영업비밀의 침해행위 자체가 아니라 영업비밀에 접촉하였을 '가능성'을 입증하게 하는 것임을 유의할 필요가 있다. 영업비밀 침해행위는 원고의 통제 영역 밖에서 은밀히 일어나는 특징이 있으므로, 피고가 그 영업비밀에 접촉하였다는 것을 직접적으로 증명할 수 있는 방법이 거의 없기 때문에 이와 같은 입증방법이 필요한 것이다.

즉, 원고는 직무이행을 위해서는 영업비밀을 접할 수밖에 없었다는 점 등을 증거로 피고가 원고의 영업비밀에 접촉하였을 가능성이 있다는 점을 입증하고, 피고가 사용·공개한 정보와 원고의 영업비밀의 일치성을 입증하여, 종합적으로 피고가 부정당한 수단으로 원고의 영업비밀을 취득하였다고 주장할 수 있게 되는 것이다.[41]

이와 관련하여 소개하는 아래 사안은, 원고 회사가 영업비밀이라고 주장하는 기술과 거의 유사한 기술을 피고 회사가 사용하는 것이 인정되었으나, 1심법원은 피고 회사가 계쟁 영업비밀에 접촉하였다는 점에 대한 입증이 부족하다고 보아 영업비밀침해를 인정하지 않은 사안이다. 그러나 2심법원은 1심법원과 달리, 피고 회사의 발기인인 공동 피고가 원고 회사의 종전 사장었던 점을 고려하면, 원고의 영업비밀을 숙지한 공동 피고를 통하여 피고 회사가 원고 영업비밀과 접촉하였다는 점이 충분히 인정되는 것으로 보았다. 따라서 피고 회사가 독자적으로 해당 기술을 개발했다는 등의 항변에 성공하지 않는 한 영업비밀 침해행위가 인정된다고 보았다. 피침해자의 전직 사장 등 고위 임원이 침해 회사를 설립한 경우, 영업비밀의 접촉 요

39_ 孔祥俊 主编, 商业秘密司法保护实务, 中国法律出版社, 2012, pp.162-165; 唐青林、黄卫红 主编, 商业秘密百案评析与企业保密体系建设指南, 中国法制出版社, 2014, p.161.

40_ 국가 공상국 발표「영업비밀침해행위 금지에 관한 약간의 규정(수정)[关于禁止侵犯商业秘密行为的若干规定(修正)]」제5조　③ 권리인은 피신청인이 사용하는 정보와 자신의 영업비밀이 동일하거나 거의 유사하다는 점, 동시에 피신청인이 영업비밀을 취득할 수 있는 조건에 있었다는 점을 입증할 수 있고, 또한 피신청인이 자신이 사용하는 정보를 합법적으로 획득 또는 사용하는 것이라는 점에 대한 입증을 하지 못하거나 입증을 거부하는 경우, 공상행정 관리기관은 증거에 따라 피신청인의 침해행위를 인정할 수 있다.

41_ 孔祥俊 主编, 商业秘密司法保护实务, 中国法律出版社, 2012, p.164.

건에 대해 엄격하게 증명할 것을 요구하지 않는 베이징 제2중급인민법원의 아래와 같은 판시 사항을 기억해 둘 만하다.

사례 영업비밀 접촉이 없었다는 원심 판단을 뒤집고 영업비밀 침해를 인정한 사안[42]

북경 팡싱 보제 유한회사(北京纺星助剂有限公司, 이하 원고)**와 북경 팡싱쟈룬 과학 기술 이전 유한회사**(北京纺星佳润科贸有限公司, 이하 피고 1), **예젠**(叶健, 이하 피고 2), **왕즈챵**(王志强, 이하 피고 3)**의 영업 비밀침해 분쟁 사안**

[사실관계] 원고는 방직 보조제 상품의 배합 방법의 권리자이다. 원고는 위 배합 방법이 공중에게 알려져 있지 아니한 기술비밀이라고 주장하였다.

원고와 피고 2는 1991년 3월 1일부터 2003년 1월 27일까지 근로계약을 맺었다. 원고와 피고 3은 1998월 1월 1일부터 2004년 1월 1일까지 근로계약을 맺었다. 2006년 1월 1일 원고와 피고 3은 새로운 근로계약을 맺었고, 기간은 2007년 12월 31일까지이다. 피고 2는 원고 회사에서 회장, 사장, 기술부 매니저, 이사직을 등을 담당해 왔고, 피고 3은 이사와 부사장, 판매부 매니저를 담당해 왔다. 2007년 1월 8일 원고는 피고 2와 피고 3을 각각 이사직과 부사장직에서 해임하였다.

2006년 7월 28일 피고 2와 피고 3은 발기인으로서 피고 1을 설립하였다. 피고 1 회사의 경영 범위는 방직 보조제 기술의 개발과 방직 보조제의 판매이다.

원고는 피고 2, 3이 원고의 기술비밀을 피고 1로 하여금 사용하게 하였고, 피고 1의 방직 보조제 상품 중 일부 모델은 원고의 배합 방법과 동일하므로, 피고들이 원고의 영업비밀을 침해하였다고 주장하였다.

1심법원은 원고의 신청에 의하여 피고 1이 생산한 다섯 상품에 대해 증거보전을 하였다. 중국 과학원 화학연구소(中国科学院化学研究所, 이하 '화학연구소')의 감정에 따르면, 원고가 제출한 다섯 가지 계쟁 상품의 기술자료에 기재된 원료와 원료 비율은, 이에 대응하는 실제 상품의 원료 및 원료 비율과 일치하는 것으로 나타났다. 그리고 원고의 다섯 계쟁 상품의 실물에 포함된 원료와 피고 1의 대응 상품에 포함된 원료도 대체로 일치하였고, 다만 원료의 비율에 약간의 차이가 있었다.

[법원의 판단] 1심법원인 베이징시 하이디엔구 인민법원은 다음과 같이 판단하며 원고의 청구를 기각하였다. "원고는 본 배합 방법이 기재된 노트를 원고 측 기술자가 가지고 있고,

---

42_ 北京市第二中级人民法院 (2008)二中民终字第11174号 民事判决书.

출국 기간 동안 피고 2에게 건네주었다고 주장하지만 이를 입증하지는 못했다. 감정 결과가 피고 1이 생산한 상품의 배합 방법과 위 배합 방법이 동일하거나 실질적으로 일치한다 하더라도, 피고 1이나 피고 2, 3이 위 배합 방법에 접근했다는 사실을 증명하지 못한다면, 피고 1이나 피고 2, 3이 원고의 위 배합 방법의 기술비밀을 침해하였다고 보기는 어렵다. 따라서 위 배합 방법에 대한 원고의 소송 청구는 지지할 수 없다."

원고는 이에 상소하며, 피고 2와 피고 3이 원고 회사의 사원으로서 일찍이 위 배합 방법을 숙지하고 있었으므로, 피고 2, 3이 위 영업비밀에 접근할 수 없다는 원심의 판단은 착오가 있다고 주장하였다.

이에 대해 베이징시 제2중급인민법원은 다음과 같이 판단하며 원고의 상소를 인용하고 원심법원의 판단을 취소하였다. "주장한 계쟁 기술비밀에 대해, 원고는 계쟁 정보가 충분히 경제적 이익을 주고, 관련 비밀유지조치도 취해져 있어 영업비밀의 법정 조건에 부합한다는 사실을 증명하였으므로, 타인이 이를 침해하여서는 안 된다. 피고 2는 원고 측의 전직 고급 관리 임원 및 기술자로서 이 사안 영업비밀을 충분히 숙지하고 있었을 것이다. 그리고 감정 결과, 피고 1은 자사 상품에 원고와 동일한 혹은 유사한 배합 방법을 사용하였다는 점이 드러났다. 피고 1이 배합 방법의 출처 또한 명확히 입증할 수 없는 상황에서는, 피고 2가 원고의 영업비밀을 피고 1에게 누설했다고 판단된다. 피고 2의 위와 같은 행위는 원고와의 비밀유지약정에 위반되고, 원고의 영업비밀 침해행위이므로, 이에 상응하는 민사책임을 져야 한다. 피고 1은 피고 2가 누설한 영업비밀을 사용하였으므로 이에 상응하는 침해 책임을 져야 한다."

---

(4) 청구원인의 선택—위약책임 또는 권리침해책임

피고가 비밀유지약정을 위반하여 공개하거나, 직접 사용하거나 또는 타인에게 영업비밀의 사용을 허락하는 경우, 이는 위약행위로 위약책임을 부담해야 한다. 동시에 피고의 행위는 「반부정당경쟁법」 제10조가 열거한 영업비밀 침해행위 유형에도 포함되므로 권리침해행위 책임도 부담할 수 있다. 이렇게 권리침해책임과 위약책임이 경합할 경우 어떻게 처리해야 할지 문제가 된다.[43]

중국 법률은 책임이 경합할 경우 당사자는 자신에게 유리한 방식을 선택하여 소송을 청구할 수 있도록 하고 있다. 따라서 피고가 비밀유지약정을 위반하여 권리침해책임과 위약책임이 경합할 경우 원고는 권리침해소송과 위약소송 중 자신에게

43_ 孔祥俊 主编, 商业秘密司法保护实务, 中国法律出版社, 2012, p.183.

유리한 방식 하나를 선택하여 권리를 주장할 수 있다.[44] 그렇다면 권리자의 입장에서 각각의 장단점이 무엇인지 살펴볼 필요가 있다.

우선, 입증책임에 대해 살펴본다. 위약소송을 제기하는 경우, 권리자는 ① 권리자가 영업비밀을 가지고 있다는 것, ② 권리자와 침해자 간에 비밀유지약정이 체결되었다는 것, ③ 침해자가 약정에 위반하여 영업비밀을 사용, 누설하였다는 점을 입증해야 한다. 따라서 권리자는 침해자의 구체적인 위약행위를 특정하고, 그 위약행위가 존재하였다는 점을 증명해야 한다.

반면 영업비밀 침해소송을 제기하는 경우 권리자는 ① 침해행위가 존재한다는 점, ② 손해사실이 존재한다는 점, ③ 침해행위와 손해사실 사이에 상당한 인과관계가 존재한다는 점, ④ 행위자가 주관적인 고의 · 과실을 가지고 있다는 점을 입증해야 한다. 위와 같이 권리침해소송의 경우 원칙적으로 권리자가 구체적인 사실을 알기 어려운 침해행위를 특정하고 입증해야 하며, 침해자의 주관적인 고의 · 과실을 입증해야 하므로 입증을 다하기 매우 어려운 점이 있다. 다만 이와 관련하여 중국 법원은 침해행위에 대한 권리자의 입증 부담을 줄여주기 위하여 앞서 설명한 '실질적 유사성과 접촉의 원칙('동일 + 접촉 - 합법적 출처'의 원칙)'을 채택하고 있다. 즉, 권리침해 소송 시 원고가 ① 원고의 영업비밀과 피고가 사용하는 정보가 실질적으로 유사하고, ② 피고가 원고의 영업비밀에 일정한 접촉이 있어서 이를 취득할 수 있는 기회가 있었다는 점을 충분히 입증하는 경우, 거꾸로 피고가 정당하게 해당 정보를 취득하였다는 점을 증명할 책임이 있고, 피고가 정보를 취득한 정당한 경로를 입증하지 못하는 경우 피고가 침해행위를 하였다는 점을 인정한다.[45]

한편, 위약소송 권리침해소송은 배상액 산정 방식에 차이가 있다. 위약소송에서 위약금 약정이 있는 경우 원고는 손해배상금과 별도로 위약금을 청구할 수 있다. 따라서 손해배상액 입증을 다소 불충분하게 한다고 하더라도 위약금 약정에 근거한 위약금을 받을 수 있다는 장점이 있다. 반면 권리침해소송의 경우 원고는 구체적인 손실액에 대한 증명책임을 부담한다. 다만 손해액수는 피해자 손실을 한계로 하고, 원고의 손해액, 피고의 이익, 법정 배상액 중 하나를 선택하여 권리를 주장할 수 있다. 즉, 손해액에 대한 추정 규정을 두고 있으므로 손해배상액 입증 자체의 부담은 위약소송에서보다 상대적으로 가벼운 것이다.[46] 이처럼 청구원인에 따라서 입증책

44_ 위의 책, p.184.

45_ 위의 책, p.185; 唐青林、黄卫红 主编, 商业秘密百案评析与企业保密体系建设指南, 中国法制出版社, 2014, p.161.

임의 정도와 위약금을 포함하여 배상 받을 수 있는 손해배상액에 차이가 있을 수 있으므로, 권리자는 상황에 따라서 적합하게 청구이유를 선택해야 한다.

한 가지 유의할 것은, 노동계약에서의 비밀유지약정 및 경업금지약정 위반이 문제되는 경우는 일반 비밀유지약정 위반이 문제되는 경우와 처리 절차가 다르다는 점이다. 2011년 수정된 「민사안건 소송개요 규정(民事案件案由规定)」에 따르면, 비밀유지약정 등 노동계약 약정위반 분쟁은 노동쟁의 안건의 범주에 속하므로 노동쟁의 중재의 전치절차 처리를 거쳐야 한다.[47] 반면 영업비밀을 침해당하였다는 이유로 권리침해소송을 제기하는 경우, 법원이 직접 수리할 수 있다. 따라서 현 · 전직 피고용인이 영업비밀을 침해하였다는 이유로 권리구제를 받으려는 고용주는, 노동계약 등의 위약을 주장할 것인지 또는 권리침해를 주장할 것인지를 선택한 뒤, 그에 따른 절차를 거쳐야 할 것이다. 어느 절차가 더 좋다고 일률적으로 말하기는 어렵고, 지역과 구체적인 상황을 종합하여 결정을 내릴 필요가 있다.

그렇다면 원고가 전직 직원에 대한 소송을 제기하는 경우, 원고가 경쟁제한약정 위반을 청구원인으로 할지 또는 영업비밀 권리침해를 청구원인으로 할지에 대해 결정하지 못하고 모두를 청구원인으로 하여 민사 법원에 소를 제기하면 법원은 이를 어떻게 처리해야 할까? 이 경우 법원은 경쟁제한약정을 이유로 노동쟁의 중재로 이송할 것이 아니라, 「민사안건 소송개요 규정」에 근거하여 '영업비밀 경업제한 분쟁'을 사건명으로 하여 사건을 수리하되 다만 영업비밀침해 사건으로 심사하여야 한다.[48] 이 경우 경쟁제한약정에 규정된 위약금 부분에 대해 법원의 판단을 받을 수 없음은 물론이다.[49]

(5) 전문가의 참여

이에 대해서는 위 제9장 I .4. (7)에서 이미 살펴본 바와 같다.

한편 베이징, 상하이, 광저우에 설립된 지식재산권법원은 일반 부정경쟁행위 또는 경영 비밀에 관한 영업비밀침해 사안과 달리, 기술비밀에 관한 영업비밀침해 사안에 대해 1심 심리를 관할하고 있다는 점을 유의할 필요가 있다.[50]

46_ 孔祥俊 主编, 商业秘密司法保护实务, 中国法律出版社, 2012, p.186.

47_ 민사안건소송개요규정 제6부분.

48_ 孔祥俊 主编, 商业秘密司法保护实务, 中国法律出版社, 2012, p.252.

49_ 甘肃省高级人民法院 (2013)甘民三终字第5号 民事判决书, 2013년 중국 법원 50대 대표 지식재산권 판례.

50_ 「최고인민법원 베이징, 상하이, 광저우 지식재산권법원의 안건 관할에 관한 규정」 제1조, 제2

한편 개정 민사소송법 제79조는 "당사자는 법원에 전문지식을 가진 자에게 출석하여 감정인이 제출한 감정의견이나 전문적 문제에 대하여 의견을 제출할 것을 통지해 달라고 신청할 수 있다"고 규정하여 전문가 보조인제도(专家辅助人)를 두고 있다. 이는 종전에 최고인민법원의 사법해석으로 규정되어 있던 제도를 입법한 것이다.[51] 전문가 보조인은 당사자 일방의 신청에 따른 법원의 허가에 의해 선정되고, 신청 당사자를 위하여 법원에서 전문적인 사항을 도와주는 전문적인 지식을 가진 사람을 말한다. 어느 일방 당사자를 위하여 도움을 주고, 해당 당사자로부터 보수를 받는다는 점에서 법원에 의하여 선임되어 중립적인 위치에서 의견을 제출하는 감정인과 상이하다.

(6) 감정과 관련된 문제

영업비밀사건 심리 중, 전문가의 자문이나 법정 참여를 통해 기술 사실을 증명할 수 없을 경우 법원은 기술 감정 절차를 실시할 수 있다. 특히 지적재산권 분야에서 기술의 실체를 파악하고 영업비밀성을 인정하는 데 감정서는 매우 중요한 역할을 한다. 당사자가 법원에 감정을 신청할 수 있고, 법원이 직권으로 김정인에게 위탁하여 감정을 진행할 수도 있다.[52]

경우에 따라서 일방 당사자가 법원을 통하지 않고 감정기관에 위탁하여 사감정(私鑑定)을 실시하는 경우가 있는데, 이에 대해서는 상대방이 대부분 이의를 제기하여 재감정을 신청하게 되는 경우가 많아 효용이 적으므로,[53] 법에서 정한 절차에 따라 법원을 통하여 감정을 받는 것이 적절하다.

법원을 통한 사법감정의 경우 ① 법원이 직권 또는 당사자의 서면 신청에 의하여 감정 진행 여부를 결정하고, ② 감정인은 당사자 사이에서 감정인 선택의 합의가 이루어진 경우에는 그 합의에 따라, 그 선택의 합의가 이루어지지 않으면 법원에서 지정하게 된다.[54]

중국 법원에서 감정 절차가 어떻게 진행되어야 하자 없는 것으로 받아들여지는지 이해하는 데 도움을 주기 위하여, 아래에서는 감정 절차가 적법하지 않다며 일방

조, 제7조.

51_ 최고인민법원의 민사소송증거에 관한 규정(最高人民法院关于民事诉讼证据的若干规定) 제61조.

52_ 중국 민사소송법 제76조 제1, 2항.

53_ 최고인민법원의 민사소송증거에 관한 규정 제28조.

54_ 중국 민사소송법 제76조 제1항, 최고인민법원의 민사소송증거에 관한 규정 제26조.

당사자가 문제를 제기한 사안에서 1심법원이 그 감정 절차의 적법성 여부를 판단하며 설시한 부분을 살펴보도록 한다. 2심법원도 아래와 같은 1심법원의 판단을 지지하였다.

사례 감정 절차의 적법성이 쟁점이 된 사안[55]

란저우 정평 석유화학공업 기술장비 유한책임회사(兰州正丰石油化工技术装备有限责任公司, 이하 원고)와 우시 펀투 필터재료 유한회사(无锡奋图过滤材料有限公司, 이하 피고) 외 2의 영업비밀침해 분쟁 사안

감정에 대한 의견과 관련하여 원심법원은 다음과 같이 인정하였다. 피고 회사가 감정을 신청하였고, 원고 회사와 피고 회사가 이 안건의 감정 당사자이다. 감정기관 선정에 관한 양 당사자의 협상이 실패한 뒤, 원심법원은 법에 따라 감정 자격을 갖춘 '북경 지적재산권 사법감정 센터'를 감정기관으로 지정하고, 위 감정기관으로 하여금 법에 따라 원고의 기술이 대중에게 잘 알려져 있는지 여부와 이 사건 소송의 분쟁 설비 기술 포인트(skill point)가 원고 기술의 핵심 기술과 동일한지 여부에 대해 감정하도록 위탁하였다. 동시에 감정기구에 관련 자료를 전달하였고, 양 당사자가 감정기구의 선택에 대하여 이의가 없음을 확인하였다.
감정 과정 중, 원심법원은 감정기관에 대해서 감정인의 자격에 대하여 (양 감정 당사자에게) 서면 설명을 해주도록 하였고, 당사자들로부터 의견을 구하였다. 원고 회사와 피고 회사는 모두 서면으로 감정인에 대하여 이의가 없음을 밝혔다.
2012년 5월 25일, 원심법원은 감정인과 감정당사자가 피고 회사의 생산 작업장 현장에서 감정 샘플을 확정하고 사진을 찍도록 하였다. 감정 절차는 적법하였고, 감정 과정은 투명하게 공개되었으며 감정 의견은 법정의 심문을 통하여 대질되었다. 재판 후, 감정기관은 당사자의 이의에 대한 답변서를 제출하였고, 이 역시 원심법원에서 이 사건 당사자가 대질하도록 조치하였다.
…(중략)… 앞서 말한 내용을 종합해 볼 때, 해당 감정의견은 절차가 적법하고, 내용이 객관적이고 진실하며, 과학적이고 엄밀한 결론을 내린 것으로 인정할 수 있다.

당사자가 감정을 신청하는 경우, 일반적으로 신청 당사자가 비용을 사전 부담

55_ 甘肃省高级人民法院 (2013)甘民三终字第5号 民事判决书, 2013년 중국 법원 50대 대표 지식재산권 판례.

하거나, 양 당사자가 협상을 통해 사전 분담한다. 기술비밀 사건에서 원고는 기술비밀이 영업비밀이라는 점, 쌍방의 기술내용이 동일하거나 실질적으로 유사하다는 점을 증명할 입증책임을 가지므로 통상 원고가 감정비를 선행 납부하게 된다.[56]

감정인은 감정이 필요한 사건의 소송자료를 볼 권리가 있고, 필요한 경우 당사자나 증인을 심문할 수 있다. 감정인은 감정 의견을 서면으로 제출해야 하고, 감정서에 서명 혹은 날인을 한다.[57] 당사자가 감정 의견에 이의가 있거나 법원이 감정인 출석의 필요를 인정하는 경우, 감정인은 출석하여 증언을 해야 한다. 법원의 통지를 받고도 출석을 거부하여 증언을 하지 않는 경우에는 그 감정 의견을 사실인정의 근거로 할 수 없다.[58]

감정 결과가 나온 후에는 그 감정기구나 감정인 자격에 문제가 있거나, 감정 절차에 중대한 법률위반이 있거나 또는 감정 의견에 명백히 근거가 부족한 경우 등의 제한적인 사유에 대해 증거를 제출하여 증명을 한 경우에만 재감정을 인정한다. 결함이 있는 감정 결과라도 보충감정 등의 방법으로 해결할 수 있는 경우에는 재감정하지 않는다.[59]

(7) 공 증

전자 증거는 특유의 무형성과 취약성을 가지고 있으므로, 증명력을 인정받기 위해서는 반드시 공증이나 법원을 통한 증거 보전 조치 등을 통하여 그 전자 증거를 완전하게 보관하고 고정화(固定化)하여 신뢰성을 부여할 필요가 있다.

영업비밀침해 사건에서는 여러 가지 측면에서 전자 증거가 문제된다. 우선, 침해 대상이 되는 영업비밀 자체가 전자 자료의 형태일 수 있고, 침해자들이 그 침해행위를 모의하거나 침해행위를 실행함에 있어서 이메일, 메신저 프로그램을 이용할 수 있다.

따라서 권리자는 증거로 사용할 전자 증거의 완전한 보관 및 공증에 주의를 기울여 증거의 신뢰성 확보에 힘써야 할 필요가 있다. 이와 관련하여 아래에서 소개하는 일련의 사안들은, 전자 증거를 적절하게 공증하여 입증에 사용하였거나 또는 반대로 전자 증거를 잘못 다루어 입증에 어려움을 겪은 사안들이다. 영업비밀에 대한

56_ 孔祥俊 主编, 商业秘密司法保护实务, 中国法律出版社, 2012, pp.77-79.

57_ 중국 민사소송법 제77조.

58_ 위 법 제78조.

59_ 최고인민법원의 민사소송증거에 관한 규정 제27조.

권리행사를 위하여 사전 준비할 때 권리자가 유의해야 할 점들을 배울 수 있다.

① 법원은 영업비밀의 침해정황 및 침해된 영업비밀 내용이 포함되어 있는 이메일 내용을 원고가 공증받아 그 공증서를 제출한 사안에서, 원고는 이메일의 내용을 외장 하드에 저장한 뒤, 그 외장 하드를 공증처에 가져가서 공증을 받는 방법을 사용하였다. 이에 대하여 베이징 하이디엔구 인민법원은 그 공증서의 내용은 외장 하드 디스크의 내용의 진실성을 인정할 뿐, 원고가 주장하는 바와 같은 당사자들 간의 전자 우편의 내용을 증명할 수 없다고 보았다.[60]

"상위 공증서에는 아래와 같이 기재되어 있다: 공증처 컴퓨터를 사용해 인터넷에 들어간 후, 아이디와 비밀번호를 입력하고 '263 전자 우편'에 들어가, 캉신 회사의 위탁 대리인 옹내정 씨가 휴대하던 이동식 하드 디스크를 공증처 컴퓨터와 연결한 뒤, 본 하드 디스크의 Foxmail 소프트웨어를 실행하여, Foxmail 중 본 안건의 전자 우편을 발견하였다. 상위 조작 과정에서 알 수 있는 것은, 이 전자 우편이 캉신 회사의 위탁 대리인이 가지고 있던 하드 디스크에 저장되어 있었다는 점이다. 상식적으로 볼 때, 이동식 하드디스크는 단지 운반 장치일 뿐이며, 이 장치에 저장되어 있던 정보의 출처와 형성 과정은 좀 더 깊은 증명이 필요하고, 정보 조작의 가능성도 배제시킬 수 없다. 그러므로 공증서는 하드 디스크 내용의 진실성만 증명할 뿐이고, 전자 우편의 내용을 증명할 수는 없다. 또한 전자 우편의 본문과 첨부된 파일들의 내용이 모두 영문인 것으로 볼 때, 인증된 번역 기관의 번역을 거치지 않고서는 증거로서의 법정 조건에 부합될 수 없다."

② 반면, 공증인이 원고 회사가 운영하는 이메일 서버에 직접 접속하여 문제의 이메일을 다운로드 받고 저장한 다음 공증서를 제출하는 경우에는, 그 증거의 진실성이 인정된다.[61]

③ 웹사이트의 내용을 증거로 제출하는 경우에도 공증을 통하여 그 내용을 저장하고 공증서를 제출하여야 그 증거의 진실성이 문제되지 않는다. 이와 관련된 사안은 앞서 제9장 I .4. (5)에서 상술하였다.[62]

60_ 北京市海淀区人民法院 (2011)海民初字第1986号 民事判决书.

61_ 上海市第一中级人民法院 (2008)沪一中民五(知)终字第3号, 北京市第一中级人民法院 (2010)一中民终字第18293号 民事判决书.

62_ 北京市高级人民法院 (2008)高民终字第1323号 民事判决书, 湖北省高级人民法院 (2012)鄂民三终字第137号 民事判决书, 北京市第一中级人民法院 (2010)一中民终字第18293号 民事判决书.

④ 피고들이 메신저를 이용하여 채팅한 기록을 출력한 문서를 제출하여 피고들이 부당한 수단으로 영업비밀을 취득하였다는 점을 입증하고자 한 사안에서, 저쟝성 고급인민법원은 그 채팅 기록 프린트 문서에 다음과 같은 결함이 존재한다고 보아 증명력을 부인한 바 있다. "본 사안 중 원고 회사가 제출한 QQ(메신저 소프트웨어) 대화 기록 프린트 문서에는 다음과 같은 결함이 존재한다. 첫 번째, 당해 기록의 당사자 신분이 확인되지 않았다. 두 번째, 증거로 제출된 QQ 대화 기록 프린트 문서의 내용이 피고의 하드 디스크에서 프린트된 것인지 여부를 증명할 수 없다. 세 번째, 하드디스크에 저장된 대화 기록을 프린트할 때의 과정이 하나도 기재되지 않았다. 마지막으로, 원고는 QQ 대화 기록의 출처가 합법적이라는 것을 증명할 다른 증거를 제공하지 않았다. 따라서 법원은 원고가 제출한 QQ 대화 기록의 증거 효력을 인정하지 않는다."[63]

(8) 증거보전조치

증거가 멸실될 가능성이 있거나 향후 취득의 어려움이 예상되는 경우에는 소송 중 또는 소 제기 전에 법원에 증거보전조치를 신청할 수 있다. 「최고인민법원의 민사소송증거에 관한 규정(最高人民法院关于民事诉讼证据的若干规定)」[사법해석(2001)33호] 제23조 및 제24조의 규정에 의하면 법원은 증거보전조치를 취함에 있어 구체적인 상황에 따라 가압류, 가처분, 촬영, 녹음, 복제, 감정, 검증, 기록작성 등의 방법을 취할 수 있다. 이에 관한 자세한 사항은 앞서 제9장 Ⅰ.4. (4)에서 이미 상술하였다.

(9) 재판 절차에서의 영업비밀 내용 보호

영업비밀이 재판정에서 심리되고 판결이 내려지는 과정에서 2차적인 공개가 문제될 수 있다. 이와 관련하여 한국 부정경쟁방지법은 심리 중 공개되는 영업비밀에 대한 비밀유지 명령제도를 두고 있고,[64] 한국 민사소송법은 소송기록의 열람・등

63_ 浙江省高级人民法院 (2011)浙知终字第6号 民事判决书.

64_ 한국 「부정경쟁방지법」 제14조의4(비밀유지명령) ① 법원은 부정경쟁행위, 제3조의2 제1항이나 제2항을 위반한 행위 또는 영업비밀 침해행위로 인한 영업상 이익의 침해에 관한 소송에서 그 당사자가 보유한 영업비밀에 대하여 다음 각 호의 사유를 모두 소명한 경우에는 그 당사자의 신청에 따라 결정으로 다른 당사자(법인인 경우에는 그 대표자), 당사자를 위하여 소송을 대리하는 자, 그 밖에 해당 소송으로 인하여 영업비밀을 알게 된 자에게 그 영업비밀을 해당 소송의 계속적인 수행 외의 목적으로 사용하거나 그 영업비밀에 관계된 이 항에 따른 명령을 받은 자 외의 자에게 공개하지 아니할 것을 명할 수 있다. 다만, 그 신청 시점까지 다른 당사자(법인

사 신청 제한 제도를 두고 있으며,[65] 공개용 판결문에서 영업비밀 내용 부분을 제거하고 있다. 한편 영업비밀 정보 자체를 감정해야 하는 경우, 실무상으로 양 당사자의 협의 아래 그 감정자료를 상대방에게 교부하지 않고 감정인에게 직접 보내어 그 감정 결과만을 증거로 사용하는 경우도 있다.[66]

중국 최고인민법원 역시 재판 판결문 내용에 포함시켜 공개하기에 적절하지 않은 영업비밀 내용은, 별도 첨부로 하여 당사자에게만 전달하고 대중에 공개하지 않을 수 있다는 입장이다. 한편, 감정 절차에서 예전에는 영업비밀의 공개를 막기 위해 일방 당사자가 감정 자료를 다른 일방에게 공개하지 않고 직접 감정기관에 제출하는 일이 있었는데, 최고인민법원은 이와 같은 방법을 금지하였다. 따라서 보통의 방식과 같이 양 당사자가 감정 자료를 제출하고 대질을 거쳐 감정 자료를 확정하고 감정에 들어가게 된다.[67]

인 경우에는 그 대표자), 당사자를 위하여 소송을 대리하는 자, 그 밖에 해당 소송으로 인하여 영업비밀을 알게 된 자가 제1호에 규정된 준비서면의 열람이나 증거 조사 외의 방법으로 그 영업비밀을 이미 취득하고 있는 경우에는 그러하지 아니하다.

1. 이미 제출하였거나 제출하여야 할 준비서면 또는 이미 조사하였거나 조사하여야 할 증거에 영업비밀이 포함되어 있다는 것
2. 제1호의 영업비밀이 해당 소송 수행 외의 목적으로 사용되거나 공개되면 당사자의 영업에 지장을 줄 우려가 있어 이를 방지하기 위하여 영업비밀의 사용 또는 공개를 제한할 필요가 있다는 것

65_ 한국「민사소송법」제163조(비밀보호를 위한 열람 등의 제한) ① 다음 각호 가운데 어느 하나에 해당한다는 소명이 있는 경우에는 법원은 당사자의 신청에 따라 결정으로 소송기록 중 비밀이 적혀 있는 부분의 열람 · 복사, 재판서 · 조서 중 비밀이 적혀 있는 부분의 정본 · 등본 · 초본의 교부(이하 "비밀 기재부분의 열람 등"이라 한다)를 신청할 수 있는 자를 당사자로 한정할 수 있다.

1. 소송기록 중에 당사자의 사생활에 관한 중대한 비밀이 적혀 있고, 제3자에게 비밀 기재부분의 열람 등을 허용하면 당사자의 사회생활에 지장이 클 우려가 있는 때
2. 소송기록 중에 당사자가 가지는 영업비밀(부정경쟁방지 및 영업비밀보호에 관한 법률 제2조 제2호에 규정된 영업비밀을 말한다)이 적혀 있는 때

② 제1항의 신청이 있는 경우에는 그 신청에 관한 재판이 확정될 때까지 제3자는 비밀 기재부분의 열람 등을 신청할 수 없다.

③ 소송기록을 보관하고 있는 법원은 이해관계를 소명한 제3자의 신청에 따라 제1항 각호의 사유가 존재하지 아니하거나 소멸되었음을 이유로 제1항의 결정을 취소할 수 있다.

④ 제1항의 신청을 기각한 결정 또는 제3항의 신청에 관한 결정에 대하여는 즉시항고를 할 수 있다.

⑤ 제3항의 취소결정은 확정되어야 효력을 가진다.

66_ 실무상 양 당사자의 협의하에 이와 같은 방식으로 절차를 진행하는 경우가 있다.

67_ 孔祥俊 主编, 商业秘密司法保护实务, 中国法律出版社, 2012, p.81.

그 외 중국은 아직 전국적 범위의 비밀유지 명령제도를 두고 있지 않다. 유일하게 2011년부터 샤먼시(厦门市) 중급인민법원이 실시하고 있는 비밀유지 명령제도만 있다.[68] 당사자 또는 제3자는 법원에 당사자와 소송참가자에게 비밀유지 명령을 신청할 수 있다. 샤먼시 중급인민법원의 비밀유지명령을 받은 자는 영업비밀 소송 이외의 목적으로 기타 사람에게 그 영업비밀 내용을 누설할 수 없다. 비밀유지의무를 위반하는 행위는 민사소송 방해행위로 보고, 법원은 행위자에 대해 민사소송법의 민사소송 방해와 관련한 강제 규정을 적용하여 구류, 벌금을 부과할 수 있고, 엄중한 경우 형사책임을 물을 수 있다.[69]

다만 위와 같은 조치들은 모두 재판 과정 외의 제3자에게 영업비밀이 유출되는 것을 방지하기 위해서 취해지는 것이고, 소송 상대방 당사자에게 영업비밀이 유출되는 염려는 그대로 남게 된다는 문제가 있다. 이와 같은 문제를 이용하여, 상대방 당사자의 영업비밀을 취득하기 위하여 근거 없이 소를 제기하는 경우도 있어 문제가 되고 있다.[70]

이와 관련하여 소개하는 아래 사안은, 영업비밀침해 사안에서 원고가 영업비밀이라고 주장하는 자료를 피고 대리인이 법원을 통하지 않고 사적으로 여러 감정기관에 보내어 영업비밀인지 여부를 판단하는 사감(私鑑)을 실시한 것이 타인의 영업비밀 공개에 해당하여 별도의 영업비밀침해를 구성하는지 여부가 문제된 사안이다. 다시 말해, 소송 당사자인 피고의 대리인이 소송을 통하여 영업비밀의 2차적 침해를 일으켰는지 여부가 문제된 사안이다. 이에 대해서 법원은 피고 대리인의 행위는 피고의 합법적 권리를 보호하기 위한 적법한 조치의 일환이었고, 타인의 영업비밀을 공개하여 침해한다는 고의가 없으므로 영업비밀 침해행위에 해당하지 않는다고 판단하였다. 영업비밀 침해소송에서 그 영업비밀 자료를 상대 당사자가 활용하는 것을 제어하는 것은 매우 어렵다는 점을 확인할 수 있는 사안이다.

68_ 郭伟, 论证据保全措施在商业秘密侵权案件中的适用及完善, 电子知识产权, 2014年第11期.

69_ 厦门法院推行知识产权审判保密令制度保护商业秘密, http://www.xinhuanet.com/chinanews/2011-01/23/content_21931759.html.

70_ 孔祥俊, 商标与不正当竞争法原理和判例, 法律出版社, 2009, p.584; 孔祥俊 主编, 商业秘密司法保护实务, 中国法律出版社, 2012, p.81 재인용; 한국 민사소송절차도 동일한 문제점을 안고 있다.

사례 형사 사건에 증거로 제출된 피해자의 영업비밀을 외부 감정 기관에 감정의뢰한 행위는 영업비밀침해가 아니라고 본 사안[71]

닝보시 쟝동 성평 철강 파이브 제조상(宁波市江东盛丰钢塑管制造厂, 이하 원고)과 베이징시 왕룽 변호사 사무소(北京市旺隆律师事务所, 이하 피고)의 영업비밀 분쟁 상소 사안

[사실관계] 2007년 4월부터 2009년 1월까지 저쟝성 닝보시 쟝동구 인민검찰원(浙江省宁波市江东区人民检察院)은 저쟝성 닝보시 쟝동구의 인민법원(浙江省江东区人民法院)과 저쟝성 닝보시 중급 인민법원(浙江省宁波市中级人民法院)에 멍용링(孟永玲), 류쟈제(刘家杰) 등을 피고인으로 하고 영업비밀 침해죄를 사유로 기소하였다. 이에 각 법원은 위 안건을 심리하였다.
피해자 신분이었던 원고는 영업비밀 보호조치가 되어 있던 원고들의 자료를 사법기관에 피침해 영업비밀 자료라고 제출하였고, 위 자료는 현재 원고가 주장하는 계쟁 영업비밀이다.
위 형사 안건의 피고인들의 변호는 베이징 슈화 법률 사무소(北京澍铧律师事务所)에서 맡았다. 위 법률 사무소는 원고의 위 자료들을 열람・등사한 다음 감정기관인 베이징 쥬저우 슬추 지식재산권 사법 감정 센터(北京九州世初知识产权司法鉴定中心) 등 여러 사법 감정 기구에 보내어 해당 자료들이 영업비밀을 구성하는지 여부에 대한 감정을 의뢰했고, 해당 기구들은 수탁 내용에 따라 「감정보고서」를 작성하였다. 베이징 슈화 법률 사무소는 위 보고서들을 법원에 제출하였다.
2009년 6월 베이징 슈화 변호사 사무소는 '베이징시 왕룽 변호사 사무소'란 이름으로 개명하였다.
[법원의 판단] 원고는 피고인들의 변호사인 피고가 원고의 자료를 복사하여 무단으로 외부 감정기관에 공개한 것은 영업비밀침해에 해당한다고 주장하여 소를 제기하였다. 이에 대하여 제1심을 담당한 베이징시 제2중급인민법원은 원고의 주장을 받아들이지 않았다. 이에 대하여 원고는 상소하였으나, 베이징시 고급인민법원 역시 중급인민법원과 판단을 같이 하였다. 제2심법원의 판단 내용은 아래와 같다.
"반부정당경쟁법 제10조는, 영업비밀침해의 수단은 반드시 부당한 방식이어야 하며 공개하는 자료 역시 부당한 방식으로 취득한 자료여야 함을 그 구성요건으로 보고 있다. 이 안건의 구체적 정황을 볼 때, 소송 관련 자료들을 열람하고 복사하는 것은 변호사로서 갖는 권리라고 할 수 있다. 이는 즉, 계쟁 영업비밀에 대한 피고의 취득 수단이 정당하고 합법적

71_ 北京市高级人民法院 (2010)高民终字第868号 民事判决书.

인 수단에 속한다는 것을 의미한다.
중국의 형사소송법 규정에 의하면 변호인은 피고인 변호에 필요한 자료들을 수집하고 이를 법정에 제출할 권한이 있다, 그리고 영업비밀 성립 여부는 영업비밀 침해죄의 성립 여부와 직접적 관련이 있다. 그리고 위 안건에서 피고인들이 변호사를 선임한 이유는 영업비밀 침해죄의 구성요건 중 바로 영업비밀성을 반박하기 위함이었다. 즉, 원고의 자료들을 지식재산권 사법감정 기구에 제출하고 감정을 통해 영업비밀을 주장할 권리가 존재하는지 여부를 확인한 것은 변호사로서 당연한 직무이며 합법적 행위인 것이다.
또한 '공개'한다는 것은 이를 외부적으로 공표하는 행위인데, 반부정당경쟁법 제10조는 '주관적 고의'를 이러한 공개의 추가적인 구성요건으로 보고 있다. 하지만 이 안건에서 피고가 취한 행위는 위탁자의 합법적 권리를 보호하기 위한 행위였고 이를 특정 기관에 감정자료로서만 제출하였기 때문에 이를 주관적 고의가 있는 행동이었다고 판단하기는 어렵다. 그렇기 때문에 위 행위는 반부정당경쟁법이 규정하고 있는 '공개' 행위의 구성요건을 만족하지 못한다. 따라서 피고의 행위는 원고의 영업비밀을 침해할 수 없다고 판단되고 피고가 영업비밀을 침해하였다는 원고의 주장은 사실 및 법률적 근거가 없다. 이에 본 법원은 이를 기각한다."

II. 형사적 구제방법

영업비밀침해와 관련된 형법 조항으로는 형법 제219조 영업비밀 침해죄가 있다.

1. 영업비밀 침해죄(형법 제219조)

형법 제219조는 영업비밀 침해죄를 별도로 규정하고 있고, 경우에 따라 영업비밀이 국가비밀에 해당되는 경우 관련 법률의 중복 적용을 받아 간첩죄, 국가기밀 불법 취득죄 등을 구성할 수도 있다. 형법 제219조에 열거되어 있는 영업비밀 침해죄의 태양에 속하지 않으면 영업비밀침해의 형사책임을 물을 수 없다.

형법 제219조는 "① 아래 하나의 영업비밀 침해행위에 해당하며, 영업비밀 권리자에게 중대한 손실을 초래하는 경우 3년 이하의 유기징역 혹은 구류에 처하거나 벌금을 단독 부과 또는 병과할 수 있다. 특별히 중대한 손실을 가하는 경우 3년 이상 7년 이하의 유기징역에 처하고 벌금을 병과한다: 1. 절도, 재물을 이용한 유혹, 협박 또는 기타 부정당한 수단으로 권리자의 영업비밀을 획득하거나, 2. 위의 수단으로 획득한 권리자의 영업비밀을 이용하거나 타인에게 사용하도록 허락하거나, 또는 3. 약정 위반 혹은 권리자의 영업비밀보호와 관련된 요구를 위반하고 그가 장악하고 있는 영업비밀을 공표하거나 사용하거나 또는 타인에게 사용을 허락하는 행위. ② 전항에 열거한 행위를 알았거나 과실로 알지 못하고 타인의 영업비밀을 획득, 사용하거나 공표하여 영업비밀을 침해하는 경우에는 영업비밀침해로 본다. ③ 본 조에 규정된 영업비밀이란, 공중에 알려져 있지 않고, 권리자에게 경제적 이익을 가져다 줄 수 있거나 실용성이 있고, 권리자가 비밀유지조치를 취한 기술정보 또는 경영정보를 의미한다. ④ 본 조의 권리자는 영업비밀의 소유자와 영업비밀의 소유자로부터 사용 허가를 받은 영업비밀 사용자를 의미한다."고 규정하고 있다.

한편 형법 제219조는 만일 법인 또는 단체가 주체가 되어 영업비밀 침해죄를 범하는 경우 개인에 대한 양형 표준의 3배로 가중 처벌할 수 있고,[72] 회사에는 벌금을 부과하며, 직접 주된 관리책임을 부담하는 자와 기타 직접 책임자가 영업비밀침해죄로 인한 책임을 부담하도록 양벌제를 도입하고 있다.[73]

아래에서는 형법 제219조의 영업비밀 침해죄의 요건을 하나씩 살펴보도록 한다.

(1) 주관적 요건

형법 제219조 제1항이 고의를 요건으로 한다는 점에는 이견이 없다. 다만, 제219조 제2항은 문언만을 기준으로 할 때 마치 과실범도 포함하는 것으로 보이므로 학계에 이견이 있다. 제219조 제2항에는 "전항에 열거한 행위를 알았거나(明知) 알았어야 하면서(应知)" 타인의 영업비밀을 획득하는 경우 등을 규정하고 있기 때문이다. 형법 제219조에서 '알았거나(明知)'가 고의라는 것에 대해서는 의견이 일치하지만, 문제는 '알았어야 하는(应知)' 경우에 대한 해석이다. '알았어야 하는(应知)'이라는 문언에 따라 과실범도 포함한다는 입장을 가진 견해도 있지만,[74] 제219조 제1항과의 형평과 영업비밀 침해죄의 성질에 비추어 볼 때 문언의 '明知'와 '应知'를 모두 고의로 해석해야 한다는 견해가 있으며,[75] 다수의 견해는 고의설을 지지한다.[76]

72_ 지적재산권 침해죄 사법해석(2) 제15조.

73_ 중국 형법 제220조.

74_ 詹复亮, 论侵犯商业秘密罪, 载高铭暄、赵秉志 主编, 刑法论丛(第1卷), 法律出版社, 1999, p.113; 刘宪权、吴允锋, 侵犯商业秘密罪若干争议问题研究, 甘肃政法学院学报, 2006年04期, p. 25 재인용.

75_ 王超莹, 新刑法对商业秘密的保护还需完善, 中国律师, 1998年06期, p.6; 刘宪权、吴允锋, 侵

(2) 객관적 구성요건

영업비밀 침해죄는 ① 절도, 재물을 이용한 유혹, 협박 또는 기타 부정당한 수단으로 권리자의 영업비밀을 획득하거나, ② 위의 수단으로 획득한 권리자의 영업비밀을 이용하거나 타인에게 사용하도록 허락하거나, ③ 권리자와 고용관계가 있는 개인이나 회사, 또는 권리자와 고용 관계가 있는 자가 비밀유지약정 또는 권리자의 비밀유지요구를 위반하고 권리자의 영업비밀을 공표하거나 사용하거나 또는 타인에게 사용을 허락하는 행위를 하는 경우, 또는 ④ 전항에 열거한 행위를 알고 타인의 영업비밀을 획득, 사용하거나 공표하여 영업비밀을 침해하는 것을 객관적 요건으로 한다. 객관적 구성요건은 반부정당경쟁법에 정한 영업비밀 침해행위와 크게 다르지 않다.

다만, 형법 제219조 제3항의 영업비밀 요건 중 비밀유지조치를 하였는지 여부와 관련하여, 일반 민사책임을 묻는 경우보다 엄격하게 판단해야 한다고 보는 견해가 있다.[77] 그렇다면, 비밀유지약정 위반을 이유로 영업비밀 침해죄가 인정되는 경우 민사책임과 달리 묵시적 약정을 비밀유지약정으로 인정할 수 없는 것 아닌지 의문이 들 수도 있으나 실무에서는 묵시적 약정을 위반한 경우도 영업비밀 침해죄가 성립한다고 본다.[78]

(3) 중대한 손실

한편 최고인민법원과 최고인민검찰원이 발표한 사법해석에서, '중대한 손실'을 가하였다는 것은 권리자에게 50만 위안 이상의 손실을 초래한 경우를 의미하고, '특별히 중대한 손실'을 가하였다는 것은 250만 위안 이상의 손실을 초래하는 경우를 의미한다고 규정하고 있다.[79] 한편 최고인민검찰원은 형법 제219조 영업비밀 침해죄를 범하면서 ① 영업비밀 권리자에게 50만 위안 이상의 손실을 입힌 것으로 혐의를 받는 경우, ② 영업비밀침해로 인한 위법소득 액수가 50만 위안 이상으로 혐의를 받는 경우, ③ 영업비밀 권리자로 하여금 파산하게 한 혐의를 받는 경우, ④ 기타 영업비밀 권리자에게 중대한 손실을 입힌 경우 검찰은 이를 기소해야 한다고 규정하

犯商业秘密罪若干争议问题研究, 甘肃政法学院学报, 2006年04期, p.24 재인용.

76_ 刘宪权、吴允锋, 侵犯商业秘密罪若干争议问题研究, 甘肃政法学院学报, 2006年04期, p.25; 陈兴良, "应当知道"的刑法界说, 法学, 2005年07期, p.80.

77_ 林文, 反不正当竞争法律制度与实务技能, 法律出版社, 2014, p.496.

78_ 孔样俊 主编, 商业秘密司法保护实务, 中国法律出版社, 2012, p.273.

79_ 지적재산권 침해죄 사법해석(2) 제7조.

고 있다.[80]

즉 '중대한 손실'을 가한 경우란 영업비밀 권리자에게 입힌 손실액수 또는 영업비밀침해로 얻은 이익액수가 일정 액수를 넘는 경우와 권리자에게 상당한 영향을 준 경우 두 가지 경우로 나눌 수 있다. 이처럼 형법상 영업비밀 침해죄와 반부정당경쟁법의 영업비밀 침해행위의 가장 큰 차이는 권리자에게 '중대한 손실'을 가하였을 것이라는 요건이라는 점을 알 수 있다.

우선 '중대한 손실'의 또 다른 의미인 권리자에게 상당한 영향을 준 경우라 함은, 기업이 파산에 이르거나 이에 준하는 경우를 말한다.

다음으로 손실 또는 이익 액수를 기준으로 '중대한 손실'을 인정하는 경우에 대해 살펴본다. 영업비밀 침해죄의 '손실'은 권리자의 경쟁 우위와 그 우위로 인해 얻게 되는 직접적인 경제적 이익을 포함한다. 이때 경쟁적 우위에 대한 손실은 개발비용, 현재의 경제적 우위, 미래의 우위에 대한 손실을 포함한다.[81] 따라서 이때 손실 · 이익 액수의 산정 기준은 민사소송에서의 손해액 산정기준과 다르다. 손실 · 이익 액수의 산정 방법은 아래와 같은 네 가지 유형으로 나누어 볼 수 있다.

1) 권리자가 침해행위로 인하여 입은 손실을 기준으로 산정하는 방법

권리자가 침해행위로 인하여 입은 손실을 근거로 산정하는 방법이 있다. 이때에는 ① 연구 개발 비용, ② 영업비밀의 이용 주기, 즉 한 번 이용할 수 있는 것인지 반복적으로 이용할 수 있는 것인지, 또는 이용 기간이 단기인지 장기인지, ③ 영업비밀의 사용 · 이전(移轉) 상황, 즉 이제 막 사용을 시작하려는 것인지 또는 이미 오래 사용해 와서 거의 그 효용이 떨어져가는지, ④ 영업비밀의 성숙도, ⑤ 시장 용량과 공급 상황, ⑥ 권리 침해로 인한 판매의 실질적 감소량 등을 고려해야 한다.[82]

2) 피고가 침해행위로 얻은 이익을 기준으로 산정하는 방법

피고가 침해행위로 얻은 이익으로 '중대한 손실'을 계산하는 방법은 실무례에서 많이 사용된다. 다만 그 구체적인 방법은 다양할 수 있는데, ① 피고인이 범죄로 얻은 이익을 계산하여 이를 기준으로 하는 방법,[83] ② 피고인의 매출액에서 권리자의 원가를 제하는 방법,[84] ③ 같은 업종의 평균 이윤율에 침해자가 영업비밀의 사용을

'0_ 최고인민검찰원 기소기준(2) 제73조.
孔祥俊 主编, 商业秘密司法保护实务, 中国法律出版社, 2012, p.277.
의의 책, p.282.
海市第一中人民法院 (2003)沪一中字第343号 刑事判决书.

허가한 제3자의 상품 판매수를 곱한 것을 기준으로 하는 방법[85] 등이 있다.

3) 영업비밀의 가치를 기준으로 산정하는 방법

영업비밀의 가치를 기준으로 '중대한 손실'을 산정하는 방법으로는, ① 영업비밀 형성에 소요된 비용을 기준으로 하는 방법,[86] ② 영업비밀의 실시료를 기준으로 하는 방법 등이 있다. 이때 영업비밀의 실시료는 반드시 현재 적용되고 있을 것임을 요하지 않는다. 침해자가 영업비밀을 불법 취득한 뒤 타인에게 25만 위안에 팔려고 하였으나 결국 8만 위안에 넘겼고, 이를 취득한 자는 그 기술을 이용하지 않아 영업비밀을 사용한 불법적인 매출이 발생하지 않은 사안에서, 법원은 기술 감정을 통해 기술의 가치가 4,664만 위안, 적절한 실시료가 204만 위안이라는 회신을 받았다. 이에 법원은 위 감정 평가된 실시료 204만 위안을 권리자의 손실로 인정하였다.[87]

4) 기타 산정 방식

기타 산정 방식으로는, 영업비밀의 시장가격으로 손실을 산정하는 방법, 피고가 생산한 상품의 가치로 손실을 인정하는 방법 등이 있다.[88]

2. 형사 소송의 관할

영업비밀 침해행위에 대한 형사소송 관할은 민사소송 관할과 차이가 있다. 심급 관할과 지역 관할을 나누어서 살펴보도록 한다.

우선 심급 관할과 관련하여, 형사소송법 제19조는 "기층인민법원은 보통 형사사건 제1심을 관할한다. 단, 본법 규정에 상급인민법원의 관할로 규정된 경우는 예외로 한다"고 규정하고 있고, 제20조는 "중급인민법원은 아래 사건의 1심을 관할한다: (1) 국가안전, 테러활동 사건, (2) 법정형이 무기징역, 사형인 사건"이라고 규정하고 있다. 그런데 영업비밀 침해죄의 법정형은 최고 유기징역 7년이므로, 중급인민법원이 아니라 기층인민법원이 1심을 담당한다는 점을 알 수 있다. 이는 이미 민사적 구제방법에서 살펴본 바와 같이 영업비밀 침해행위 민사사건은 일반적으로 중급인민법원이 담당한다는 점과 차이가 있다.

84_ 四川省成都市高新技术产业开发区人民法院 (2004)高新刑初字第106号 刑事判决书.

85_ 最高人民法院公报, 2006年第12期.

86_ 上海市第一中人民法院 (2001)沪一中刑终字第703号 刑事判决书.

87_ 徐柳媚, 赵莉, 天之骄子盗走商业秘密, 载《深圳特区报》2001年8月31日; 林文, 反不正当竞争法律制度与实务技能, 法律出版社, 2014, p.493.

88_ 林文, 反不正当竞争法律制度与实务技能, 法律出版社, 2014, p.494.

다음으로 지역 관할을 살펴보도록 한다. 형사소송법 제24조에서는 형사안건은 범죄지 인민법원이 관할권을 가지도록 규정하고 있다. 다만 피고인 거주지의 인민법원에서 심리를 하는 것이 더 적절한 경우 피고인 거주지 법원이 심리할 수도 있다. 이때 범죄지란 범죄행위 실시지, 범죄 결과 발생지뿐 아니라 '범죄 예비 행위지'도 포함한다. 범죄 예비 행위지의 법원이 관할권을 가진다는 점에서 민사 소송의 관할과 차이가 있다.[89]

이와 같은 차이의 의미는 실무상 매우 중요한데, 특히 비밀유지의무가 있는 자가 그 의무에 위반하여 타인의 영업비밀을 누설, 사용하는 등의 행위를 한 경우에 그러하다. 예를 들어 어떤 직원이 종전 회사에서 근무하면서 합법적으로 영업비밀을 취득하여 보유하고 있다가, 퇴직 후 다른 지역으로 거주지도 옮기고 직장도 옮긴 다음 새로운 직장에서 종전 회사의 영업비밀을 무단으로 사용하는 경우를 생각해보자. 이 경우, 영업비밀의 권리자인 종전 회사는 그 권리자 소재 지역의 법원이 민사소송 또는 형사소송의 관할권을 가질 수 있을까.

우선 민사소송 관할에 대해서 살펴보면, 해당 직원이 종전 회사에서 합법적으로 영업비밀을 취득하고 보유한 행위는 반부정당경쟁법 제10조의 어느 행위에도 해당하지 않으므로 해당 법원은 민사소송의 관할권을 가지지 않는다. 이와 관련하여, 최고인민법원은 영업비밀 권리자 회사에서 근무를 하며 영업비밀을 정당하게 취득한 피고들이 퇴직 후 새로운 회사를 차리고 위와 같이 취득한 영업비밀을 부정하게 공개 · 사용한 사안에서 영업비밀 권리자 회사 소재지 법원은 관할권이 없다고 판시한 바 있다.[90] 최고인민법원은 영업비밀 권리자 회사에서 정당하게 영업비밀을 취득한 행위 자체는 영업비밀 침해행위라고 볼 수 없으므로, 위 권리자 회사 소재지 법원은 관할권을 가지지 않는다고 판단한 것이다. 이에 대해서는 앞서 민사적 권리구제편의 관할 부분에서 이미 살펴보았다.

이와 달리, 형사소송의 경우 위 영업비밀 권리자 회사 소재지의 법원이 관할권을 갖는다. 전직 직원이 새로운 회사를 차린 것이 아니라 새로운 회사로 이직하였다는 점만 다를 뿐 나머지 사실관계는 위 최고인민법원의 사안과 매우 유사한 사안에서, 후베이성 한장 중급인민법원은 "피고인이 약정을 위반하여 피해자 회사의 비밀기술자료를 가져간 행위는 영업비밀 침해죄의 예비행위에 해당하고, 이와 같은 예비행위의 범죄지는 천장시이다. 따라서 천장시 인민법원은 본안에 대해 관할권을

89_ 唐青林, 黄卫红/主编, 商业秘密百案评析与企业保密体系建设指南, 中国法制出版社, 2014.

90_ 最高人民法院 (2013)民提字第16号 民事裁定书.

갖는다"라고 판단한 바 있다.[91]

3. 형사적 구제방법과 민사적 구제방법의 전략적 운용

영업비밀 침해 증거는 피고의 영역에 있는 경우가 많아 강제력이 동원되어야 증거를 수집할 수 있으므로, 형사 절차가 선행되는 경우 원고에게 유리할 수 있다. 형사소송에 선행되는 수사절차에서는 공안기관이 공권력을 동원하여 영업비밀 침해 관련 정보를 수집하기 때문에, 원고로서는 가장 어려운 증거 확보를 비교적 손쉽게 할 수 있게 된다. 최근 영업비밀 침해죄에 관한 형사소송의 수가 날로 증가하고 있는 추세이다.[92]

그리고 영업비밀 형사소송과 민사소송이 별도로 병존하는 경우, 일반적으로 선(先)형사 후(後)민사의 원칙으로 처리된다. 즉, 형사사건이 계속되는 경우 민사사건의 심리를 중지하고, 형사사건 심리가 종결된 이후 민사사건을 재개한다. 이렇게 하는 이유는 현재 중국의 법률 구조 중 형법 절차에는 소송중지제도가 존재하지 않고, 민사소송보다 심사기한이 짧으며, 형사 절차에서는 전면적으로 수집한 증거를 엄격하게 선별하여 사실관계를 인정하기 때문이다.[93]

또한 앞에서 살펴본 바와 같이, 형사소송과 민사소송은 관할에서 약간 차이가 있고, 경우에 따라서는 형사소송의 관할이 원고에게 좀 더 유리한 경우도 있다.

따라서 영업비밀 침해 사건의 경우 민사소송뿐 아니라 형사소송의 특징도 고려하여 양 소송을 전략적으로 활용할 필요가 있다.

91_ 湖北省汉江中级人民法院 (2008)汉刑终字第9号 刑事判决书; 이 사건은 앞서 제8장 IV. 2.에서 소개한 사례 '핵심 기술자가 경쟁사로 이직하여 영업비밀을 부정공개하였다고 인정한 사안'과 같은 사실관계에서 나온 형사사건이다. 위 민사사건의 1심은 본 형사사건의 2심법원과 같은 법원인 후베이성 한장 중급인민법원(湖北省汉江中级人民法院)에서 담당하였다. 피고가 권리자인 원고 회사의 재직 중에 그 원고 회사 소재지에서 영업비밀을 유출하였다는 등의 부가적인 정황이 없는 한, 위 후베이성 한장 중급인민법원이 민사사건을 심리한 것은 관할의 측면에서 문제가 있었던 것으로 보인다. 이에 대하여 피고는 관할 이의를 제기하였지만, 그 이의에 대한 최종 결정이 내려지기 전에 조정으로 위 민사사건이 종료되었다.

92_ 孔祥俊 主编, 商业秘密司法保护实务, 中国法律出版社, 2012, p.262.

93_ 위의 책, p.263.

Ⅲ. 행정적 구제방법

반부정당경쟁법 제25조는 “이 법 제10조 규정에 위반하여 영업비밀을 침해한 경우, 감독 · 조사부서는 위법행위의 정지를 명하고, 사정에 따라 1만 위안 이상 20만 위안 이하의 과태료에 처할 수 있다”고 규정하고 있다. 영업비밀은 내용을 특정하기 어렵고, 침해 사실을 명확히 알기 어렵기 때문에, 행정적 구제방법을 활용하는 것이 비교적 어렵다.

그러나 「영업비밀 침해행위 금지에 관한 약간의 규정」 제7조 제2항 제1호에 의하면, 공상행정 관리기관은 권리 침해자로 하여금 영업비밀을 침해한 도면, 소프트웨어 및 기타 관련 자료를 권리자에게 반환하도록 명령 및 감독할 수 있으므로, 경우에 따라서 행정적 구제방법을 활용하여 영업비밀 침해의 확산을 예방할 수도 있다.

행정적 구제방법과 관련한 내용은 제9장 부정경쟁행위에 대한 구제편 중 행정적 구제방법 부분에서 이미 상술하였으므로, 여기에서는 생략하도록 한다.

부 록

■ 법명 한중 용어표

법 률	
중화인민공화국 반부정당경쟁법	中华人民共和国反不正当竞争法
중화인민공화국 회사법	中华人民共和国公司法
중화인민공화국 민법통칙	中华人民共和国民法通则
중화인민공화국 계약법	中华人民共和国合同法
중화인민공화국 노동계약법	中华人民共和国劳动合同法
중화인민공화국 합작기업법	中华人民共和国合作企业法
중화인민공화국 상표법	中华人民共和国商标法
중화인민공화국 광고법	中华人民共和国广告法
중화인민공화국 소비자권익보호법	中华人民共和国消费者权益保护法
중화인민공화국 상품품질법	中华人民共和国产品质量法
중화인민공화국 형법	中华人民共和国刑法
중화인민공화국 전리법	中华人民共和国专利法
중화인민공화국 국가비밀보호법	中华人民共和国保守国家秘密法
중화인민공화국 상업은행법	中华人民共和国商业银行法
중화인민공화국 행정처벌법	中华人民共和国行政处罚法
베이징, 상하이, 광저우에 지식재산권법원 설립에 관한 결정	关于在北京、上海、广州设立知识产权法院的决定
중화인민공화국 침권책임법	中华人民共和国侵权责任法
행정법규	
중화인민공화국 국가비밀보호법 실시조례	中华人民共和国保守国家秘密法实施条例
중화인민공화국 상표법 실시조례	中华人民共和国商标法实施条例
기업명칭 등기관리 규정	企业名称登记管理规定
부문규장	
상표심사 및 심리기준	商标审查·审理标准

공상행정 관리기관의 행정처벌 절차규정	工商行政管理机关行政处罚程序规定
공상행정 관리기관 행정처벌 안건에서의 위법소득 인정방법	工商行政管理机关行政处罚案件违法所得认定办法
국가 공상행정 관리 총국의 저명상표 인정과 보호 규정	驰名商标认定和保护规定
건강 관련 제품의 명명에 관한 규정	卫生部关于健康相关产品命名规定
국가 공상행정 관리총국의 비영리성 의료기구의 「반부정당경쟁법」 규범 주체 문제에 대한 답변	国家工商行政管理总局关于非营利性医疗机构是否属于〈反不正当竞争法〉规范主体问题的答复
병음 상표와 한자 상표 유사성 판단 표준	拼音商标与汉字商标近似判定的标准
국가 공상행정 관리총국의 우수 수상의 허위 선전 행위의 인정 문제에 대한 답변	国家工商行政管理总局关于对获奖获优情况作不真实宣传行为认定问题的答复
국가 공상행정 관리총국의 상품가격 및 시장정보에 대한 허위 선전 행위의 정의 및 처리 문제에 관한 답변	国家工商行政管理总局关于对商品价格和市场信息进行虚假宣传定性处理问题的答复
국가 공상행정 관리총국의 「반부정당경쟁법」 제5조 제4항의 예시 행위 이외의 허위 표시 행위를 어떻게 정의하고 처리할 것인지 문제에 관한 답변	国家工商行政管理总局关于对「反不正当竞争法」第五条第(四)项所列举的行为之外的虚假表示行为如何定性处理问题的答复
국가 공상행정 관리총국의 주지상품 특유의 명칭·포장·장식 무단 제작, 판매하는 행위의 정의, 처벌 문제에 관한 답변	国家工商行政管理总局关于擅自制造, 销售知名商品特有包装, 装潢的行为如何定性处罚问题的答复
국가 공상행정 관리총국의 동일 상품이 아닌 타인의 주지상품 특유의 명칭·포장·장식을 동일·유사하게 사용하는 행위의 정의 및 처리 문제에 관한 답변	国家工商行政管理总局关于在非相同非类似商品上擅自将他人知名商品特有的名称, 包装, 装潢作相同或者近似使用的定性处理问题的答复
국가 공상행정 관리총국의 영업비밀 침해 행위 금지에 관한 약간의 규정	国家工商行政管理总局关于禁止侵犯商业秘密行为的若干规定
국가 공상행정 관리총국의 주지상품 특유의 명칭·포장·장식을 모방하는 부정경쟁행위 금지에 관한 약간의 규정	国家工商行政管理总局关于禁止仿冒知名商品特有的名称,包装,装潢的不正当竞争行为的若干规定
최초 주식 공개발행 및 상장관리 방법	首次公开发行股票并在创业板上市管理办法

중화인민공화국 상품바코드 관리방법	中华人民共和国商品条码管理办法
중국 인터넷 네트워크 도메인명 등록 잠정 관리방법	中国互联网络域名注册暂行管理办法
중국 인터넷 네트워크 정보센터 도메인명 분쟁 해결방법	中国互联网络信息中心域名争议解决办法
중국 인터넷 네트워크 정보센터 도메인명 분쟁 해결방법 절차규칙	中国互联网络信息中心域名争议解决办法程序规则
인터넷 정보 서비스 시장 질서 규범에 관한 몇 가지 규정	规范互联网信息服务市场秩序若干规定
지방성 문건	
쟝수성「반부정당경쟁법」시행방법	江苏省实施「反不正当竞争法」办法
상하이시 기업명칭 등기관리규정	上海市企业名称登记管理规定
사법해석	
최고인민법원의 부정경쟁행위 민사안건 심리에 대한 법률적용에 관한 몇 가지 문제의 해석	最高人民法院关于审理不正当竞争民事案件应用法律若干问题的解释
최고인민법원의 인터넷 도메인명에 관한 민사안건 심리에 대한 법률적용에 관한 몇 가지 문제의 해석	最高人民法院关于审理涉及计算机网络域名民事纠纷案件适用法律若干问题的解释
최고인민법원의 상표, 기업명칭과 선사용 권리 충돌에 관한 민사 분쟁 안건에 관한 몇 가지 문제의 규정	最高人民法院关于审理注册商标、企业名称与在先权利冲突的民事纠纷案件若干问题的规定
최고인민법원, 최고인민검찰원의 지식재산권 형사안건 심사상 구체적 법률 적용에 관한 몇 가지 문제의 해석(2)	最高人民法院、最高人民检察院关于办理侵犯知识产权刑事案件具体应用法律若干问题的解释(二)
최고인민법원의 저명상표보호의 민사분쟁 안건에 대한 법률적용에 관한 몇 가지 문제의 해석	最高人民法院关于审理涉及驰名商标保护的民事纠纷案件应用法律若干问题的解释
최고인민법원의 현재 경제 상황에서의 지식재산권 심판에 관한 몇 가지 문제에 대한 의견	最高人民法院关于当前经济形势下知识产权审判服务大局若于问题的意见
최고인민법원의 상표 민사 분쟁 안건에 관	最高人民法院关于审理商标民事纠纷案件

한 법률적용에 관한 몇 가지 문제의 해석	适用法律若干问题的解释
최고인민법원의 특허분쟁안건에 대한 법률적용에 관한 문제에 대한 몇 가지규정	最高人民法院关于审理专利纠纷案件适用法律问题的若干规定
최고인민법원의 지식재산권 심사 업무의 전범위적 발전과 새로운 국가 사법 보장 구축에 관한 의견	最高人民法院关于全面加强知识产权审判工作为建设创新型国家提供司法保障的意见
최고인민법원의 명예권 안건의 심사에 관한 몇 가지 문제의 해답	最高人民法院关于审理名誉权案件若干问题的解答
최고인민법원의 지식재산권 심사 중 「전국인민대표대회 상무위원회의 '민사소송법' 개정에 관한 결의」를 실현하는 것과 관련한 문제에 대한 통지	最高人民法院关于在知识产权审判中贯彻落实「全国人民代表大会常务委员会关于修改「中华人民共和国民事诉讼法」的决定」有关问题的通知
최고인민법원의 인터넷 전파권 관련 민사소송의 법률 적용에 관한 몇 가지 문제에 대한 규정	最高人民法院「关于审理侵害信息网路传播权民事纠纷案件活用法律若干问题的规定」
최고인민법원의 전국 일부 법원의 지식재산권 심사에 관한 회의록	最高人民法院关于全国部分法院知识产权审判工作座谈会纪要
최고인민법원의 은행의 허위 선전 부정경쟁행위의 처벌권은 은행감독부서와 공상부문 중 어느 곳이 행사하는지에 관한 문제에 대한 답변	最高人民法院关于银行业虚假宣传的不正当竞争行为的处罚权由银监部门还是工商部门行使问题的答复
최고인민법원의 베이징, 상하이, 광저우 지식재산권법원 안건 관할에 관한 규정	最高人民法院关于北京、上海、广州知识产权法院案件管辖的规定
최고인민법원의 특허권 침해 분쟁 안건에 대한 법률적용에 관한 몇 가지 문제의 해석	最高人民法院关于审理侵犯专利权纠纷案件应用法律若干问题的解释
최고인민법원의 「중화인민공화국 민사소송법」 적용에 대한 몇 가지 문제에 대한 의견	最高人民法院关于适用「中华人民共和国民事诉讼法」若干问题的意见
최고인민법원의 경제심판사무에 대한 「중화인민공화국 민사소송법」에 관한 엄격한 집행에 대한 몇 가지 규정	最高人民法院关于在经济审判工作中严格执行「中华人民共和国民事诉讼法」的若干规定

최고인민법원의 「민사안건소송 개요규정」 통지	最高人民法院关于印发修改后的「民事案件案由规定」的通知
최고인민법원의 민사소송증거에 관한 규정	最高人民法院关于民事诉讼证据的若干规定
최고인민법원의 노동쟁의 관련 안건에 대한 법률적용에 관한 몇 가지 문제의 해석(4)	最高人民法院关于审理劳动争议案件适用法律若干问题的解释(四)
최고인민법원의 「공안기관 관할의 형사사건 입건 기소 표준에 관한 최고인민검찰원, 공안부의 규정(2)」 통지	最高人民法院关于在经济犯罪审判中参照适用「最高人民检察院、公安部关于公安机关管辖的刑事案件立案追诉标准的规定(二)」的通知
베이징시 고급인민법원의 「섭외 지적재산권 민사사건 법률 적용에 관한 해답」 통지	北京市高级人民法院关于印发「关于涉外知识产权民事案件法律适用若干问题的解答」的通知
베이징시 고급인민법원의 「상표와 기업명칭 충돌 분쟁 안건 심리 중 몇 가지 문제에 대한 해답」 통지	北京市高级人民法院关于印发「关于商标与使用企业名称冲突纠纷案件审理中若干问题的解答」的通知
상하이시 고급인민법원의 「지식재산권 분쟁에 활용하는 법적 배상 방법으로 확정하는 배상 액수에 관한 몇 가지 문제에 대한 의견(시행)」 통지	上海市高级人民法院关于印发「关于知识产权侵权纠纷中适用法定赔偿方法确定赔偿数额的若干问题的意见(试行)」的通知

■ 국가기관 한중 용어표

인민대표대회	人民代表大会
전국인민대표대회 상무위원회	全国人大常务委员会
국무원	国务院
국무원 상무회의	国务院常务会议
국무원 법제사무소	国务院法制办公室
국가 공상행정 관리총국	国家工商行政管理总局
국가상표국	国家工商行政管理总局商标局
국가 식약품 감독관리국	国家食品药品监督管理局
국가지식재산권국	国家知识产权局
국가기술감독국	国家技术监督局
중국정보산업부	信息产业部
품질기술 감독국	质量技术监督局
최고인민법원	最高人民法院
지식재산권법원	知识产权法院
기층인민법원	基层人民法院
최고인민검찰원	最高人民检察院
공안국	公安局
중국은행감독관리위원회	中国银行业监督管理委员会
노동분쟁중재위원회	劳动仲裁委员会

■ 반부정당경쟁법 관련 주요 법규

중화인민공화국 반부정당경쟁법

1993년 9월 2일 제8회 전국인민대표대회 상무위원회 제3차 회의를 통과하였으므로, 1993년 9월 2일 공포하며, 1993년 12월 1일부터 시행한다.

제1장 총 칙

제1조 사회주의 시장경제의 건전한 발전을 보장하고 공평한 경쟁을 장려 · 보호하며 부정경쟁행위를 제지하여, 경영자와 소비자의 합법적 권익을 보호하기 위하여 이 법을 제정한다.

제2조 ① 경영자는 시장 거래 중, 자원 · 공평 · 평등 · 신의성실 원칙에 따라야 하며, 공인된 상업도덕을 준수해야 한다.

② 이 법 규정의 부정경쟁이란 경영자가 이 법 규정에 위반하여 다른 경영자의 합법적 권익에 손해를 주거나, 사회 경제 질서에 혼란을 가하는 행위를 말한다.

③ 이 법 규정의 경영자란 상품 경영 또는 영리성 서비스(이하에서 상품에는 서비스를 포함한다)에 종사하는 법인, 기타 경제 조직 및 개인을 말한다.

제3조 ① 각급 인민정부는 부정경쟁행위를 제지하고 공평한 경쟁을 위한 양호한 환경과 조건을 조성하기 위하여 조치를 취해야 한다.

② 현급(县级) 이상 인민정부의 공상행정관리부서가 부정경쟁행위에 대하여 감독 · 조사한다. 법률 또는 행정법규에 기타 부서가 감독 · 조사하도록 규정되어 있는 경우에는 그 규정에 따른다.

제4조 ① 국가는 모든 조직과 개인이 부정경쟁행위에 대한 사회적 감독을 할 수 있도록 장려하고 지지 · 보호해야 한다.

② 국가 기관에 근무하는 자는 부정경쟁행위를 지지하거나 비호해서는 아니 된다.

제2장 부정경쟁행위

제5조 경영자는 아래의 부정한 수단을 사용하여 시장 거래에서 경쟁 상대에게 손해

를 가하여서는 아니 된다.

1. 타인의 등록상표를 위조하는 행위
2. 주지상품(知名商品) 특유의 명칭 · 포장 · 장식을 허가를 받지 아니하고 사용하거나 또는 주지상품과 유사한 명칭 · 포장 · 장식을 사용하여, 타인의 주지상품과 서로 혼동을 조성하고 구매자로 하여금 당해 주지상품인 것처럼 오인을 초래하게 하는 행위
3. 타인의 기업명칭 또는 성명을 허가를 받지 아니하고 사용하여, 타인의 상품인 것처럼 오인을 초래하는 행위
4. 상품에 인증 표지 또는 유명 우수 표지 등 품질 표지를 위조 또는 도용하는 행위, 산지를 위조하는 행위, 상품의 품질에 오해를 초래하는 허위의 표시를 하는 행위

제6조 공용 기업 또는 기타 법률에 의하여 독점적 지위에 있는 경영자는 다른 경영자의 공평한 경쟁행위를 배제할 목적으로 타인에게 그가 지정한 경영자의 상품을 구매하도록 제한해서는 아니 된다.

제7조 ① 정부 및 그 소속 부서는 행정권력을 남용하여 타인에게 그가 지정한 경영자의 상품을 구매하도록 한정하거나, 다른 경영자의 정당한 경영 활동을 제한해서는 아니 된다.

② 정부 및 그 소속 부서는 행정권력을 남용하여, 외지의 상품이 그 지역 시장에 진입하는 것을 제한하거나, 또는 그 지역의 상품이 외지 시장으로 나가는 것을 제한해서는 아니 된다.

제8조 ① 경영자는 상품의 판매 또는 구매를 목적으로 재물 또는 기타 수단을 사용하여 뇌물을 제공하는 행위를 해서는 아니 된다. 장부에 기재하지 아니하고 상대방 단위 또는 개인에게 상품 가격 중 일정 부분을 지급하는 경우 뇌물 공여 행위로 처벌하고, 상대방 단위 또는 개인이 장부에 기재하지 아니하고 상품가격 중 일정 부분을 받는 경우 뇌물 수수 행위로 처벌한다.

② 경영자가 상품을 판매하거나 또는 구매할 경우, 명시적인 방법으로 상대방에게 상품의 판매 또는 구매 가격을 할인해 주거나 중간 소개인에게 소개비를 지급할 수 있다. 경영자가 상대방에게 상품의 판매 또는 구매 가격을 할인해 주거나 중간 소개인에게 소개비를 지급한 경우, 반드시 사실대로 장부에 기입해야 한다. 할인 또는 소개비를 받은 경영자는 반드시 사실대로 장부에 기입해야 한다.

제9조 ① 경영자는 광고 또는 기타 방법을 이용하여 상품의 품질, 제조성분, 성능,

용도, 생산자, 유효기간, 산지 등에 대하여 오해를 초래하는 허위의 선전을 해서는 아니 된다.

② 광고 경영자는 명백히 알았거나 또는 중대한 과실로 인하여 모르는 상황하에서 허위 광고를 대리 설계 · 제작 · 배포해서는 아니 된다.

제10조 ① 경영자는 아래의 수단을 사용하여 영업비밀을 침해해서는 아니 된다.

1. 절취 · 유혹 · 협박 또는 기타 부정한 수단으로 권리자의 영업비밀을 취득하는 행위
2. 전항의 수단을 사용하여 취득한 권리자의 영업비밀을 공개 · 사용 또는 타인에게 사용을 허락하는 행위
3. 계약을 위반하거나 또는 권리자의 영업비밀 유지 관련 요구에 위반하여, 그가 알고 있는 영업비밀을 공개 · 사용 또는 타인에게 사용을 허락하는 행위

② 제3자가 전항에 열거한 위법 행위를 명백히 알거나 또는 중대한 과실로 인하여 모르고, 타인의 영업비밀을 취득 · 사용 · 공개하는 행위는 영업비밀을 침해하는 것으로 간주한다.

③ 이 조 규정의 영업비밀이란 공중에 알려져 있지 아니하고, 권리자에게 경제적 이익을 주며 실용성을 구비하고, 권리자가 비밀유지조치를 취한 경영 정보와 기술 정보를 말한다.

제11조 ① 경영자는 경쟁 상대를 배제할 목적으로, 원가보다 낮은 가격으로 상품을 판매해서는 아니 된다.

② 아래의 상황 중 하나에 해당하는 경우, 부정경쟁행위에 속하지 아니한다.

1. 신선한 상품을 판매하는 행위
2. 유효 기간이 곧 도래할 상품 또는 기타 재고 상품을 처리하는 행위
3. 계절성 가격 할인 행위
4. 채무 변제, 전업, 휴업으로 인하여 가격을 할인하여 판매하는 행위

제12조 상품을 판매하는 경영자는 구매자의 의사에 반하여 상품을 끼워 팔거나 또는 기타 불합리한 조건을 부가해서는 아니 된다.

제13조 경영자는 아래의 경품 판매 행위를 해서는 아니 된다.

1. 거짓으로 경품이 있다고 선전하거나 또는 고의로 내정자에게 경품을 당첨시키는 기만적인 방법을 사용하는 행위
2. 경품 판매의 수단을 이용하여 저질 상품을 고가로 판매하는 행위
3. 추첨식의 경품 판매에 있어 최고 경품 금액이 5,000위안을 초과하는 행위

제14조 경영자는 허위사실을 날조 · 유포하여 경쟁 상대의 영업 신용과 상품 명성에 손해를 주어서는 아니 된다.

제15조 ① 입찰자는 입찰을 결탁하여, 입찰 가격을 높이거나 낮추어서는 아니 된다.

② 입찰자와 입찰 공고자는 경쟁 상대의 공정 경쟁을 배제할 목적으로 서로 공모해서는 아니 된다.

제3장 감독 및 조사

제16조 현급 이상 감독 · 조사 부서는 부정경쟁행위에 대하여 감독 · 조사를 할 수 있다.

제17조 감독 · 조사 부서가 부정경쟁행위를 감독 · 조사할 경우, 아래의 직권을 행사할 권한이 있다.

1. 규정된 절차에 따라 피조사 경영자 · 이해관계인 · 증인을 심문하고, 증거 자료 또는 부정경쟁행위와 관련 있는 기타 자료의 제출 요구
2. 부정경쟁행위와 관련이 있는 계약서 · 장부 · 영수증 · 서류 · 기록 · 업무 서신 및 기타 자료의 조사와 복사
3. 이 법 제5조에 규정된 부정경쟁행위와 관련 있는 재물을 조사하고, 필요 시 피조사 경영자에게 당해 상품의 출처와 수량을 설명하도록 하고, 판매를 잠시 중지시켜 조사를 대기하게 하거나, 당해 재물을 변경 · 은닉 · 훼손할 수 없도록 명령할 수 있다.

제18조 감독 · 조사 부서의 근무자는 부정경쟁행위를 감독 · 조사할 경우, 조사 증서를 제시해야 한다.

제19조 감독 · 조사 부서가 부정경쟁행위를 감독 · 조사하는 경우, 피조사 경영자 · 이해관계인 및 증인은 관련 자료 또는 상황을 사실대로 제출해야 한다.

제4장 법률 책임

제20조 ① 경영자가 이 법 규정을 위반하여 침해받은 경영자에게 손해를 초래한 경우 손해를 배상할 책임이 있고, 침해받은 경영자의 손해를 계산하기 어려운 경우 배상액은 침해자가 침해 기간 동안 침해행위로 인하여 취득한 이익으로 하고, 또한 침해받은 경영자가 자신의 합법적 권익을 침해한 부정경쟁행위를 조사하기 위

하여 소요된 합리적 비용도 배상해야 한다.

② 침해받은 경영자의 합법적 권익이 부정경쟁행위로 손해를 입은 경우, 인민 법원에 소를 제기할 수 있다.

제21조 ① 경영자가 타인의 등록상표를 위조하거나, 타인의 기업명칭 또는 성명을 허가를 받지 아니하고 사용하거나, 인증 표지·유명 우수 표지 등 품질 표지를 위조 또는 도용하거나, 산지를 위조하여 상품의 품질에 대한 오해를 초래하는 허위 표시를 한 경우, 「중화인민공화국 상표법」, 「중화인민공화국 상품품질법」 규정에 따라 처벌한다.

② 경영자가 주지상품 특유의 명칭·포장·장식을 허가를 받지 아니하고 사용하거나 또는 주지상품과 유사한 명칭·포장·장식을 사용하여 타인의 주지상품과 혼동을 초래하고 구매자로 하여금 당해 주지상품으로 오인하게 한 경우, 감독·조사부서는 위법 행위의 정지를 명하고 위법 소득을 몰수해야 하며, 정황에 따라 위법 소득의 1배 이상 3배 이하의 과태료에 처할 수 있다. 사정이 중한 경우 영업 허가증을 회수하여 취소하고, 가짜의 저질 상품 판매가 범죄를 구성할 경우 법에 의하여 형사 책임을 추궁한다.

제22조 경영자가 재물 또는 기타 수단을 사용하여 제품의 판매 또는 구매를 목적으로 뇌물을 제공하는 행위가 범죄를 구성할 경우 법에 의하여 행사 책임을 지고, 범죄를 구성하지 않을 경우 감독·조사 부서는 정황에 따라 1만 위안 이상 20만 위안 이하의 과징금을 부과할 수 있고, 위법 소득이 있는 경우 이를 몰수한다.

제23조 공용 기업 또는 기타 법률에 의하여 독점적 지위에 있는 경영자가 다른 경영자의 공평한 경쟁을 배제할 목적으로 타인에게 그가 지정한 경영자의 상품을 구입하도록 제한한 경우, 성급(省级) 또는 구(区)가 설치된 시의 감독·조사 부서는 위법 행위의 정지를 명해야 하고, 정황에 따라 5만 위안 이상 20만 위안 이하의 과징금을 부과할 수 있다. 지정받은 경영자가 이를 이용하여 저질 상품을 고가에 판매하거나 또는 비용을 과다하게 받은 경우, 감독·조사 부서는 그 위법 소득을 몰수해야 하고, 사정에 따라 위법 소득의 1배 이상 3배 이하의 과징금을 부과할 수 있다.

제24조 ① 경영자가 광고 또는 기타 방법을 이용하여 상품에 대한 오해를 초래하는 허위 선전을 한 경우, 감독·조사 부서는 위법 행위의 정지를 명하고 영향을 제거해야 한다. 정황에 따라 1만 위안 이상 20만 위안 이하의 과징금을 부과할 수 있다.

② 광고 경영자가 명백히 알았거나 또는 중대한 과실로 인하여 모르는 상황하에

서 허위 광고를 대리 · 설계 · 제작 · 배포한 경우, 감독 · 조사 부서는 위법 행위의 정지를 명하고 위법 소득을 몰수해야 하며 법에 의하여 과징금에 처한다.

제25조 이 법 제10조 규정에 위반하여 영업비밀을 침해한 경우 감독 · 조사부서는 위법 행위의 정지를 명하고, 정황에 따라 1만 위안 이상 20만 위안 이하의 과징금을 부과할 수 있다.

제26조 경영자가 이 법 제13조 규정에 위반하여 경품판매를 한 경우 감독 · 조사부서는 위법 행위의 정지를 명해야 하고, 사정에 따라 1만 위안 이상 10만 위안 이하의 과징금을 부과할 수 있다.

제27조 입찰자가 입찰을 결탁하여 입찰 가격을 높이거나 낮게 하거나, 입찰자와 입찰 공모자가 경쟁자의 공정 경쟁을 배제할 목적으로 서로 공모한 경우, 그 낙찰은 무효로 한다. 감독 · 조사 부서는 정황에 따라 1만 위안 이상 20만 위안 이하의 과징금을 부과할 수 있다.

제28조 경영자가 부정경쟁행위와 관련이 있는 재물의 판매 · 변경 · 은닉 · 훼손 금지명령을 위반한 경우, 감독 · 조사 부서는 정황에 따라 판매 · 변경 · 은닉 · 훼손한 재물 가격의 1배 이상 3배 이하의 과징금을 부과할 수 있다.

제29조 당사자가 감독 · 조사 부서가 결정한 처벌에 대하여 불복할 경우 처벌 결정을 받은 날로부터 15일 이내에 직상급 주관부서에 이의신청(复议)을 할 수 있다; 이의신청에 대한 결정에 불복하는 경우 결정서를 받은 날로부터 15일 이내에 법원에 소를 제기할 수 있다; 또는 직접 법원에 소를 제기할 수 있다.

제30조 정부 및 그 소속 부서가 이 법 제7조 규정에 위반하여 타인에게 그가 지정한 경영자의 상품을 구매하도록 제한하거나 다른 경영자의 정당한 경영 활동을 제한한 경우, 또는 지역 간 상품의 정상적인 유통을 제한한 경우, 상급 기관이 시정 명령을 하고 사정이 심각한 경우 동급 또는 상급 기관이 직접 책임 있는 직원에 대하여 행정처분을 한다. 지정받은 경영자가 이를 이용하여 저질 상품을 고가에 판매하거나 비용을 과도하게 받은 경우, 감독 · 조사 부서는 위법 소득을 몰수해야 하고 정황에 따라 위법 소득의 1배 이상 3배 이하의 과징금을 부과할 수 있다.

제31조 부정경쟁행위를 감독 · 조사하는 국가 기관 종사자가 직권을 남용하거나 직무를 소홀히 하여 범죄를 구성할 경우 법에 의하여 형사 책임을 추궁하고, 범죄를 구성하지 않을 경우 행정 처분을 한다.

제32조 부정경쟁행위를 감독 · 조사하는 국가 기관 종사자가 사익을 위하여 부정행위를 하거나, 어느 경영자가 이 법 규정을 위반하여 범죄를 구성한다는 점을 명

백히 알면서도 고의로 비호하고 소추하지 아니한 경우, 법에 의하여 형사 책임을 추궁한다.

제5장 부 칙

第33조 이 법은 1993년 12월 1일부터 시행한다.

최고인민법원의 부정경쟁행위 민사안건 심리에 대한 법률 적용에 관한 몇 가지 문제에 대한 해석

[2006년 12월 30일 최고인민법원 심판위원회 제1412차 회의통과 법해석(2007) 2호]

부정경쟁 민사 사건을 정확히 심리하고, 경영자의 합법적 권익을 보호하며, 시장 경쟁 질서를 수호하기 위하여, 「중화인민공화국 민법통칙」, 「중화인민공화국 반부정당경쟁법」, 「중화인민공화국 민사소송법」 등 관련 규정에 의거하고 재판 경험과 실제 정황을 결합하여 본 해석을 제정한다.

제1조 ① 중국 내에서 일정 정도의 시장 지명도를 가지고 관련 공중에게 널리 알려진 상품은 반부정당경쟁법 제5조 제2호에 규정된 "주지상품"으로 인정한다. 인민법원은 주지상품을 인정할 때, 해당 상품의 판매 기간, 판매 지역, 판매액과 판매 대상, 제반 선전 기간 · 정도 그리고 지역 범위, 주지상품으로 보호받는 정황 요소 등을 고려하여 종합적으로 판단하여야 한다. 원고는 그 상품의 시장 지명도를 입증할 책임을 진다.

② 동일하지 않은 지역 범위 내에서 주지상품 특유의 명칭과 동일하거나 유사한 명칭 · 포장 · 장식을 사용하였고, 후사용자가 그 선의 사용을 증명할 수 있는 경우, 반부정당경쟁법 제5조 제2호의 부정경쟁행위를 구성하지 않는다. 후사용자의 경영 활동이 선사용자와 동일한 지역 범위 내에 진입하여 그 상품 출처에 혼동이 생기는 경우, 선사용자가 후사용자에게 상품의 출처를 구별할 수 있도록 하는 표지를 추가할 것을 명하는 청구를 하는 경우 인민법원은 이를 받아들인다.

제2조 ① 상품 출처 구별의 현저한 특징을 가지는 상품의 명칭 · 포장 · 장식은 반부정당경쟁법 제5조 제2호에 규정된 "특유의 명칭 · 포장 · 장식"으로 인정된다. 아래의 하나에 해당하는 경우, 인민법원은 지명상품 특유의 명칭 · 포장 · 장식으로 인정하지 않는다:

1. 상품의 통용 명칭, 도형, 규격의 표지
2. 상품의 품질, 주원료, 기능, 용도, 중량, 수량 그리고 기타 특징을 직접 표시한 상품 명칭
3. 상품 자체의 성질에서 기인하는 형상, 기술 효과를 획득하기 위하여 필수적인 상품의 형상 및 상품이 고유의 실질적 가치를 구비하도록 한 형상
4. 기타 현저성을 결여한 상품 명칭 · 포장 · 장식

② 전항 제1, 2, 4호 규정에 해당하더라도 사용을 통하여 현저성을 취득한 경우, 특유의 명칭 · 포장 · 장식으로 인정할 수 있다.

③ 주지상품 특유의 명칭 · 포장 · 장식 중에 포함된 해당 상품의 통용 명칭, 도형, 규격의 표지 또는 상품 품질, 주원료, 기능, 용도, 중량, 수량 등 기타 특징을 직접 표시하는 부분, 또는 포함된 지명은 타인이 객관적으로 상품을 서술하기 위하여 정당하게 사용하는 경우 부정경쟁행위를 구성하지 않는다.

제3조 경영자가 영업장에 한 장식, 영업용 도구 양식, 종업원 복장 등이 독자적인 분위기의 전체적인 영업 형상을 구성하는 경우 이를 반부정당경쟁법 제5조 제2호의 "장식"으로 인정할 수 있다.

제4조 ① 주지상품 경영자의 사용 허가를 받았다거나, 관련 기업 관계 등 특정 관계에 있다고 오인하게 하는 것을 포함하여 관련된 공중으로 하여금 상품의 출처를 오인하게 함에 충분한 경우, 반부정당경쟁법 제5조 제2호의 "타인의 주지상품과 혼동을 일으켜, 구매자로 하여금 그것이 주지상품이라고 오인하게 하는 것"에 해당한다.

② 관련 상품에 사용된 것과 동일 또는 시각적으로 차별성이 없는 상품의 명칭 · 포장 · 장식은 타인의 주지상품과 혼동을 일으키기에 충분한 것으로 본다.

③ 주지상품 특유의 명칭 · 포장 · 장식과 동일하거나 유사한 것으로 인정하는 것은, 상표의 동일 또는 유사 판단의 원칙과 방법을 참고할 수 있다.

제5조 상품의 명칭 · 포장 · 장식이 상표법 제10조 제1항 규정의 상표로 사용할 수 없는 표지에 해당하는 경우, 당사자가 반부정당경쟁법 제5조 제2호 규정에 의거하여 보호를 청구하더라도 인민법원은 이를 받아들일 수 없다.

제6조 ① 기업등기 주관 기관이 관련법에 따라 등기 · 등록한 기업명칭 그리고 중국 내에서 벌어지는 상업에 사용하는 외국(지역) 기업명칭은 반부정당경쟁법 제5조 제3호에 규정된 "기업명칭"으로 인정된다. 일정 정도의 시장 지명도를 가지는, 관련 공중에게 널리 알려진 기업명칭 중의 핵심명칭(字号)은 반부정당경쟁법 제5조 제3호 규정의 "기업명칭"으로 인정된다.

② 상품 관련 영업 중 사용되는 자연인의 성명은 반부정당경쟁법 제5조 제3호 규정의 "성명"으로 인정된다. 일정 정도의 시장 지명도를 가지는, 관련 공중에게 널리 알려진 자연인의 필명, 이명 등은 반부정당경쟁법 제5조 제3호 규정의 "성명"으로 인정된다.

제7조 저명 상품 특유의 명칭 · 포장 · 장식 또는 기업명칭, 성명을 상품, 상품 포장

그리고 교역 문서에 쓰는 것, 또는 광고 선전 · 전람회 등 기타 상업 활동 중에 쓰는 것을 포함하여 중국 내에서 벌어지는 상업에 사용하는 것은 반부정당경쟁법 제5조 제2호, 제3호 규정의 "사용"으로 인정한다.

제8조 ① 경영자가 아래 어느 하나의 호에 해당하여 관련 공중의 오해를 일으키는 경우, 반부정당경쟁법 제9조 제1항 규정의 "오해를 일으키는 허위선전행위"로 인정할 수 있다

1. 상품에 대하여 편면적 선전을 하거나 또는 비교하는 것
2. 과학적으로 결론에 이르지 못한 관점, 현상 등을 결론적인 사실인 양 하며 상품의 선전에 사용하는 것
3. 불명확한 언어를 사용하거나 또는 기타 오해를 일으키는 방식으로 상품을 선전하는 것

② 명확한 과장 방식으로 상품을 선전하는 것은 관련 공중이 오해하게 할 정도에 이르지 않은 경우 오해를 일으키는 허위선전행위에 속하지 않는다.

③ 인민법원은 일상 생활 경험, 관련 공중의 일반 주의력, 오해가 발생한 사실 및 선전 대상의 실제 정황 등의 요인을 고려하여 오해를 일으키는 허위선전행위 여부를 판단한다.

제9조 ① 정보가 그 해당 영역의 관련 사람들에게 보편적으로 알려져 있지 않고 용이하게 획득할 수 있는 것이 아닌 경우 반부정당경쟁법 제10조 제3항 규정의 "공중에 알려져 있지 아니한" 것으로 인정한다.

② 아래 어느 하나의 호에 해당하는 경우, 관련 정보는 공중에 알려져 있지 아니한 것에 해당하지 않는다고 인정할 수 있다

1. 해당 정보가 해당 기술 또는 경제 영역의 사람들에게 일반 상식이거나 또는 업계 관례에 해당하는 경우
2. 해당 정보가 상품의 크기 · 구조 · 재료 · 부품의 간단한 조합 등의 내용에 지나지 않아, 시장에 진입한 후 관련 공중이 상품 관찰로 쉽게 획득할 수 있는 것인 경우
3. 해당 정보가 이미 공개 출판물 또는 기타 매체에 공개 노출되어 있는 경우
4. 해당 정보가 이미 공개된 보고회, 전람회 등의 방식을 통하여 공개된 경우
5. 해당 정보를 기타 공개된 통로를 통해 획득할 수 있는 경우
6. 해당 정보를 일정 대가를 지불하지 않고서도 용이하게 획득할 수 있는 경우

제10조 관련 정보가 현실 또는 잠재적 상업가치를 가지고 있고 권리자에게 경쟁에

서의 우세를 가져올 수 있는 경우 반부정당경쟁법 제10조 제3항의 "권리자에게 경제적 이익을 주며, 실용성을 구비"한 것으로 인정한다.

제11조 ① 권리자가 정보의 누출을 방지하기 위해 채택한, 그 상업 가치 등 구체적인 정황에 합당한 합리적인 보호 조치는 반부정당경쟁법 제10조 제3항의 "비밀유지조치"로 인정한다.

② 인민법원은 정보저장장치의 특징, 권리자의 비밀보호의도, 비밀유지장치의 식별 가능한 정도, 다른 사람이 정당한 방식을 통해서 획득할 수 있는 난이 정도 등의 요소에 따라 권리자가 비밀유지조치를 취하였는지 여부를 인정한다.

③ 아래 어느 하나의 호에 해당하고, 일반적인 상황에서 비밀정보 누출을 방지하는 데 충분한 경우, 권리자가 비밀유지조치를 취한 것으로 인정한다:

1. 비밀정보를 지득하는 범위를 한정하고, 필수적으로 알아야 할 관련인에게만 내용을 공지하는 경우;
2. 비밀정보 저장매체에 대해서 잠금장치 등 방범조치 등을 한 경우;
3. 비밀정보의 매체상에 비밀표지를 표시하는 경우;
4. 비밀정보에 비밀번호 또는 코드 등을 적용한 경우;
5. 비밀 보호 협의를 체결한 경우;
6. 비밀과 관련된 기기·공방·차량 등 장소에 내방자를 제한하거나 또는 비밀보호 요구를 하는 경우;
7. 비밀정보를 보호하기 위하여 기타 합리적 조치를 취한 경우

제12조 ① 스스로의 개발 연구 또는 리버스 엔지니어링 등의 방식을 통하여 영업비밀을 획득하는 것은 반부정당경쟁법 제10조 제1, 2항 규정의 영업비밀 침해행위로 보지 않는다.

② 전항의 "리버스 엔지니어링"은 공개된 통로로 획득한 상품에 대하여 기술 수단을 이용해 해체, 측량, 분석 등을 하여 그 상품에 관련된 정보를 획득하는 것을 말한다. 당사자가 부정당한 수단으로 타인의 영업비밀을 알게 된 이후, 획득 행위의 합법성을 주장하기 위하여 다시 리버스 엔지니어링을 하는 것은 인정되지 않는다.

제13조 ① 영업비밀 중의 고객 명단이라 함은 일반적으로 고객의 명칭, 주소, 연락방식 그리고 거래 관행, 의향, 내용 등으로 이루어진 것으로 공지된 정보와 구별되는 특수한 고객 정보이다. 이는 집중된 대중 고객의 고객 명부 그리고 장기적으로 안정적으로 거래해 온 관계의 특정 고객 등을 포함한다.

② 고객이 직원 개인에 대한 신뢰에 근거하여 직원이 근무하는 회사와 거래를 한 경우, 직원이 퇴직한 후 직원 개인 또는 직원이 옮긴 새로운 회사와 거래를 하기로 고객이 스스로 선택하였다는 점을 증명하면 부정당수단을 이용하지 않은 것으로 인정한다. 단, 직원이 종전 회사와 약정이 있는 경우 예외로 한다.

제14조 당사자가 타인이 그 영업비밀을 침해하였다고 주장하는 경우, 자신이 보유한 영업비밀의 법정조건, 상대방이 보유하는 정보가 자신의 영업비밀과 동일 또는 실질상 동일하다는 점, 그리고 상대 당사자가 부정당한 수단을 사용하였다는 점에 대하여 입증할 책임이 있다. 그중, 영업비밀의 법정조건의 증거는 영업비밀 저장매체, 구체적인 내용, 상업 가치 그리고 해당 영업비밀에 비밀보호조치를 취하였다는 것 등을 포함한다.

제15조 ① 영업비밀 침해행위에 대하여, 영업비밀 독점사용 허락을 받은 사용권자는 소송을 제기할 수 있고, 인민법원은 법에 따라 이를 수리한다.

② 배타적 사용 허락을 받은 사용권자와 권리자가 공동으로 제소하거나, 또는 권리자는 제소하지 않고 사용권자만 제소하는 경우, 인민법원은 법에 따라 이를 수리한다.

③ 통상 사용 허락을 받은 사용권자와 권리자가 공동으로 제소하는 경우, 또는 권리자로부터 서면으로 수권받아 사용권자만 단독으로 제소하는 경우, 인민법원은 법에 따라 이를 수리한다.

제16조 ① 인민법원이 영업비밀 침해행위에 대하여 침해행위 정지의 민사책임 판결을 내릴 때, 침해금지의 기간은 일반적으로 해당 영업비밀이 공중에 공지될 때까지 계속되는 것으로 한다.

② 전항 규정에 따라 침해 정지 판결을 내리는 것이 만일 명백히 불합리한 경우, 권리자가 해당 영업비밀 경쟁에서 우세하도록 법에 따라 보호하는 범위 내에서, 침해자에게 일정 기간 또는 범위 내에서 해당 영업비밀의 사용을 정지하는 판결을 내릴 수 있다.

제17조 ① 반부정당경쟁법 제10조 규정의 영업비밀 침해행위의 손해배상액을 확정함에 있어서, 특허법의 손해배상액 확정 방법을 참고할 수 있다. 반부정당경쟁법 제5조, 제9조, 제14조 규정의 부정경쟁행위 손해배상액을 확정함에 있어서 등록상표권 침해 손해배상액 확정 방법을 참고할 수 있다.

② 권리 침해로 인하여 영업비밀이 공중에게 널리 알려지게 된 경우 해당 영업비밀의 상업 가치에 따라 손해배상액을 결정한다. 영업비밀의 상업가치는 그 연구

개발 비용, 해당 영업비밀을 실시하여 얻는 수익, 일실이익, 경쟁우위를 지킬 수 있는 시간 등의 요소를 고려하여 결정한다.

제18조 ① 반부정당경쟁법 제5조, 제9조, 제10조, 제14조 규정의 부정경쟁행위에 관한 민사 제1심은 일반적으로 중급인민법원의 관할로 한다.

② 각 고급인민법원은 그 관할의 실제 정황에 따라 최고인민법원의 비준을 받아 일부 기층인민법원이 부정경쟁행위에 관한 민사 제1심 안건을 수리하도록 할 수 있고, 이미 지식재산권 민사사건을 심리할 수 있도록 허가 받은 기층법원은 이를 수리할 수 있다.

제19조 본 해석은 2007년 2월 1일부터 시행된다.

최고인민법원의 인터넷 도메인명에 관한 민사안건 심리에 대한 법률적용에 관한 몇 가지 문제의 해석

[2001년 6월 26일 최고인민법원심판위원회 제1182차 회의 통과 법해석(2001) 24호]

인터넷 도메인명의 등록 · 사용 등의 행위에 관한 민사 안건 (이하 줄여서 '도메인명 분쟁 안건')을 정확하게 심리하기 위하여, 「중화인민공화국 민법통칙」(이하 '민법통칙'), 「중화인민공화국 반부정당경쟁법」(이하 '반부정당경쟁법') 그리고 「중화인민공화국 민사소송법」(이하 '민사소송법') 등 법률의 규정에 따라 아래와 같이 해석한다.

제1조 인터넷 도메인명 등록 · 사용 등 행위에 관한 민사 안건과 관련하여 당사자가 인민법원에 소를 제기하면 민사소송법 제108조 규정에 부합하는지 심사한 뒤 수리한다.

제2조 ① 도메인명 침해 분쟁 안건은 그 침해행위지 또는 피고 주소지의 중급인민법원 관할로 한다. 침해행위지와 피고 주소지를 확정하기 어려운 경우, 원고가 발견한 해당 도메인명의 컴퓨터 단말기 등 설비가 있는 소재지를 침해행위지로 볼 수 있다.

② 섭외 도메인명 분쟁 안건은 당사자 일방 또는 쌍방이 외국인, 무국적자, 외국기업 또는 조직, 국제 조직이거나 또는 도메인명 등록지가 외국에 있는 도메인명인 분쟁 안건을 포함한다. 중화인민공화국 영역 내에서 발생한 섭외 도메인명 분쟁 안건은 민사소송법 제4편의 규정에 따라 관할을 정한다.

제3조 도메인명 분쟁 안건의 사건명은 쌍방 당사자가 다투는 법률관계의 성질에 따라 정하고 그 앞에 인터넷 도메인명이라고 이름을 붙인다. 쟁의의 법률관계의 성질을 정하기 어려운 경우, 인터넷 도메인명 분쟁안이라고 통칭할 수 있다.

제4조 인민법원이 도메인명 분쟁안을 심리함에 있어서, 아래 각호의 조건에 부합하는 경우, 피고의 도메인명 등록 · 사용 등의 행위가 권리 침해를 구성하거나 또는 부정경쟁행위에 해당하는 것으로 인정한다.

1. 원고가 보호를 요청하는 민사권익이 합법적이고 유효할 것.
2. 피고 도메인명 또는 그 주요 부분이 원고 저명상표(驰名商标)의 복제 · 모방 · 번역 또는 음역에 해당할 것. 또는 원고의 등록상표, 도메인명 등과 동일하거나 유사하여 관련 공중의 오인을 일으킬 수 있을 것.
3. 피고는 해당 도메인명 또는 그 주요 부분에 대한 권익이 없고, 또한 당해 도

메인명을 등록, 사용할 정당한 이유가 없을 것.

4. 피고의 해당 도메인명의 등록 및 사용에 악의가 있을 것.

제5조 ① 피고의 행위가 아래 각호의 하나에 해당하는 것으로 증명되는 경우, 인민법원은 악의가 있었음을 인정한다:

1. 영리 목적으로 타인의 저명 등록상표를 도메인명으로 등록한 경우
2. 영리 목적으로 원고의 등록상표, 도메인명 등과 동일하거나 유사한 도메인명을 등록하고, 원고가 제공하는 상품 · 서비스 또는 원고 웹사이트와 고의로 혼동을 발생시켜, 인터넷 사용자가 오인하여 그 웹사이트 등을 방문하도록 한 경우
3. 높은 가격으로 양도 또는 대여를 청약하거나 기타 방법으로 해당 도메인명을 양도하여 부당이득을 얻은 경우
4. 도메인명 등록 이후 스스로 사용하거나 사용을 준비하지 않고, 권리자가 해당 도메인명을 등록하는 것을 저지할 의도만 있는 경우

② 기타 악의의 정황이 있는 경우

③ 피고가 분쟁 발생 전에 특유의 도메인명을 이미 취득하여 일정 정도의 지명도를 얻었고 또한 원고의 등록상표, 도메인명 등과 구별될 수 있다는 점을 증명하거나, 또는 기타 정황으로 악의가 없다는 점을 증명하는 경우, 인민법원은 피고에게 악의가 없음을 인정할 수 있다.

제6조 인민법원은 도메인명 분쟁 안건을 심리함에 있어서 당사자의 청구와 안건의 구체적인 정황에 따라, 등록상표가 저명한 정도에 이르렀는지 법에 의하여 인정할 수 있다.

제7조 ① 인민법원은 도메인명 분쟁 안건 심리 중, 본 해석 제4조 규정에 부합하고 관련 법규정에 따라 권리 침해를 구성하는 경우 해당하는 법규정을 적용하여야 한다; 부정경쟁행위에 해당하는 경우 민법통칙 제4조, 반부정당경쟁법 제2조 제1항의 규정을 적용할 수 있다.

② 섭외 도메인명 분쟁 안건은 민법통칙 제8장의 관련 규정에 따라 처리한다.

제8조 인민법원은 도메인명 등록 · 사용 등 행위가 권리 침해를 구성하거나 또는 부정경쟁행위에 해당한다고 인정하는 경우, 피고에게 침해 정지, 도메인명 등록 취소를 명할 수 있고 또는 원고의 청구에 따라 원고에게 해당 도메인명을 등록 · 사용하게 할 수 있다; 권리자에게 실질손해를 끼친 경우 피고에게 손해배상을 명할 수 있다.

최고인민법원의 상표, 기업명칭과 선사용 권리 충돌에 관한 민사 분쟁 안에 관한 몇 가지 문제의 규정

[2008년 2월 18일 최고인민법원심판위원회 제1444차 회의통과 법해석 (2008) 3호]

등록상표, 기업명칭과 선사용 권리 충돌의 민사 분쟁안을 정확하게 판단하기 위하여, 「중화인민공화국 민사소송법」, 「중화인민공화국 민법통칙」, 「중화인민공화국 상표법」 그리고 「중화인민공화국 반부정당경쟁법」 등 법률의 규정에 의하고, 재판 실무를 결합하여, 이 규정을 제정한다.

제1조 ① 타인이 등록한 상표에 사용된 문자, 도형 등이 선권리가 있는 저작권, 디자인권, 기업 명칭권 등을 침해하였다는 이유로 원고가 소를 제기하고, 그 제소가 민사소송법 제108조의 규정에 부합하는 경우 인민법원은 수리하여야 한다.

② 타인이 등록상표를 그 지정상품에 대하여 사용하는 것에 대하여, 우선 등록된 상표와 동일하거나 유사하다는 이유로 원고가 소를 제기하는 경우, 인민법원은 민사소송법 제111조 제3호의 규정에 의거하여 원고에게 관련된 행정 주관 기관에 관련 신청을 할 것을 고지해야 한다. 단 원고가 타인이 지정된 상품의 범위를 초과하여 등록상표를 사용하고 있다거나 또는 현저한 특징의 변경 · 분할 · 조합 등의 방식으로 등록상표를 사용하여 그 등록상표가 우선 등록된 상표와 동일 또는 유사하다는 이유로 소를 제기하는 경우, 인민법원은 이를 수리해야 한다.

제2조 타인의 기업명칭이 먼저 존재하는 기업명칭과 동일하거나 유사하고 관련 공중이 그 상품의 출처에 대하여 혼란을 일으키는 데 충분한 경우, 이에 대하여 원고가 반부정당경쟁법 제5조 제3호의 규정을 이유로 소를 제기하였고, 그 제소가 민사소송법 제108조 규정에 부합하면, 인민법원은 이를 수리해야 한다.

제3조 인민법원은 원고의 소송 청구와 쟁의 민사법률 관련 성질에 의거하여, 민사재판 사건명(案由)에 관한 규정에 따라 등록상표 또는 기업명칭과 선권리 충돌의 민사 분쟁 안건의 사건명 부분을 확정하고, 관련 법률을 활용해야 한다.

제4조 등록상표 전용권 침해 또는 부정경쟁행위를 구성하는 피소 기업명칭에 관하여, 인민법원은 원고의 소송 청구와 안건의 구체적인 정황에 따라 피고에게 사용정지, 일정 범위 내에서의 사용 등의 민사책임을 부과할 수 있다.

국가 공상행정 관리총국의 영업비밀 침해금지에 관한 약간의 규정

1995년 11월 23일 국가 공상행정 관리국령 제41호 공포, 1998년 12월 3일 공포된 「국가공상행정관리국의 '경제계약모범문서관리판법' 등 33건의 규정 중 '행정처벌법' 규정의 처벌권한을 초과하는 내용의 수정」에 근거하여 개정한다.

제1조 영업비밀을 침해하는 행위를 제지하고 영업비밀 권리자의 합법적 권익보호 및 사회주의 시장경제질서의 유지 · 보호를 위하여, 「중화인민공화국 반부정당경쟁법」(이하 '반부정당경쟁법'이라 함)의 관련 규정에 근거하여 이 규정을 제정한다.

제2조 ① 이 규정의 "영업비밀"이란 공중에 알려져 있지 아니하고, 권리자에게 경제적 이익을 주며 실용성을 구비하고, 권리자가 비밀유지조치를 취한 경영정보와 기술정보를 말한다.

② 이 규정의 "공중에 알려져 있지 아니하고"란 당해 정보를 공개된 통로를 통하여 직접 얻을 수 없는 것을 말한다.

③ 이 규정의 "권리자에게 경제적 이익을 주며 실용성을 구비하고"란 당해 정보가 확정적 응용가능성을 구비하고 있어, 권리자에게 현실적 또는 잠재적 경제 이익 또는 경쟁상의 우위를 줄 수 있는 것을 말한다.

④ 이 규정의 "권리자가 비밀유지조치를 취한" 것에는 비밀유지계약 체결, 비밀유지제도 제정 및 기타 합리적 비밀유지조치가 포함된다.

⑤ 이 규정의 "기술정보와 경영정보"란 설계, 절차, 제품의 배합, 제작 기술, 제작 방법, 관리 비결, 고객 명단, 원재료의 출처 정보, 판매 전략, 원가계산서 또는 입찰서의 최저 가격 및 그 내용 등의 정보를 포함한다.

⑥ 이 규정의 "권리자"란 법에 의하여 영업비밀에 대한 소유권 또는 사용권을 향유하는 공민, 법인 또는 기타 조직을 말한다.

제3조 ① 아래의 영업비밀을 침해하는 행위를 금지한다.

1. 절도 · 유혹 · 협박 또는 기타 부정한 수단을 사용하여 권리자의 영업비밀을 취득하는 행위
2. 전호의 수단으로 취득한 권리자의 영업비밀을 공개 · 사용 또는 타인에게 사용을 허락하는 행위
3. 권리자와 업무관계가 있는 단위와 개인이 계약에 위반하거나 또는 권리자의

비밀유지 요구에 위반하여, 자기가 알고 있는 권리자의 영업비밀을 공개 · 사용 또는 타인에게 사용을 허락하는 행위

4. 권리자의 종업원이 계약에 위반하거나 또는 권리자의 비밀유지 요구에 위반하여, 자기가 알고 있는 권리자의 영업비밀을 공개 · 사용 또는 타인에게 사용을 허락하는 행위

② 제3자가 전항에 열거한 위법행위를 명백히 알거나 또는 중대한 과실로 인하여 모르고, 타인의 영업비밀을 취득 · 사용 · 공개하는 행위는 영업비밀을 침해하는 것으로 간주한다.

제4조 영업비밀을 침해하는 행위는 현급(县级) 이상 공상행정 관리부서가 인정 · 처리한다.

제5조 ① 권리자(신청인)는 자신의 영업비밀이 침해받아 공상행정 관리부서에 침해행위에 대한 조사를 신청하는 경우, 영업비밀 및 침해행위가 존재한다는 관련 증거를 제출해야 한다.

② 피신청인인 단위 또는 개인(피신청인) 및 이해관계인 · 증명인은 사실대로 공상행정관리부서에 관련 증거를 제출해야 한다.

③ 권리자는 피신청인이 사용한 정보가 자신의 영업비밀과 일치하거나 또는 서로 같다는 것을 증명할 수 있음과 동시에 피신청인이 그 영업비밀을 취득한 조건을 증명할 수 있으나, 피신청인은 자신이 사용한 정보를 합법적으로 취득 또는 사용했다는 증거를 제출하지 못하거나 제출을 거부할 경우, 공상행정관리부서는 관련 증거에 근거하여 피신청인의 침해행위가 있다는 것을 인정할 수 있다.

제6조 피신청인이 영업비밀을 위법적으로 공개 · 사용 또는 타인에게 사용을 허락하여 장래에 권리자에게 회복하기 어려운 손해를 초래하는 경우, 권리자의 신청 및 강제 조치 결과 책임에 대한 서면 보증서의 제출에 따라 공상행정관리부서는 피신청인에게 권리자의 영업비밀을 사용하여 생산한 제품의 판매 정지를 명할 수 있다.

제7조 ① 이 규정 제3조를 위반한 경우, 공상행정관리부서는 반부정당경쟁법 제25조 규정에 의하여 위법행위의 정지를 명령하고, 상황에 따라 1만 위안 이상 20만 위안 이하의 과징금을 부과할 수 있다.

② 공상행정관리부서가 전항의 규정에 의하여 처벌할 경우, 침해 물품에 대하여 아래와 같이 처리할 수 있다.

1. 침해자에게 영업비밀이 수록된 도면 · 소프트웨어 및 기타 관련 자료를 권리

자에게 반환하도록 명령 및 감독

2. 침해자가 권리자의 영업비밀을 사용하여 생산한 것으로, 시장에 유입되어 장래에 영업비밀의 공개를 초래할 우려가 있는 상품의 폐기 감독. 단, 권리자가 구입·판매 등 기타 처리 방법에 동의할 경우 제외한다.

제8조 침해자가 처벌 결정의 집행을 거부하고, 이 규정 제3조에 열거된 행위를 계속 실시할 경우, 새로운 위법행위로 간주하고 엄중히 처벌한다.

제9조 ① 권리자가 손해배상 문제로 인하여 공상행정관리부서에 조정을 요구하는 경우 공상행정관리부서는 조정을 진행할 수 있다.

② 권리자는 직접 인민법원에 소를 제기하여 손해배상을 청구할 수도 있다.

제10조 ① 국가기관 및 그 공무원은 공무를 집행할 때 권리자의 영업비밀을 공개하거나 또는 타인에게 사용을 허락해서는 아니 된다.

② 공상행정관리부서의 안건을 처리하는 자가 영업비밀 침해행위의 부정경쟁행위를 감독·조사할 때, 권리자의 영업비밀에 대하여 비밀을 유지해야 한다.

제11조 이 규정은 국가공상행정관리국의 해석에 따른다.

제12조 이 규정은 공포일로부터 시행한다.

1998년 12월 3일

국가 공상행정 관리총국의 주지상품 특유의 명칭 · 포장 · 장식을 모방하는 부정경쟁행위 금지에 관한 규정

(중화인민공화국 국가 공상행정 관리국령 제33호 1995년 7월 6일 공포)

제1조 주지상품 특유의 명칭 · 포장 · 장식을 모방하는 부정경쟁행위를 제지하기 위하여 「중화인민공화국 반부정당경쟁법」(이하 '반부정당경쟁법'이라 함)의 관련 규정에 근거하여 이 규정을 제정한다.

제2조 ① 주지상품 특유의 명칭 · 포장 · 장식을 모방하는 부정경쟁행위란 반부정당경쟁법 제5조 제2호의 규정을 위반하여, 허가를 받지 아니하고 타인의 주지상품 특유의 명칭 · 포장 · 장식을 동일 또는 유사하게 사용하여, 타인의 주지상품과 혼동을 초래하고, 구매자로 하여금 당해 주지상품으로 오인하게 하는 행위를 말한다.

② 전항 규정의 구매자로 하여금 당해 주지상품을 오인하게 하는 행위에는 구매자가 당해 주지상품으로 오인하기에 충분하게 하는 행위도 포함한다.

제3조 ① 이 규정의 "주지상품"이란 시장에서 일정한 지명도가 있어 관련 공중이 알고 있는 상품을 말한다.

② 이 규정의 "특유"란 상품의 명칭 · 포장 · 장식이 관련 상품에 통용되는 것이 아닌 현저한 식별력을 구비한 것을 말한다.

③ 이 규정의 "상품 특유의 명칭"이란 주지상품이 고유하게 가지는 것으로 통용 명칭과 현저하게 구별되는 상품 명칭을 말한다. 단 당해 명칭이 이미 상표로서 등록된 것은 제외한다.

④ 이 규정의 "포장"이란 상품의 식별 및 휴대 · 저장 · 운송의 편리를 위하여 상품에 사용하는 보조물과 용기를 말한다.

⑤ 이 규정의 "장식"이란 식별과 미화를 위하여 상품 또는 그 포장에 부가된 문자 · 도안 · 색채 및 이러한 것들의 배열 조합을 말한다.

제4조 ① 상품의 명칭 · 포장 · 장식을 타인이 허가를 받지 아니하고 동일 또는 유사하게 사용하여 구매자의 오인을 초래하기에 충분한 경우, 당해 상품을 주지상품으로 인정할 수 있다.

② 특유의 상품 명칭 · 포장 · 장식은 선사용의 원칙에 의하여 인정해야 한다.

제5조 ① 주지상품과 유사한 명칭 · 포장 · 장식의 사용은 주요 부분과 전체 인상이 서로 유사한 것에 근거할 수 있고, 일반 구매자가 보통의 주의력으로 오인이 발생

할 수 있는지 여부 등을 종합 분석하여 인정한다.

② 일반 구매자가 이미 오인 또는 혼동을 일으킨 경우, 유사하다고 인정할 수 있다.

제6조 현급 이상 공상행정관리부서는 주지상품 특유의 명칭 · 포장 · 장식을 모방하는 부정경쟁행위를 감독 · 조사할 경우, 주지상품과 특유의 명칭 · 포장 · 장식에 대하여 함께 인정한다.

제7조 경영자가 이 규정 제2조에 열거한 행위를 한 경우, 현급 이상 공상행정관리부서는 반부정당경쟁법 제21조 제2항 규정에 의하여 처벌할 수 있다.

제8조 경영자가 이 규정 제2조에 열거하는 행위가 있는 경우, 공상행정관리부서는 전조 규정에 의하여 처벌하는 외에 침해 물품에 대하여 아래와 같이 처리할 수 있다.

1. 아직 사용하지 않은 포장과 장식을 수거 · 폐기하거나, 또는 침해자에게 폐기를 명하고 감독한다.
2. 침해자에게 현존하는 상품에 있는 침해 상품 명칭 · 포장 · 장식을 제거하도록 명하고 감독한다.
3. 침해 상품의 포장과 장식을 인쇄하는 데 직접적이고 전문적으로 사용된 모형 · 인판 및 기타 도안 공구를 수거한다.
4. 전술한 세 가지 조치로 침해행위를 제지하기가 충분하지 아니한 경우 또는 침해 상품의 명칭 · 포장 · 장식과 상품을 분리하기가 곤란한 경우, 침해자에게 침해 물품의 폐기를 명하고 감독한다.

제9조 명백히 알거나 또는 중대한 과실로 저명한 특유의 명칭 · 포장 · 장식을 모방한 상품을 판매한 경우, 이 규정 제7조 및 제8조 규정에 준하여 처벌한다.

제10조 주지상품 경영자가 이미 특허를 취득한 주지상품 특유의 포장 · 장식이 모방당한 경우, 공상행정관리부서는 반부정당경쟁법 및 이 규정에 의하여 침해자를 처벌할 수 있다.

제11조 이 규정은 공포일로부터 시행한다.

참고문헌

1. 서 적

[국내 문헌]

사법연수원, 중국법, 사법연수원, 2012.

윤선희, 부정경쟁방지법, 법영사, 2012.

윤정화, 중국지식재산권법, 진원사, 2011.

[외국 문헌]

Michael J. Moser, Doing Business in China(中), Juris, 2014.

中华人民共和国民事诉讼法注释本, 法律出版社, 2012.

中华人民共和国反不正当竞争法注释本, 法律出版社, 2007.

中华人民共和国商标法注释本, 法律出版社, 2013.

林文, 反不正当竞争法律制度与实务技能, 法律出版社, 2014.

孙琬钟, 反不正当竞争法实用全书, 中国法律年检社, 1993.

徐孟洲, 孟雁北, 竞争法, 中国人民大学出版社, 2014.

徐火明, 从美德与我国法律论商标注册, 台北瑞光书局, 1992.

奚晓明 主编, 孔祥俊 副主编, 中国知识产权指导案例评注(下), 中国法制出版社, 2011.

奚晓明 主编, 孔祥俊 副主编, 中国知识产权指导案例评注(第三辑), 中国法制出版社, 2012.

奚晓明 主编, 孔祥俊 副主编, 中国知识产权指导案例评注(第四辑), 中国法制出版社, 2013.

奚晓明 主编, 孔祥俊 副主编, 中国知识产权指导案例评注(第五辑), 中国法制出版社, 2014.

王先林, 反不正当竞争法, 中国人民大学出版社, 2013.

王先林, 竞争法学, 中国人民大学出版社, 2009.

王超莹, 新刑法对商业秘密的保护还需完善, 中国律师, 1998.

吴东汉 主编, 知识产权法, 中国政法大学出版社, 2004.

魏振瀛 主编, 民法(第4版), 北京大学出版社, 高等教育出版社, 2010.
赵秉志 主编, 刑法论丛, 法律出版社, 1999.
詹复亮, 论侵犯商业秘密罪, 载高铭暄, 1999.
张耕, 知识产权民事诉讼研究, 法律出版社, 2004.
朱钰洋、徐火明, 虚伪不实广告法与公平交易法—公平法与智产法系列三, 台北三民书局, 1993.
载钱锋 主编, 中国知识产权审判研究, 人民法院出版社, 2009.
孔样俊 主编, 商业秘密司法保护实务, 中国法律出版社, 2012.
孔样俊 主编, 最高人民法院知识产权司法解释理解与活用, 中国法制出版社, 2012.
孔样俊, 商标与不正当竞争法原理和判例, 法律出版社, 2009.
孔样俊, 反不正当竞争法的创新性适用, 中国法制出版社, 2014.
孔样俊, 商标法适用的基本问题, 中国法制出版社, 2014.
唐青林、黄卫红 主编, 商业秘密百安平析与企业保密体系建设指南, 中国法制出版社, 2014.
法律出版社, 反不正当竞争法注释本, 法律出版社, 2007.
法律出版社, 中华人民共和国商标法注释本, 法律出版社, 2013.
黄京平 主编, 扰乱市场秩序罪, 中国人民公安大学出版社, 2003.
黄振中 主编, 扰乱市场秩序罪办案一本通, 中国长安出版社, 2007.

2. 논문 · 기사

[국내문헌]

전정현, 중국 반부정당경쟁법 일반조항의 의미 및 사례, 창작과 권리, 세창출판사, 2015.
특허청, 우리기업의 영업비밀 피해 실태 조사 보고서, 특허청, 2013.

[외국문헌]

高静, 未注册驰名商标与知名商品特有名称之区别, 人民司法, 2010.
郭伟, 论证据保全措施在商业秘密侵权案件中的适用及完善, 电子知识产权, 2014年第11期.
郭泰和、徐康丽, 知识产权案件司法鉴定程序之探讨, 中国司法鉴定, 2011年第6期.

南京市中级人民法院民三庭, “侵权还是不正当竞争? 域名与商标冲突的处理”, 中国知识产权审判研究, 2009.

邓宏光, 我国商标反淡化的现实与理想, 电子知识产权, 2007年第5期.

杜颖, 商标淡化理论及其应用, 法学研究, 2007年第06期.

吕娜, 知识产权侵权诉讼中侵权物品的处置, 人民司法, 2009年第9期.

刘蓓, 知识产权民事审判中专家陪审员制度的运行及完善, 中共成都市委党校学报, 2010年05期.

李阁霞, 论商誉与驰名商标保兼评我国《商标法》对驰名商标的规定, 烟台大学学报(哲学社会科学版), 2014年 第27卷 第5期.

刘宪权、吴允锋, 侵犯商业秘密罪若干争议问题研究, 甘肃政法学院学报, 2006年04期.

李友根, 论经济法视野中的经营者-其于不正当竞争案判例的整理与研究, 南京大学学报, 2007年抵期.

李发展, 从《反不正当竞争法》之修改看我国竞争法体系的完善, 甘肃社会科学, 2012年06期.

孙东雅, 商标与企业名称冲突若干问题研究, 电子知识产权, 2005年07期.

孙向齐、杨柳,《反不正当竞争法》的局限与完善一以规制网络市场竞争行为为例,《人民论坛》, 2014年第26期.

徐柳媚, 赵莉, 天之骄子盗走商业秘密, 深圳特区报, 2001.

徐卓斌, 知识产权请求权与损害赔偿请求权的区分, 人民法院报, 2013.

石必胜(北京市高级人民法院), 互联网竞争的非公益必要不干扰原则一兼评百度诉360插标和修改搜索提示词不正当竞争纠纷案, 电子知识产权, 2014年04期.

杨卓, 简化使用企业名称与他人注册商标混淆的侵权认定, 人民司法, 2009.

叶落思, 欧宏伟, 深圳市中级人民法院关于知识产权案件证据保全工作的调研报告, 2007.

阎磊, 虚假广告认定问题研究, 南昌大学学报(人文社会科学版), 2008年05期.

王晓晔, 重要的补充一反不正当竞争法与相邻法的关系, 国际贸易, 2004年07期.

王思敏, 商标淡化的法律移植问题探析一从我国「商标法」第三次修订切入, 法律适用, 2013年 第8期.

王学政, 对竞争立法模式的比较研究, 中国法学, 1997年05期.

王清, 关于著名与知名商标行政特殊保护制度的冷思考(上), 电子知识产权, 2009.

王庭熙, 反不正当竞争法与广告法的”法条竞合”现象初探, 福建法学, 1995年02期.

王宏, 侵害商业秘密罪若干问题研究, 郑州大学2010年硕士学位论文.
吴晓娟, 关于网路域名纠纷的认定及法律活用与完善, 知识经济, 2009年第2期.
易继明, 设立什么样的知识产权法院, 科技与法律, 2014年5期.
张晓都, 知识产权侵权民事责任当中消除影响与赔礼道歉责任方式的确定, 「中国专利与商标」, 第4期.
蒋志文, 未注册商标的法律保护, 人民司法, 2006年01期.
蒋志培、孔祥俊、王永昌,《关于审理不正当竞争民事案件应用法律若干问题的解释》的理解与适用, 法律适用, 2007年03期.
周蕾, 虚构角色的反不正当竞争法保护, 中华商标, 2001.
周长玲, 商标权与其他在先知识产权权利冲突若干法律问题的探讨, 知识产权, 2000年02期.
郑友德、万志前, 论商标法和反不正当竞争法对商标权益的平行, 法商研究, 2009年06期.
最高人民法院,《最高人民法院公报》, 2005年第6期.
最高人民法院,《最高人民法院公报》, 2005年第3期.
最高人民法院, 中国法院知识产权司法保护状况, 2013.
蔡琳, 田文英, 论价值功能视阈下我国驰名商标行政认定制度, 求索, 2012.
常洪跃, 于平, 境外注册"傍名牌"企业名称行为的法律适用问题探析, 中国工商管理研究, 2011年03期.
陈兴良, "应当知道"的刑法界说, 法学, 2005年07期.
邱玲, 浅议驰名商标淡化问题, 南京政治学院学报, 2005年S1期.
钱光文, 丁文联, 知名商品的司法认定, 人民司法, 2011年7期.
孔祥俊, 引人误解的虚假表示研究, 中国法学, 1998年3期.
唐茂仁, 论商业秘密善意取得制度在我国的适用, 法律适用, 2013年第12期.
方龙华, 商业秘密保护中的默示保密义务, 人民司法, 1997年第6期.
韩伟,《反不正当竞争法》与相关法律的竞合问题, 法学, 1994年第10期.
何英, 焦洪涛, 关于角色商品化权法律保护的思考, 华中理工大学学报(社会科学版), 2000年第14卷第2期.
黄旭, 引人误解的虚假宣传探析, 湖北经济学院学报(人文社会科学版), 2010年第8期.
黄晖, 驰名商标认定标准与保护条件 电子知识产权, 2009年08期.

3. 인터넷 자료

原金, 反不正当竞争法拟明年完成修订, 每日经济新闻, 2014, http://www.chinaacc.com/news/caijing/yu1412093381.shtml(방문:2015.02.04).

陈丽平, 加强修法重点难点调研, 法制日报, 2013, http://www.chinacourt.org/article/detail/2013/12/id/1157888.shtml(방문: 2015.02.04).

胡嫚, 海淀法院专利审判引入专家陪审员,中华人民共和国国家知识产权局, 2011, http://www.sipo.gov.cn/mtjj/2011/201111/t20111104_627830.html(방문: 2015.02.04).

찾아보기

감수 **권영모**

서울대학교 화학공학과 학사
서울대학교 대학원 법학과 석사
제16기 사법연수원 수료
워싱턴주립대학 Law School LL.M
(현) 법무법인 광장(Lee & Ko) 서울사무소 근무

저자 **전정현**

서울대학교 전기공학부 학사
서울대학교 대학원 전기 · 컴퓨터공학부 석사
제38기 사법연수원 수료
중국 화동정법대학교 방문 학자
법무법인 광장 북경사무소 근무
(현) 법무법인 광장(Lee & Ko) 서울사무소 근무

반부정당경쟁법

–

초판 인쇄 2015년 12월 20일
초판 발행 2015년 12월 30일

–

감 수 권 영 모
저 자 전 정 현
발행인 이 방 원

–

펴낸곳 세창출판사
신고번호 제300–1990–63호
주소 03735 서울시 서대문구 경기대로 88 냉천빌딩 4층
전화 723–8660 팩스 720–4579
이메일 sc1992@empal.com 홈페이지 www.sechangpub.co.kr

–

ISBN 978–89–8411–586–6 93360

값 31,000원

이 도서의 국립중앙도서관 출판예정도서목록(CIP)은 서지정보유통지원시스템 홈페이지(http://seoji.nl.go.kr)와 국가자료공동목록시스템(http://www.nl.go.kr/kolisnet)에서 이용하실 수 있습니다.(CIP제어번호: CIP2015035582)